2013 年 3 月 16 日，课题组在北京举行开题会

2013 年 10 月 18 日，课题组在北京开展调研

2014 年 4 月 16 日，课题组在安徽省开展调研

2014 年 4 月 10 日，课题组在山东济南开展调研

2015 年 6 月 9 日，课题组成员访谈教育管理人员

2015 年 6 月 12 日，课题组召开讨论会修改报告

2016 年 6 月 25 日，课题组在北京召开专题研讨会

2017 年 10 月 24 日，课题组召开项目成果公开报告会

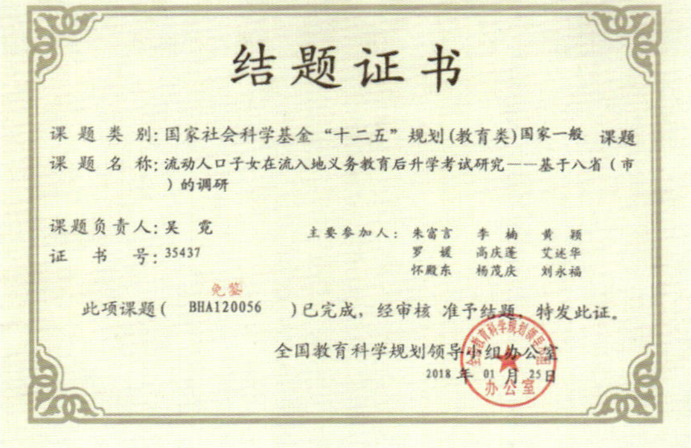

结题证书

课 题 类 别：国家社会科学基金“十二五”规划（教育类）国家一般 课题

课 题 名 称：流动人口子女在流入地义务教育后升学考试研究——基于八省（市）的调研

课题负责人：吴 霓

证 书 号：35437

主要参加人：朱富言 李 楠 黄 颖 罗 媛 高庆蓬 艾述华 怀殿东 杨茂庆 刘永福

此项课题（免鉴 BHA120056）已完成，经审核 准予结题，特发此证。

全国教育科学规划领导小组办公室

2018 年 01 月 25 日

2018 年 1 月，课题组取得结题证书

国家出版基金项目
NATIONAL PUBLICATION FOUNDATION

随迁子女在流入地升学考试的政策与实践研究

——基于10城市的调研

SUIQIAN ZINÜ ZAI LIURUDI SHENGXUE KAOSHI DE ZHENGCE YU SHIJIAN YANJIU

◎ 吴霓　等著

GEP 广西教育出版社
南宁

图书在版编目（C I P）数据

随迁子女在流入地升学考试的政策与实践研究：基于10城市的调研 / 吴霓等著．—南宁：广西教育出版社，2019.6

ISBN 978-7-5435-8472-3

Ⅰ．①随…　Ⅱ．①吴…　Ⅲ．①流动人口—入学考试—考试制度—研究—中国　Ⅳ．①G52

中国版本图书馆CIP数据核字(2019)第137133号

总 策 划：石立民　廖民锂
策划编辑：潘姿汝　潘　安
责任编辑：潘　安　马宏兰　陶春艳　林春燕
封面设计：陈　凌
版式设计：鲍　翰
责任校对：陆嫈澄　覃肖滟　谢桂清
责任技编：蒋　媛

出 版 人：石立民
出版发行：广西教育出版社
地　　址：广西南宁市鲤湾路8号　　邮政编码：530022
电　　话：0771-5865797
本社网址：http://www.gxeph.com
电子信箱：gxeph@vip.163.com
印　　刷：广西民族印刷包装集团有限公司
开　　本：787mm×1092mm　1/16
印　　张：28.5　插页2
字　　数：520千字
版　　次：2019年6月第1版
印　　次：2019年6月第1次印刷
书　　号：ISBN 978-7-5435-8472-3
定　　价：85.00元

前 言

流动人口随迁子女（以下简称“随迁子女”）在流入地升学考试政策的出台改变了中考与高考升学录取格局，关系到每一个考生及其家庭的切身利益。深入研究随迁子女在流入地升学考试问题，保障随迁子女平等享有受教育的权利，是进一步推进教育均衡发展和教育公平的具体体现，有利于逐步实现随迁子女的基本公共教育服务均等化。

截至2018年，除西藏外，全国30个省（自治区、直辖市）（不含港澳台）均相继出台了随迁子女在流入地参加高考的相关文件。经过近几年的运行，随迁子女在流入地参加中高考政策工作已经有了初步进展。但是，随迁子女数量在未来数年内仍将保持持续增长的态势。在城市高中阶段教育资源，尤其是优质高中阶段教育资源与教育需求矛盾日益凸显的情况下，如何满足数量日益增多的随迁子女义务教育后的教育需求，如何配置并保障高中阶段的教育经费，如何合理分配录取指标，成为今后在流入地升学考试政策必须面对的问题。具体到各地的实践层面，各地政策的具体落实情况如何，在政策推行的过程中又有哪些新情况、新问题出现，政策需要从哪些方面进行完善，这些均是社会各界高度关注的问题。

基于此，本研究从梳理随迁子女在流入地升学考试政策出发，通过文献研究和调研，采取定量数据分析与定性研究相结合的方法，对随迁子女在流入地升学考试政策进行系统梳理，总结并分析各地政策的特点和实施状况。本研究按照“提出问题—分析问题—解决问题”的思路逐步展开，具体就随迁子女的数量变动趋势、在流入地升学考试政策的演进轨迹与实践模式、随迁子女家庭的在流入地升学考试意愿、在流入地升学考试政策的社会认知与接纳情况、政策展望等方面进行了全面调研与分析，据此提出各地应正视随迁子女家庭的教育需求，加强媒体宣传，提升政策知晓度，建立科学化、民主化、法治化的决策机制，并依据客观条件与舆情适当放宽准入条件。同时，各地应系统评估随迁子女在流入地升学考试政策，根据评估结果调整、修正政策，以促进随迁子女平等、顺利地接受更高阶段的教育。

就具体内容结构而言，本研究分为十三章。第一章主要对随迁子女在流入地升学考试政策的研究现状、研究目标、研究内容、研究设计等方面进行了梳理和概述。第二章从宏观上对随迁子女在流入地升学考试的政策进行了详细分析，分别对在流入地中考政策和在流入地高考政策的特点、存在的问题、面临的挑战等方面进行了剖析。第三章至第十三章是根据在10个城市进行的随迁子女在流入地升学考试调研数据撰写的调研报告，就各地政策实施过程中的经济社会发展与流动人口基本状况、随迁子女教育基本状况、政策的知晓状况、政策接纳状况与选择意愿、政策实施效果与评价、前景展望等方面进行了具体分析，总结并分析了各地政策的特点和实施过程中存在的突出问题，最后提出了未来相关政策制定的方向。

目 录

第一章 导论…… 001
一、研究现状…… 001
二、研究目标与内容…… 002
（一）研究目标…… 002
（二）概念界定…… 002
（三）研究内容…… 003
三、研究设计…… 004
（一）研究思路…… 004
（二）研究方法…… 004
（三）技术路线…… 004
四、研究价值…… 005

第二章 随迁子女在流入地升学考试政策分析…… 007
一、随迁子女在流入地中考与高考政策分析…… 007
（一）随迁子女在流入地中考政策分析…… 007
（二）随迁子女在流入地高考政策分析…… 014
二、随迁子女在流入地升学考试政策存在的主要问题…… 021
（一）方案还未能最大限度地凝聚社会共识…… 021
（二）准入条件的设置过于严格，缺乏精确定量论证…… 021
（三）准入条件容易变成“门路”…… 022
（四）方案运行存在有名无实的潜在风险…… 022
（五）借考要完全实施具有难度…… 023
三、随迁子女在流入地升学考试政策面临的挑战…… 023
（一）如何应对随迁子女数量日益增加的现象…… 024

（二）如何统筹高中教育资源……025
（三）如何保障高中阶段教育经费……025
（四）如何分配高考录取指标……026
四、随迁子女在流入地升学考试政策的建议……026
（一）建立多方参与、凝聚全社会共识的决策机制……026
（二）统筹规划、合理配置流入地教育资源……026
（三）建立科学的随迁子女信息监测机制……027
（四）因地制宜设置相应的准入条件……027
（五）改革高考考试招生制度……028

第三章　10城市随迁子女在流入地升学考试现状调研……029
一、研究设计与过程……029
（一）调研目的……029
（二）调研方法……029
（三）调研实施……030
二、调研发现与分析讨论……030
（一）调研发现……030
（二）分析与讨论……040
三、对策建议……041
（一）正视随迁子女的教育需求，满足其接受更高阶段教育的需要……041
（二）建立科学化、民主化、法治化的决策机制……041
（三）加强媒体宣传，提升政策知晓度……042
（四）依据客观条件与舆情适当放宽准入条件……042
（五）提升职业教育吸引力，增加随迁子女的教育选择机会……042
（六）科学评估在流入地升学考试政策……042
（七）根据城市功能定位建立在流入地高考分类管理政策……042

第四章　北京市随迁子女在流入地升学考试调研……043
一、调研背景……043

（一）北京市经济社会发展与流动人口基本状况…………………………… 043
（二）北京市随迁子女教育基本状况………………………………………… 046
（三）北京市随迁子女义务教育后升学考试政策状况……………………… 049
二、研究设计与过程……………………………………………………… 053
（一）调研实施……………………………………………………………… 053
（二）数据处理……………………………………………………………… 059
三、研究发现……………………………………………………………… 059
（一）政策知晓状况………………………………………………………… 059
（二）政策接纳状况与选择意愿分析……………………………………… 061
（三）政策实施效果与评价………………………………………………… 067
（四）政策实施的问题与改进建议………………………………………… 075
四、分析讨论……………………………………………………………… 078
（一）相关利益群体对在流入地考试政策缺乏深入了解…………………… 078
（二）准入条件过于严格，实施现状与需求尚存在较大差距……………… 079
（三）多数随迁子女仍面临学业选择的两难困境…………………………… 079
（四）政策实施的阻力源于教育资源承载能力的限制以及当地居民的担忧
………………………………………………………………………………… 080
（五）借考可以成为解决在流入地考试问题的重要过渡措施……………… 080
五、对策建议……………………………………………………………… 081
（一）多途径加强对政策的宣传与解读……………………………………… 081
（二）完善准入机制，促进准入条件的合理化……………………………… 082
（三）健全在流入地考试政策的配套机制…………………………………… 082
（四）改革高考招生分配计划，推进高考成绩的省际认证制度…………… 083

第五章　上海市随迁子女在流入地升学考试调研………………………… 084
一、调研背景……………………………………………………………… 084
（一）上海市经济社会发展与流动人口基本状况…………………………… 084
（二）上海市随迁子女教育基本状况………………………………………… 087

（三）上海市随迁子女义务教育后升学考试政策状况…… 091
二、研究设计与过程…… 099
（一）调研实施…… 099
（二）数据处理…… 101
三、研究发现…… 102
（一）政策知晓状况…… 102
（二）政策接纳状况与选择意愿分析…… 105
（三）政策实施效果与评价…… 111
（四）政策实施的问题与挑战…… 117
四、分析讨论…… 122
（一）在流入地升学考试政策的准确知晓度有待提高，相关利益群体的支持程度不一…… 122
（二）在流入地升学考试政策的实施给随迁子女带来诸多积极影响，但同时引发了当地学校、学生及家长的顾虑…… 122
（三）大部分随迁子女在积分制施行的背景下，短期内不易实现在流入地升学考试…… 123
五、对策建议…… 124
（一）直面随迁子女数量稳定增长的客观形势，增强教育政策的科学性… 124
（二）通过宣传提升政策知晓度，消除内外隔阂…… 124
（三）在政策实施过程中不断解决与相关利益群体有关的操作化问题…… 125
（四）增强教育服务意识，不断探索随迁子女升学考试的保障措施…… 125

第六章　重庆市随迁子女在流入地升学考试调研…… 127
一、调研背景…… 127
（一）重庆市经济社会发展与流动人口基本状况…… 127
（二）重庆市随迁子女教育基本状况…… 130
（三）重庆市随迁子女义务教育后升学考试政策状况…… 135
二、研究设计与过程…… 137
（一）调研实施…… 137

（二）数据处理…… 147
三、研究发现…… 147
（一）政策知晓状况…… 147
（二）政策接纳状况与选择意愿分析…… 149
（三）政策实施效果与评价…… 151
（四）政策期望状况与改进建议…… 161
四、分析讨论…… 165
（一）相关群体对重庆市随迁子女在流入地考试政策知晓程度不高，知晓途径有限…… 165
（二）重庆市随迁子女在流入地高考政策准入条件较宽松，获得了大多数利益群体的支持…… 165
（三）重庆市随迁子女在流入地考试政策实施效果良好，现实挑战犹存… 166
（四）未来重庆市随迁子女数量稳中有升，高中毕业随迁子女数量增长较快…… 166
五、对策建议…… 167
（一）加大对随迁子女在流入地考试政策的宣传力度…… 167
（二）严格学籍档案管理，警惕新一轮“高考移民”的出现…… 167
（三）增加教育投入，实现缓解教育资源紧张与优化升学考试政策的同步推进…… 168
（四）科学预测随迁子女数量变化，动态规划城市教育资源…… 168

第七章 武汉市随迁子女在流入地升学考试调研…… 169
一、调研背景…… 169
（一）武汉市经济社会发展与流动人口基本状况…… 169
（二）武汉市随迁子女教育基本状况…… 173
（三）武汉市随迁子女义务教育后升学考试政策状况…… 177
二、研究设计与过程…… 181
（一）调研实施…… 181

（二）数据处理…… 182
三、研究发现…… 182
（一）政策知晓状况…… 182
（二）政策接纳状况与选择意愿分析…… 186
（三）政策实施效果与评价…… 192
（四）政策期望状况…… 201
四、分析讨论…… 206
（一）学生、家长和教师对随迁子女在流入地升学考试政策的知晓都不充分…… 206
（二）随迁子女在武汉本地升学的意愿高…… 206
（三）随迁子女在武汉本地升学的准入条件相对较宽松…… 206
（四）政策得到了学生和家长的广泛支持…… 207
（五）政策的颁布对随迁子女的学习和心理产生了积极影响…… 207
（六）政策较容易落实，但也面临着挑战…… 208
五、对策建议…… 208
（一）增加信息传播渠道，加大政策宣传力度…… 208
（二）进一步消除不合理的准入条件，满足更多随迁子女的升学需求…… 208
（三）通过居住证制度辅助户籍制度，为随迁子女在流入地升学提供平等的机会…… 209
（四）加强省级教育财政统筹力度，减少流入地地方财政的教育投入压力…… 209

第八章　济南市随迁子女在流入地升学考试调研…… 210
一、调研背景…… 210
（一）济南市经济社会发展与流动人口基本状况…… 210
（二）济南市随迁子女教育基本状况…… 212
（三）济南市随迁子女义务教育后升学考试政策状况…… 214
二、研究设计与过程…… 217

（一）调研实施…… 217
（二）数据处理…… 218
三、研究发现…… 218
（一）政策知晓状况…… 218
（二）政策接纳状况与选择意愿分析…… 224
（三）政策实施效果与评价…… 228
（四）政策期望状况与改进建议…… 239
四、分析讨论…… 242
（一）政府部门积极出台相关的政策措施…… 242
（二）学校努力促进本地学生与外地学生的融合…… 243
（三）济南在流入地升学考试的焦点是指标生问题…… 243
五、对策建议…… 244
（一）完善随迁子女在流入地升学考试政策…… 244
（二）发挥升学考试政策的导向作用，促进校际均衡发展…… 245
（三）寻求教育公平与教育质量的平衡…… 245

第九章 合肥市随迁子女在流入地升学考试调研…… 246
一、调研背景…… 246
（一）合肥市经济社会发展与流动人口基本状况…… 246
（二）合肥市随迁子女教育基本状况…… 248
（三）合肥市随迁子女义务教育后升学考试政策状况…… 251
二、研究设计与过程…… 253
（一）调研实施…… 253
（二）数据处理…… 253
三、研究发现…… 254
（一）政策知晓状况…… 254
（二）政策接纳状况与选择意愿分析…… 258

（三）政策实施效果与评价…… 260
（四）政策期望状况与改进建议…… 267
四、分析讨论…… 268
（一）随迁子女在流入地升学考试政策的宣传效果有待提高…… 268
（二）随迁子女接受更高阶段教育的期待未得到充分重视…… 268
（三）准入条件设置未充分考虑舆论倾向…… 268
（四）职业教育未充分发挥对随迁子女的分流作用…… 268
五、对策建议…… 269
（一）发挥各种媒体的作用，提升政策知晓度…… 269
（二）满足随迁子女接受更高阶段教育的需求…… 269
（三）依据客观条件与舆情，科学、适当地放宽准入条件…… 269
（四）打造职业教育贯通式培养“立交桥”，增加随迁子女的教育选择机会…… 269

第十章　贵阳市随迁子女在流入地升学考试调研…… 270
一、调研背景…… 270
（一）贵阳市经济社会发展与流动人口基本状况…… 270
（二）贵阳市随迁子女教育基本状况…… 272
（三）贵阳市随迁子女义务教育后升学考试政策状况…… 276
二、研究设计与过程…… 279
（一）调研实施…… 279
（二）数据处理…… 280
三、研究发现…… 280
（一）政策知晓状况…… 280
（二）政策接纳状况与选择意愿分析…… 281
（三）政策实施效果与评价…… 283
（四）政策实施的问题与改进建议…… 285

四、分析讨论…… 287
（一）本地家长表示担忧，认为设置一定准入条件是必要的…… 287
（二）随迁子女家长进城不完全是为子女接受优质教育，逐步放开是可行的…… 287
（三）相关利益群体对政策缺乏深入了解…… 287
（四）政策制定的过程缺乏民众的参与…… 288
（五）政策的准入条件使得实施现状与需求尚存在较大差距…… 288
（六）各类信息的沟通滞后影响工作效率…… 289
（七）多数随迁子女仍面临回原籍地考试的困境…… 289
五、对策建议…… 289
（一）以流动人口积分入户管理制度改革推进政策的落实…… 289
（二）加快推进民办学校教育资源均衡化发展…… 290
（三）探索高职院校自主招生的可行途径…… 290
（四）加强随迁子女学籍管理…… 290
（五）扩大传统媒体宣传途径，使民众厘清政策限制条件…… 291
（六）提高教育承载能力，逐步放开高考限制条件…… 291

第十一章 深圳市随迁子女在流入地升学考试调研…… 292
一、调研背景…… 292
（一）深圳市经济社会发展与流动人口基本状况…… 292
（二）深圳市随迁子女教育基本状况…… 294
（三）深圳市随迁子女义务教育后升学考试政策状况…… 296
二、研究设计与过程…… 300
（一）调研实施…… 300
（二）数据处理…… 303
三、研究发现…… 304
（一）政策知晓状况…… 304
（二）政策接纳状况与选择意愿分析…… 305

（三）政策实施效果与评价…………………………………… 310
（四）政策实施的问题与挑战………………………………… 312
四、分析讨论……………………………………………… 314
（一）深圳市政策准入条件相对宽松，但仍无法全面满足大众需求……… 314
（二）借考形式的可操作性面临诸多质疑…………………… 314
（三）优质教育资源的承载能力是利益相关群体关注的焦点……… 315
五、对策建议……………………………………………… 315
（一）加强政策制定事项的事前公开度……………………… 315
（二）破冰户籍制度，设定公平准入条件…………………… 315
（三）做好预测与规划工作，培育优质教育资源…………… 316
（四）改革高考招生分配方式，推进省际录取率相对公平…… 316

第十二章　宁波市随迁子女在流入地升学考试调研………… 317
一、调研背景……………………………………………… 317
（一）宁波市经济社会发展与流动人口基本状况…………… 317
（二）宁波市随迁子女教育基本状况………………………… 319
（三）宁波市随迁子女义务教育后升学考试政策状况……… 324
二、研究设计与过程……………………………………… 326
（一）调研实施……………………………………………… 326
（二）数据处理……………………………………………… 330
三、研究发现……………………………………………… 330
（一）政策知晓状况………………………………………… 330
（二）政策接纳状况与选择意愿分析………………………… 332
（三）政策实施效果与评价…………………………………… 337
（四）政策期望状况与改进建议……………………………… 340
四、分析讨论……………………………………………… 348
（一）利益相关者对政策细节关注不够……………………… 348
（二）在流入地入学方案符合随迁子女在流入地入学的预期……… 348

（三）教师负担有所加重，教育教学受到挑战…… 349
五、对策建议…… 349
（一）加大力度多渠道、多方位宣传随迁子女在流入地升学考试政策…… 349
（二）加强政策执行力度，强化政策实施与保障…… 349
（三）改革评价机制，多措并举减轻教师教学管理负担…… 350
（四）强化政府宏观预测规划能力，不断加大教育资源投入…… 350

第十三章 钦州市随迁子女在流入地升学考试调研…… 351
一、调研背景…… 351
（一）钦州市经济社会发展与流动人口基本状况…… 351
（二）钦州市随迁子女教育基本状况…… 352
（三）钦州市随迁子女义务教育后升学考试政策状况…… 354
二、研究设计与过程…… 356
（一）调研实施…… 356
（二）数据处理…… 362
三、研究发现…… 362
（一）政策知晓状况…… 362
（二）政策接纳状况与选择意愿分析…… 363
（三）政策实施效果与评价…… 367
（四）政策实施的问题与挑战…… 369
四、分析讨论…… 369
（一）政策知晓途径与渠道…… 369
（二）随迁子女教育的现实困境…… 370
（三）政策设置的准入条件较高，不利于随迁子女在流入地参加升学考试…… 370
（四）“高考移民”成为本地家长担忧的主要问题…… 370

五、对策建议…………………………………………………………………… 371
（一）加强随迁子女在流入地升学考试政策的宣传力度，拓宽政策传播渠道………………………………………………………………… 371
（二）应合理把控准入条件设置的宽松程度…………………………………… 371
（三）健全政府监管系统，有效防止“高考移民”…………………………… 372

附　录…………………………………………………………………………… 373
后　记…………………………………………………………………………… 438

第一章　导论

随迁子女的教育公平问题一直是中国社会转型期一个独特的社会问题。这一庞大的群体在流入地接受义务教育的困境得到基本缓解之后，他们继续升学的问题又引起了社会的广泛关注。2012年8月30日，国务院办公厅转发教育部等部门《关于做好进城务工人员随迁子女接受义务教育后在当地参加升学考试工作的意见》（简称《随迁子女升学考试意见》）的通知，要求探索非本地户籍常住人口随迁子女非义务教育阶段教育保障制度，并要求保障进城务工人员随迁子女在当地享受基本公共教育服务的权利，推动各地制定非本地户籍常住人口在流入地接受高中阶段教育，省内流动人口就地参加高考升学以及省外非本地户籍常住人口在居住地参加高考升学的办法。除此之外，《随迁子女升学考试意见》提出，解决进城务工人员子女就学问题对促进教育公平，维护社会和谐等具有重要意义。截至2018年，除西藏外，全国30个省（自治区、直辖市）（不含港澳台）均相继出台了随迁子女在流入地参加高考的相关文件。

经过几年的运行，在流入地中高考政策工作已经有了初步进展，但是，政策的具体落实情况如何，在政策推行的过程中有哪些新情况、新问题出现，政策需要从哪些方面进行完善？基于此，中国教育科学研究院教育发展与改革研究所吴霓研究员团队开展了长期的跟踪调研。

一、研究现状

国内较早提及随迁子女教育问题的是1995年1月21日《中国教育报》刊登的记者李建平的文章《流动的孩子哪上学——流动人口子女教育探讨》。2010年之后，对随迁子女在流入地高考问题的关注逐步升温，研究主要集中在概念辨析、方案评价、原因分析、路线设计等方面。

从国外的研究成果来看，学术界对于移民子女接受高等教育问题较为关注，研究成果主要集中在移民子女接受高等教育的机会、课程与教育、学校适应、身份与文化认同、课业成效等领域。

综合来看，现有的国内外研究成果对随迁子女继续接受教育的问题进行了较为广泛的探讨，提供了很多有价值的战略构想，丰富了随迁子女教育的研究领域。

从趋势方面来看，在流入地升学考试问题的研究呈现出以下几个特点：

（1）重视全局性视角。区域角度的分析在一定程度上限制了所得结论的可比性和推广价值，因此，具有全局视野的研究是大势所趋。

（2）重视多学科融合。诸多研究者从多学科的综合性出发，多角度进行研究，进一步拓展了研究的深度。

（3）重视量化研究。在定性经验归纳、思辨研究和理论分析的基础上，通过调查和访谈等实证研究方法获取数据，进而以定量研究建立模型，进一步提升了研究的可信度。

二、研究目标与内容

（一）研究目标

本研究对随迁子女在流入地升学考试政策进行系统梳理，探讨这一政策难以有效实施的深层次原因，有助于国家和各地区制定行之有效的政策，以保证随迁子女在流入地平等、顺利地接受高中阶段教育。

在回顾相关文献研究的基础上，本书试图解答以下几方面的问题：

（1）随迁子女在流入地升学考试政策在全国各地是怎样的状况？其具体规定有何差别？如何看待这些政策的效果？

（2）造成随迁子女在流入地升学考试困难的原因，除了政策设计的不完善，是否还有更深层次的社会、经济原因？

（3）制定随迁子女在流入地升学考试政策的有利条件和不利条件分别有哪些？

（4）根据上述研究，结合随迁子女的发展态势，应制定怎样的随迁子女在流入地升学考试政策？

（二）概念界定

本研究以流动人口随迁子女作为研究对象，对这一群体在流入地接受义务教育后的升学考试政策进行系统的分析与研究。据此，本研究的核心概念如下：流动人口，流动人口随迁子女，在流入地接受义务教育后升学考试。

（1）流动人口：在一个地区单位与另一个地区单位之间进行地区移动或者空间移动的人口，包括从原住地或流出地到目的地或流入地的变动。考虑到我国的实际情况，根据调查项目中的流动时间长度和地域跨度的设置特点，将流动的时间长度定义为半年及以上，流入与流出之间的地域跨度包括县（市）内流动、省内跨县（市）流动和跨省流动。

（2）流动人口随迁子女：随父母一起流动的子女，根据流动人口地域跨度，包括县（市）内流动随迁子女、省内跨县（市）流动随迁子女和跨省流动随迁子女。

（3）在流入地接受义务教育后升学考试：随迁子女在流入地接受义务教育后的升学考试，包括他们在流入地参加中考和高考。中考是义务教育阶段的学生在初中阶段教育结束后，拟继续升入高中阶段教育而参加的选拔性考试。由于流动青少年是在其户籍所在地以外的流入地接受初中教育，因此他们在流入地完成初中教育后，拟继续升学而参加的中考，称为在流入地参加中考；在流入地完成高中教育后，拟继续升学而参加的高考即为在流入地参加高考。

（三）研究内容

本研究对随迁子女在流入地升学考试政策进行梳理，结合实地调研，以期能准确把握当前这一政策的历史渊源与时代背景，深刻了解这一政策的现状，分析造成随迁子女升学考试困难的主要原因，并探讨在全国范围内实施这一政策的可能性，为国家决策部门最终出台随迁子女在流入地升学考试政策提供参考。

就研究的结构逻辑而言，本研究的主要内容安排如下：

（1）随迁子女的数量及分布状况。对随迁子女的数量、分布等基本信息进行描述。

（2）随迁子女在流入地升学考试政策的演进轨迹与实践模式。从国家和省市层面对这一政策进行梳理，结合实地调研，对相关政策的实施状况、特点及实施效果进行宏观分析。具体就地方政策演进轨迹、地方实践模式（只放开职业学校模式，只面向特定人群模式，只面向本省考生模式，无限制模式）、政策覆盖地区的政策执行力进行分析。

（3）随迁子女家庭的在流入地升学考试意愿分析。阐述随迁子女家庭对这一政策的看法，从个人、家庭和社会等角度分析影响随迁子女在流入地参加升学考试意愿的因素。

（4）随迁子女在流入地升学考试政策的社会认知与接纳情况分析。对政策允许地区和政策空白地区进行实地调研，对相关人员的认知与接纳态度等方面进行讨论。

（5）政策展望。先分析随迁子女人口规模的发展态势，以此确定未来随迁子女在流入地中考、高考政策的依据；同时，客观认识随迁子女在流入地升学考试政策实施的可行性与可能性，并对其实施条件进行全面分析。

三、研究设计

（一）研究思路

本调研从梳理随迁子女在流入地升学考试政策出发，通过文献查阅和调研，系统研究全国各地区随迁子女在流入地参加升学考试政策的概况，并总结全国各地区的经验和做法，系统评估其政策执行情况。同时，对调研地区的流动人口随迁子女的升学意愿进行分析，并对各地教育资源配置的影响因素进行深入探讨。在此基础上，结合随迁子女的规模变动趋势，对随迁子女在流入地升学考试政策的未来发展进行展望。

（二）研究方法

研究采取定量数据分析与定性研究相结合的方法，从梳理随迁子女在流入地升学考试政策出发，通过文献查阅和调研，系统研究全国各地区随迁子女在流入地升学考试政策的概况，并总结全国各地区的经验和做法，系统评估其政策执行情况。

具体采用的方法包括文献分析、人口预测（Logistic曲线拟合预测）等。

（三）技术路线

技术路线见图1-1，具体拟从以下四个方面进行。

（1）查阅文献，咨询专家，设计研究方案。

（2）系统收集全国各省（自治区、直辖市）（不含港澳台）的随迁子女在流入地升学考试政策，全面收集全国随迁子女的数据，开展专项调查研究，为问题分析提供数据和资料支持。

（3）全面分析随迁子女在流入地升学考试政策面临的动力、阻力、压力等，探讨其实施的背景；分析其现实状况、发展趋势及特点，并对这些政策的实施效果进行评估。

（4）在前述研究的基础上，提出未来相关政策制定的方向。

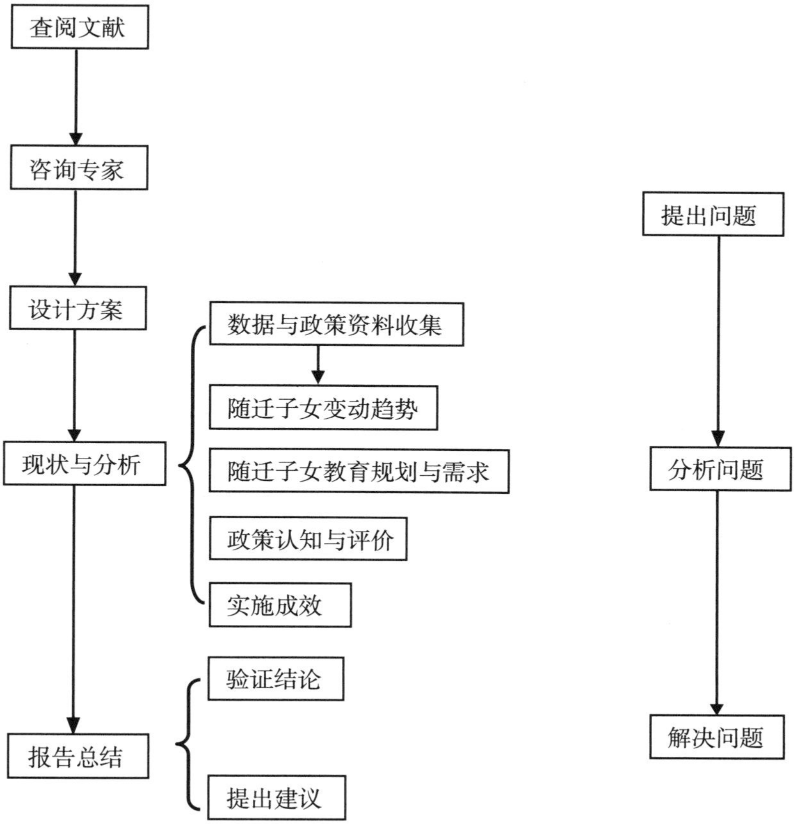

图1–1　技术路线

四、研究价值

随迁子女在流入地升学考试问题具有事关全局的重大战略意义。各地出台的政策能否有效解决随迁子女在流入地升学考试的问题，其条件设置是否公平合理，是否具有可操作性，学校、家长和学生对当地政策的反应和适应情况如何，是当前及未来需要慎重面对和妥善处理的重要问题。深入研究随迁子女在流入地升学考试问题并推动其解决，保障随迁子女平等受教育的权利，有利于逐步实现随迁子女的受教育条件和受教育机会与当地学生基本均等。这既是对党和国家妥善解决随迁子女入学问题等一系列政策的贯彻落实，也是进一步推进教育均衡发展和教育公平的具体体现。有效解决随迁子女在流入地升学考试问题，对实现经济社会协调发展具有重要的实践价值，对繁荣城乡经济和形成良性规范管理机制具有重大的指导作用。本研究通过对现有政策的梳理与分析，结合实地调研所获得的数据和材料，对随迁子女在流入地升学考试政策的实施现状和实施效果进行较为全面的研究，以更好地推动随迁子女在流入地升学考试问题的解决。

第二章　随迁子女在流入地升学考试政策分析

随着进城务工人员规模不断扩大，随迁子女接受义务教育人数不断增多，随迁子女升学考试问题日益突出，社会上要求解决随迁子女完成义务教育后就地升学问题的呼声也越来越高。2010年颁布的《国家中长期教育改革和发展规划纲要（2010—2020年）》明确提出，要“研究制定进城务工人员随迁子女接受义务教育后在当地参加升学考试的办法”。2012年8月30日，国务院办公厅转发教育部、国家发展和改革委员会、公安部、人力资源和社会保障部等部门联合发布的《关于做好进城务工人员随迁子女接受义务教育后在当地参加升学考试工作的意见》的通知，要求地方在制定相关政策时要根据城市功能定位、产业结构布局和城市资源承载能力，根据进城务工人员在当地的合法稳定职业、合法稳定住所（含租赁）和按照国家规定参加社会保险年限，以及随迁子女在当地连续就学年限等情况，确定随迁子女在当地参加升学考试的具体条件。在这一背景下，全国各地陆续出台了随迁子女在流入地升学考试的政策方案。

一、随迁子女在流入地中考与高考政策分析

（一）随迁子女在流入地中考政策分析

近年来，国家相继颁布了一系列政策文件，极大地促进了以进城务工人员为主体的流动人口随迁子女在流入地接受义务教育问题的解决。但是，目前的政策尚未对义务教育后的高中阶段教育进行规定，加之现行体制机制的原因，随迁子女在流入地参加中考仍处于摸索阶段，政策还存在诸多不完善的地方。

1. 国家对在流入地参加中考做出了明确的政策引导

2012年8月30日，国务院办公厅转发教育部、国家发展和改革委员会、公安部、人力资源和社会保障部等部门联合发布的《关于做好进城务工人员随迁子女接受义务教育后在当地参加升学考试工作的意见》的通知，要求地方在制定相关政策时要根据城市功能定位、产业结构布局和城市资源承载能力，根据进城务工人员在当地的合法稳定职业、合法稳定住所（含租赁）和按照国家规定参加社会保险年

限，以及随迁子女在当地连续就学年限等情况，确定随迁子女在当地参加升学考试的具体条件。该通知对随迁子女在流入地参加中考的条件进行了特别规定，保障了随迁子女参加中考的权利。

2. 各地中考政策的出台状况差异较大

截至2014年6月，根据可查阅到的文献资料，全国共有27个省（自治区、直辖市）（不含港澳台）明确出台了随迁子女在流入地参加中考的相关规定（见表2–1），但宁夏、贵州、新疆等尚未有明确政策对此进行规定，西藏在《西藏自治区2014年高中、中专学校招生规定》中指出，“区内普通高中限招学校所在地户籍考生”。从全国各地相关政策的出台以及实施情况来看，当前随迁子女中考政策具有以下几个特点：

（1）省级教育部门宏观统筹，各市县制定随迁子女初中升高中的具体实施办法

按现行发展教育的责任划分，基础教育的规划、布局、投入均由各市县负责。从各地的实际操作层面来看，各市县在随迁子女数量、经济发展水平、产业结构布局和教育资源承载能力等方面差异较大，接收随迁子女就地升学所面对的压力差异也很大。因此，大部分省份初中升高中的准入条件和具体实施办法由各市县因地制宜研究制定，并报省级教育部门备案。这在一定程度上有利于实现责任、义务、权利的统一，有利于协调地方教育和经济的发展。

（2）探索最早始于2003年，政策的出台在2012年最为密集

2003年，山东、安徽最先对随迁子女中考政策进行积极的探索。随着随迁子女教育问题的升温，社会对随迁子女的义务教育后教育也给予更多的关注。2004年，更多的城市开始允许随迁子女参加当地的中考。2012年教育部等部门颁布的《关于做好进城务工人员随迁子女接受义务教育后在当地参加升学考试工作的意见》要求各省份“原则上应于2012年年底前”出台有关随迁子女升学考试的方案，绝大部分省份按时出台了相关方案。

（3）大都设有一定的报考条件

各省级教育部门在允许随迁子女参加中考的同时，根据当地的情况大都设定了不同程度的报考条件。例如，相当一部分省份规定，随迁子女在流入地参加中考需要提供暂住证、原籍户口、流入地初中学籍证明和父母务工证明等材料。除以上条件外，一些地区还规定随迁子女必须具有一定的就学年限，或符合特定的条件。

（4）少部分省份限定开放本地的某类学校

北京、天津等地面向随迁子女只开放职业学校。如天津市规定，外省市随迁子女可填报“三、二分段”中职或高职、国家级重点中等职业学校、高级技工学校，以及其他普通中专学校、职业高中（职专）学校、技工学校等志愿。

福建省规定，随迁子女集中且高中资源较为紧缺的设区市，应积极扩大高中教育资源，力争于2015年前辖区内所有高中面向随迁子女开放招生。

表2–1　全国各省份随迁子女中考政策基本状况表

地区	文件名称	规定	开放类型
北京	《关于做好2014年进城务工人员随迁子女在京参加中等职业学校考试录取有关工作的通知》	符合各项条件的进城务工人员随迁子女可在京参加中等职业学校的考试录取	中等职业学校
上海	《关于来沪人员随迁子女就读本市各级各类学校的实施意见》	持上海市居住证且积分达到标准分值人员的随迁子女，可在上海市居住证登记所在区（县）或就读学校所在区（县），参加本市中等学校高中阶段招生考试。符合义务教育就读条件、在本市接受3年（逐步过渡，2014年、2015年要求2年，2016年及以后要求3年）初中教育的随迁子女，可在上海参加全日制中等职业学校自主招生考试（包括“中高职贯通培养模式”招生）	全放开
广东	《关于做好进城务工人员随迁子女接受义务教育后在我省参加升学考试工作的意见》	各地级以上市人民政府要按照国办发〔2012〕46号文件规定要求，因地制宜制定随迁子女参加中考升学考试的具体办法，于2013年3月底前报省教育厅备案，并于2013年开始实施	全放开
重庆	《关于做好2014年普通中小学招生考试工作的通知》	户籍不在重庆市，但在重庆市借读的学生，如因特殊原因不能回户籍所在地参加中考，可申请在就读区县参加当地普通高中招生考试（不含“联招”），凭区县教育行政部门出具的成绩证明回户籍地升学或在重庆市普通高中择校就读	不含“联招”普通高中

续表

地区	文件名称	规定	开放类型
河北	《关于印发河北省2014年初中毕业与升学考试和普通高中招生制度改革意见的通知》	进城务工人员及其他非本地户籍就业人员随迁子女在河北省参加中考享受与当地常住户籍人口子女同等待遇，具体报名、审核、录取办法及条件由各设区市及定州市、辛集市根据本地实际制定	全放开
黑龙江	《关于进城务工人员随迁子女在我省参加升学考试工作的实施意见》	凡在黑龙江省具有合法职业、合法稳定住所（含租赁）的进城务工人员，其随迁子女在当地初中连续就读的，均可在当地报名参加中考，与当地户籍考生享受同等待遇。各市（地）、有关系统应于2013年3月底前出台相关政策，制定具体办法，并报省教育厅备案	全放开
湖南	《关于做好进城务工人员随迁子女接受义务教育后在当地参加升学考试工作实施办法》	随迁子女可通过以下方式进入当地高中阶段学校就读：（一）在湖南省流入地接受义务教育并取得当地学籍的随迁子女，可在当地参加中考，并参加当地高中阶段教育的招生录取。（二）在户籍所在地接受义务教育后，要求到父母务工所在地普通高中就读的随迁子女，参加户籍所在地中考并被当地普通高中录取后，按照湖南省普通高中学生学籍管理办法相关规定办理转学手续，可转入同类普通高中同层次学校就读。（三）要求到父母务工所在地中等职业学校就读的随迁子女，按教育部规定，实行注册入学制度，凭本人初中毕业证书在流入地中等职业学校直接办理学籍注册手续	全放开
安徽	《关于进城务工人员随迁子女接受义务教育后参加升学考试工作暂行意见》	按照国家有关规定及安徽省有关要求，由各市结合实际情况统筹制定中考相关政策，省政府教育行政部门负责审核	全放开

续表

地区	文件名称	规定	开放类型
山东	《关于进一步做好新形势下农民工工作的意见》	凡在初中有完整学习经历的非户籍考生均可就地报名参加中考，并享受同等的录取政策	全放开
浙江	《关于做好外省籍进城务工人员随迁子女接受义务教育后在我省参加升学考试工作的实施意见》	初中升高中的条件，由各市、县（市、区）根据本地外省籍进城务工人员数量、经济社会发展水平、产业结构布局和教育资源承载能力，根据外来进城务工人员在当地的合法稳定职业、合法稳定住所、按照国家规定参加社会保险年限以及随迁子女在当地连续就学年限等情况，在动态测算教育资源承载能力的基础上，因地制宜研究制定	全放开
江西	江西省2014年中等学校招生工作有关规定	跨设区市和县（市、区）的考生回户口所在地报考，确有特殊情况必须借考者，须经户口所在地和借考的设区市中招办同意，到借读学校报名。对正常转移学籍、休学和进城务工人员子女的在籍直升生资格认定，各地可根据当地实际情况制定相关规定	全放开
江苏	《关于做好来苏务工就业人员随迁子女参加升学考试工作的意见》	从2013年起，凡具有江苏省义务教育阶段学籍的应届初中毕业随迁子女，均可参加当地中考和普通高中、中等职业学校录取，具体办法由各省辖市制定	全放开
河南	《关于进城务工人员随迁子女接受义务教育后在当地参加升学考试工作的实施意见》	初中应届毕业生参加中考，须具有流入地正式学籍，可在学籍所在地参加升学考试，并与当地户籍考生享受同等待遇	全放开
湖北	《2014年湖北省高中阶段学校招生实施办法》	在湖北省初中就读并获得湖北省初中学籍的外省户籍随迁子女可在学籍所在学校报名参加中考，报名、考试、录取等方面享受湖北省户籍考生同等待遇	全放开

续表

地区	文件名称	规定	开放类型
陕西	《进城务工人员随迁子女义务教育后在陕参加升学考试方案》	从2014年起，随迁子女的父亲或母亲持陕西省居住证1年以上，按照国家规定在陕缴纳职工基本养老保险1年以上（含1年），随迁子女本人持有陕西省初中学校颁发的毕业证书，可在符合陕西省初中毕业学业考试报名其他条件的情况下，在其毕业初中所在县（区）报名参加初中毕业学业考试。根据考试成绩，考生可选择升入普通高中、高职5年制大专、中专或职业高中	全放开
甘肃	《关于做好进城务工人员随迁子女接受义务教育后在我省参加升学考试工作的实施方案（试行）》	自2013年起，进城务工人员随迁子女具有甘肃省连续两年初中学籍的，可在学籍所在地报名参加初中毕业学业考试与高中阶段招生考试	全放开
贵州	未查到原文	—	—
四川	《四川省进城务工人员随迁子女在当地参加升学考试实施方案》	凡父母在四川省有合法稳定职业和住所（含租赁），在父母就业和居住地就读满一定年限并取得初中阶段学籍的学生可在就读地报名参加中考。凡在四川省就读的初中、高中毕业学生均可在当地报考在四川省招生的中等职业学校	全放开
广西	《关于外来务工人员随迁子女和外省户籍学籍迁入人员在广西参加升学考试的意见》	外来人员在流入地的初中学校就读3年，取得流入地正式学籍，为初中毕业年级学生，其父母的其中一方（或法定监护人）在广西流入地具有合法稳定的职业和合法稳定的住所（含租赁）1年以上，可在流入地参加初中毕业升学考试。各设区市可根据本地的承载能力适当放宽限制条件	全放开
山西	《关于做好2014年山西省高中阶段教育学校招生工作的通知》	进城务工人员随迁子女在山西省参加中考享受与当地常住户籍人口子女同等待遇，具体报名、审核、录取办法及条件由各市根据本地实际制定并报省教育厅备案后由各市组织实施	全放开
内蒙古	《关于区外务工人员随迁子女在我区参加中考和高考工作的意见》	从2013年起，截至当年9月1日，区外务工人员随迁子女同时符合以下两个条件，可以在内蒙古参加当年中考：本人具有内蒙古初中阶段学校学籍，且连续就读满1年；家长在内蒙古有合法稳定住所（含租赁）且连续居住，有合法职业且纳税（或按国家规定参加社会保险）均满1年	全放开

续表

地区	文件名称	规定	开放类型
宁夏	未查到原文	—	—
海南	《海南省进城务工人员随迁子女参加初中毕业生学业考试和高中阶段学校录取的暂行规定》	面向全省招生的普通高中学校，只招收本省户籍考生。其中，定向分配到市县（单位）的指标，只招收该市县（单位）户籍的考生。各市县（单位）公办普通高中学校是否招收学籍在本地但户籍不在本地（含外省市户籍）的考生，由各市县（单位）教育行政部门确定并在考生报名前向社会公布。属于海南省户籍的，可以报考面向全省招生的公办普通高中学校（公费生、择校生均可）、户籍所在市县的公办普通高中学校（公费生、择校生均可）、学籍所在市县的公办普通高中学校择校生、全省民办高中学校、五年制高职高专学校和中等职业学校等；外省户籍的，可以报考民办高中学校（民办高中学校的公费生除外）、学籍所在市县的公办普通高中学校择校生、五年制高职高专学校和中等职业学校	全放开
吉林	《关于2014年吉林省初中毕业生学业考试和高级中等学校招生工作的通知》	进城务工人员子女凭居住证、父母务工证明等材料，经流入地教育行政部门批准，可参加流入地初中毕业生学业考试，报考高中享受与流入地学生同等待遇	全放开
辽宁	《辽宁省教育厅关于做好2014年中小学招生和初中生毕业升学考试工作的通知》	流动人口随迁子女可在就学所在地参加中考，与城市学生享受同等待遇	全放开
福建	《关于做好进城务工人员随迁子女接受义务教育后在当地参加升学考试工作的实施意见》	有条件的设区市从2013年起辖区内所有高中要面向随迁子女开放招生；随迁子女集中且高中资源较为紧缺的设区市，应积极扩大高中教育资源，力争于2015年前辖区内所有高中面向随迁子女开放招生	高中部分放开
云南	《关于做好随迁子女接受义务教育后在云南参加升学考试工作的实施意见》	随迁子女在流入地完整接受完初中教育，且取得连续三年学籍（七、八、九年级），可在流入地有条件地参加高中阶段学校录取。具体实施办法由各州市教育局结合实际自行制定	全放开

续表

地区	文件名称	规定	开放类型
新疆（乌鲁木齐）	《乌鲁木齐市2014年普通高中招生工作规定》	—	据媒体报道全放开
天津	《2014年天津市高级中等学校招生考试工作实施意见》	无本市户籍但在本市就读并具有本市学籍的考生，可填报五年制高职院校和各类中职学校志愿，不得填报普通高中学校志愿	五年制高职院校和各类中职学校
青海	《青海省深入推进户籍制度改革方案》	持居住证的暂住人口子女接受高中教育时，按流入地教育行政部门有关借读就学的规定执行	全放开
西藏	《西藏自治区2014年高中中专学校招生规定》	区内示范性高中面向全区招生，区内普通高中限招学校所在地户籍考生	未放开

（二）随迁子女在流入地高考政策分析[1]

2010年第六次全国人口普查数据显示，全国初中适龄（12～14周岁）随迁子女规模达到473万人，高中适龄（15～17周岁）随迁子女规模达到1128万人。这一庞大群体在流入地参加升学考试的需求，迫切要求政府在政策方面有重大突破。

1. 绝大多数省份按时出台了相关方案

2012年8月30日国务院办公厅转发的《关于做好进城务工人员随迁子女接受义务教育后在当地参加升学考试工作的意见》要求各省份“原则上应于2012年年底前”出台有关随迁子女升学考试的方案。从各省份出台随迁子女升学考试方案的时间来看，绝大部分省份按时出台了相关方案。

截至2012年12月31日，有21个省份出台了随迁子女在流入地参加义务教育后升学考试的工作方案。其中，江西省于2012年11月28日出台了相关方案，北京、上海、广东、重庆、河北、湖南、安徽、山东、浙江、江苏、河南、湖北、陕西、甘肃、贵州、四川、广西、吉林、辽宁、云南等20个省（自治区、直辖市）于2012年12月出台了相关方案。2013年1月1日以后，黑龙江、山西、内蒙古、宁夏、海南、福建、新疆等7个省、自治区出台了相关方案。此外，天津在2013年当地的中考中

[1] 本部分主体内容原刊于《教育研究》2014年第4期，题目为《流动人口随迁子女在流入地升学考试政策分析》。

招办法中明确了随迁子女在流入地升学考试的准入条件；2013年，青海在原《青海省普通高考报名录取条件补充规定（暂行）》的基础上，以补充条款的形式明确了外省随迁子女在青海省参加高考的条件。至此，除西藏外，全国30个省（自治区、直辖市）（不含港澳台）以文件或其他形式公布了随迁子女在流入地高考的准入条件。（见表2-2）

2. 过半数的省份在2013年开始实施相关方案

从随迁子女在流入地参加高考的政策的放开时间来看，大部分省份（含自治区、直辖市）在2013年开始实施或分步实施随迁子女在流入地参加高考政策方案，部分省份在2014年开始实施或分步实施随迁子女在流入地参加高考政策方案。

表2-2　各省份随迁子女在流入地高考政策出台及实施情况

地区	文件名称	制定部门	发布日期	实施日期
北京	《进城务工人员随迁子女接受义务教育后在京参加升学考试工作方案》	市教委、市发展改革委、市人力资源社会保障局、市公安局	2012年12月29日	2013年开始分步实施
上海	《进城务工人员随迁子女接受义务教育后在沪参加升学考试工作方案》	市教委、市发展改革委、市人力资源社会保障局、市公安局	2012年12月27日	2013年开始分步实施
广东	《关于做好进城务工人员随迁子女接受义务教育后在我省参加升学考试工作的意见》	省教育厅、省发展改革委、省公安厅、省人力资源社会保障厅	2012年12月29日	2013年开始分步实施
重庆	《重庆市外来务工人员随迁子女在重庆参加普通高考方案》	市政府办公厅	2012年12月26日	2013年
河北	《关于做好进城务工人员随迁子女接受义务教育后在当地参加升学考试工作的实施方案》	省教育厅、省发展改革委、省公安厅、省人力资源社会保障厅	2012年12月17日	2013年1月1日
黑龙江	《关于进城务工人员随迁子女在我省参加升学考试工作的实施意见》	省教育厅、省发展改革委、省公安厅、省人力资源社会保障厅	2013年1月22日	2013年
湖南	《关于做好进城务工人员随迁子女接受义务教育后在当地参加升学考试工作实施办法》	省教育厅、省发展改革委、省公安厅、省人力资源社会保障厅	2012年12月24日	2013年
安徽	《关于进城务工人员随迁子女接受义务教育后参加升学考试工作的暂行意见》	省教育厅、省发展改革委、省公安厅、省人力资源社会保障厅	2012年12月31日	2013年

续表

地区	文件名称	制定部门	发布日期	实施日期
山东	《关于做好进城务工人员随迁子女接受义务教育后在当地参加升学考试工作的实施意见》	省教育厅、省发展改革委、省公安厅、省人力资源社会保障厅	2012年12月5日	2014年
浙江	《关于做好外省籍进城务工人员随迁子女接受义务教育后在我省参加升学考试工作的实施意见》	省教育厅、省发展改革委、省公安厅、省人力资源社会保障厅	2012年12月28日	2013年
江西	《关于做好外省籍务工人员随迁子女就地参加高考工作的实施意见》	省教育厅、省发展改革委、省公安厅、省人力资源社会保障厅	2012年11月28日	2014年
江苏	《关于做好来苏务工就业人员随迁子女参加升学考试工作意见的通知》	省教育厅、省发展改革委、省公安厅、省人力资源社会保障厅	2012年12月28日	2013年
河南	《关于进城务工人员随迁子女接受义务教育后在当地参加升学考试工作的实施意见》	省教育厅、省发展改革委、省公安厅、省人力资源社会保障厅	2012年12月31日	2013年
湖北	《关于进城务工人员随迁子女接受义务教育后在我省参加升学考试实施办法（试行）》	省教育厅、省发展改革委、省公安厅、省人力资源社会保障厅	2012年12月31日	2013年
陕西	《进城务工人员随迁子女义务教育后在陕参加升学考试方案》	省教育厅、省发展改革委、省公安厅、省人力资源社会保障厅	2012年12月31日	2014年起，可参加初中毕业升学考试；2016年起，可参加普通高校招生考试及录取
甘肃	《关于做好进城务工人员随迁子女接受义务教育后在我省参加升学考试工作的实施方案（试行）》	省教育厅、省发展改革委、省公安厅、省人力资源社会保障厅	2012年12月31日	2013年
贵州	《贵州省外来人员随迁子女报考普通高等学校暂行规定》	省教育厅、省发展改革委、省公安厅、省人力资源社会保障厅、省监察厅	2012年12月27日	自2014年高考报名时开始执行
四川	《四川省进城务工人员随迁子女在当地参加升学考试实施方案》	省教育厅、省发展改革委、省公安厅、省人力资源社会保障厅	2012年12月31日	2014年

续表

地区	文件名称	制定部门	发布日期	实施日期
广西	《关于外来务工人员随迁子女和外省户籍学籍迁入人员在广西参加升学考试的意见》	自治区教育厅、自治区发展改革委、自治区公安厅、自治区人力资源社会保障厅	2012年12月30日	2013年10月1日
山西	《山西省进城务工人员随迁子女接受义务教育后参加升学考试工作的实施方案》	省教育厅、省公安厅、省人力资源社会保障厅	2013年1月1日	2013年起，可在就读地参加中考；2014年起，可就地参加高考
内蒙古	《关于区外务工人员随迁子女在我区参加中考和高考工作的意见》	自治区教育厅	2013年3月15日	2013年起，可以参加当年中考；2014年起，可参加普通高考
宁夏	《关于进城务工人员随迁子女考生在我区参加普通高考报考条件的规定》	自治区教育厅、自治区发展改革委、自治区公安厅、自治区民政厅、自治区人力资源社会保障厅、自治区国土资源厅、自治区住房城乡建设厅、自治区农牧厅、自治区工商行政管理局、自治区林业局	2013年1月3日	2014年
海南	《关于做好外省籍务工人员随迁子女在海南省接受义务教育后参加海南省普通高考工作的实施方案（试行）》	省教育厅、省发展改革委、省公安厅、省人力资源社会保障厅	2013年1月9日	2014年1月1日
吉林	《进城务工人员随迁子女在吉林省参加升学考试（高考）工作实施方案》	省教育厅、省发展改革委、省公安厅、省人力资源社会保障厅	2012年12月25日	2013年1月1日
辽宁	《关于进城务工人员随迁子女在辽宁省参加中考和高考实施方案（试行）》	省教育厅、省发展改革委、省公安厅、省人力资源社会保障厅	2012年12月27日	2013年3月
福建	《关于做好进城务工人员随迁子女接受义务教育后在当地参加升学考试工作的实施意见》	省教育厅、省发展改革委、省公安厅、省人力资源社会保障厅	2013年1月15日	2014年

续表

地区	文件名称	制定部门	发布日期	实施日期
云南	《关于做好随迁子女接受义务教育后在云南参加升学考试工作的实施意见》	省教育厅、省发展改革委、省公安厅、省人力资源社会保障厅	2012年12月31日	2013年
新疆	《来疆务工人员随迁子女在新疆参加普通高考工作实施方案（试行）》	自治区教育厅、自治区发展改革委、自治区公安厅、自治区人力资源社会保障厅、自治区监察厅	2013年3月13日	2014年
天津	天津市在“中考中招”“春季高考”“高职招生”等招生办法中规定：符合条件的随迁子女可以参加中等职业学校招生考试、春季高考和高职院校自主招生	市教委	2013年初	2013年
青海	《〈青海省普通高考报名录取条件补充规定（暂行）〉补充条款》	省高等学校招生委员会	2013年初	2013年
西藏	未出台	—	—	—

3. 各省份多以教育厅（教委）等四部门作为方案的主要设计者

从各地随迁子女在流入地参加高考政策方案的拟定者来看，大部分省份以教育厅（教委）、发展改革委、公安厅（局）、人力资源社会保障厅（局）等四部门作为政策方案的主要设计者。贵州、新疆除了上述四部门，还将监察厅作为制定政策方案的主要力量。宁夏除了上述四部门，还将民政厅、国土资源厅、住房城乡建设厅、农牧厅、工商行政管理局、林业局作为政策的制定者。此外，内蒙古仅以教育厅作为政策方案的设计者。

4. 各省份方案放开的口径尺度大小不一

从各地政策方案允许报考的学校类型来看，大部分地区允许随迁子女参加普通高等学校招生考试，允许参加本科、专科层次录取。但部分地区，如北京、广东、内蒙古、上海、新疆、云南等则仅限报考职业类院校。例如，北京规定，自2014年起，符合条件的随迁子女可以在北京参加高等职业院校的考试；广东省规定，自2014年起，符合条件的随迁子女只能在广东省报名参加高等职业院校招生考试，自2016年起，符合条件的随迁子女方可在广东省报名参加高考；内蒙古规定，2014年高考，符合条件的随迁子女仅限报考高职高专院校（专业）；上海规定，符合一定条件的随迁子女可参加普通高等职业院校自主招生考试；新疆规定，不同条件的随迁子女可分别报考区内本科院校和区内外高职（专科）院校；云南规定，户籍未迁入云南的随迁子女可报考第三批本科院校或专科院校，在云南省有完整中等职业教育学籍但户籍未迁入云南的毕业生，可报考省属高职专科院校。

5. 各省份方案中设置的准入条件差异较大

目前，各地对随迁子女在流入地参加高考准入条件的设置差异较大（见表2–3）。有的地区只要求随迁子女有三年学籍，有的对其父母的居住证明、稳定住所、稳定职业及社保缴纳年限等做出明确规定。从总体上看，北京、上海、广东等经济发达、人口流入量大、优质教育资源丰富的省份公布的方案中的准入条件比其他省份的准入条件高，而江西、安徽等人口流出大省只对高中阶段完整学籍做出要求，并未对考生父母的条件进行设定。其中，江西省的准入条件最宽松，要求随迁子女高中阶段具有一年以上学习经历并取得学籍即可。

必须明确，部分地区的方案虽然未设置更多的条件，但也隐含诸多环环相扣的条件。例如，部分省份的方案中并未要求考生父母“有合法职业和稳定住所（含租赁）”“缴纳社会保险”等，但随迁子女若要在该地区取得高中学籍，根据当地规定需要其父母提供暂住证、工作证及缴纳社会保险等证明。由此可见，部分准入条件事实上并非是孤立存在的，而是以其他准入条件的存在为前提的。

表2–3　各省份随迁子女在流入地高考政策准入条件[1]

高考报考条件	省、自治区、直辖市	2012年高考报名人数（万人）	2012年“一本”录取率	地区特点
学生学籍、就读年限	江西	26.9	8.91%	人口流入压力较小，考生多，高等教育资源少，录取分数相对较高
	山东	55	9.46%	
	安徽	50.6	9.05%	
	浙江	31.6	11.13%	
	福建	25	12.34%	
家长的居住证、职工基本养老保险，学生的学籍、就读年限	陕西	37.53	11.29%	人口流入压力较小，“高考移民”问题压力较小

[1] 数据来源：高考报名人数和录取率由各省（自治区、直辖市）教育厅（教委）网站公开数据及媒体报道整理并计算所得。

续表

高考报考条件	省、自治区、直辖市	2012年高考报名人数（万人）	2012年“一本”录取率	地区特点
家长的居住证，学生的学籍、就读年限	湖南	35.2	10.08%	“高考移民”问题压力较小
家长的合法稳定住所、合法稳定职业，学生的学籍、就读年限	重庆	23.0	9.22%	人口流入压力一般，“高考移民”问题压力较小
	河南	80.5	6.90%	
	黑龙江	21.0	9.29%	
	辽宁	25.9	12.22%	
	江苏	47.5	9.71%	
	广西	28.5	7.09%	
	湖北	45.7	7.34%	
	四川	53.8	4.71%	
	山西	36.1	6.41%	
家长的居住证、合法稳定职业，学生的学籍、就读年限	河北	45.93	7.62%	
家长的合法稳定住所、合法稳定职业、社会保险（或纳税证明），学生的学籍、就读年限	吉林	16.2	14.22%	高考录取分数相对较低，“高考移民”问题形势严峻
	新疆	15.47	9.70%	
	内蒙古	18.95	10.99%	
	宁夏	6.02	11.30%	
	海南	5.5	13.99%	
	甘肃	29.6	6.22%	
家长的居住证明、合法稳定住所、合法稳定职业、社会保险，学生的学籍	北京	7.3	25.54%	人口流入压力较大，“高考移民”问题形势严峻
	广东	69.2	5.78%	
	云南	21.0	8.70%	“高考移民”问题形势严峻
	贵州	24.8	7.92%	
其他（学习经历+居住证管理积分）	上海	5.9	20.51%	人口流入压力较大，“高考移民”问题形势严峻
	天津	6.4	23.09%	
	青海	3.8	15.79%	
	西藏	1.9	6.63%	

注：云南、浙江、天津等省、直辖市的“一本”录取率为2011年的数据；各省（自治区、直辖市）的“一本”录取人数存在一定差异，故部分省（自治区、直辖市）的“一本”录取率无法进行直接对比，此处仅供参考。

二、随迁子女在流入地升学考试政策存在的主要问题

（一）方案还未能最大限度地凝聚社会共识

随着在流入地升学考试改革逐渐进入“深水区”，许多前所未有的新情况、新问题、新矛盾开始显现出来，难度大、矛盾多、任务重、情况杂等成为当前在流入地升学考试改革的主要问题。由于在流入地升学考试改革既涉及体制机制，又涉及思想观念，更涉及群众的切身利益，因此，社会各界的期待也有诸多差异。以京、沪、粤为代表的当地城市学生家长认为，如果准入条件设置得过于宽松或者放开随迁子女在流入地升学考试，将会给当地的教育、经济、就业等方面带来很大的压力，会“稀释”当地本来就稀缺的优质教育资源。因此，他们要求维护当地城市考生的权益。而流动人口子女家长则认为，自己作为建设者，在流入城市纳税、交社保、做贡献，那么自己的子女也需要正常地融入城市，也有理由要求平等的受教育权。因此，方案制定者需要主动找出深层次的矛盾和问题，摒弃短期利益和局部利益，最大限度地凝聚社会共识。

从各地文件的出台过程来看，仅有安徽、上海、陕西等部分省份在政策出台过程中面向社会公开征求意见。相当一部分省份的相关部门未能公开而广泛地征求城市家庭和流动人口家庭的意见，未召开听证会，也未为群众提供充分表达诉求的平台。在未能最大限度地凝聚社会共识的情况下，政策方案的实施效果必然会受到影响。

（二）准入条件的设置过于严格，缺乏精确定量论证

各地对准入条件的设置，需要建立在对本地随迁子女基本情况“底数清”“情况明”的基础上。开多大“口子”才会对地方的资源以及人口流动产生影响，不同的准入条件会流入多少随迁子女，这需要政策制定部门对随迁子女在流入地的基本情况进行系统调研。同时，也需要政策制定部门结合流入地办学条件和教育教学水平所能够提供的学位数量，设置不同程度的准入条件组合，实现教育资源的合理配置与有效利用。然而，各地在在流入地升学考试准入条件的设置过程中，缺乏足够的调研数据支持与精确的定量判断，导致操作方案的预期效果无法精确衡量，这在一定程度上影响了政策的权威性与科学性。例如，随迁子女在北京市出台相关方案政策之前是可以无条件报考中等职业学校的，而新政策的实施则导致随迁子女报考中等职业学校的准入条件增加了。同时，中考与高考是相互影响的，在高考还没有放开的情况下中考也

难以放开，这样随迁子女接受高中阶段教育的现实困局也随之而来。

教育公平是每个公民的权利，也是在流入地升学考试改革的目标。相关准入条件应紧紧围绕随迁子女在流入地考试和录取的需要进行设置，而不是依据其父母的工作性质、收入、住房等非直接相关条件。从准入条件设置的科学性角度来看，部分准入条件并不是随迁子女升学考试资格认定的必要条件，对进城务工人员资格认定的直接功能应该是保证其子女是名副其实的“随迁子女”。然而，各地诸多准入条件却集中在随迁子女家长身上，这在某种意义上成为一种新的不公平。例如，部分地区常年不允许众多进城务工人员在当地参加社保，在这种情况下，将社保年限设为随迁子女升学考试准入条件对进城务工家庭是不公平的。

（三）准入条件容易变成“门路”

从各地的客观条件来看，设置在流入地升学考试的准入条件无疑是必要的。各地区发展条件不同，可接收随迁子女入学的承载量也就不同。流动人口的涌入加重了城市资源的负担，这势必影响地方放开随迁子女在流入地参加升学考试政策的实施。因此，根据各地教育需求和教育资源状况，设置不同的准入条件有其必要性。

从各地对在流入地升学考试的政策设计来看，这些准入条件目前主要集中在随迁子女父母的职业、住所、参加社会保险年限以及随迁子女在当地连续就学年限等方面。从客观上看，在流入地升学考试的准入条件存在一定的“可操作空间”，部分家长可以通过工作调动、购房等方式满足上述规定。也有部分家长可能会通过转学或迁移户口等办法让自己的子女到高考录取分数线相对较低、录取率较高的地区参加高考，以达到让自己的子女以更小的竞争压力享有优质教育资源的目的。而进城务工人员则由于经济能力相对较弱，导致其在职业、住所、社会保险等的审查、认定方面陷入困境。

（四）方案运行存在有名无实的潜在风险

在现行的高考制度下，在流入地升学考试改革面临平衡随迁子女考生和本地考生利益的难题。在流入地升学考试改革既要考虑特殊地域的原有情况，又要维护随迁子女的应有权益。在这种情况下，部分地区严格的准入条件使得有机会在流入地参加升学考试的随迁子女数量非常有限。而部分地区方案的初衷在执行过程中被扭曲，方案得不到有效执行，致使方案有名无实。例如，某省政策规定，随迁子女只要有三年高中学籍就可以就地报考，但在办理学籍的过程中，一些学校并不愿意为随迁子女办理学籍证明，导致政策在执行过程中难以落实。

（五）借考要完全实施具有难度

教育部发布的《2013年普通高等学校招生工作规定》特别对随迁子女在流入地借考做了新的条件限制："因公长期在非户籍所在省（区、市）工作的人员或其随身子女，确需在其工作或学习地借考的，在两地试卷相同的前提下，由考生向工作或学习单位所在地及户籍所在地的省级招办提出申请并经同意后，可在考生工作或学习所在地的省（区、市）办理借考手续，参加考试。考生答卷的评阅及录取事宜由其户籍所在地省级招办处理。"[1]京、沪、粤等地的方案中均提出，将非户籍人口借考的做法作为在流入地升学考试的重要补充。这为不符合在流入地升学考试条件的随迁子女开辟了一条升学之路，是一种比较灵活的做法。

但是，借考目前在全国缺乏实际推广价值。首先，两地试卷相同的条件限制了借考考生的范围。2013年，全国高考实施自主命题的省份有16个，其高考报名人数约占全国高考报名总人数的62.6%[2]，而高考命题完全一致的省份则较少，仅有非常少的随迁子女能够享受这一政策。其次，借考需要经过严格的审批程序，借考人要同时向借考地和户籍所在地的省级招办提出申请并经同意后才能借考。但当前各地的招考部门之间的衔接还不到位，考生若要取得户籍所在地省级招办批准，中间要耗费很多的人力、物力，加之借考之后试卷还要寄回户籍所在地评阅，考生也要到户籍所在地报志愿，这就导致考生的经济和时间成本比直接回户籍所在地考试还高。此外，考生在流入地借考最终还必须在户籍所在地录取，也就是说，借考只是一种考试组织形式，为考生多提供了一种考试服务而已，与升学录取无关。

三、随迁子女在流入地升学考试政策面临的挑战

随迁子女在流入地参加升学考试政策的出台改变了多年的高考升学录取格局，影响着每一个考生及其家庭。在我国现有的高考分省录取体制下，高校招生指标是分配到各省份的，这就形成了各省份的高校录取指标有限的现状。保障随迁子女在流入地升学考试权利是大势所趋，是社会不可推卸的责任。如此一来，随迁子女在流入地升学考试工作面临着平衡当地考生和随迁子女权益的挑战。

[1] 教育部．教育部关于做好2013年普通高校招生工作的通知［EB/OL］．［2013-04-24］．http：//www.moe.gov.cn/publicfiles/business/htmlfiles/moe/moe_297/201305/xxgk_151607.html．

[2] 根据各省、自治区、直辖市公布的2013年普通高考数据及媒体报道整理并计算得出。

（一）如何应对随迁子女数量日益增加的现象

根据历年进城务工人员数量，运用Logistic曲线拟合外推可以计算出未来各年进城务工人员的数量。依据1982年以来历次人口普查及1%人口抽样调查数据，对离开户口登记地半年以上的人口数据进行拟合分析，可以计算出未来各年流动人口的数量。如果流动人口的年龄结构保持相对稳定，那么通过对全国流动人口的数量变动趋势进行推算，则可以得出未来数年12～14岁、15～17岁随迁子女人口数量的预测数据。

根据前述，我们所确定的未来流动人口数量的预测模型为$y=\frac{k}{1+e^{-a\times(x-b)}}$，其中$x$表示年份，$y$表示流动人口数，$a,b,k$为三个特定参数。经计算，该模型的$a,b,k$值分别为$k$=18139.41，$a$=0.2051902，$b$=17.15121，则该模型为$y=\frac{18139.41}{1+e^{-0.2051902\times(x-17.15121)}}$。其中，$R^2$=0.9958，回归方程统计检验达到显著水平（$p<0.001$），整体预测效果较好。根据Logistic曲线拟合预测结果，未来数年12～14岁、15～17岁随迁子女的规模将会出现持续扩大的态势。

根据预测，12～14岁随迁子女的规模在2020年将达到627.73万人，其中，14岁中考适龄随迁子女的规模将达到240.84万人。15～17岁随迁子女的规模在2020年将达到1543.65万人，其中，17岁高考适龄随迁子女的规模将达到724.98万人。（见图2-1、图2-2）

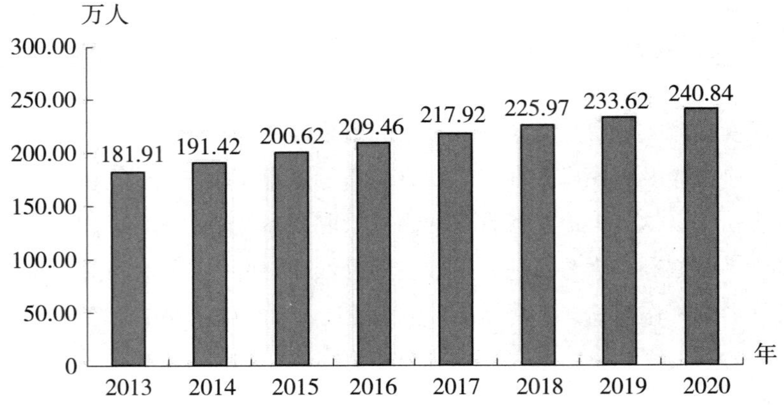

图2-1　14岁随迁子女规模预测变动趋势

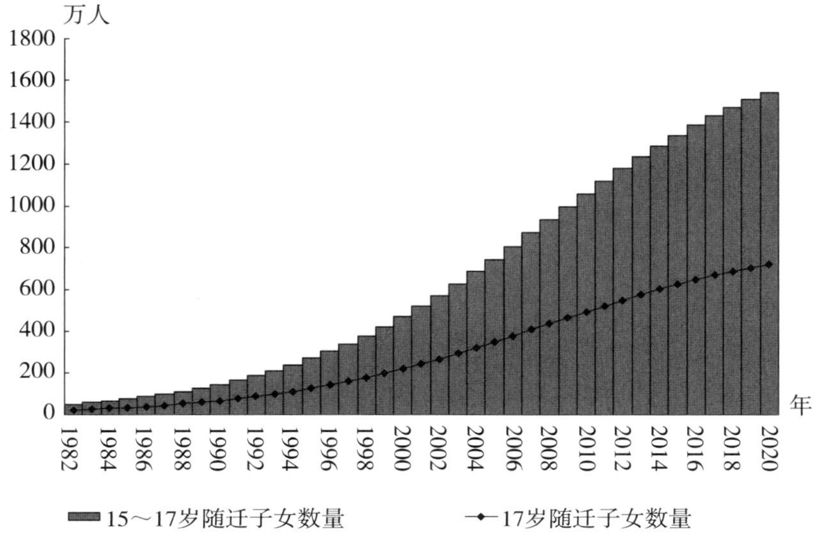

图2-2　随迁子女规模预测变动趋势

从规模上看，完成和即将完成初中、高中阶段教育随迁子女的数量非常庞大，而且未来数年仍将保持持续增长的态势，因此有关部门需做好有更多随迁子女流入城市的准备。如何满足日益增多的随迁子女的义务教育后接受更高教育的需求，成为今后在流入地升学考试政策必须面对的重要挑战。

（二）如何统筹高中教育资源

目前，各大中城市的高中阶段教育资源有限，特别是优质高中阶段教育资源非常稀缺。随着随迁子女数量不断增加，如果相关部门不加以引导和有序统筹，那么城市的高中教育资源将不堪重负，并最终影响这些地方的教育发展，也会直接影响随迁子女在流入地平等接受教育的权利。

（三）如何保障高中阶段教育经费

由于高中阶段不属于义务教育范畴，加之随迁子女要在流入地获得高中学籍才能在当地参加高考，因此随迁子女家庭可能存在高中阶段教育经费不足的问题。目前，国家和地方对随迁子女接受义务教育后的教育经费保障还没有较明确的政策，这也制约了各地推动随迁子女在流入地升学考试政策实施的积极性。

（四）如何分配高考录取指标

虽然目前全国高考的录取率较之以前已有较大提高，但本科尤其是重点高校的招生指标在很多地方仍然“僧多粥少”。因此，在优质高等教育资源有限的情况下，落实在流入地升学考试方案可能会造成流入人口较多的省份的高考报考人数大幅度增加，进而使招生录取指标分配的矛盾更加突出，这可能会对当地考生的权益形成某些冲击，引起某些反对意见。如何对高考录取指标进行调整，将影响在流入地升学考试政策能否在各地顺利推动。

四、随迁子女在流入地升学考试政策的建议

（一）建立多方参与、凝聚全社会共识的决策机制

在流入地升学考试改革作为社会系统改革的一个方面，是我国城镇化发展中的社会问题在教育上的反映，因此仅由教育部门来解决此类问题是不切合实际的。这需要从国家层面进行统筹，以省级政府为主体，协调包括教育行政部门在内的发展改革委、公安厅、财政厅、税务局等部门，密切协作、齐抓共管。同时，建立让利益相关者直接参与到规章制度制定中的决策机制，确保各方群众的教育知情权、参与权、表达权和监督权，最大范围地凝聚各方共识，营造随迁子女在流入地顺利参加中考和高考的良好氛围及环境，使在流入地升学考试改革的成本最小化，收益最大化。

（二）统筹规划、合理配置流入地教育资源

首先，以常住人口为统计口径，将随迁子女纳入当地的教育规划中，根据当地经济社会发展的态势，科学预测当地适龄高中阶段人口的发展趋势，以现有办学条件和教育教学水平所能够提供的学位数量为依据，对高中阶段教育的供给与需求变动状况做出科学判断，并进行资源的合理配置，满足随迁子女在流入地参加升学考试的需求。

其次，落实生均公用教育经费，让受教育者在各地都能享有平等的求学机会。应该加大省级财政对基础教育的统筹力度，同时加大中央财政对地方转移支付力度，建立学费随学籍走的机制，减小流入地地方财政的教育投入压力，减轻城市负担。

最后，加大招生计划的宏观调控力度。对接纳随迁子女在流入地参加高考数量较大的省份，根据报考人数和招生比例，适当增加招生计划指标。

（三）建立科学的随迁子女信息监测机制

正确认识随迁子女在流入地参加升学考试问题的背景，必须正视中考和高考适龄随迁子女这一群体的存在，客观统计随迁子女的数量，准确把握他们的变动趋势，以便为在流入地升学考试政策的制定提供依据。

对随迁子女做到“底数清”“情况明”。这需要“对随迁子女在流入地的基本情况进行系统了解，全面掌握其分布、规模、流动的稳定性、受教育过程的变动等信息，了解他们对普通高中和职业学校的需求倾向，及时准确地把握他们对高等教育的需求信息”[1]，尤其是在明确在流入地高考面向随迁子女放开的前提下，在流入地中考政策更要与之科学配套。

科学预测流入地的接纳“容量”，做好前瞻性规划。对随迁子女的规模变动趋势和教育需求，完全可以进行前瞻性预测。“各地应科学预测本地适龄高中阶段人口的分布及发展变化趋势，以现有办学条件和教育教学水平所能够提供的学位数量为依据，科学布点，合理整合，对高中阶段教育的供给与需求变动状况做出科学判断。”[2]

系统评估在流入地升学考试政策的利弊。“对于随迁子女高中阶段教育需求不能满足所造成的影响进行系统分析，全面评估在流入地升学考试政策的利弊，以不断改进在流入地升学考试政策。”[3]

（四）因地制宜设置相应的准入条件

首先，各地应建立“以证管人、以房管人、以业管人”的服务管理模式，实现“有条件准入、无障碍考试”。对人口流入压力相对较小的地区，可适当放宽高考报名条件，即将“户籍+学籍”的高考报名条件，调整为“居住证+学籍”或者“多年纳税证明+学籍”，以此来解决随迁子女在流入地的升学考试问题。对于不符合条件的随迁子女，流出地和流入地政府应积极配合做好政策衔接，保障考生回流出地参加升学考试。

其次，探索在流入地升学考试报名资格的量化管理制度，如参考上海等地实施的积分准入的管理制度，对申请人的各项条件进行量化赋分，以减少人为因素的影响。

[1] 吴霓，朱富言. 农民工随迁子女在流入地中考政策研究［M］. 北京：教育科学出版社，2011：173-176.

[2] 同［1］.

[3] 同［1］.

最后，以职业教育作为推进在流入地升学考试政策落实的突破口，向随迁子女全面开放免费职业教育。由于中等职业教育自身的特点，它与高考的联系不像普通高中教育那样密切。在高考开放有难度或步子不大的区域，将中等职业教育作为推进在流入地中考政策落实的突破口是一个务实的措施，这样既可以增加随迁子女义务教育后的选择机会，为希望尽早就业的随迁子女继续学习开辟一条通道，又有利于城市职业教育的发展。

（五）改革高考考试招生制度

首先，从长远来看，国家层面需要改革计划招生体制，打破集中录取的制度，建立分类考试、综合评价、多元录取的考试招生制度，从源头上实现公平、公正。一方面，逐步推行按地区考生人数投放招生计划，从源头上实现公平、公正；另一方面，逐步实现招考分离，把高考的选拔功能转变为评价功能，适当增加高校自主考试招生的权力，使高校能够更合理地选拔符合需要的人才，使考生能有更多符合自己个性化发展的考试录取机会、途径和方式。

其次，改革借考制度。推行中考与高考成绩的省际认证制度，对考试成绩进行标准化处理，以实现不同省市间考生成绩的可比性，进而保障跨省流动的随迁子女在流入地参加中考与高考的权益。

最后，从各地在流入地升学考试政策的具体实施状况来看，仅仅着眼于户籍改革及设置不同严格程度的准入条件是无法从根本上取得突破性成效的。随迁子女在流入地升学考试问题的解决，需要切实推进教育资源的均衡化发展，消除城市特权、地域特权、群体特权等导致的不公平。当升学机会在任何地区、对任何群体都一样时，随迁子女在流入地升学考试的问题也就迎刃而解了。

第三章　10城市随迁子女在流入地升学考试现状调研[1]

继国家层面的政策颁布后，各地出台的政策是否能有效解决随迁子女在流入地参加升学考试的问题，其条件设置是否公平合理，是否具有可操作性，学校、家长和学生对当地政策的反应和适应情况如何，是当前及未来各地需要慎重面对和妥善处理的重要问题。为此，在城市调研的基础上，综合分析随迁子女在流入地升学考试的现状尤为迫切和重要。

一、研究设计与过程

（一）调研目的

为深入了解流动人口随迁子女在流入地义务教育后升学考试问题，中国教育科学研究院教育发展与改革研究所（原教育政策研究中心）自2013年起启动“流动人口子女在流入地义务教育后升学考试研究”调研。调研的主要内容包括各地相关政策的出台、实施状况、演进轨迹、特点及实施效果，地方实践模式，流动人口家庭教育需求，城市当地家庭对推行随迁子女在流入地升学考试政策的反应等。本研究通过对各地随迁子女数量及分布状况的数据进行分析研究，描述随迁子女变动情况。同时，对随迁子女在流入地义务教育后升学考试政策进行系统梳理，并对典型区域进行实地调研，总结分析各地政策的特点和实施状况，为国家和各地区政策的进一步有效实施提供重要决策参考，促使随迁子女能够平等、顺利地接受高中阶段教育以及参加高考升学考试。

（二）调研方法

本研究运用问卷调查法、文献资料法、访谈法、数据统计法、逻辑分析法等方法，以上述资料与相关数据为基础，分析各地区随迁子女在流入地升学考试的基本状况，揭示随迁子女在流入地升学考试背后隐藏的深层次问题，探索其发展趋势。

[1] 本部分主要内容刊发于《中国教育报》（2016年9月22日），题目为《异地升学考试：“门槛”能再低些吗》。

本研究对随迁子女在流入地升学考试问题采取规范研究的方法进行分析和解释，提出了有针对性的建议。

（三）调研实施

1. 样本的选取

考虑到调查费用以及调查实施的便利性，本项目采用整群抽样的方式，将每类调研对象总体中各单位归并成若干个互不交叉、互不重复的群，然后以群为抽样单位抽取样本。

（1）确定分群的标准。根据各地学校随迁子女数量的情况，以班级作为分群的标准。

（2）将总体（N）分成若干个互不重叠的部分，每个部分为一个群。

（3）根据各样本量，确定抽取的群数。

（4）采用简单随机抽样方法，从群中抽取确定的群数。

2. 样本信息

在综合考虑流动人口规模、地理区位、城市功能定位等因素的基础上，课题组于2013年10月至2015年6月选取了3个直辖市、4个省会城市、2个计划单列市、1个地级市等10个城市（东部城市5个，中部城市2个，西部城市3个）进行专题调研。根据课题研究的设计，每所学校各抽取200名随迁子女、100名随迁子女家长、100名当地子女、50名当地家长和50名教师进行问卷调查。考虑到问卷的回收率及有效性等问题，在对每所项目学校进行实测时，上述调研对象的样本量可视情况适当增加5%～10%。其中，对随迁子女及其家长样本按照2：1的比例配对调研，对抽中的学生样本按照间隔为1的方式抽取学生家长样本；当地子女样本与当地家长样本按照2：1的比例配对调研。

本次调研共收回有效问卷数量如下：初中学生问卷5051份，初中学生家长问卷1912份，初中教师问卷893份；高中学生问卷3437份，高中学生家长问卷1706份，高中教师问卷774份。

二、调研发现与分析讨论

（一）调研发现

1. 接受更高阶段的教育正成为随迁子女的主要需求

大部分随迁子女希望初中毕业后能够继续接受更高阶段的教育。从表3-1的数据来看，初中随迁子女中，58.2%的省内跨县流动学生明确希望能接受义务教育后的更高教育，51.8%的跨省流动学生明确希望能接受义务教育后的更高教育。其中，明确希望接受高等教育的省内跨县流动学生、跨省流动学生的比例分别是48.1%、41.6%，选择以初中作为最高受教育程度的比例分别为0.5%、1.4%。

从高中随迁子女的情况来看，省内跨县流动学生、跨省流动学生明确希望接受高等教育的比例分别是93.7%、91.0%，选择以高中作为最高受教育程度的比例分别为0.5%、1.8%。

表3-1　随迁子女希望获得的最高受教育程度

类别	初中	高中	中专	专科	本科	研究生	看情况	不知道
初中省内跨县流动学生	0.5%	7.1%	3.0%	3.4%	25.2%	19.5%	37.7%	3.7%
初中跨省流动学生	1.4%	5.8%	4.4%	5.0%	19.0%	17.6%	41.9%	4.9%
高中省内跨县流动学生	/	0.5%	2.9%	30.2%	27.2%	36.3%	2.4%	0.5%
高中跨省流动学生	/	1.8%	5.0%	34.0%	23.1%	33.9%	0.4%	1.8%

2. 在流入地参加升学考试是随迁子女的主要选择

从初中随迁子女的情况来看，希望在流入地参加中考的省内跨县流动学生和跨省流动学生的比例分别是80.1%、57.4%，而希望回流出地参加中考的这两类学生的比例仅分别是1.3%、9.2%。（见图3-1）

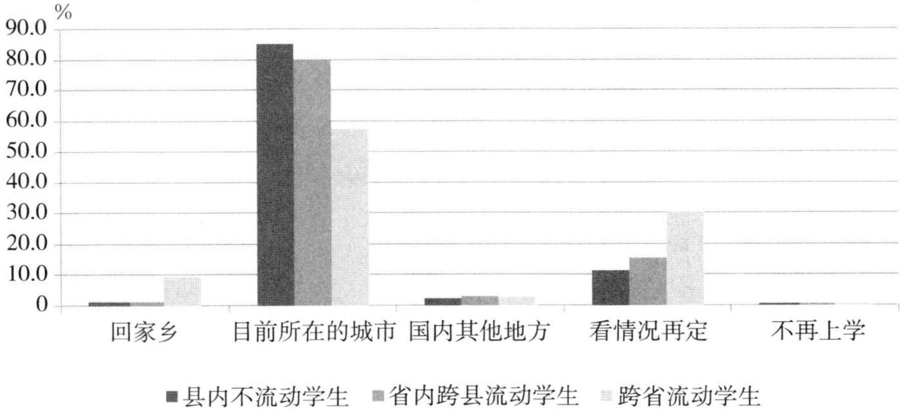

图3-1　初中学生希望选择的中考地点

从高中随迁子女的情况来看，希望在流入地参加高考的省内跨县流动学生和跨省流动学生的比例分别是87.6%、64.2%，而希望回流出地参加高考的这两类学生的比例仅分别是1.4%、4.0%。（见图3-2）

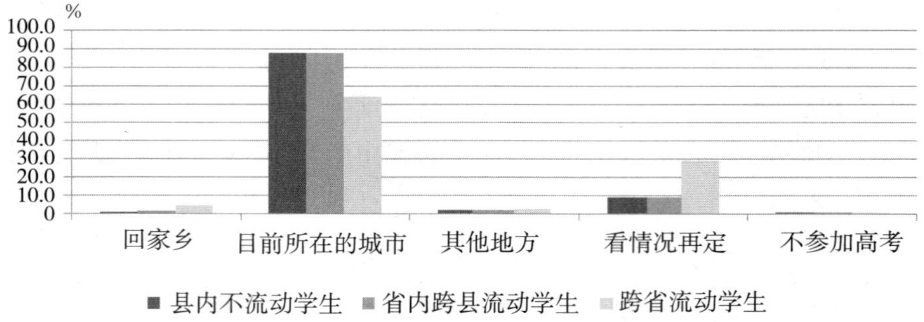

图3-2 高中学生希望选择的高考地点

3. 职业教育对随迁子女的吸引力较低

当前职业教育在制度设计上对随迁子女的吸引力较低，未能有效增加随迁子女义务教育后的选择机会。

在初中学生中，县内不流动学生、省内跨县流动学生和跨省流动学生选择未来上中职的比例仅分别为12.2%、10.2%、12.9%，而选择未来上高中的比例则分别高达81.3%、83.9%、79.5%。（见图3-3）

在高中学生中，县内不流动学生、省内跨县流动学生和跨省流动学生选择未来上高职的比例仅分别为3.7%、2.7%、4.1%，而选择未来上普通高校的比例则分别高达82.2%、83.9%、76.8%。（见图3-4）

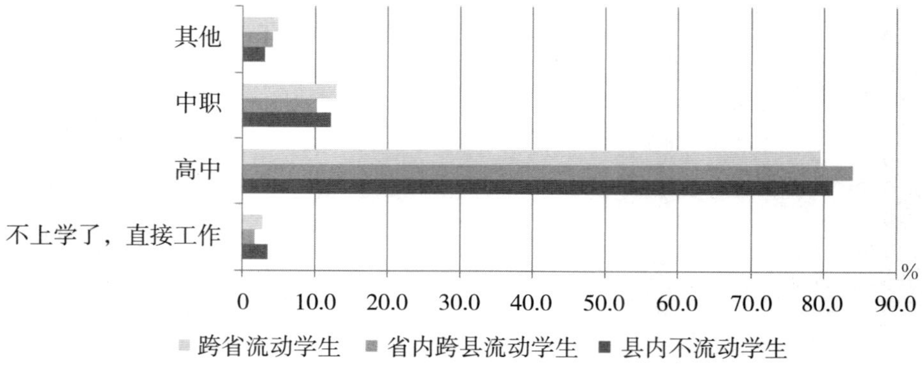

图3-3 初中学生对升学出路的选择

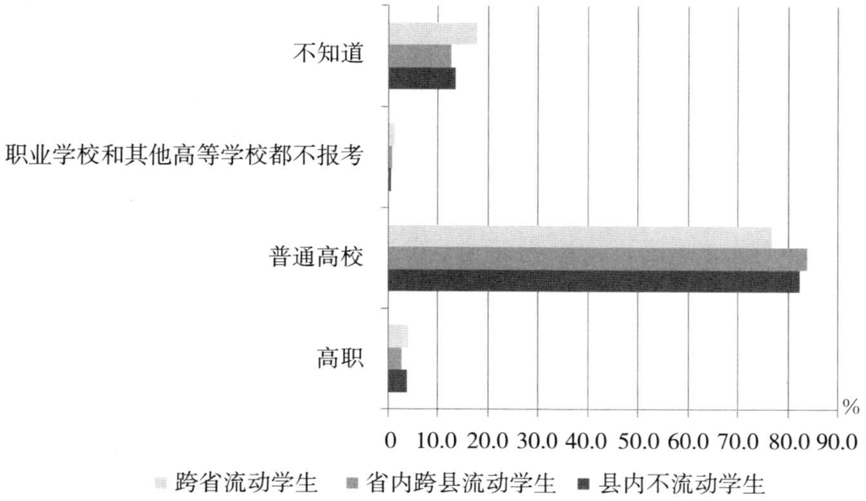

图3–4 高中学生对升学出路的选择

4. 流动家长对政策的满意程度高于本地家长

在流入地升学考试政策的出台在一定程度上解决了流动人口家庭的教育需求，这使得流动家长对在流入地升学考试政策实施的满意程度比本地家长的满意程度高。

在初中学生家长中，流动家长对在流入地升学考试政策实施的满意程度高于本地家长。省内跨县流动家长和跨省流动家长对在流入地升学考试政策实施状况感到比较满意或非常满意的比例均在30%以上，县内不流动家长感到比较满意、非常满意的比例则分别为22.8%、7.7%，55.6%的县内不流动家长认为实施状况一般。（见图3–5）

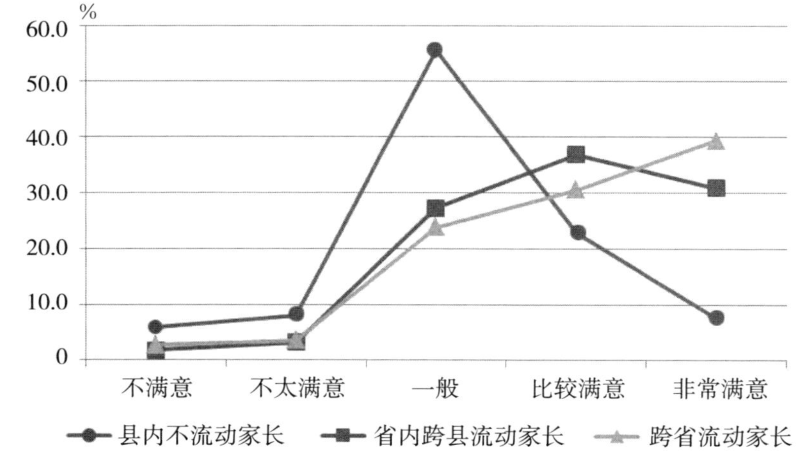

图3–5 初中学生家长对在流入地升学考试政策实施的满意情况

从整体上看，高中学生家长对在流入地升学考试政策实施的满意程度相对一般。县内不流动家长、省内跨县流动家长和跨省流动家长对在流入地升学考试政策实施状况认为一般的比例分别为53.4%、45.7%、35.7%，比较满意的比例分别为26.2%、34.9%、42.9%，非常满意的比例分别为4.9%、11.6%、21.4%。（见图3–6）

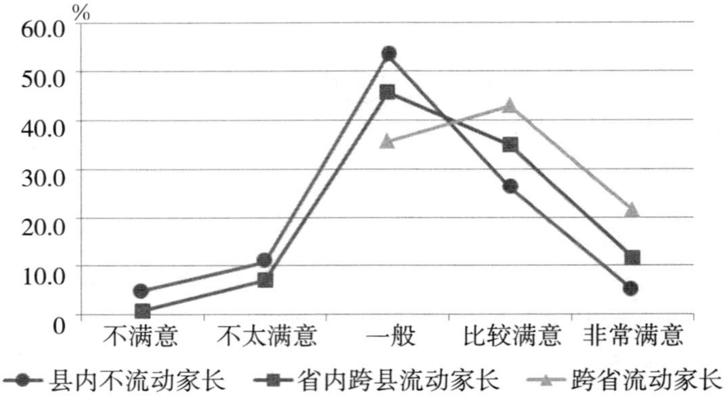

图3–6　高中学生家长对在流入地升学考试政策实施的满意情况

5. 学籍作为准入条件得到了最多的认可，社会保险作为准入条件的合理性评价最低

具体来看，在高中学生中，县内不流动学生、省内跨县流动学生和跨省流动学生对学籍这一条件的认可比例分别为52.1%、57.6%、49.6%（见图3–7）。在高中学生家长中，县内不流动家长、省内跨县流动家长和跨省流动家长对学籍这一条件的认可比例分别为43.9%、52.8%、52.8%（见图3–8）。

社会保险作为准入条件的合理性评价最低。在高中学生中，县内不流动学生、省内跨县流动学生和跨省流动学生对社会保险作为准入条件的认可比例分别为1.5%、0.8%、2.1%（见图3–7）。在高中学生家长中，县内不流动家长、省内跨县流动家长和跨省流动家长对这一条件的认可比例分别为3.9%、1.1%、2.1%（见图3–8）。

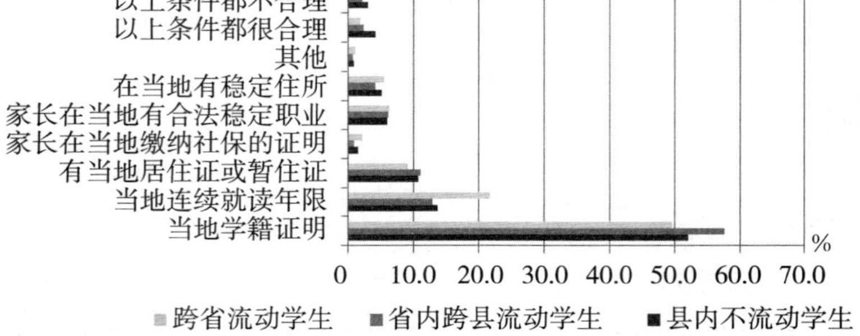

图3–7　高中学生对各项准入条件合理性的评价

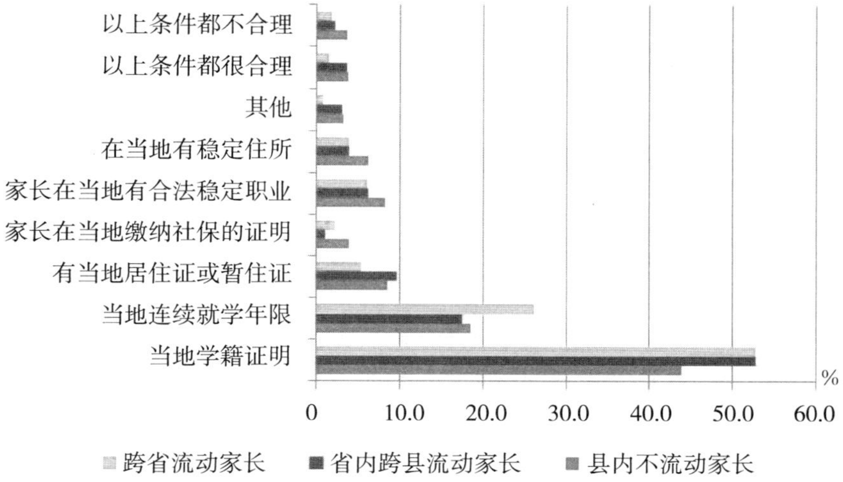

图3-8 高中学生家长对各项准入条件合理性的评价

6. 大部分高中随迁子女家庭不能满足社会保险这一条件

社会保险成为各项准入条件中最难实现的一项。省内跨县流动家庭和跨省流动家庭中满足社会保险条件的比例分别为44.8%和39.8%，大部分随迁子女家庭不能满足社会保险缴纳条件。（见图3-9）

在其他各项条件中，省内跨县流动家庭和跨省流动家庭容易满足的条件依次为学籍、就学年限、居住证/暂住证、合法稳定职业、稳定住所，符合规定的比例基本都在60%～80%。其中，省内跨县流动家庭和跨省流动家庭满足学籍条件的比例分别为79.5%、79.3%，满足就学年限条件的比例分别为72.5%、78.4%，满足居住证/暂住证条件的比例分别为65.6%、77.9%，满足合法稳定职业条件的比例分别为62.7%、75.4%，满足稳定住所条件的比例分别为62.8%、74.4%。（见图3-9）

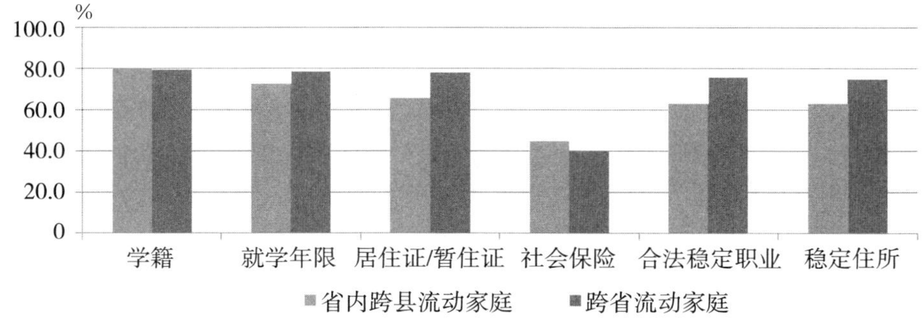

图3-9 高中随迁子女家庭符合各项准入条件的比例

7. 相关利益群体对在流入地升学考试政策的具体内容缺乏准确与完整的了解

大部分高中学生及其家长对在流入地升学考试政策仅限于知道有政策出台，但对政策的具体内容缺乏准确与完整的了解。其中，对当地政策允许报考的学校类型的判断要好于对政策实施的年份、具体准入条件的判断，学生对政策具体内容的了解程度要好于家长。

从当地政策的具体准入条件来看，在被调查的高中学生中，县内不流动学生、省内跨县流动学生和跨省流动学生对当地政策具体准入条件的知晓的准确率分别为35.2%、26.1%、41.6%（见图3–10）。在被调查的高中学生家长中，县内不流动家长、省内跨县流动家长和跨省流动家长对具体准入条件知晓的准确率分别为5.0%、6.3%、12.1%。

从各地允许报考的学校类型来看，仅有三成左右的高中学生能准确知晓允许报考的学校类型。县内不流动高中学生、省内跨县流动高中学生和跨省流动高中学生对允许报考的学校类型的准确知晓率分别为30.2%、39.8%、28.8%（见图3–10）。

从各地政策实施的时间来看，仅有两成左右的学生、家长能准确知晓当地政策开始实施的年份。在被调查的学生中，县内不流动高中学生、省内跨县流动高中学生和跨省流动高中学生对政策开始实施的具体年份的准确知晓率分别为11.1%、10.5%、20.7%（见图3–10）。在被调查的家长中，大多数家长不了解所在城市开始实施政策的具体年份，县内不流动家长、省内跨县流动家长和跨省流动家长对政策开始实施的具体年份的准确知晓率分别为13.8%、17.6%、22.7%。

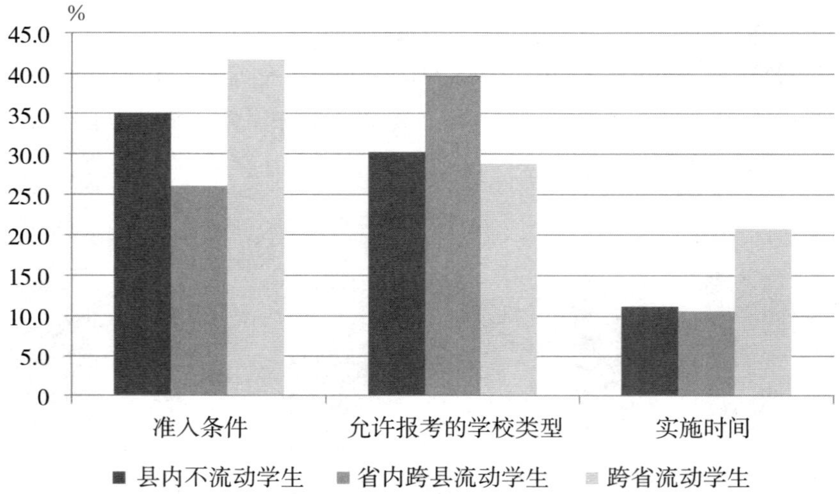

图3–10　高中学生对在流入地升学考试政策知晓的准确率

8. 人际交往传递是当前在流入地升学考试政策信息传播的主要方式

学校和老师是学生了解在流入地升学考试政策的主要信息来源。在初中学生中，有35.9%的县内不流动学生、42.9%的省内跨县流动学生和37.9%的跨省流动学生通过学校和老师了解在流入地升学考试政策（见图3–11）。

在高中学生中，这一比例分别为26.4%、34.3%、29.2%。在其他信息获取渠道中，电视、网络、报纸、广播等媒介在在流入地升学考试政策传播中的比例依次降低。（见图3–12）

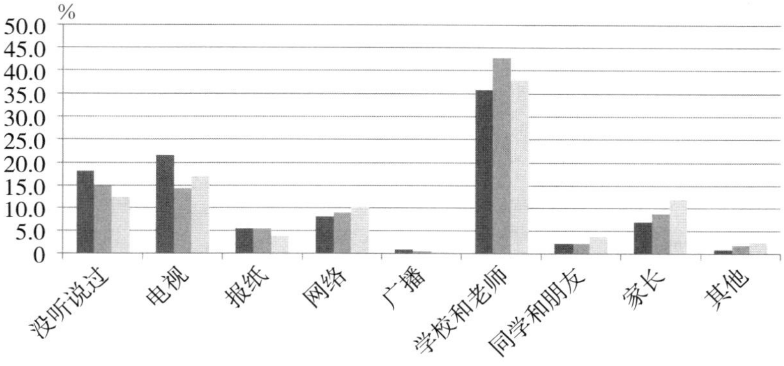

图3–11　初中学生了解在流入地升学考试政策的渠道

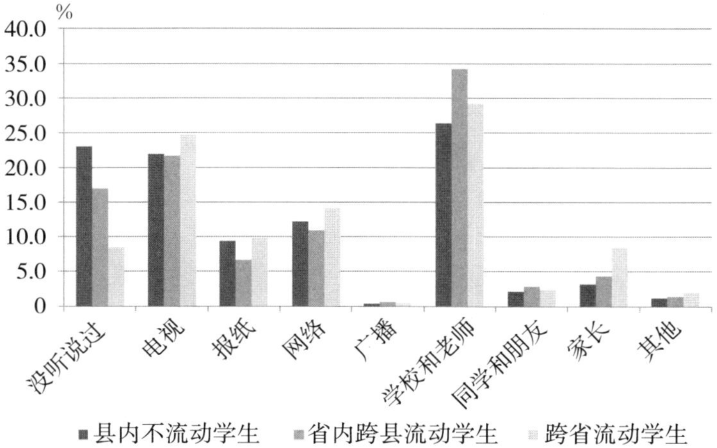

图3–12　高中学生了解在流入地升学考试政策的渠道

9. 有两成左右的当地初中学生家长和三成左右的当地高中学生家长对在流入地升学考试政策持反对意见

10个城市的受访家长对在流入地升学考试政策的接纳情况整体较好。无论是本地家长还是外地家长，对该政策的支持度均比较高，仅有少数被调查对象表示反对。

在初中学生家长中，县内不流动家长、省内跨县流动家长和跨省流动家长对在流入地升学考试政策持反对态度（包括非常反对、比较反对）的比例依次为19.1%、3.9%、2.0%，跨省流动家长支持（包括非常支持、比较支持）的比例要高于省内跨县流动家长、县内不流动家长的支持比例。（见图3-13）

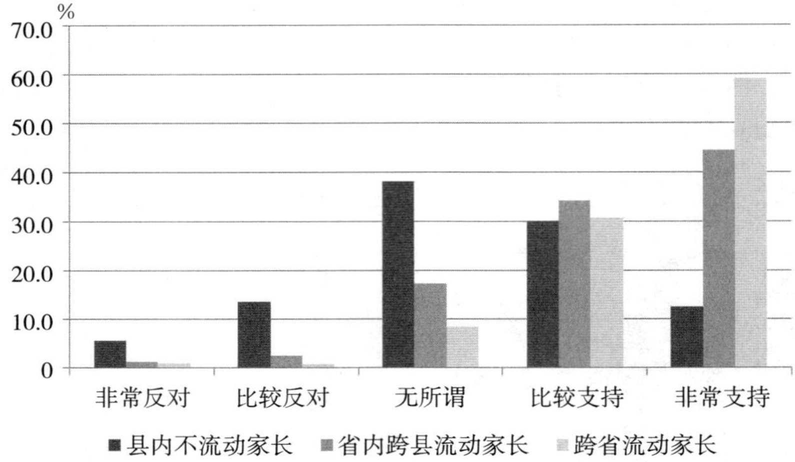

图3-13　初中学生家长对在流入地升学考试政策的态度

在高中学生家长中，县内不流动家长、省内跨县流动家长和跨省流动家长对在流入地升学考试政策持反对态度（包括非常反对、比较反对）的比例依次为29.4%、14.7%、1.4%，当地家长的反对比例要高于流动家长的反对比例。（见图3-14）

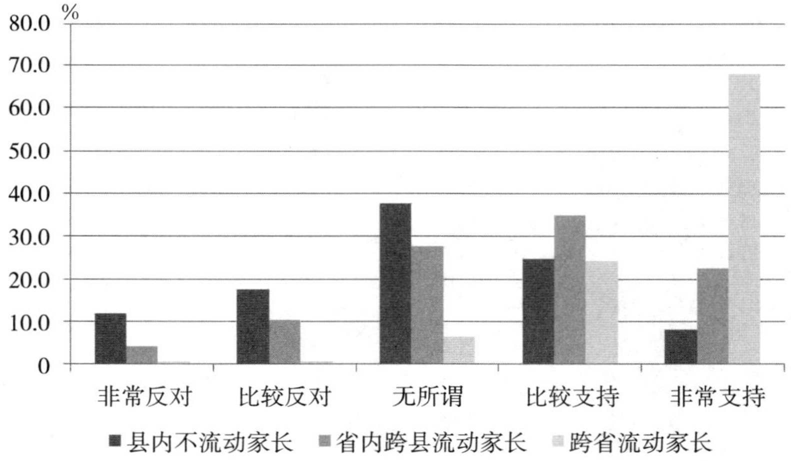

图3-14　高中学生家长对在流入地升学考试政策的态度

从城市分布来看，某直辖市本地高中学生家长对这一政策持反对意见的比例高达75.2%，另一直辖市的这一比例为65.1%，其他城市的这一比例则基本在20.0%以下，大多数调研城市的高中学生家长对在流入地升学考试政策的接纳情况整体较好。

10. 大部分家长希望设置较为宽松的政策准入条件

从初中学生家长对政策准入条件宽松程度的期望来看，大部分家长希望设置能允许大部分或全部随迁子女参加流入地升学考试的准入条件。具体来看，县内不流动家长、省内跨县流动家长、跨省流动家长希望允许大部分随迁子女在流入地参加升学考试的比例分别为32.5%、34.9%、41.2%，希望不设置任何限制条件的比例则分别为28.0%、50.2%、51.1%。（见图3–15）

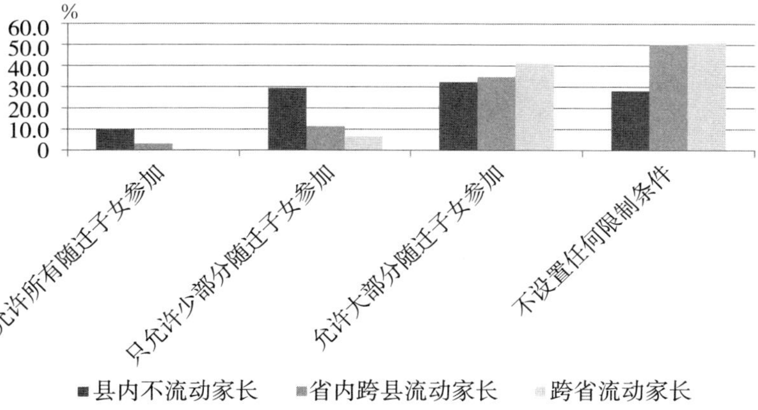

图3–15　初中学生家长希望的准入条件设置的宽松程度

从高中学生家长对政策准入条件宽松程度的期望来看，大部分家长希望设置能允许选择报考学校类型的宽松的准入条件甚至不设置准入条件，但希望不设置任何限制条件的比例低于初中学生家长。具体来看，县内不流动家长、省内跨县流动家长、跨省流动家长希望允许大部分随迁子女在流入地参加升学考试的比例分别为35.4%、46.7%、52.7%，希望不设置任何限制条件的比例则分别为16.1%、23.3%、38.5%。（见图3–16）

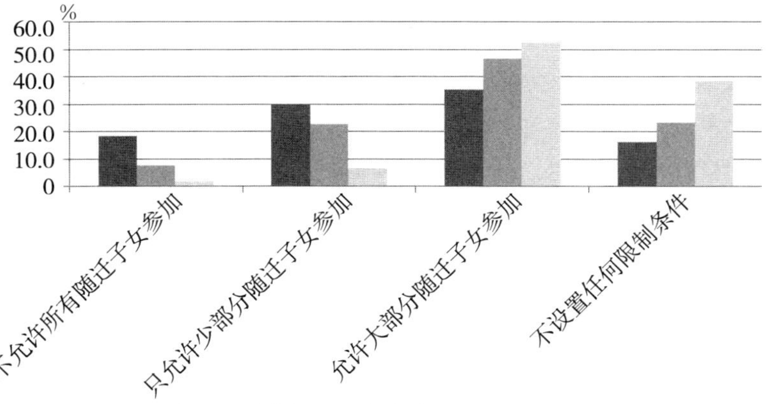

图3–16　高中学生家长希望的准入条件设置的宽松程度

（二）分析与讨论

1. 随迁子女在流入地升学考试将成为常态化现象

随着“以流入地区政府管理为主，以全日制公办中小学为主”（简称“两为主”），“将常住人口纳入区域教育发展规划，将随迁子女教育纳入财政保障范围”（简称“两纳入”）政策的落实，随迁子女接受义务教育问题基本得到解决，但在随迁子女数量持续增长的情况下，他们继续升学的愿望与现实政策的某些限制条件之间的矛盾将成为教育领域的焦点问题。随着“两为主”政策向“两纳入”政策深化，随迁子女在流入地参加升学考试将成为常态化现象。这要求教育主管部门高度重视随迁子女的继续求学问题，并以此作为制定随迁子女教育相关政策的基本出发点。

2. 部分地区的政策设计与民众的需求尚存在较大差距

当前的在流入地升学考试政策让一部分随迁子女家庭看到了希望，但由于诸多限制条件和要求，相当一部分随迁子女在流入地参加升学考试的愿望尚难以满足，导致政策实施后的现实状况与随迁子女家庭的需求和预期尚有较大差距。相关政策在制定时未充分了解各利益相关群体的诉求，因此在平衡各种权益的过程中未能取得最优平衡，致使政策针对性相对较弱，影响了政策的实施效果。

3. 在流入地升学考试政策的宣传效果有待增强

大部分学生及其家长对在流入地升学考试政策的了解仅限于知道有政策出台，但对政策的具体内容缺乏准确与完整的了解。从各地报考的条件来看，初中随迁子女、初中随迁子女家长、高中随迁子女、高中随迁子女家长能完整、准确地知晓当地具体条件的比例仅占三成左右。从各地允许报考的学校类型来看，仅三成左右的流动人口（学生和家长）能准确知晓当地允许报考的具体条件、学校类型，仅有两成左右的高中随迁子女能准确知晓当地政策的实施年份。

4. 各项准入条件设置合理性的评价差异较大

各地对随迁子女在流入地参加升学考试的准入条件设置，未充分考虑舆论倾向，未系统考察影响随迁子女在流入地参加升学考试意愿及相关政策的舆情，因此准入条件的设置在一定程度上存在“一刀切”与简单化的现象，针对性相对较弱，影响了政策的实施效果。

5. 职业教育未能有效增加随迁子女义务教育后的教育选择机会

各地在开放在流入地升学考试政策时，在政策设计上将职业教育作为随迁子女的重要选择。但是，因为社会对职业教育的认可度偏低，职业教育对随迁子女的吸引力也偏弱，所以当前的职业教育在制度设计上未能有效增加随迁子女义务教育后的教育选择机会。

6. 流动人口发展态势难以精确预测，影响着随迁子女升学考试政策的放开程度

由于流动人口的“流动性”特点，随迁子女在各学区的分布变动较大。大部分调研城市的区、县一级的教育主管部门对本辖区内随迁子女数量的变动缺乏精确预测手段，这在一定程度上影响了教育资源配置的效率，导致地方政府在制定随迁子女升学考试政策时态度较为谨慎，从而影响了相关政策的放开程度。

7. 城市功能定位影响着随迁子女升学考试政策的放开程度

在建制镇和小城市、中等城市、大城市、特大城市中，随迁子女数量差别较大，因此随迁子女的教育需求与流入地教育资源配置的矛盾程度也各有不同，导致随迁子女升学考试政策的放开程度的差别也较大。尤其是大城市和特大城市，受制于户籍改革的缓慢，教育与户籍 “脱钩”一直难以取得较大进展，城市的公共资源配置很难满足数量庞大的随迁子女的教育需求。[1]

三、对策建议

（一）正视随迁子女的教育需求，满足其接受更高阶段教育的需要

高度重视随迁子女接受更高阶段教育的强烈意愿，在客观了解随迁子女教育需求的前提下，创造条件对高中教育资源进行有效规划并合理配置，为有需求的随迁子女家庭提供相关教育信息与服务。这既能满足随迁子女家庭的教育需要，又能保证城市高中阶段教育资源的合理配置和有序供给。

（二）建立科学化、民主化、法治化的决策机制

随迁子女在流入地升学考试事关教育发展全局，涉及群众诸多切身利益，因此相关部门需建立科学化、民主化、法治化的决策机制，全面落实公众参与、专家论证、风险评估、合法性审查和集体讨论决定的程序要求，广泛听取各利益相关群体的意见，确保各方群众的教育知情权、参与权、表达权和监督权，提高专家论证和风险评估质量，最大范围地凝聚各方共识，营造随迁子女在流入地顺利参加中考和高考的良好氛围和环境。

[1] 吴霓，朱富言. 随迁子女在流入地高考政策实施研究——基于10个城市的样本分析［J］. 教育研究，2016（12）：43-49.

（三）加强媒体宣传，提升政策知晓度

电视、网络、报纸、广播等媒介在在流入地升学考试政策传播中的作用仍有较大提升空间，各级教育行政部门、宣传部门需要有效开展宣传引导工作，广泛运用受众面广、人民群众喜闻乐见的新媒体传播政策信息，及时提供相关的资讯与咨询服务，努力提高宣传引导的时效性。

（四）依据客观条件与舆情适当放宽准入条件

以随迁子女自身的条件为基础设计准入条件，将学籍和连续就读年限作为基础条件，根据舆情民意和当地的教育资源供给能力科学论证准入条件的设置，明确准入条件的优先顺序，精确预测方案设置的预期效果。对于高中教育资源供给矛盾并不突出的地区，鼓励削减或取消社会保险、稳定职业等非必要准入条件。

（五）提升职业教育吸引力，增加随迁子女的教育选择机会

加快职业教育体系建设，开发城市职业教育资源，打通中职与本科技术技能人才的培养通道，在“中本贯通”的基础上，尝试将应用型本科与专业硕士学位对接起来，增强职业教育对随迁子女家庭的吸引力，增加随迁子女在接受义务教育后的教育选择机会，为随迁子女继续学习开辟一条通道。

（六）科学评估在流入地升学考试政策

科学、系统地评估在流入地升学考试政策，并根据评估结果调整、修正、延续政策或促进新政策的制定，以实现教育资源的有效配置，不断完善在流入地升学考试政策。

（七）根据城市功能定位建立在流入地高考分类管理政策

依据《国务院关于进一步推进户籍制度改革的意见》的部署，以及城市综合承载能力和提供基本公共服务的能力，制定针对建制镇和小城市、中等城市、大城市、特大城市随迁子女在流入地高考的差异化分类管理政策，推进建制镇和小城市全面接收随迁子女就学升学，鼓励中等城市积极接收随迁子女入学升学，推动大城市和特大城市根据城市发展总体规划、人口控制目标、经济社会发展状况和教育资源承载力情况合理确定随迁子女入学升学条件。对于高中教育资源供给矛盾并不突出的地区，鼓励削减或取消社会保险、稳定职业等非必要条件，为随迁子女在流入地参加高考创造良好的条件。

第四章　北京市随迁子女在流入地升学考试调研

一、调研背景

（一）北京市经济社会发展与流动人口基本状况

1. 经济社会发展基本状况

北京市作为首都，是全国政治、文化、科教和国际交往中心，是经济、金融的决策和管理中心，同时也是全国流动人口较为密集的城市之一。北京市按城市功能区划分为首都功能核心区、城市功能拓展区、城市发展新区、生态涵养发展区。

在我国总体亟须加快转变经济发展方式的攻坚时期，尽管北京市也面临较大的挑战，但北京市在全国率先实施主动调控，“十二五”期间经济社会发展在调结构、转方式、惠民生等方面取得较大成就，创新能力与生态建设力度持续增强，城乡区域协调发展，社会建设全面推进。此外，北京市的经济增长对传统领域的依赖进一步减弱，科技发展对经济社会的支撑与促进作用日益凸显，以培育战略性新兴产业的高端化、服务化、集聚化、融合化、低碳化发展引领首都经济的转型升级与快速发展，“高精尖”经济结构已在北京市初见端倪。

目前，北京市的经济运行持续平稳、健康发展，经济增长速度趋于合理，增长的质量和效益稳步提高。以2014年为例，2014年北京市地区生产总值（GDP）21330.8亿元，比上年增长7.3%。其中，第一产业增加值159.0亿元，下降0.1%；第二产业增加值4545.5亿元，增长6.9%；第三产业增加值16626.3亿元，增长7.5%。[1] 2014年，北京市人均地区生产总值为99995元，按年平均汇率折合为16278美元[2]，已超过中等发达国家人均1万美元的水平。

［1］北京市统计局，国家统计局北京调查总队．北京市2014年国民经济和社会发展统计公报［EB/OL］．［2015-02-12］．http：//www.bjstats.gov.cn/tjsj/tjgb/ndgb/201511/t20151124_327764.html.

［2］温需．2014年北京市人均GDP16278美元［EB/OL］．［2015-01-22］．http：//news.sohu.com/20150122/n407994819.shtml.

2. 流动人口基本状况

伴随着我国城市化进程的推进，北京市流动人口规模急速扩大，特别是进入21世纪以来，北京市流动人口的增长尤为突出。北京市流动人口的分布呈现出集聚性特点，并逐渐由城市中心向近郊区扩展。

（1）流动人口逐渐呈快速增长趋势

改革开放以来，北京市流动人口数量的变化与发展大致分为三个阶段：第一阶段为1978～1992年，流动人口数量和流动人口比重变化不大，处于平缓状态；第二阶段为1992～2000年，由于党的十四大的召开，北京市作为政治、经济、文化中心，步入了改革发展的新阶段，流动人口数量迅速增长；第三阶段为2000年至今，北京市流动人口数量呈现稳步增长态势，特别是2008年奥运会以后，北京市流动人口数量增长趋势更明显，出现了激增的现象。[1]

2013年，北京市流动人口为802.7万人，约占北京市总人口的38.0%（北京市常住人口总数为2114.8万人）。截至2014年年末，北京市常住人口为2151.6万人，其中外来常住人口为818.7万人，占常住人口的比重为38.1%。[2]与2010年第六次全国人口普查相比，流动人口增加98.2万人，年均增长率约为6.7%；与2000年第五次全国人口普查相比，流动人口增加546.6万人，平均每年增加约42.0万人。

（2）流动人口主要分布在城市功能拓展区和城市发展新区

北京市的流动人口主要分布在城市功能拓展区和城市发展新区，2013年这两个功能区域的流动人口分别占北京市流动人口总数的53.1%、36.1%，合计高达89.2%。其中，城市功能拓展区的流动人口以朝阳区和海淀区最多（分别为176.1万人、143.5万人），城市发展新区的流动人口以昌平区和大兴区最多（分别为100.6万人、73.5万人）。在北京市的各区（县）中，流动人口比较密集的区域为昌平区、大兴区、朝阳区、通州区、海淀区，这5个区流动人口占区域内人口总数的比重均超过全市平均水平，其中昌平区的比重最高，高达53.3%。

2001年以来，北京市流动人口在地区分布上呈现出由城市功能拓展区逐渐向城市发展新区扩散的趋势。2005年至2012年，虽然4个功能区的流动人口都有所增加，但城市发展新区流动人口的增长速度远远快于其他3个功能区，年均增长率达到16.5%，而首都功能核心区、城市功能拓展区、生态涵养发展区的年均增长率分

[1] 许学珍．北京市流动人口对经济增长影响的实证研究［D］．北京：首都经济贸易大学，2013：15.
[2] 同［1］.

别为5.9%、10.2%和8.8%。[1]

（3）新生代流动人口规模急剧扩大

近年来，流动人口的年龄结构也逐渐发生变化，流动人口的年轻化趋势日益突出，新生代流动人口规模迅速扩大。根据2010年第六次全国人口普查数据，北京市新生代流动人口规模达383万人，占北京市流动人口总数的54.3%，这表明在北京市的流动人口中，超过半数的人出生在1980年以后，新生代流动人口已成为北京市流动人口的主体，流动人口的代际更替悄然发生。[2]

（4）随迁子女数量将保持平稳增长态势

北京市流动人口信息统计起步较早，因此信息较全面和权威，而且地域越大，影响流动人口数量变动的偶然因素越少，其变动也具有更为稳定的数量变动规律。通过北京市流动人口的数量变动推算随迁子女的数量，具有较强的可行性和科学性。下面主要运用Logistic曲线拟合预测对北京市流动人口随迁子女的数量进行预测。

根据北京市统计年鉴提供的历年北京市常住人口和户籍人口数据，可以对离开户口登记地半年以上的流动人口数据进行分析。我们收集了1995年以来北京市流动人口数量信息，确定未来流动人口数量的预测模型为$y=\frac{k}{1+e^{-a\times(x-b)}}$，其中$x$表示年份，$y$表示流动人口数，$a,b,k$为三个特定参数。为避免自变量$x$与观测值在数量上相差过大，$x$取值的初始年份为1。运用Stata9统计软件可以求出该模型的a,b,k值，该模型可表示为$y=\frac{3187.628}{1+e^{-0.1154058\times(x-28.42131)}}$，均方根误差为44.09107，$R^2$=0.9926。回归方程统计检验达到显著水平（$p<0.001$），整体预测效果较好。

[1] 秦宏宇，刘昂．北京市流动人口的现状、特点、趋势与政策应对［J］．北京政法职业学院学报，2014（2）：89–96.

[2] 同［1］.

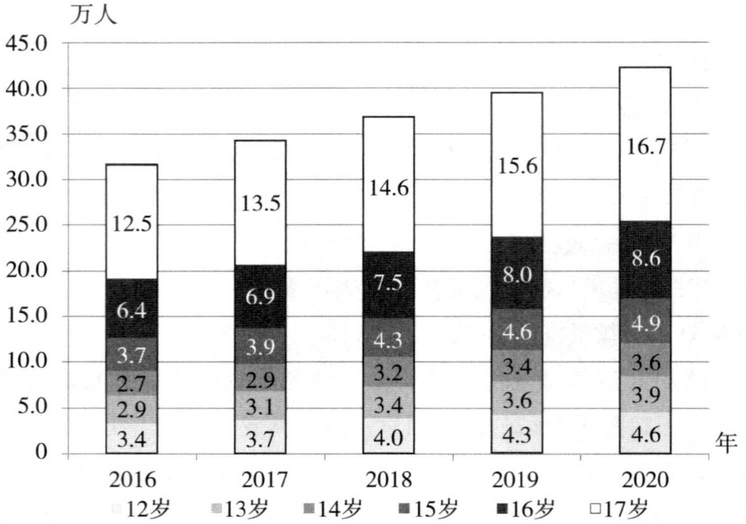

图4–1　北京市随迁子女数量变动趋势

由于流动人口的年龄结构相对稳定，根据北京市2010年第六次人口普查的流动人口年龄结构，可推测出未来北京市流动人口随迁子女的数量。如图4–1所示，北京市14岁初中毕业随迁子女数量在2016年至2020年将基本维持在2.7万人至3.6万人之间，17岁高中毕业随迁子女数量在2020年将增加到16.7万人。从整体上看，北京市流动人口随迁子女的数量将保持平稳增长的态势。

（二）北京市随迁子女教育基本状况

伴随着流动人口利益诉求的变化，流动人口更加渴望家庭成员的团聚和相对稳定的生活，越来越多的流动人口开始出现迁移倾向，人口流动的家庭化趋势也越来越明显。在这一过程中，举家迁移到城市的流动人口比重增加，大量孩子跟随父母来到城市，有些孩子甚至出生在城市。通常我们将这些户籍登记在外省（区、市）、本省外县（区），随务工父母到输入地的城区、镇区（同住）的儿童、少年称为“进城务工人员随迁子女”，简称“随迁子女”[1]。

由于北京市随迁子女数量急剧增加，加之教育资源有限，北京市在解决随迁子女教育问题的过程中存在重重困难，但始终坚持国家提出的“以流入地政府管理为主，以公办中小学为主”的“两为主”政策，在解决随迁子女接受义务教育相关问题方面取得了一定的成绩。

[1] 这里所指的随迁子女既包含农村户籍的随迁子女，也包含城市户籍的随迁子女。

1. 北京市随迁子女受教育现状

2012年，北京市义务教育阶段非京户籍学生41.9万人，约占全市义务教育阶段在校生的40.9%，随迁子女进入公办学校学习的比例达到74.7%。市级财政每年投入超过10亿元，用于保障随迁子女平等接受义务教育的权利。[1]

2. 北京市随迁子女教育的经验与举措

进入21世纪以来，北京市政府出台了相关政策、法规，采取了一系列举措，投入了大量经费，以保障进城务工人员随迁子女在京接受义务教育的权利。

（1）安排专项资金补助随迁子女较多的区（县）

从2000年起，北京市教育委员会每年从教育附加费中安排专项资金，补助随迁子女较多的区（县），为各区（县）解决随迁子女教育问题提供基本保障。据不完全统计，2006年至2011年年底，北京市、区两级财政为随迁子女义务教育投入约164.4亿元，加上自2004年以来投入的各种专项资金，累计总投入已超过170亿元。此外，北京市还对民办学校义务教育阶段学生和经审批合格的自办学校学生予以杂费补助；对已批准的自办学校资助取暖费和配备教育教学设施等，总价值达1300万元。[2]

（2）将随迁子女就学纳入教育工作计划

2002年4月，北京市教育委员会出台了《北京市对流动人口中适龄儿童少年实施义务教育的暂行办法》，规定了随迁子女在京接受义务教育的条件，并专门提出将随迁子女就学纳入教育工作计划，使北京市随迁子女义务教育工作逐步步入规范化轨道。2008年，北京市教育委员会、北京市财政局颁布《关于进一步做好来京务工人员随迁子女在京接受义务教育工作的意见》，进一步提出加强统筹规划和宏观管理，落实对来京务工人员随迁子女接受义务教育工作的管理责任，加大对来京务工人员随迁子女接受义务教育的财政投入力度，逐步规范自办学校，加强新闻宣传和舆论引导等工作措施。

（3）规范随迁子女在京接受义务教育的条件与程序

北京市坚持国家“两为主”政策的基本原则，逐步明确了随迁子女就读公办学校需满足的条件。2012年，北京市教育委员会颁布《关于2012 年义务教育阶段入学工作的意见》，规定“非本市户籍的适龄儿童、少年，因父母或者其他法定监护人在本市工作或者居住需要在本市接受义务教育的，由其父母或其他法定监护人持本

[1] 北京市教育委员会. 北京市随迁子女升学考试工作方案日前出台［EB/OL］.［2012-12-30］. http://jw.beijing.gov.cn/jyzx/jyxw/201602/t20160217_6611.html.

[2] 王超群.“流动的花朵”在这里幸福绽放［N］. 中国教育报，2011-12-21（02）.

人在京暂住证、在京实际住所居住证明、在京务工就业证明、户口所在地乡镇政府出具的在当地没有监护条件的证明、全家户口簿等证明、证件，经居住地所在街道办事处或者乡镇人民政府审核确认后，到居住地所在区（县）教委确定的学校联系就读”，简而言之，即非京户籍的适龄儿童、少年需提供“五证”方可进入公办学校就读。

在确定随迁子女在京接受义务教育基本条件的基础上，各区（县）也纷纷明确了相关入学流程。以海淀区为例，2015年随迁子女在海淀区小学接受义务教育入学流程见图4–2。

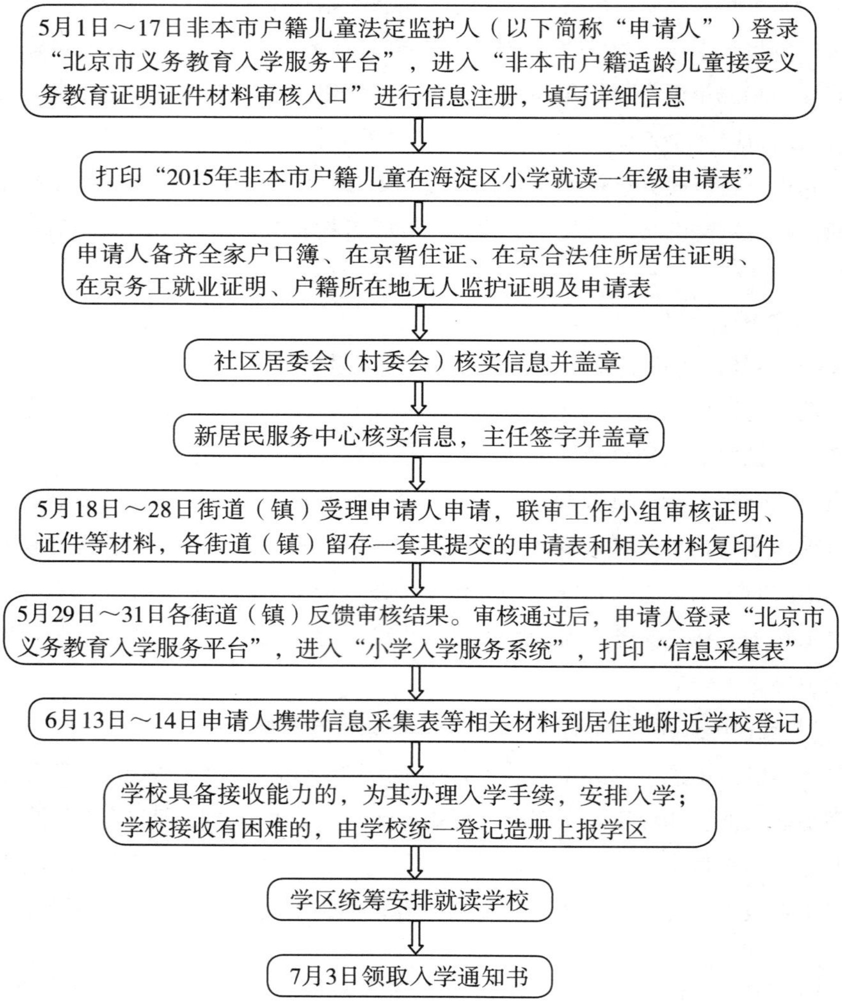

图4–2　2015年非北京市户籍儿童在海淀区小学接受义务教育的入学流程

（4）公办、民办并举，共同解决随迁子女教育问题

北京市除了就近依托已有公办中小学接收随迁子女，一方面通过在流动人口集中居住的区域由政府兴办或改办一批重点招收随迁子女的学校，增加随迁子女进入公办学校的机会，另一方面规范和整顿以随迁子女为主要生源的民办学校，将其纳入“社会力量办学”进行监督和管理，以此作为缓解公办学校压力的有益补充。

3. 北京市随迁子女教育面临的问题与挑战

（1）日趋紧缺的教育资源难以满足随迁子女的教育需求

北京市作为随迁子女数量庞大的特大城市，面临的最大问题是公共教育资源的日趋紧缺与迅速增长的随迁子女教育需求之间的矛盾。目前，北京市的公共教育资源接近饱和状态，义务教育阶段随迁子女必须满足一定限制条件才能按规定进入公办学校就读，因此北京市在实现国家提出的将随迁子女全部纳入城镇义务教育的要求时仍面临巨大挑战。

（2）在流入地升学考试政策的推进举步维艰

优质资源和流动人口都很集中的北京市，在流入地升学考试政策的完善与推进面临种种困难，一方面要防止因政策不合理带来流入北京的人口的激增，另一方面更要尽可能保障随迁子女在北京接受义务教育后的教育的权利。

（三）北京市随迁子女义务教育后升学考试政策状况

1. 政策演进轨迹及主要内容

（1）政策演进轨迹

受客观条件的限制和各方压力的影响，与全国其他地方相比，北京市随迁子女在流入地接受义务教育后升学考试政策的出台非常艰难。为缓解生源严重短缺问题，从2004年开始，北京市部分中等职业学校逐步面向外省市招生或通过与外地合作“签约班”的形式整班招收外地生源，只要符合学校的入学条件，非京籍学生不必参加中考即可登记入学，也可取得正式学籍。尽管北京市在一定程度上放开了中职学校招生的户籍限制，打破了以往只招收当地学生的传统，但相关招生政策和计划并没有明确指向在京进城务工人员的随迁子女，因此在京的随迁子女也一直没有机会在北京参加中考。在国家关于随迁子女在流入地升学考试政策出台之前，关于随迁子女在流入地中考问题，北京市只允许无北京市正式户籍的“借读”学生报名借考，但不能填报志愿，也不能被录取；关于随迁子女在流入地高考问题，北京市并未出台相关政策或采取相关举措。

北京市随迁子女在流入地升学考试政策的正式出台，始于对国家总体政策的贯

彻落实。为切实解决进城务工人员随迁子女在流入地升学考试问题，2012年8月30日，国务院办公厅转发教育部等部门《关于做好进城务工人员随迁子女接受义务教育后在当地参加升学考试工作的意见》的通知，明确提出做好随迁子女升学考试工作的主要原则以及各地因地制宜开展此项工作的基本思路和指导方针，并要求各省、自治区、直辖市在2012年年底前出台各地关于此项工作的具体方案。为此，北京市委市政府给予高度重视，不仅成立专门工作小组和调研小组，还组织开展了来京务工人员就业、社保、居住等情况及其随迁子女就学情况的摸底调研，认真听取了专家学者、社会人士、学校校长、教育部门负责人、人大代表、政协委员等相关利益群体的意见和建议。在此基础上，2012年12月30日，北京市教委、市发展改革委、市人力资源社会保障局、市公安局等部门联合出台了《进城务工人员随迁子女接受义务教育后在京参加升学考试工作方案》（简称《北京市方案》），明确规定了随迁子女在北京市参加中考、高考需满足的条件及政策实施时间等。

（2）政策主要内容

在全国各地出台的随迁子女在流入地升学考试方案中，北京市的方案属于“分步落实”型的过渡方案。北京市随迁子女在流入地升学考试方案的具体内容主要包含以下几个方面（详见表4-1）：

表4-1　北京市随迁子女在流入地升学考试方案的准入条件和要求

	学籍证明	连续就读年限	稳定住所	稳定职业	居住证明	连续缴纳社保年限	报考学校限制
在流入地中考	√	3年	√	3年	√	3年	仅能报考中等职业学校
在流入地高考	√	3年	√	6年	√	6年	仅能报考高等职业学校
借考高考	√	3年	√	√	√	/	/
成人高等教育、自学考试、网络高等教育及开放大学	/	/	/	/	√	/	/

备注：“√”表示需要满足该条件，“/”表示方案中未涉及该条件。

①从2013年起，符合一定条件的随迁子女，可参加北京市中等职业学校的考试录取。

自2013年起，凡进城务工人员持有有效北京市居住证明，有合法稳定的住所，从事合法稳定职业已满3年，在京连续缴纳社会保险已满3年，其随迁子女具有本市学籍且已在京连续就读初中3年学习年限的，可以参加北京市中等职业学校的录取考试。

此外，还规定在符合在流入地中考条件的随迁子女中，来自农村的学生和学习涉农专业等符合相关规定的学生享受北京市中等职业教育免学费和国家助学金政策。学生从中等职业学校毕业后，可按照有关规定参加高等职业学校的考试录取。

②从2014年起，符合一定条件的随迁子女，可在北京参加高等职业学校的考试录取。

自2014年起，凡进城务工人员持有有效北京市居住证明，有合法稳定的住所，从事合法稳定职业已满6年，在京连续缴纳社会保险已满6年，其随迁子女具有本市学籍且已在京连续就读高中阶段教育3年学习年限的，可以在北京参加高等职业学校的考试录取。学生从高等职业学校毕业后，可以参加优秀应届毕业生升入本科阶段学习的推荐与考试录取。

③从2014年起，符合一定条件的随迁子女可选择在京借考高考。

自2014年起，凡进城务工人员持有有效北京市居住证明，具有合法稳定职业及合法稳定住所，其随迁子女具有本市学籍且已在京连续就读高中阶段教育3年学习年限的，可选择在京借考高考。北京市按教育部相关文件规定，经学生户籍所在省同意后为学生提供高考文化课在京借考服务，学生回户籍所在省参加高校招生录取。

④随迁子女可报名参加北京市成人高等教育、高等教育自学考试、网络高等教育、开放大学的考试录取。

凡进城务工人员持有有效北京市居住证明，其随迁子女均可按照有关规定，和本市户籍学生享有同等待遇，可报名参加北京市成人高等教育、高等教育自学考试、网络高等教育、开放大学的考试录取。

2013年9月27日，北京市招生考试委员会发布了《2014年进城务工人员随迁子女在京参加高等职业学校招生考试实施办法》，并将随迁子女在京参加高等职业学校招生考试需符合的条件归纳为以下5条：进城务工人员持有在有效期内的北京市暂住证或工作居住证；进城务工人员在京有合法稳定住所；进城务工人员在京有合法稳定职业已满6年；进城务工人员在京连续缴纳社会保险费已满6年（不含补缴）；随迁子女具有本市学籍且已在京连续就读高中阶段教育3年学习年限。此外，该文件进一步明确了符合条件的随迁子女在京高考如何进行网上申请、需提交的申请材料、如何报名、如何填报志愿以及考试录取等相关内容。2013年9月颁布的《2014年进城务工人员随迁子女在京参加高等职业学校招生考试实施办法》中，关于随迁子女在京报考高职的条件与2012年的执行标准保持一致，准入条件并没有变化，仅在阐述上进一步细化了关于缴纳社会保险的规定，即要求进城务工人员在京连续缴纳社会保险中的基本养老保险或基本医疗保险满6年。

2. 政策实施状况

（1）在流入地中考政策的实施状况

根据北京市在流入地升学考试方案的政策规定，从2013年开始，北京市首次实施在流入地中考。2013年，北京市共有8.6万名考生参加了中考，其中仅有约3000名非京籍考生报考了北京中等职业学校，约占考生总数的3.5%。[1]2015年，北京市中考确认考生为90327人，其中非京籍考生1.9万人[2]，共有1046名进城务工人员随迁子女通过了资格审核[3]，仅占非京籍考生总数的5.5%，占考生总数的1.2%。虽然政策的初衷是让更多长期在京的随迁子女享有在京参加中考的权利和资格，但由于政策仅允许报考中等职业学校，且必须符合较为严格的条件，因此仅有少数随迁子女能在京参加中考。

该政策的出台并实施，对北京市中职学校的招生及生源产生较大的影响。与预期相悖的是，北京市中职学校因政策的限制而普遍出现生源大幅减少的情况，多数学校面临招不到学生的困境。首先，在政策出台之前，北京市中等职业学校的招生录取一直处于招不满的状态。由于北京市本地学生很少愿意上中职学校，多数中职学校均采取多种方式吸引外地生源，而且在中职学校招收外地生源的政策方面没有明确的要求和限制，故而学校具有一定的招生自主权，凡是满足学校一定条件的外地学生，不仅无须中考就可登记入学，还可取得正式学籍。其次，新政策的出台限制了中职学校招收外地生源的途径和方式，导致学校不能继续通过“签约班”等其他途径招收外地学生，而学生报考中职学校必须参加流入地中考，唯有符合在流入地中考政策准入条件的学生，才能在中考后取得正式学籍。

[1] 3000非京籍生首尝异地中考［EB/OL］．［2013-06-25］．http：//epaper.bjnews.com.cn/news/2013/06/25/270054.html.

[2] 2015北京中考9万人报名　非京籍考生1.9万人［EB/OL］．［2015-03-11］．http：//www.sohu.com/a/5725618_110387.

[3] 北京中考：1046名随迁子女今年可报考中职［EB/OL］．［2015-05-05］．http：//chuzhong.eol.cn/beijing/bjzk/201505/t20150505_1255081.shtml.

（2）在流入地高考政策的实施状况

2014年，北京市首次实施在京务工人员随迁子女在京参加高职招生的高考政策，共有409名随迁子女提出报考申请，经市教委、市公安局、市人力资源社会保障局及各区（县）街道、乡镇政府等相关职能部门的审核，符合条件的考生有121人，最终实际报名的有114人。[1]2015年，北京市共有342名考生申请以进城务工人员随迁子女的身份在京参加高职招生，经市教委、市公安局、市人力资源社会保障局和各区（县）街道、乡镇政府等相关部门审核，符合条件的考生有168人，其中163人报名参加高考。[2]根据目前的情况来看，北京市在流入地高考政策的推行难度较大，能真正享受此政策的随迁子女人数非常有限。

与在流入地中考相比，在流入地高考政策设置的条件较为严格，符合要求的随迁子女较少，因此真正受益的学生非常有限。部分随迁子女即使符合条件也不愿意在京报考高职院校，而一些真正想上高职院校的随迁子女却因不符合条件而不能在京参加高考，这就形成了随迁子女学业选择需求与政策满足上的偏差。准入条件过高、过严在一定程度上影响了在流入地高考政策的实施进程，增强准入条件设置的合理性是未来北京市在流入地升学考试政策改进和完善的主要方向。

二、研究设计与过程

（一）调研实施

1. 调研任务

2013年9月至10月，课题组针对随迁子女在流入地义务教育后的升学考试（以下简称“在流入地考试”）问题对北京市X区随迁子女较集中的6所中学（初中、高中各3所，其中4所公办学校、2所民办学校）开展调研，分别选取区教委主管领导和调研学校的学生、家长、教师、校长作为调查对象进行全方位的调查研究。

课题组人员分别对X区教委主管领导、调研学校校长进行了访谈，并在调研学校组织学生、家长、教师举行座谈会。学生问卷是在调研人员的指导下，由学生现场填写并回收；家长问卷由学生填好问卷编号后带回家让其家长填写，次日由班主任统一收齐交至学校，再由学校统一交至指定地点；教师问卷由随机选取的教师自

［1］2014年北京异地高考实际报名114人［EB/OL］.［2014-02-23］. http：//china.caixin.com/2014-02-23/100641939.html.

［2］北京市今年高考报名人数减少2701人［EB/OL］.［2015-03-27］. http：//edu.people.com.cn/n/2015/0327/c244541-26758899.html.

行填写后统一回收。

2. 样本的选取

（1）调研学校的选取：在X区教委的协助下，抽取随迁子女较多的6所中学进行调研，最终调研的学校样本为3所初中（其中2所公办学校，1所民办学校）和3所高中（其中2所公办学校，1所民办学校）。

（2）学生样本的选取：覆盖从初一到高三的各个年级，所选取的学生包含随迁子女和本地学生。

（3）家长样本的选取：选取部分填写问卷的学生的家长为家长样本（包含随迁子女家长和本地学生家长），以便家长数据与学生数据之间能够互相验证。

（4）教师样本的选取：在调研学校中，每个学校随机选取30～40名教师作为调查对象。

3. 样本描述

（1）学生问卷：初中学生有效问卷565份（除12份问卷的学生类型缺失外，随迁子女460人，本地学生93人，分别占83.2%、16.8%）；高中学生有效问卷387份（除7份问卷的学生类型缺失外，随迁子女223人，本地学生157人，分别占58.7%、41.3%）。初中、高中学生样本的基本信息见表4–2和表4–3。

表4–2　初中学生样本描述

		频数	百分比（%）
学校性质	公办学校	437	77.3
	民办学校	128	22.7
	缺失	0	
性别	男	274	49.5
	女	279	50.5
	缺失	12	
年级	初一	181	32.0
	初二	201	35.6
	初三	183	32.4
	缺失	0	
出生地	本区（县）	105	19.8
	本市的其他区（县）	67	12.6
	其他省（自治区、直辖市）	359	67.6
	缺失	34	

续表

		频数	百分比（%）
户口所在地	本区（县）	65	11.8
	本市的其他区（县）	28	5.1
	其他省（自治区、直辖市）	460	83.2
	缺失	12	
户口性质	农业	388	74.9
	非农业	130	25.1
	缺失	47	

表4–3　高中学生样本描述

		频数	百分比（%）
学校性质	公办学校	163	42.1
	民办学校	224	57.9
	缺失	0	
性别	男	213	56.2
	女	166	43.8
	缺失	8	
年级	高一	106	27.5
	高二	127	32.9
	高三	153	39.6
	缺失	1	
出生地	本区（县）	123	33.0
	本市的其他区（县）	73	19.6
	其他省（自治区、直辖市）	177	47.5
	缺失	14	
户口所在地	本区（县）	115	30.3
	本市的其他区（县）	42	11.1
	其他省（自治区、直辖市）	223	58.7
	缺失	7	
户口性质	农业	134	36.3
	非农业	235	63.7
	缺失	18	

（2）家长问卷：初中学生家长有效问卷221份（其中4份问卷的家长类型缺失，随迁子女家长152人，本地学生家长65人，分别占70.0%、30.0%）；高中学生家长有效问卷274份（除5份问卷家长类型缺失外，随迁子女家长118人，本地学生家长151人，分别占43.9%、56.1%）。初中、高中学生家长样本的基本信息见表4–4和表4–5。

表4–4　初中学生家长样本描述

		频数	百分比（%）
与孩子关系	父亲	110	49.8
	母亲	106	48.0
	爷爷奶奶（外公外婆）	2	0.9
	亲戚	1	0.5
	其他熟人	2	0.9
	缺失	0	
父亲受教育程度	没上过学	3	1.4
	小学	22	10.0
	初中	113	51.1
	高中或中专	58	26.2
	大专	14	6.3
	本科	10	4.5
	硕士	1	0.5
	博士	0	0
	缺失	0	
母亲受教育程度	没上过学	9	4.1
	小学	36	16.3
	初中	110	50.0
	高中或中专	45	20.4
	大专	15	6.8
	本科	5	2.3
	硕士	0	0
	博士	0	0
	缺失	1	
父母婚姻状况	初婚	191	87.2
	离婚	7	3.2
	丧偶	0	0
	再婚	8	3.7
	其他	13	5.9
	缺失	2	
家庭收入在居住地的水平	非常贫困	23	10.5
	中等偏下	72	32.7
	中等水平	115	52.3
	中等偏上	10	4.5
	非常富裕	0	0
	缺失	1	

表4–5　高中学生家长样本描述

		频数	百分比（%）
与孩子关系	父亲	120	44.1
	母亲	145	53.3
	爷爷奶奶（外公外婆）	2	0.7
	亲戚	3	1.1
	其他熟人	2	0.7
	缺失	2	
父亲受教育程度	没上过学	1	0.4
	小学	5	1.9
	初中	51	19.0
	高中或中专	92	34.2
	大专	50	18.6
	本科	53	19.7
	硕士	10	3.7
	博士	7	2.6
	缺失	5	
母亲受教育程度	没上过学	4	1.5
	小学	12	4.4
	初中	58	21.4
	高中或中专	92	33.9
	大专	59	21.8
	本科	38	14.0
	硕士	2	0.7
	博士	6	2.2
	缺失	3	
父母婚姻状况	初婚	227	85.0
	离婚	15	5.6
	丧偶	4	1.5
	再婚	13	4.9
	其他	8	3.0
	缺失	7	
家庭收入在居住地的水平	非常贫困	7	2.6
	中等偏下	55	20.3
	中等水平	178	65.7
	中等偏上	26	9.6
	非常富裕	5	1.8
	缺失	3	

（3）教师问卷：初中教师有效问卷100份，高中教师有效问卷106份。初中和高中教师样本的基本信息见表4–6和表4–7。

表4–6　初中教师样本描述

		频数	百分比（%）
性别	男	20	21.3
	女	74	78.7
	缺失	6	
年龄	平均值	35.65（岁）	
教龄	平均值	12.58（年）	
最终学历	大专以下	1	1.0
	大专	8	8.1
	本科	82	82.8
	硕士	8	8.1
	缺失	1	
是否有教师资格证	是	94	95.9
	否	4	4.1
	缺失	2	
是否为班主任	是	32	33.3
	否	64	66.7
	缺失	4	
技术职称	中学高级	17	17.3
	中学一级	33	33.7
	中学二级	39	39.8
	未评定	9	9.2
	缺失	2	

表4–7　高中教师样本描述

		频数	百分比（%）
性别	男	29	30.2
	女	67	69.8
	缺失	10	
年龄	平均值	34.92（岁）	
教龄	平均值	11.31（年）	

续表

		频数	百分比（%）
最终学历	大专	4	3.9
	本科	67	65.7
	硕士	31	30.4
	缺失	4	
是否有教师资格证	是	103	100.0
	否	0	0
	缺失	3	
是否为班主任	是	62	63.3
	否	36	36.7
	缺失	8	
技术职称	中学高级	22	21.2
	中学一级	39	37.5
	中学二级	35	33.7
	未评定	8	7.7
	缺失	2	

（二）数据处理

问卷回收后，由专门人员按照统一的编码手册和录入说明录入数据，经过核实、整理后的数据采取SPSS17.0软件进行数据处理和相关统计分析。

三、研究发现

（一）政策知晓状况

1. 多数学生及家长知晓在流入地考试政策，但欠缺对政策细节的了解

在被调查的学生和家长中，除少数没听说过在流入地考试政策外，其他学生和家长分别通过不同的途径了解这一政策。初中学生、高中学生、初中学生家长、高中学生家长没听说过在流入地考试政策的比例依次为13.9%、8.3%、8%、4.8%，均不足15%。

尽管大多数学生和家长对在流入地考试政策有所了解，但他们对该政策涉及

的具体内容缺乏足够的了解。在问及高中学生家长关于在流入地高考政策的实施时间时，35.7%的家长表示不清楚，仅有16.3%的家长能够准确知晓，其余家长给出的时间有误。同时，家长对在流入地考试政策的准入条件也缺乏了解，仅有7.2%的初中学生家长能准确知晓在流入地中考需满足的全部条件，而能准确知晓在流入地高考所需条件的高中学生家长仅有25.2%。学生对在流入地考试政策允许报考学校类型以及该政策规定的准入条件等方面均缺乏了解，分别有15.1%和42.8%的初中学生和高中学生准确知晓可报考学校类型，初中学生和高中学生准确知晓该政策全部准入条件的比例分别为13.1%、39.8%。进一步询问随迁子女及其家长是否符合在流入地考试政策规定的条件时，高达48.9%的初中学生家长表示不清楚，22.3%的高中家长表示不清楚。

2. 学生主要通过学校和老师了解考试政策，电视成为学生和家长了解考试政策的主要媒介

学生和家长了解考试政策的信息来源略有差异，学校和老师是学生了解这一信息的重要来源（初中、高中学生通过其了解考试政策的比例分别为29.1%和24.9%），而家长则主要通过电视、报纸、网络等媒介获得这一信息。同时，在电视、报纸、网络、广播等几种媒介中，无论是学生还是家长，电视都是最主要的信息获取途径。初中、高中学生通过电视了解政策的比例分别为23.1%、28.2%，初中、高中学生家长通过电视了解政策的比例分别为27.3%、24.6%。（见图4–3和图4–4）

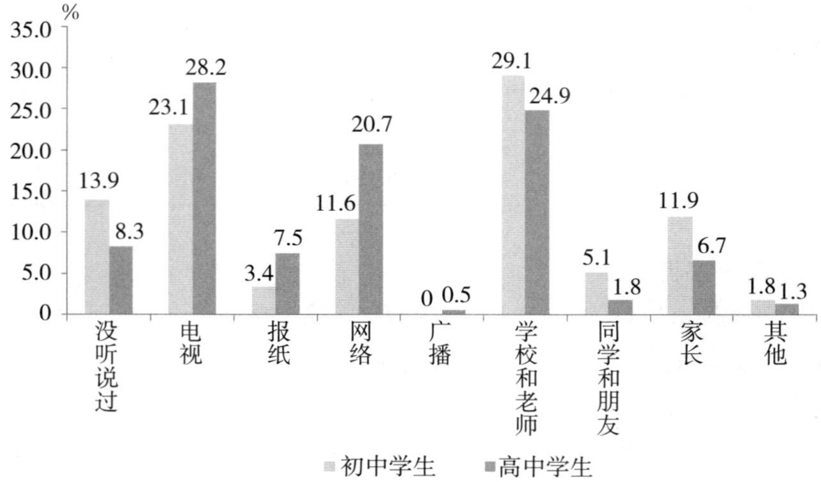

图4–3　学生了解在流入地考试政策的途径

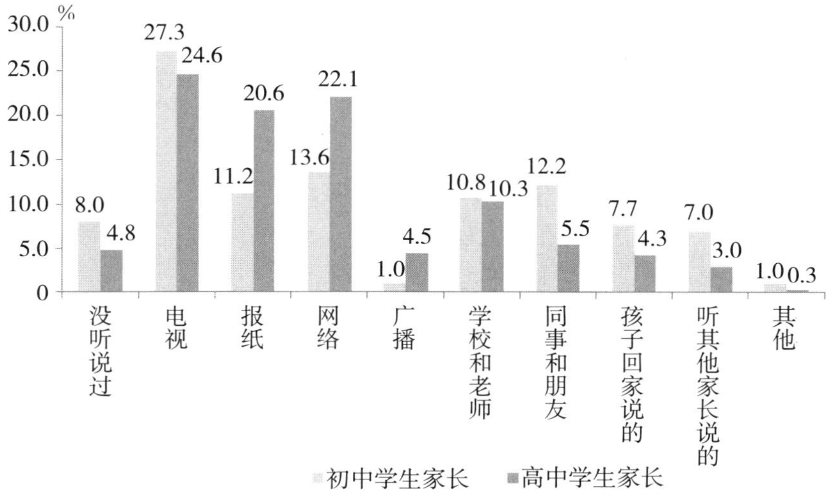

图4-4　家长了解在流入地考试政策的途径

3. 在公办学校就读的随迁子女对政策的知晓情况好于民办学校

就随迁子女对在流入地考试政策的知晓状况而言，无论是初中学生还是高中学生，公办学校的随迁子女对政策的知晓状况要好于民办学校的随迁子女，即在没听说该政策的比例中，公办学校低于民办学校，而初中与高中的具体差异也有所不同，见表4-8。关于初中随迁子女对政策的知晓情况，公办学校随迁子女通过电视、报纸、网络、家长等途径知晓政策的比例均高于民办学校随迁子女，而民办学校随迁子女通过学校和老师知晓政策的比例高于公办学校。高中随迁子女的情况略有不同，网络是公办学校随迁子女知晓政策的最主要途径，民办学校随迁子女则主要通过电视、学校和老师知晓政策。

表4-8　在不同类型学校就读的随迁子女知晓政策的途径（%）

		没听说过	电视	报纸	网络	学校和老师	同学和朋友	家长	其他
初中	公办学校	9.7	26.5	2.9	12.4	27.7	4.7	15.3	0.6
	民办学校	30.7	7.9	1.8	7.0	34.2	7.0	4.4	7.0
	合计	15.0	21.9	2.6	11.0	29.4	5.3	12.6	2.2
高中	公办学校	1.4	27.8	6.9	34.7	12.5	2.8	13.9	0
	民办学校	7.9	29.8	8.6	13.9	28.5	2.0	7.3	2.0
	合计	5.8	29.1	8.1	20.6	23.3	2.2	9.4	1.3

（二）政策接纳状况与选择意愿分析

1. 相关利益群体对在流入地考试政策的接纳度较高，但对在流入地高考的接纳度低于在流入地中考

通过调查发现，在在流入地考试政策所涉及的相关利益群体中，无论是学生、

家长还是学校教师，对该政策的支持度均比较高，认为该政策的颁布与实施符合教育公平的理念，因此仅有少数被调查对象表示反对。初中学生、初中学生家长、初中教师对随迁子女在北京中考持反对态度的比例依次为8.5%、14.1%、31.3%，高中学生、高中学生家长、高中教师对随迁子女在北京高考持反对态度的比例依次为30.0%、37.6%、34.3%（见图4-5和图4-6）。同时，大家对在流入地高考持反对态度的比例高于在流入地中考，在一定程度上表明，北京市在流入地高考政策实施的阻力大于在流入地中考政策实施的阻力。

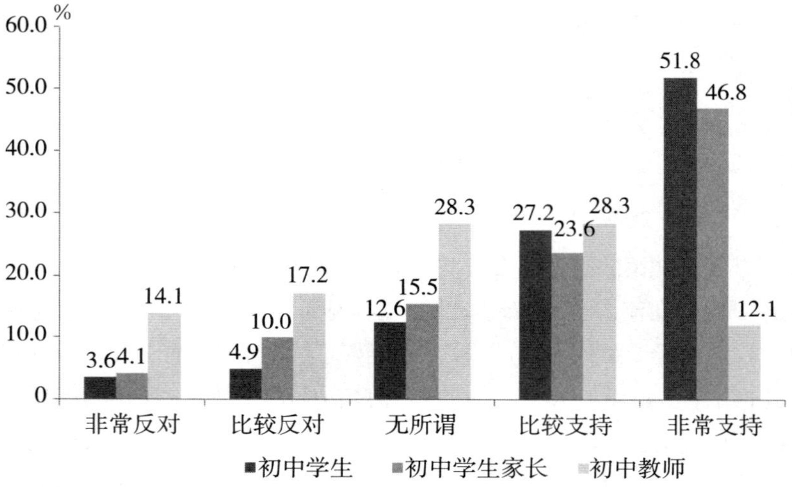

图4-5　相关利益群体对在流入地中考的态度

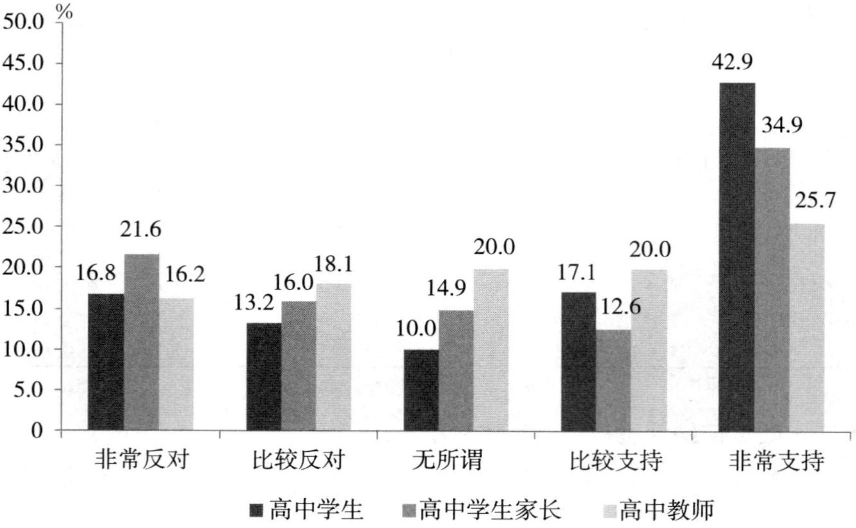

图4-6　相关利益群体对在流入地高考的态度

2. 随迁子女和家长对在流入地考试政策的支持度比本地学生和家长高

在调查初中学生对允许随迁子女在北京参加中考的态度时发现，随迁子女对该政策的支持度高于本地学生，随迁子女对在流入地中考持支持态度的比例为85.0%，而本地学生支持的比例为48.2%（见图4-7）。高中学生对在流入地高考政策的态度也呈现类似结果，随迁子女的支持率为90.1%，远远高于本地学生（仅为17.1%），对在流入地高考政策持反对态度的以本地学生居多（见图4-8）。

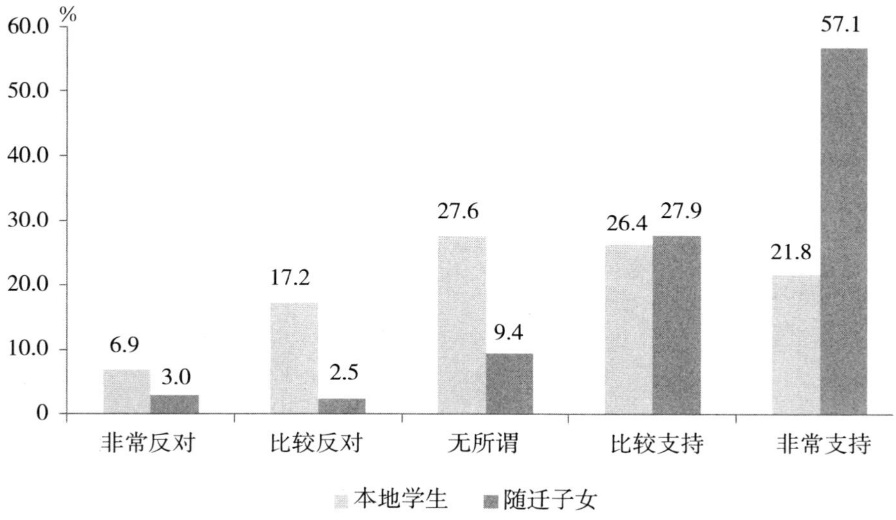

图4-7　初中学生对在流入地中考的态度

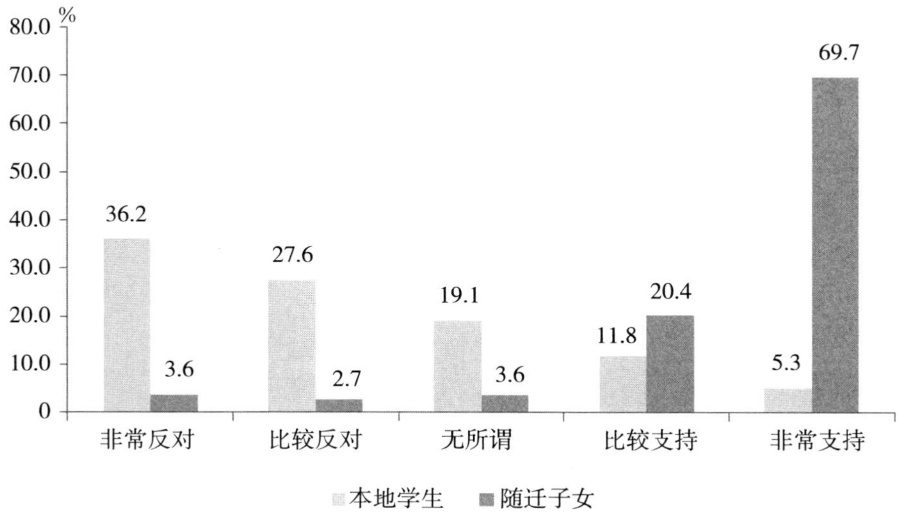

图4-8　高中学生对在流入地高考的态度

通过调查发现，在初中学生家长对随迁子女在北京参加中考的态度方面，随迁子女家长的支持比例更高，达到90.7%，而本地学生家长的支持比例仅为23.1%（见图4-9）；高中本地学生家长对在流入地高考持反对态度的比例为65.1%，随迁子女家长反对的比例仅为2.6%（见图4-10）。可见，随迁子女家长对在流入地考试政策的支持呼声更高，而持反对态度的以本地学生家长居多。

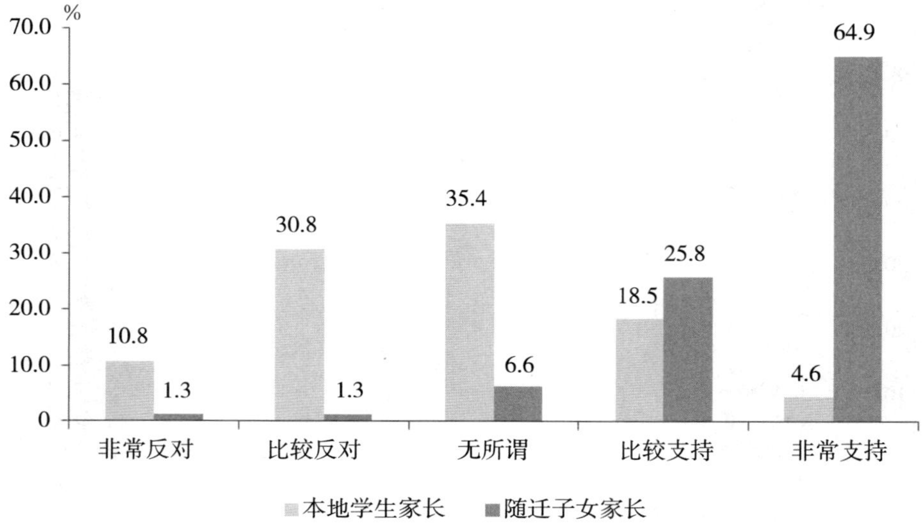

图4-9　初中学生家长对在流入地中考的态度

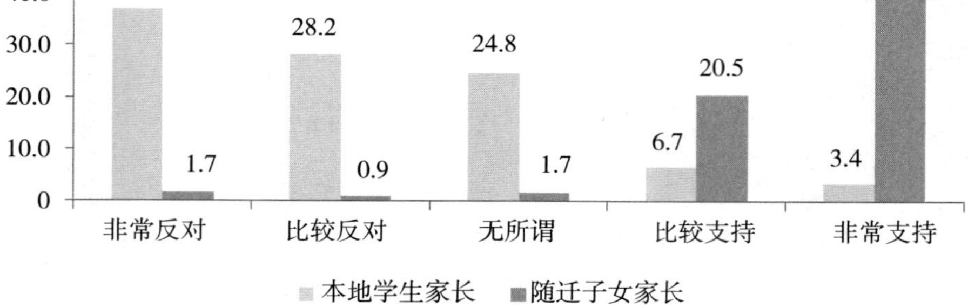

图4-10　高中学生家长对在流入地高考的态度

3. 民办学校教师对在流入地考试政策的支持度比公办学校教师高

问卷调查结果表明，民办学校教师对该政策的支持度高于公办学校教师。其中，民办初中教师对在流入地中考的支持比例为61.5%，公办学校教师的支持比例为37.2%（见图4–11）；民办高中教师对在流入地高考的支持比例为62.5%，公办学校教师的支持比例为35.3%（见图4–12）。

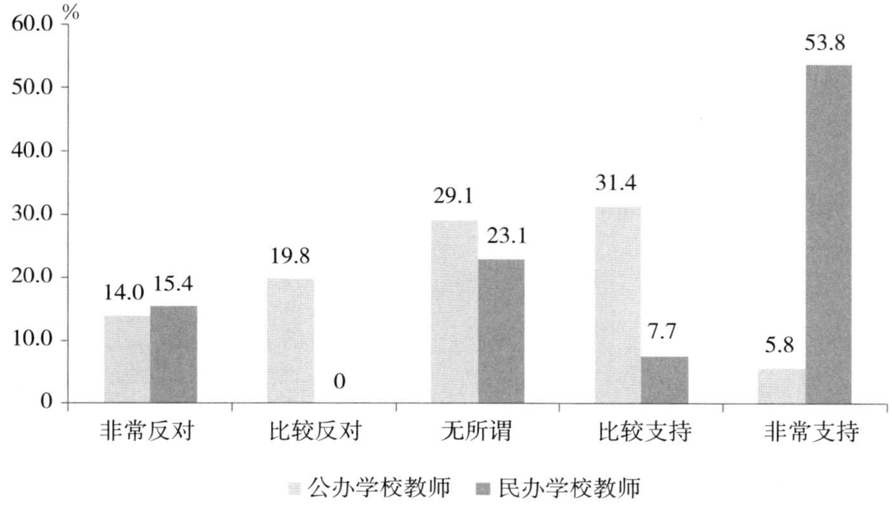

图4–11 初中教师对在流入地中考的态度

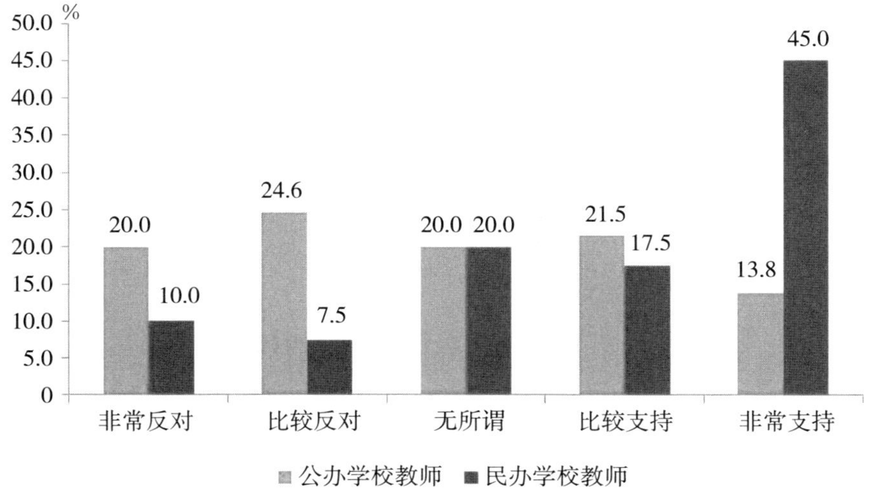

图4–12 高中教师对在流入地高考的态度

4. 多数随迁子女倾向于留在北京参加中考、高考

关于未来在哪参加升学考试，在被调查的随迁子女中，接近半数的学生表示愿

意留在北京参加升学考试。其中，44.2%的初中学生愿意在北京参加中考，49.5%的高中学生愿意在北京参加高考，有37.9%的初中学生和41.4%的高中学生表示要视情况和条件而定，而愿意回原籍地参加升学考试的随迁子女仅占少数。（见图4-13）

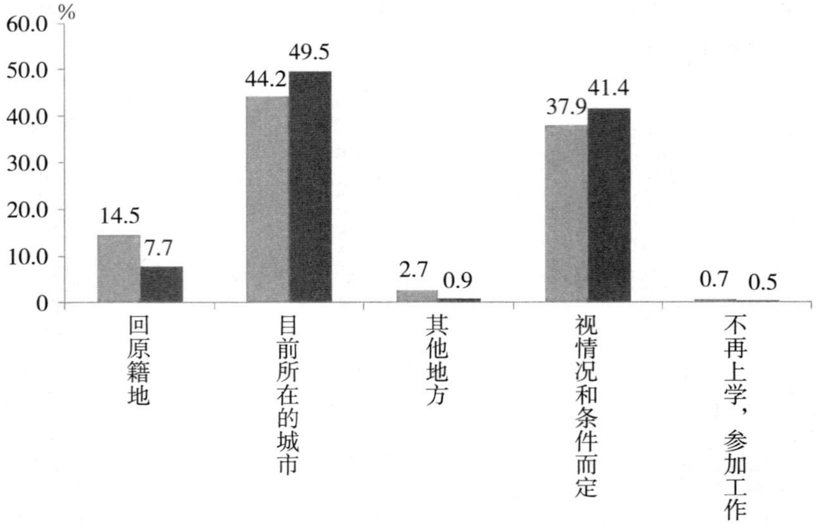

图4-13　随迁子女在哪参加中高考的选择意向

5. 仅有少数随迁子女愿意选择职业学校

在报考学校类型的选择上，随迁子女愿意上职业学校的比例较低。其中，初中毕业后愿意上中职学校的比例和高中毕业后愿意上高职院校的比例分别为8.8%、3.3%（见图4-14）。可见，目前北京的在流入地考试政策，无论是中考还是高考，都仅放开职业学校，很难满足随迁子女在学校类型选择方面的需求。

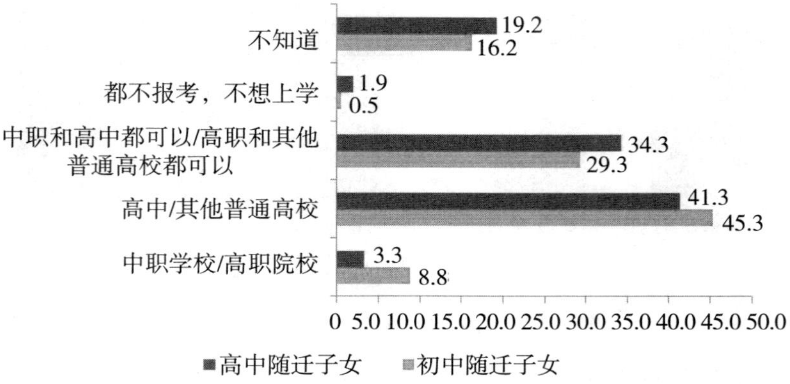

图4-14　随迁子女报考学校类型的选择意向

（三）政策实施效果与评价

1. 完全符合在流入地考试政策条件的随迁子女仅占少数

北京市出台的在流入地考试方案规定了学籍、居住证明、家长缴纳社保证明、家长合法稳定职业、稳定住所等5个条件，随迁子女只有同时满足以上所有条件才能按要求申请在京参加升学考试。对校长和教师访谈的结果表明，目前符合在流入地考试政策条件的随迁子女仅占少数。同时，学生问卷调查显示，在被调查的初中随迁子女中，认为自己符合在流入地中考条件的仅占10.7%；在被调查的高中随迁子女中，认为自己符合在流入地高考条件的仅占23.3%。

2. 学籍证明的条件最为合理，家长缴纳社会保险费的条件最难满足

在调查条件的合理性时发现，初中随迁子女及其家长认为，在流入地中考政策最为合理的条件是学籍证明和居住证明，其次是连续就读年限和家长合法稳定职业，合理性最差的是家长缴纳社保证明，具体见图4-15；高中随迁子女及其家长认为，在流入地高考政策最为合理的条件是连续就读年限和学籍证明，其次是居住证明、家长合法稳定职业和稳定住所，家长缴纳社保证明的合理性最差，具体见图4-16。因此，家长缴纳社保证明这一条件设置的合理性有待进一步研究。

进一步调查随迁子女家长满足在流入地考试政策条件的难易程度时发现，初中随迁子女家长认为在流入地中考政策的各条件满足情况由难到易依次为家长缴纳社保证明、稳定住所、学籍证明、连续就读年限、居住证明、家长合法稳定职业；高中随迁子女家长认为在流入地高考政策的各条件满足情况由难到易依次为家长缴纳社保证明、家长合法稳定职业、稳定住所、居住证明、连续就读年限、学籍证明，具体见图4-17。同时，在被调查的初中随迁子女家长中，高达65.9%的家长表示从未在京缴纳过社会保险，在京缴纳社会保险的平均时间仅为1.73年，与在流入地中考政策要求的连续缴纳3年的条件存在较大差距；在被调查的高中随迁子女家长中，高达45.3%的家长从未缴纳过社会保险，在京缴纳社会保险的平均时间仅为3.43年，与在流入地高考政策要求的连续缴纳6年的条件也存在较大差距。由此可见，家长缴纳社保证明这一条件最难满足，也是困扰随迁子女家长的最大的问题，对学生和家长的访谈结果也印证了这一点。

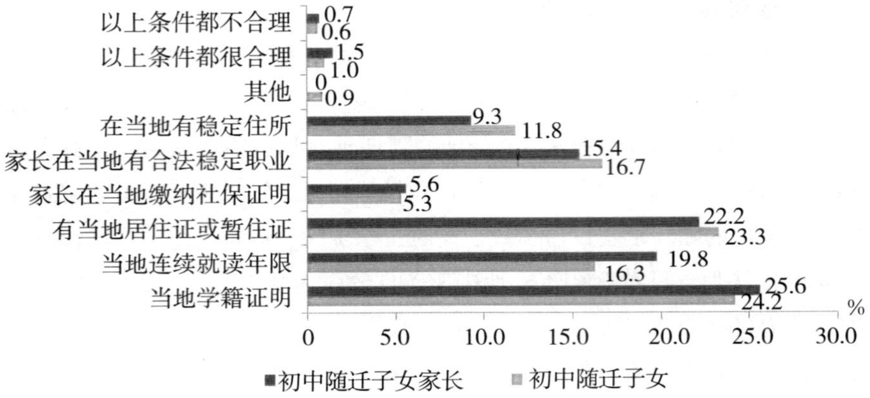

图4-15　初中随迁子女和家长对在流入地中考政策条件的合理性评价

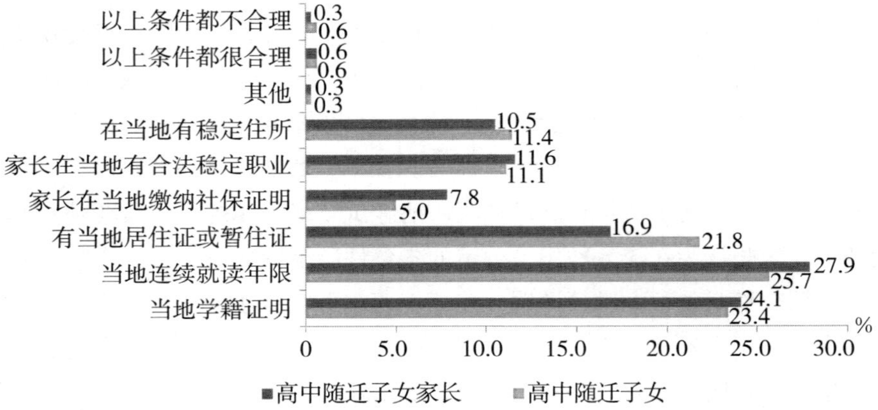

图4-16　高中随迁子女和家长对在流入地高考政策条件的合理性评价

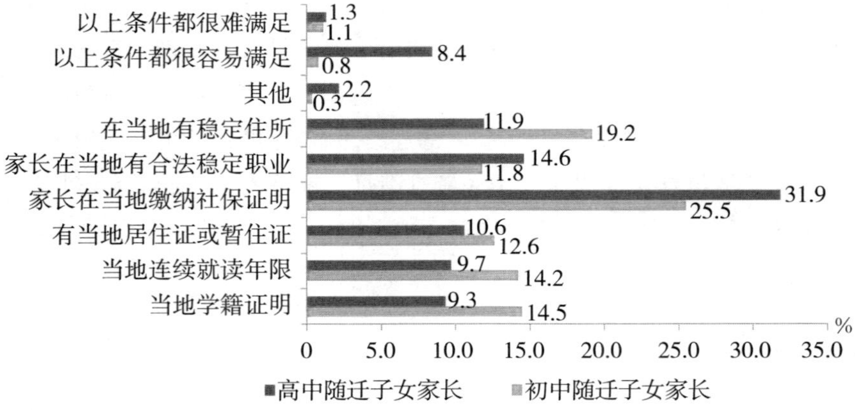

图4-17　随迁子女家长认为难办理或难符合的条件

3. 政策的出台对随迁子女产生较为积极的影响

（1）政策的出台改变了部分随迁子女未来的学业选择，使他们更倾向于继续在京接受教育

通过问卷调查随迁子女发现，在流入地考试政策的出台改变了部分学生毕业后的学业选择以及未来在哪接受教育的意向，更多的随迁子女在政策出台后倾向于留在北京接受教育或在北京参加高考。就初中随迁子女而言，政策出台后，初中毕业后愿意留在北京上学的比例从政策出台前的12.6%猛增至74.8%；与此同时，愿意回原籍地上学的比例从之前的61.1%减少到11.7%，见图4-18。就高中随迁子女而言，政策出台后，愿意在北京参加高考的比例从26.5%增至82.6%，而愿意回原籍地或转到其他政策条件宽松地区高考的比例均有所减少，选择毕业后直接工作的学生比例也从之前的6.9%下降到2.4%，见图4-19。

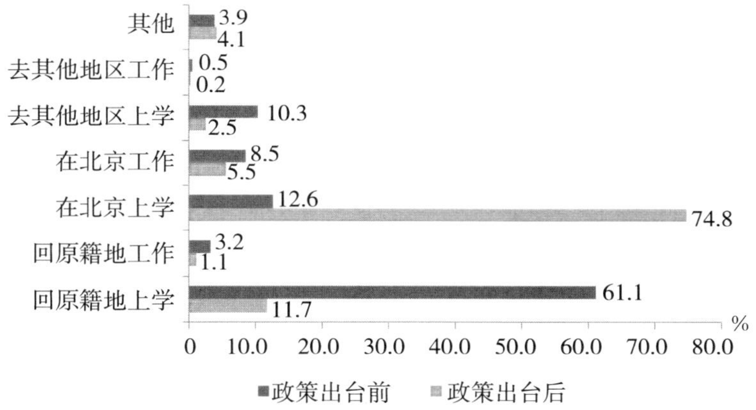

图4-18　在流入地考试政策出台前后，初中随迁子女毕业后的出路选择

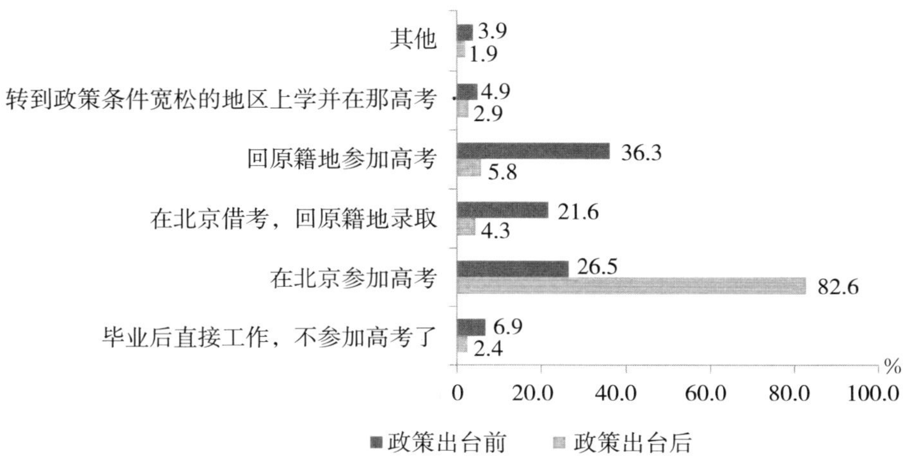

图4-19　在流入地考试政策出台前后，高中随迁子女毕业后的出路选择

通过问卷调查随迁子女家长也发现，在流入地考试政策的颁布也改变了部分家长对子女未来的学业选择，愿意让子女初中毕业后继续上高中以及愿意让子女高中毕业后上本科的家长比例明显增加，分别从74.7%增至88.8%和从63.6%增至75.9%，见图4–20和图4–21。之前想让孩子初中毕业后不再上学和部分之前想让孩子上中职学校的家长也会因此项政策的出台而决定让孩子初中毕业后上高中，之前想让孩子高中毕业后不再上学和部分之前想让孩子上大专和高职院校的家长也同样会因此项政策的出台而期望让孩子上本科。可见，在流入地考试政策的出台，不仅让更多的随迁子女选择继续留在流入地学习并参加当地的考试，而且也在一定程度上促进随迁子女受教育水平的提高。

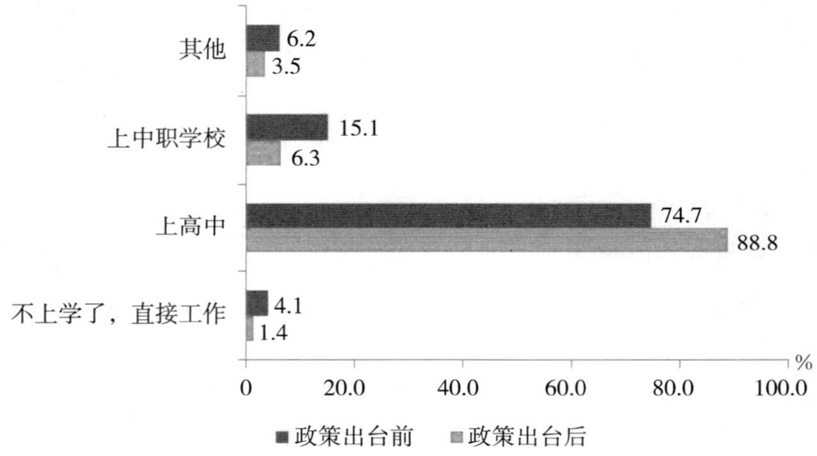

图4–20　在流入地考试政策出台前后，初中随迁子女家长对子女毕业后的学业选择

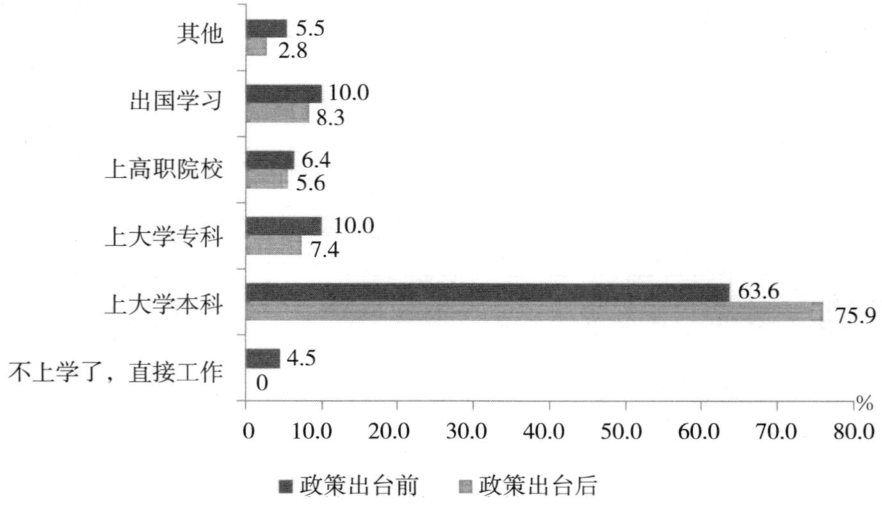

图4–21　在流入地考试政策出台前后，高中随迁子女家长对子女毕业后的学业选择

（2）政策的出台并未对随迁子女与本地学生的关系产生较大的负面影响

通过调查学生及家长发现，多数人认为政策的出台并没有使随迁子女与本地学生之间的关系产生变化，或认为政策出台反而改善了他们之间的关系。初中学生认为他们之间的融洽度没有变化或提高的比例分别为21.9%、70.1%，认为融洽度没有变化或提高的高中学生比例分别为38.0%、39.9%，初中、高中学生家长总体的评价情况与学生的亲身感受比较一致。就随迁子女与本地学生这两类群体而言，他们各自对其融洽度变化的评价有所不同，随迁子女对他们之间的关系的评价比本地学生更好，认为融洽度下降的本地学生比例高于随迁子女，而认为融洽度提高的本地学生比例低于随迁子女，见表4-9。

教师问卷调查的结果进一步证实上述结论。多数教师认为在流入地考试政策的颁布并没有使随迁子女与本地学生的关系发生明显变化，其中认为同学关系没有变化的初中教师和高中教师的比例分别为72.4%和73.7%，见图4-22。通过访谈调研学校校长和教师发现，平时同学之间都很团结，不会因户籍的原因而影响同学之间的相处，政策的出台也没有对同学关系产生明显影响。

表4-9　在流入地考试政策颁布后随迁子女与本地学生关系融洽度的变化（学生和家长评价）

		随迁（%）	本地（%）	总体（%）
初中学生	明显下降	2.0	6.7	2.7
	有所下降	4.9	7.8	5.3
	没有变化	19.3	36.7	21.9
	有所提高	46.4	34.4	44.9
	明显提高	27.4	14.4	25.2
高中学生	明显下降	1.4	24.2	10.5
	有所下降	4.7	20.8	11.6
	没有变化	34.4	43.0	38.0
	有所提高	28.4	10.7	21.3
	明显提高	31.2	1.3	18.6

续表

		随迁（%）	本地（%）	总体（%）
初中学生家长	明显下降	0	4.7	1.4
	有所下降	2.7	3.1	2.8
	没有变化	34.9	73.4	46.7
	有所提高	40.4	17.2	32.7
	明显提高	21.9	1.6	16.4
高中学生家长	明显下降	0.9	17.9	10.3
	有所下降	1.8	16.6	10.3
	没有变化	40.4	57.2	49.2
	有所提高	19.3	4.8	11.5
	明显提高	37.7	3.4	18.7

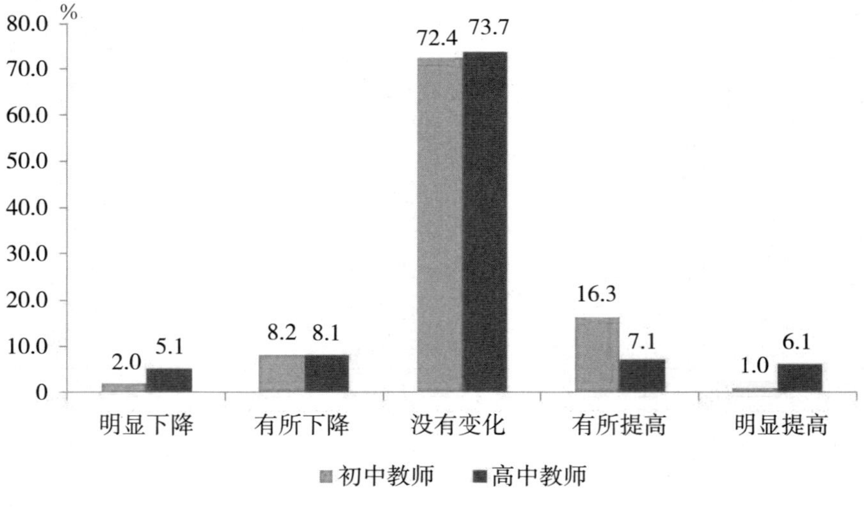

图4-22　在流入地考试政策颁布后随迁子女与本地学生关系融洽度的变化（教师评价）

（3）政策的出台对随迁子女的学习态度与学习成绩产生积极影响

通过调查随迁子女发现，在流入地考试政策的颁布对多数初中、高中随迁子女的学习态度和学习成绩产生较为积极的影响。其中，认为政策出台后学习态度更加积极的初中和高中随迁子女分别为77.5%、80.7%（见图4-23），认为政策出台对学习成绩产生积极影响的初中和高中随迁子女分别为67.7%、75.9%（见图4-24）。

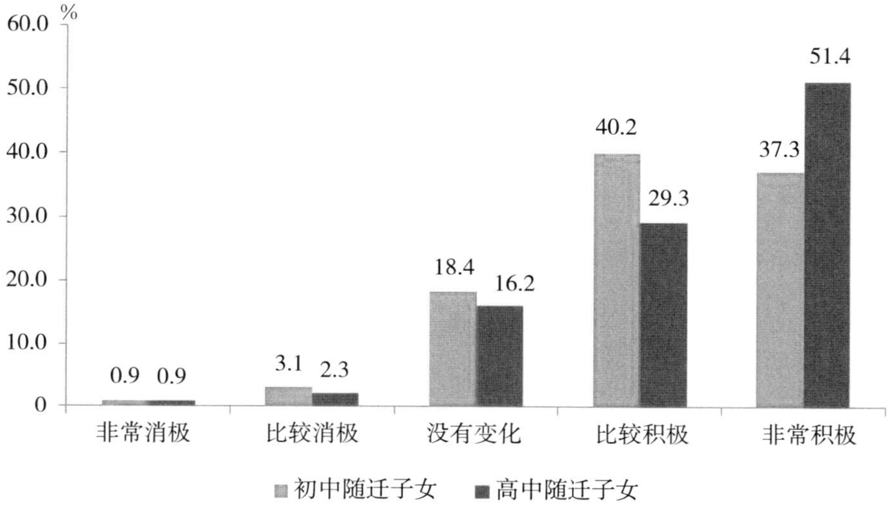

图4-23　在流入地考试政策颁布后，随迁子女学习态度变化

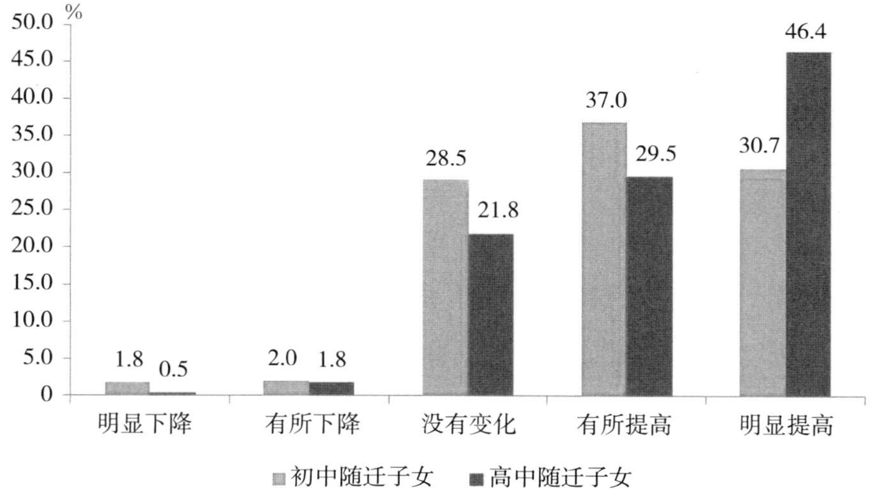

图4-24　在流入地考试政策颁布对随迁子女学习成绩的影响

（4）政策的出台对随迁子女的心理情绪产生积极影响

学生问卷结果显示，多数随迁子女认为在流入地考试政策的颁布对其心理情绪产生了积极的影响，76.2%的初中随迁子女和77.9%的高中随迁子女认为政策出台后自己变得更开朗，见图4-25。

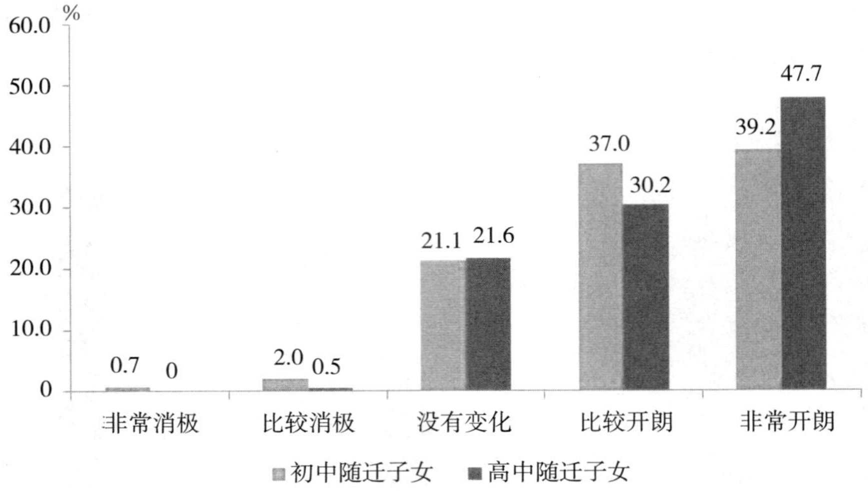

图4-25　在流入地考试政策颁布后，随迁子女心理情绪变化

4. 部分教师认为政策的出台增加了工作量，民办教师感到更大的工作压力

通过调查在流入地考试政策的出台对高中教师工作量的影响发现，在教师总体中，尽管多数教师感觉工作量没有变化，但仍有32.7%的教师认为政策的出台在不同程度上增加了他们的备课时间，18.6%的教师认为课时数增加了，40.6%的教师认为课外辅导和学生管理时间增加了。其中，政策出台前后，教师工作量中以课外辅导和学生管理的时间增加最为明显。

就不同学校类型的教师而言，公办学校教师认为政策出台前后工作量没有变化的比例要高于民办学校教师，而民办学校教师认为工作量增加的比例则高于公办学校教师，其中，认为备课时间、课时数以及课外辅导和学生管理的时间增加的民办学校教师比例分别为43.2%、31.6%、45.9%（见表4-10）。

表4-10　在流入地考试政策颁布后，高中教师对工作量变化的评价（%）

		公办学校教师	民办学校教师	总体
备课时间	明显减少	1.6	2.7	2.0
	有所减少	0	0	0
	没有变化	71.9	54.1	65.3
	有所增加	18.8	27.0	21.8
	明显增加	7.8	16.2	10.9

续表

		公办学校教师	民办学校教师	总体
课时数	明显减少	0	2.6	1.0
	有所减少	1.6	0	1.0
	没有变化	87.5	65.8	79.4
	有所增加	9.4	21.1	13.7
	明显增加	1.6	10.5	4.9
课外辅导和学生管理的时间	明显减少	1.6	2.7	2.0
	有所减少	1.6	2.7	2.0
	没有变化	59.4	48.6	55.4
	有所增加	29.7	29.7	29.7
	明显增加	7.8	16.2	10.9

（四）政策实施的问题与改进建议

1. 升学指标“被挤占”成为本地学生和家长普遍担心的问题

通过调查本地学生和家长发现，无论是中考还是高考，升学指标被随迁子女“挤占”是在流入地考试政策颁布后他们普遍担心的问题。同时，高中学生及家长更担心会因新政策的实施出现“高考移民”进而带来新的教育不公平，初中学生及家长更担心新政策实施后会有大量外地学生涌入进而影响教学质量，具体见图4-26。

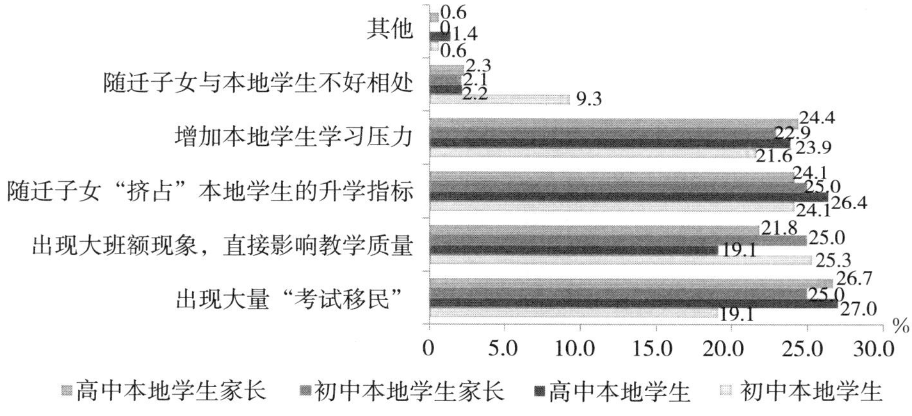

图4-26　本地学生和家长担心在流入地考试政策实施后会出现的问题

2. 教材衔接困难是随迁子女回原籍地参加升学考试面临的主要问题

由于北京目前出台的在流入地考试方案还属于过渡方案，因此仍有相当一部分随迁子女因不符合条件不得不选择回原籍地参加升学考试。对于这些随迁子女家长而言，他们最担心的是，孩子回去之后会遇到因各地教材、考试内容不一致而引起的衔接困难问题，存在这种顾虑的初中和高中随迁子女家长分别占32.0%、33.3%。除此之外，担心孩子不适应家乡的教学方式和生活习惯，回去之后孩子没人照顾等也是随迁子女家长比较担心的问题，具体见图4-27。

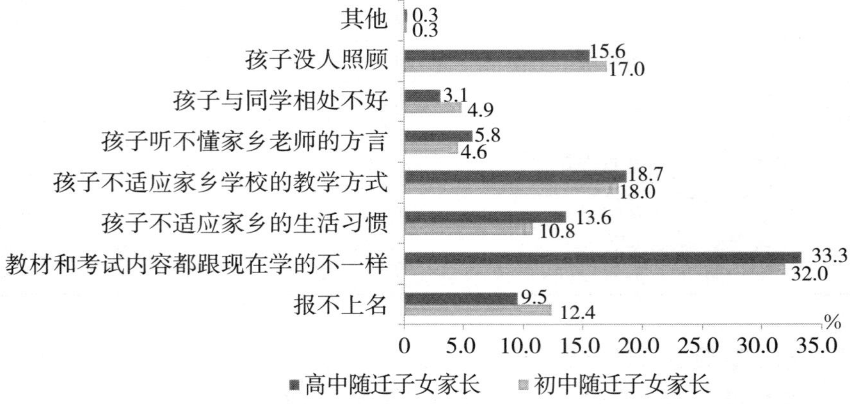

图4-27　如果只能回原籍地考试，随迁子女家长最担心的问题

3. 与随迁子女家长配合困难、工作量大是新政策实施后教师面临的主要困难

允许随迁子女在流入地参加升学考试的政策颁布后，会有更多的随迁子女在京接受初中和高中教育，这将会给教师的教学带来一定困难。教师问卷调查结果表明，初中教师中认为政策实施后与随迁子女家长配合困难的最多，占22.6%，高中教师中认为政策实施后会面临工作量大的问题的最多，占18.7%（见图4-28）。

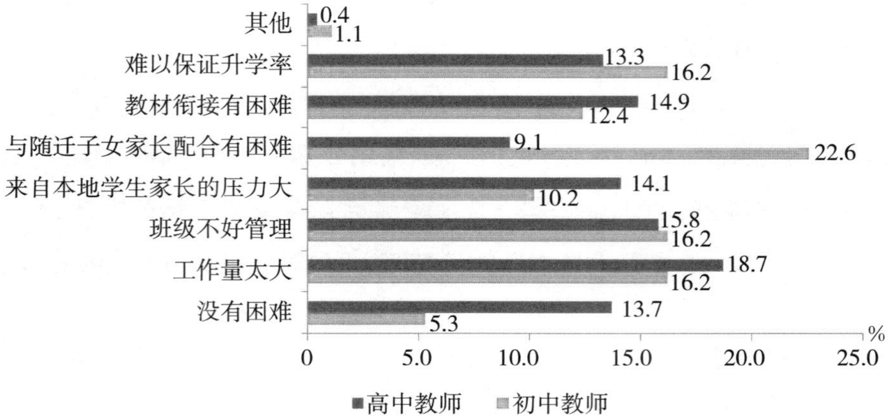

图4-28　在流入地考试政策的实施会给教师带来的困难

4. 随迁子女家长对北京在流入地考试政策的准入条件和报考学校类型的限制存在异议

家长问卷和访谈的结果显示，随迁子女家长对在流入地考试政策不满意的地方集中反映在现有方案的准入条件以及对报考学校类型的限制上，而本地学生家长不满意的地方主要体现在政策的制定和实施没有广泛征求意见、资格审查监督不严、没有严格执行事先制定的政策等三个方面。

在被调查的初中随迁子女家长中，对北京在流入地中考政策准入条件设置不满意的最多，占26.9%，其次是对报考学校类型的限制，占25.8%；在高中随迁子女家长中，认为在流入地高考不应该限制报考学校类型的高达30.6%，认为准入条件不合理的占27.8%。此外，政策的制定与实施没有广泛征求意见，对此不满意的初中、高中随迁子女家长分别占20.1%、21.5%。（见图4-29）

在被调查的当地学生家长中，初中、高中当地学生家长认为政策的制定和实施没有广泛征求意见的分别占22.8%、21.8%；对资格审查、政策执行不满意的初中当地学生家长的比例均为21.0%，高中当地学生家长对这两项不满意的比例分别为22.1%、21.2%。（见图4-30）

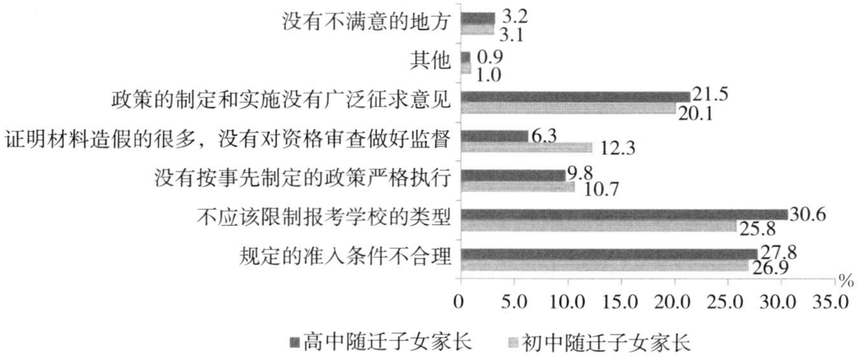

图4-29　随迁子女家长对北京在流入地考试政策实施不满意的地方

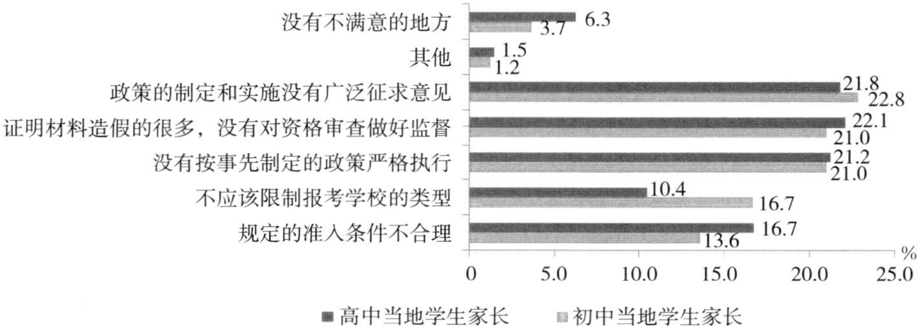

图4-30　当地学生家长对北京在流入地考试政策实施不满意的地方

5. 准入条件设置应重点考虑长期居住在本地的随迁子女

关于在流入地考试政策的准入条件应面向哪些人群开放，学生问卷调查结果显示，除46.4%的初中学生认为在流入地中考应对所有学生开放外，认为政策应面向长期居住在本地的随迁子女开放的较多，初中学生和高中学生分别占25.5%、38.7%，见图4–31。

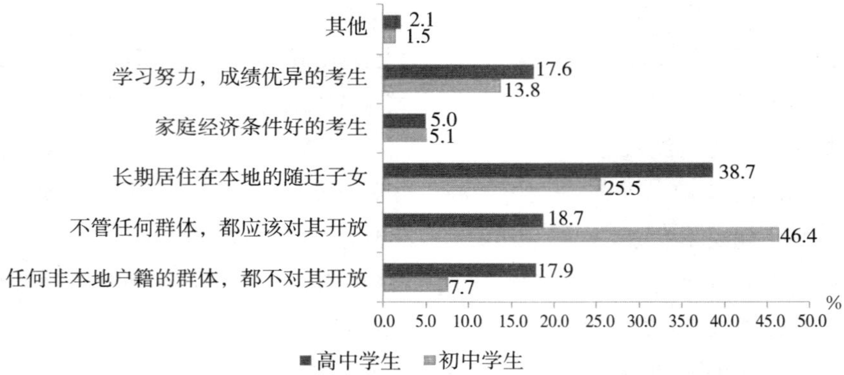

图4–31　学生认为在流入地考试政策准入条件应面向哪些人群开放

四、分析讨论

（一）相关利益群体对在流入地考试政策缺乏深入了解

在流入地考试政策的出台主要是为保障随迁子女在流入地接受义务教育后教育的权利，但该政策的颁布与实施也间接关乎本地学生及家长的利益，同时也会给随迁子女所在的学校及教师带来不同程度的影响。自国家关于在流入地考试的政策颁布以来，此项政策在全社会引起了广泛的关注和讨论，相关利益群体也各自通过不同的途径和方式知晓该政策，但对政策的具体内容、实施方案和办法的了解不够全面和深入。

学生了解政策的途径相对单一，信息主要来源于学校和老师，因此随迁子女和本地学生对该项政策的了解状况在一定程度上取决于其所在学校对该政策的宣讲是否准确、到位。学校对在流入地考试政策的宣讲大多采取统一集中的方式，宣讲的对象以毕业班学生及家长为主，尚缺乏对随迁子女进行政策解读的个别指导，学校和教师结合政策对随迁子女学业选择、报考升学等的引导和帮助作用有待加强。相比之下，家长了解政策的途径更加多元化，除学校的宣讲外，电视、报纸、网络等媒介也是他们了解此项政策的主要途径。通过调研发现，无论是随迁子女还是其家长，他们对政策准入条件的具体要求、自身是否满足条件、申请需要哪些材料及如何办理等方面缺乏足够的了解，进而带来他们对新政策的实施准备不足的问题。

（二）准入条件过于严格，实施现状与需求尚存在较大差距

随着“两为主”政策的贯彻落实，越来越多的在京随迁子女将面临义务教育后的学业选择，他们在京参加中考和高考的愿望十分强烈，期待自己能与本地户籍学生享有同等的考试和录取权利。北京在流入地考试方案的出台，虽然让长期在京学习和生活的随迁子女及家长看到了希望，但由于尚存在诸多限制条件和要求，因此目前政策的实施现状与随迁子女家庭的需求和预期都存在较大差距。根据北京在流入地考试政策的规定，无论是中考还是高考，都仅限于报考职业学校，而这恰恰与多数随迁子女的意愿相悖，大部分随迁子女渴望在京报考普通高中、普通高等学校的愿望难以满足。

在地方出台的在流入地考试方案中，北京的方案属于准入条件最为严格的方案之一，不仅限制了报考的学校类型，还规定了较为严格的准入条件。随迁子女在京参加中考或高考必须满足学籍、居住证明、稳定住所、稳定职业、连续缴纳社会保险费这五个条件，其中中考与高考的要求在年限规定上有所不同。在准入条件的合理性方面，一方面需要充分考虑受众的现实条件，优先照顾需要政策重点关注的群体，确保其达到一定比例的条件符合度；另一方面还要谨防“考试移民”，并有针对性地设置防止这一现象发生的准入条件。

就目前北京在流入地升学考试政策的实施状况来看，仅有少数随迁子女家庭符合所有准入条件，其中家长连续缴纳社会保险的年限要求最难满足。尽管2008年1月1日起实施的《中华人民共和国劳动合同法》规定了“劳动合同应当具备社会保险的条款，未依法为劳动者缴纳社会保险费的，劳动者可以解除劳动合同”，但由于社会保险费的缴纳必须挂靠工作单位或需提供工商营业执照，造成相当一部分进城务工人员因从事建筑、运输等流动性较强的工作或做小生意而无法顺利缴纳社保。因此，对于随迁子女家长特别是农民工而言，缴纳社保的条件很难满足。

（三）多数随迁子女仍面临学业选择的两难困境

目前北京的在流入地考试方案还属于过渡方案，并没有完全向随迁子女放开，因此多数想报考普通高中、普通高等学校以及不符合条件的随迁子女仍面临难以抉择的困境。一方面，这些随迁子女在流入地尚不能参加考试，另一方面回原籍地参加考试不仅存在学籍等诸多限制条件，还会遇到教材衔接困难、学习和生活不适

应、无人照顾等一系列难题。其中，随迁子女回原籍地考试将面临的教材衔接困难问题，主要缘于全国新课程改革实施以来，各地区在教材内容、考试大纲、教学方式等方面均存在较大差异，学生回去之后必将需要相当一段时间来适应。

因此，随迁子女的两难困境亟须在在流入地考试政策不断完善的过程中予以妥善解决，处理不好有可能会带来部分原本有学习或经济困难的学生选择读完初中或高中后提前就业的负面影响，应尽可能避免随迁子女因政策条件难以满足而放弃努力学习甚至放弃升学等问题。

（四）政策实施的阻力源于教育资源承载能力的限制以及当地居民的担忧

北京在流入地考试方案的出台时间相对较晚，从侧面反映出北京在流入地考试政策制定和实施上面临的压力和阻力比其他地方要大很多。由于北京不仅是国家优质教育资源较为集中的城市，同时也是流动人口较为密集的城市，在流入地考试政策推进的难度也会比较大。

在流入地中考和高考政策的全面放开，面临的最大问题将是北京现有普通高中资源的供求失衡，而职业教育在生源数量方面尚存在较大发展空间正是北京在流入地考试政策最先向职业学校放开的主要原因。受城市教育资源承载能力和供给能力的限制，政策的逐步放开不仅要考虑本市户籍学龄人口数量的变化，还要充分考虑在不牺牲原有教育质量的基础上，目前普通高中已经具备的硬件和软件资源能否容纳可能增加的随迁子女。

《关于做好进城务工人员随迁子女接受义务教育后在当地参加升学考试工作的意见》中明确表示“保障当地高考录取比例不因符合条件的随迁子女参加当地高考而受到影响”，这表明国家制定在流入地考试政策的基本原则是以不损害当地学生的利益为前提。尽管如此，地方政策在推进和实施的过程中仍会受到来自当地居民的某些阻力，而这些阻力主要源于他们的种种担忧：首先，受现行高考招生体制的限制，当地学生家长担心在政策具体实施的过程中会出现当地学生指标“被挤占”的情况；其次，在流入地考试政策的出台是否会带来新的“考试移民”问题，是否会导致新的教育不公平，这也是当地学生家长普遍担心的问题。

（五）借考可以成为解决在流入地考试问题的重要过渡措施

对北京这样的大城市而言，在流入地考试政策的完全放开不单纯是一项教育改革，还会涉及和影响就业、住房、社保、公共服务、人口管理等诸多方面。因此，这一问题的解决不可能一蹴而就，需要分阶段进行，这也是北京采取过渡方案的重要原因。在分步实施、逐步放开的过程中，北京市亟须为那些尚无法满足在京参加中考、高考条件的随迁子女提供一种折中的解决方案。允许随迁子女在流入地借考，不仅对解决随迁子女“流入地不能考，回老家也考不了”两难困境起到暂时缓解的作用，同时也为随迁子女在流入地升学提供一条暂行通道。

《北京教育考试院关于做好2014年北京市高级中等学校考试招生工作的通知》明确提出，没有北京户籍的学生可以报名在京参加借考；北京市《进城务工人员随迁子女接受义务教育后在京参加升学考试工作方案》也提出，符合一定条件的随迁子女可在京借考高考，回户籍所在地参加录取。无论是在流入地中考，还是在流入地高考，提供借考服务均可以有效避免因各地教学和考试内容不同可能给随迁子女带来的困扰，同时也为后续政策的逐步放开奠定基础。然而，在实施借考这一过渡措施的过程中，必须处理好以下两个问题：一是借考中考后随迁子女能否顺利在京继续接受普通高中教育并取得正式学籍；二是借考高考的成绩折算问题，由于部分省份采取单独命题形式，各省的考试科目及考试内容均不相同，因此回户籍地录取就需要由北京与考生户籍省份共同协商，教育部总体协调，最终得到大家都认可的公平合理的折算方案。

五、对策建议

（一）多途径加强对政策的宣传与解读

北京市应进一步加强传统媒体，特别是电视的宣传作用，让相关利益群体及早了解相关政策。在此基础上，应充分利用微博、微信等新媒体的力量，加大对在流入地考试政策的宣传力度，形成正确的舆论导向，并通过多渠道、多途径为在流入地考试政策的相关利益群体就政策要点进行宣讲，为他们普及政策相关的具体内容及实施办法等。还可以通过设立电话热线、网络专栏等，提供与在流入地考试政策相关的咨询服务，及时为随迁子女及其家长解答他们遇到的问题。

进一步挖掘学校在政策宣传中的主力作用，与教育部门、公安部门等相关部门密切配合与合作，通过组织专家宣讲、主题培训等多种形式，加深随迁子女及其家长对政策的细节、准入条件等的理解和认识。应重点关注针对民办学校的学生及其家长的政策宣讲，提高他们对这一政策的知晓度，为随迁子女在当地参加考试做好准备。同时，学校对政策的宣讲与解读，应尽可能全覆盖而非只侧重毕业年级，这有利于让低年级的随迁子女及其家长提前了解、早做准备。同时，学校和教师应重点加强对随迁子女关于学业选择、报考升学的个别指导，及时帮助随迁子女排除因在流入地考试政策的实施给他们带来的学习、心理方面的困扰。

（二）完善准入机制，促进准入条件的合理化

准入条件作为在流入地考试政策的核心要素，其合理性与科学性直接关系到该政策的实施状况及相关利益群体的满意度。准入机制的完善需要处理好以下两个问题：

1. 处理好需求与教育资源的实际供给能力之间的关系

北京的教育资源供求矛盾主要体现在职业教育资源充足而需求相对较小，普通高中和普通高等学校的资源紧张而需求相对较大。为此，北京市一方面应放宽随迁子女报考职业学校的限制，充分满足随迁子女在京接受职业教育的需求。这不仅有利于培养社会所需要的高素质劳动者和技能型人才，也满足了随迁子女掌握一技之长的基本需求。另一方面应为随迁子女报考普通高中、普通高等院校提供一定的选择空间，适当设置允许其报考的资格条件。

2. 准入条件的设置应明确优先顺序

首先，应将随迁子女的学籍和连续就读年限作为关键的基础条件，对在流入地考试政策涉及的主体——学生的条件加以限制更为合理，同时也能有效遏制“考试移民”现象的发生。其次，应重点考虑长期在京学习和生活或在京出生的随迁子女，将居住证明及居住年限作为重要的准入条件。而对于家长缴纳社保年限等难以满足的条件，可根据实际情况适当调整年限要求，或者不将其作为必须满足的条件，而仅将其作为其他基础条件相同的情况下予以优先考虑的资格条件。再次，可为家庭经济困难的随迁子女提供特殊通道或优惠政策，特别是对无工作单位的低收入人群在无法缴纳社会保险的情况下予以特殊考虑或设置其他等价的限制条件。

（三）健全在流入地考试政策的配套机制

1. 建立流入地与流出地的沟通协调机制

以全国统一的电子学籍平台为基础，及时掌握学生的流动信息，通过流入地与流出地的信息互通与协调，对于不符合流入地报考条件的随迁子女，应尽可能减少其回流出地参加升学考试可能遇到的政策问题，避免随迁子女及其家庭因不了解回流出地考试所需满足的条件而影响在流出地的报考。

2. 建立在流入地考试政策的监督与问责机制

为有效落实在流入地考试政策，避免政策执行过程中出现的种种偏差，北京市应建立配套的监督与问责机制。中央政府应建立定期专项审查与评估机制，加强对

地方政策执行情况的监督与评估，对扭曲政策本意或违背政策初衷的行为进行有效问责，并通过评估结果指导地方政府适时调整原有的在流入地考试方案与准入条件。地方政府应在具体实施过程中明确在流入地考试准入条件的界定标准与审核机制，教育部门、公安部门等相关部门共同配合制定严格、规范的资格审查制度，以避免发生钻政策空子的“考试移民”现象。

3. 依据城市规划和教育资源承载能力以及随迁子女数量预测，做好规划准备与合理安排

在城市发展总体规划、人口控制目标的基础上，北京市应充分考虑现有教育资源的布局及承载能力，由地方政府、教育部门和学校共同配合，对在流入地考试政策实施后可能出现的学生数量变化进行科学评估和预测，并依据预测结果做好教育资源调整和配置方案，以有效避免因学生激增而影响教育质量的问题。根据本研究对北京市未来随迁子女数量的预测，北京市应根据随迁子女数量保持平稳增长的趋势，采取有效的应对措施以合理安排、统筹现有的教育资源。

（四）改革高考招生分配计划，推进高考成绩的省际认证制度

为从根本上解决流入地学生升学指标不受影响的问题，应改革现行高考招生分配方式，建立以学籍而非户籍为依据的高考管理机制，依据各省份实际的报考人数分配招生指标和确定录取比例。此外，在流入地参加升学考试的随迁子女数量也应列为指标分配的重要参考，或采取指标单列的形式在原有招生计划的基础上为随迁子女专门增加相应的名额，从而缓解随迁子女与当地户籍考生间因竞争录取名额而产生的利益冲突。同时，进一步加大高等院校在高考招生过程中的自主权，将深化高校自主招生改革与破解在流入地高考难题结合起来，保障随迁子女平等享有高校自主招生考试录取的机会。

为保障借考工作的顺利实施，应推进省际考试成绩认证以实现考生成绩的可比性，逐步探索高考的区域联考与统考，推动区域间共同命题替代省市自主命题。[1]同时，相关部门应完善随迁子女在流入地借考、回流出地录取的具体办法，在国家层面出台在流入地借考的基本原则，明确不同省份间考试成绩认证的标准与办法，流入地应在国家确定的总体原则下结合当地实际确定允许随迁子女在流入地借考的条件，并与流出地做好政策衔接工作。

[1] 吴霓．进城务工人员随迁子女在流入地参加中高考的现实困境及政策取向［J］．清华大学教育研究，2012，33（2）：107-112.

第五章　上海市随迁子女在流入地升学考试调研

一、调研背景

（一）上海市经济社会发展与流动人口基本状况

1. 经济社会发展基本状况

上海市是一个人口高达2400多万人、流动人口占40%以上的特大型城市。正在向现代化国际大都市目标迈进的上海市，肩负着面向世界、推动长三角地区一体化发展的重任，在全国经济建设和社会发展中具有十分重要的地位和作用。2014年上海市的生产总值（GDP）达到23560.9亿元，按可比价格计算，比上年增长7.0%。其中，第一产业增加值124.3亿元，增长0.1%；第二产业增加值8164.8亿元，增长4.3%；第三产业增加值15271.9亿元，增长8.8%。第三产业增加值占上海市生产总值的比重达到64.8%，比上年提高1.6个百分点。按常住人口计算的上海市人均生产总值为9.7万元，相当于世界中等发达国家或地区的水平。据抽样调查，全年城市居民家庭人均可支配收入47710元，比上年增长8.8%，扣除价格因素，实际增长5.9%；农村居民家庭人均可支配收入21192元，比上年增长10.3%，扣除价格因素，实际增长7.4%。城市居民家庭人均消费支出30520元，比上年增长8.4%；农村居民家庭人均生活消费支出15291元，比上年增长13.9%。[1]

2. 流动人口基本状况

（1）人口机械增长远超自然变动

上海市是全国第一个出现人口自然变动负增长的省级行政区，由于人口大量迁入和流动人口增长迅速，上海市人口总量呈不断扩大趋势。第六次全国人口普查以来，上海市的流动人口逐年增加，2010年为897.7万人，2011年为928.1万人，2012年为960.2万人，2013年为990万人，到2014年年末，户籍人口已增至中华人民共和国成立初期的2.8倍，常住人口规模达2425.7万人，其中流动人口996.4

[1] 上海市统计局，国家统计局上海调查总队．2014年上海市国民经济和社会发展统计公报［EB/OL］．（2015-02-28）［2015-03-16］．http：//www.stats-sh.gov.cn/html/sjfb/201502/277392.html.

万人。[1]

（2）流动人口来源广，人口素质有所提高

上海市流动人口以劳动年龄人口为主，20～34岁流动人口数量超过该年龄段本市户籍常住人口数量。流动人口来源地遍布全国31个省、自治区、直辖市（不含港澳台），但以华东地区为主，安徽和河南两省流入人口的比例有较大提高。近年来，流动人口受教育程度显著提高，高中及以上文化程度人口比重升至30.4%。流动劳动力所从事的职业主要以第二、第三产业为主，如制造加工、建筑施工、运输操作、商业服务、餐饮服务、居民生活服务等。近年来，流动人口中从事技术性工作的比重在增加，从事非技术性工作的比重在降低。

（3）流动人口集中分布在5个区

近年来，上海市流动从业人员继续在中心城区边缘、经济相对发达的地区集聚，总量继续有所增长。浦东新区、闵行区、松江区、嘉定区和宝山区等是流动人口居住最为集中的地区，5个区共容纳流动人口576.0万人，占上海市流动人口的64.2%，其中仅浦东新区（包括原南汇区）就有202.4万人，占22.5%。就业机会相对较多、居住成本相对较低和交通相对便利等是吸引流动人口居住的主要因素。中心城区、近郊区和远郊区各有流动人口173.3万人、482.2万人和242.2万人，分别占上海市流动人口总量的19.3%、53.7%和27.0%，与第五次全国人口普查相比，分别增加43.2万人、285.6万人和181.8万人，增幅分别为33.2%、145.2%和300.9%。很明显，远郊区的流动人口有很大幅度的增加，近郊区和远郊区已成为流动人口生活的首选之地。中心城区则以普陀区流动人口最多，为36.3万人。

（4）以农村户籍流动人口为主

上海市也是农村流动人口集聚的重要地区。第六次全国人口普查资料显示，在上海市897.7万流动人口中，79.4%是农村户籍。从年龄结构来看，20～44岁年龄段人口占农村流动人口总量的79.4%。从婚姻状况来看，他们的家庭相对稳定，已婚人口占农村流动人口总量的73.3%，未婚人口占25.9%。从文化程度来看，初中学历人口占农村流动人口总量的61.7%，其次是高中和小学，分别占16.7%和14.7%。从职业构成来看，制造加工、工程施工、运输操作和生活服务人员占农村流动人口总量的85.7%。由于文化程度和工作技能相对偏低，农村流动

[1] 上海市统计局，国家统计局上海调查总队．2014年上海市国民经济和社会发展统计公报［EB/OL］．（2015-02-28）［2015-03-16］．http：//www.stats-sh.gov.cn/html/sjfb/201502/277392.html.

人口从事的职业以制造加工、商业服务和建筑施工为主。[1]

（5）儿童中近一半为随迁子女

上海市流动人口“举家迁移”趋势明显。第六次全国人口普查资料显示，已婚人口比例占流动人口总人数的71.7%，在沪生育比例也大幅提高。上海市对15～49岁流动育龄妇女的统计显示，1990年她们生育的子女中仅2.3%在上海市出生，而2011年生育的子女中有58.8%在上海市出生。[2]同时，“两地婚姻”在上海市年轻夫妇中已是一个十分普遍的现象。[3]第六次全国人口普查数据显示，上海市0～17岁随迁子女达132万人，占全国0～17岁随迁子女总人数的3.7%，在四个直辖市中规模最大，且96.2%是跨省随迁子女。上海市随迁子女在当地儿童的总量中占到了46.2%，排全国第二，仅次于浙江省（47.7%），这意味着上海市接近一半的儿童是随迁子女。[4]

（6）随迁子女将保持平稳增长态势

上海市流动人口信息统计起步较早，信息也较为全面和权威，而且地域越大，影响流动人口数量变动的偶然因素也越少，其变动也具有更为稳定的数量变动规律。通过上海市流动人口的数量变动推算随迁子女的数量，具有较强的可行性和科学性。下面主要运用Logistic曲线拟合预测对上海市流动人口随迁子女的数量进行预测。

根据上海市近年来的离开户口登记地半年以上的流动人口数据，上海市未来流动人口数量的预测模型为 $y=\frac{k}{1+e^{-a\times(x-b)}}$ ，其中x表示年份，y表示流动人口数，a,b,k为三个特定参数。为避免自变量x与观测值在数量上相差过大，x取值的初始年份为1。运用Stata9统计软件可以求出该模型的a,b,k值，该模型可表示为 $y=\frac{1154.788}{1+e^{-0.2248797\times(x-5.987344)}}$，均方根误差为29.61106，$R^2$=0.9988。回归方程统计检验达到显著水平（$p<0.001$），整体预测效果较好。

由于流动人口的年龄结构相对稳定，根据2010年第六次全国人口普查上海市的流动人口年龄结构，可推测出未来上海市流动人口随迁子女的数量。如图5-1所

[1] 上海市统计局. 外省市来沪常住人口发展现状及特征［EB/OL］.（2011-09-23）［2015-03-10］. http：//www.stats-sh.gov.cn/html/fxbg/201109/232741.html.

[2] 孙刚. 流动人口在沪生育比例大幅提高［N/OL］. 解放日报，2013-05-15. http：//newspaper.jfdaily.com/jfrb/html/2013-05/15/content_1024229.htm.

[3] 同［1］.

[4] 段成荣，吕利丹，王宗萍，等. 我国流动儿童生存和发展：问题与对策——基于2010年第六次全国人口普查数据的分析［J］. 南方人口，2013，28（4）：44-56.

示，上海市14岁初中毕业随迁子女在2016年至2020年将基本维持在3.3万人至3.5万人，17岁高中毕业随迁子女在2020年将提升到13.1万人。从整体上看，上海市随迁子女的数量将保持平稳增长的趋势。

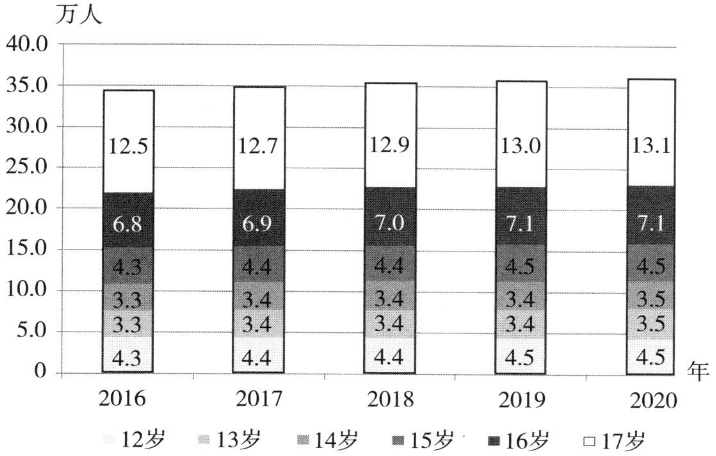

图5-1　上海市随迁子女数量变动趋势

（二）上海市随迁子女教育基本状况

1. 上海市随迁子女受教育现状

（1）政府购买学额解决随迁子女就学问题

2001年5月，《国务院关于基础教育改革与发展的决定》确立了解决随迁子女义务教育问题的“两为主”政策，随迁子女除在公办学校就读外，以上海市为代表的一些地方还采取由政府向民办学校购买学额的方式，且在民办学校就读的学生同样可以享受在公办学校就读的各种服务。截至2012年，上海市共有53.8万名义务教育阶段随迁子女在学校就读（小学就读人数为39.1万人，初中就读人数为14.7万人），其中74.7%在公办学校就读，其余的在157所政府购买服务以招收随迁子女为主的民办小学免费就读。[1]全国各地进入上海市的从业人员随迁子女享受义务教育人数占到全市受义务教育总人数的一半。[2]上海市为此投入的教育经费也逐年增加，2012年上海市教育投入700亿元，其中基础教育约473亿元，包括重点推进城乡

[1] 周凯．53万随迁子女在沪接受义务教育［N/OL］．中国青年报，2013-10-25．http：//zqb.cyol.com/html/2013-10/25/nw.D110000zgqnb_20131025_5-06.htm.

[2] 孙思娅. 沪义务教育人口半数是随迁子女［EB/OL］．（2013-03-07）［2015-02-11］．http：//www.chinanews.com/edu/2013/03-07/4622540.shtml.

基础教育一体化建设，以及对招收随迁子女的民办学校给予办学补贴。按40%生源来自随迁子女计算，上海市每年花在非沪籍学生上的教育经费可能超过百亿元。[1]

（2）义务教育后的学生继续升学困难

初中毕业的随迁子女，年龄在15～17周岁，属于大龄随迁子女，完成义务教育后的他们也就远离了保障其接受教育的“两为主”政策。有调查显示，上海市流动人口子女初中毕业后只有不到10%的人回原籍地参加中考；不到20%的人在上海市就读职业学校或“借读”高中；其余70%以上的人中，除少数跟随父母参加工作外，大多数由于尚未达到法定就业年龄而无所事事，给城市生活的安定和谐埋下隐患。[2]

2. 上海市随迁子女教育的经验与举措

（1）“两条腿走路”解决义务教育问题

上海市对随迁子女教育问题的回应是“挖掘公办学校的潜力，提高公办学校接收农民工同住子女的比例；加强规范管理，逐步将农民工子女小学纳入民办教育管理”[3]，即“两条腿走路”的办法。一方面，把随迁子女纳入公办学校，即通过增加公办学校招生计划，开设招收随迁子女就学的公办学校，在公办学校设随迁子女班，随班就读等一系列措施把随迁子女纳入公办学校。上海市放宽准入条件，提高义务教育阶段公办学校接收比例，从2008年起简化了流动人口随迁子女就读的条件，凡能提供父母的农民身份证明、居住证明或就业证明的流动人口随迁子女，均可在上海市免费接受义务教育。2010年又对持有临时居住证人员子女的义务教育工作进行了规范。市、区教育行政部门鼓励公办学校放宽班额吸纳随迁子女入学，仅2010年，市、区财政共拨付37亿元，用于公办学校接收流动人口随迁子女。另一方面，规范“纳民学校”（即纳入民办教育管理的农民工子女学校），规范民间自发出现的农民工子女学校的办学行为，严格要求师资、管理、卫生、安全（校舍、校车接送和食品安全）等方面需达标，符合条件的颁发办学证，一并纳入区（县）教育体系统筹管理，由教育局委派监察员，提高办学质量。2008年，上海市在总结浦东新区实践经验的基础上，开始实施“农民工同住子女义务教育三年行动计划”，提出到2010年9月农村流动人口随迁子女全部进入公办学校或民办农民工子女学校

［1］上海市教育委员会．上海进城务工人员随迁子女接受义务教育情况［EB/OL］．（2012-06-20）［2015-02-11］．http：//www.shmec.gov.cn/web/wsbs/webwork_article.php？article_id=65509.

［2］上海师范大学陶行知研究中心．上海民工子女教育蓝皮书［EB/OL］．（2013-06-01）［2015-02-11］．http：//www.docin.com/p-722978899.html.

［3］上海市教育委员会．上海市教育委员会关于进一步做好本市农民工同住子女义务教育工作的若干意见［EB/OL］．（2008-01-17）［2015-02-11］．http：//www.wenku365.com/p-1484151.html.

就读的工作目标，不仅要求不断提高公办学校吸纳流动人口随迁子女入学的比例，还要求投入巨资改造农民工子女学校，建立一系列针对农民工子女学校的管理机制和制度。2008～2010年，市、区财政共投入10余亿元，用于以招收流动人口随迁子女为主的民办小学的办学设施改造和基本成本补贴。市、区两级政府不断加大基本成本补贴力度，生均成本补贴费已从2008年的每学年2000元，增加到2011年的每学年4500元和2012年下半学年的5000元，在短短4年内增长了1.5倍，并且还将按照实际需要和可能逐步提高。[1]此外，出台政策对各区（县）做好民办农民工子女学校的督导、年检和绩效评估工作做了具体规定。上海市利用3年的缓冲期把合格的农民工子女学校全部纳入民办教育管理范畴，并对民办农民工子女学校进行各方面的扶持和监管，促使其规范健康发展。

（2）以允许报考中职学校暂时解决义务教育后学生的出路问题

上海市同时探索了随迁子女初中毕业后在沪接受职业教育的途径。从2008年开始，上海市开放了部分中职学校。中职学校试行自主招收随迁子女，允许符合条件的随迁子女直接报考。政策设计明确了随迁子女的就业方向，即培养城市发展急需的紧缺专业人才，具体而言，“招生专业主要是社会发展急需、紧缺，产业、行业需求相对稳定，以培养一线实际操作技能为主的先进加工制造类和现代服务类等专业”。[2]2008年上海市开放的中职学校有32所，共录取了1200名随迁子女；两年后，招收随迁子女人数升至4200余人，招收随迁子女学校扩大到50所，招生专业202个；2011年增至61所，专业扩至405个，招收随迁子女人数上升至6032人。2012年上海市全日制普通中等职业学校自主招收在沪进城务工人员随迁子女的人数增加至8000名，且不再对专业做出限定，由招生学校自主设置招生专业。[3]这就解决了部分义务教育阶段随迁子女毕业后的出路问题，但学生在中职学校毕业时除能获得毕业证书之外并不能在沪继续升学，因为“按照教育部有关规定，农民工同住子女在本市中等职业学校毕业后如申请报考高等学校，一律回其户口所在省（区、市）

[1] 上海师范大学陶行知研究中心．上海民工子女教育蓝皮书［EB/OL］．（2013-06-01）［2015-02-11］．http：//www.docin.com/p-722978899.html.

[2] 上海市教育委员会．上海市教育委员会关于2008年在本市部分全日制普通中等职业学校试行自主招收在沪农民工同住子女的通知［EB/OL］．（2008-05-19）［2015-02-11］．http：//www.shmec.gov.cn/html/xxgk/200805/420052008005.php.

[3] 上海市教育委员会．上海市教育委员会关于做好2012年本市全日制普通中等职业学校自主招收在沪进城务工人员随迁子女的通知［EB/OL］．（2012-03-02）［2015-02-11］．http：//www.shmec.gov.cn/html/xxgk/201203/420052012002.php.

参加高考，并到当地招生委员会指定的地点报名”。[1]

3. 上海市随迁子女教育面临的问题与挑战

（1）“纳民学校”面临生源质量、师资水平和学校管理等发展问题

上海市创新管理机制，在积极挖掘公办学校招收随迁子女入学潜力的同时，将符合基本办学条件的农民工子弟学校进行改造并纳入民办教育管理，但其在随迁子女教育中发挥更为积极和持久作用方面还面临各种挑战。招收随迁子女的这类学校在学校体制、生源质量、师资水平和学校管理方面均存在较大差异。尤其是“纳民学校”的师资在师生比、性别比、年龄梯度、户籍来源、学历水平等方面均表现出结构性的不合理。目前上海市已为“纳民学校”教师的评优评先进打开了通道，但不在编的民办教师无法跻身职称评审与晋升的行列。这易导致“纳民学校”教师形成“身份卑微”和“前景无望”等心态，将影响教师的工作积极性和专业发展动力，从而影响学校的教育教学质量。

（2）人口流出区和流入区之间的教育资源分布失衡

流动人口的大量涌入挑战着城市的承载能力，上海市的供需矛盾日渐突出。教育资源供给要求从“关注户籍人口”转向“关注常住人口”。流动人口在城市的留居时间有不断延长的趋势，而且在城市居住生活时间越长的人继续留居的意愿就越强烈，流动人口及其随迁子女已经成为城市人口的重要组成部分。大量随迁子女的流入和流动，影响了上海市既有的教育资源配置计划和学校教育教学秩序。上海市在城市改造过程中，有的区人口大量流出，有的区人口大量流入，绝大多数进城务工人员无力进入人口流出区而只能集中居住在人口流入区，导致按照城市户籍人口规划的教育资源在进城务工人员大量流入地区严重紧缺，具体表现为师资明显不足，教育设施相对匮乏，教育财政经费需求大幅提高。这进一步加剧了上海市教育资源分布失衡，从而出现某些中心城区教育资源相对富足甚至过剩而部分城区教育资源严重短缺的状况。

（3）教育政策制定面临如何平衡本地和外地群体利益的困境

目前，上海市已经实现了义务教育阶段进城务工人员随迁子女全部接受免费义务教育的目标，但随迁子女在入学、就学过程和所接受教育质量方面与沪籍同龄人仍存在较大差异，面临“上好学难”的窘境。随迁子女义务教育后的处境也给城市持续发展带来某些隐患，城市中出现了相当数量既不能升学又不能就业的青少年。

［1］上海市教育委员会．上海市教育委员会关于2008年在本市部分全日制普通中等职业学校试行自主招收在沪农民工同住子女的通知［EB/OL］．（2008-05-19）［2015-02-11］．http：//www.shmec.gov.cn/html/xxgk/200805/420052008005.php.

而且，随迁子女要求在沪参加中考、高考的愿望非常强烈。流动人口的诉求是希望自己的孩子与上海市户籍的孩子拥有平等的中高考机会，而这又在一定程度上触碰了沪籍人口的切身利益。大量的外地户籍考生有“挤占”本地教育资源的风险，因此这成为相关政策制定部门重要的纠结点。上海市高等教育资源丰富，高考录取率遥遥领先于全国平均水平，2014年的一本录取率近22%，如果当地把在流入地高考政策的准入条件设置得太低，那么就很容易引发大规模的“高考移民”。如何在当地中高考考试制度改革的过程中明确受益方的先后次序，如何避免在试图解决某种不公平的同时再制造另一种不公，对上海市来说，都是不小的压力，也极大地考验城市管理者的智慧。

（三）上海市随迁子女义务教育后升学考试政策状况

1. 政策演进轨迹及政策主要内容

在2012年国务院办公厅转发教育部等部门《关于做好进城务工人员随迁子女接受义务教育后在当地参加升学考试工作的意见》的通知出台之前，根据2002年《引进人才实行〈上海市居住证〉制度暂行规定》（编者注：“居住证”处书名号误用，但原文件如此，故保留，全书引用文件处做此相同处理），上海市持人才引进类居住证的非户籍人口子女享受与本地户籍学生基本一致的升学考试资格：“持有《居住证》的人员，其《居住证》的有效期在一定年限以上的，可以申请子女在本市就读。义务教育和普通高中教育阶段，由居住地所在区、县教育行政部门安排到具备相应接收条件的学校就读……符合前款规定的境内人员的子女，取得本市高中毕业文凭的，可以参加上海卷统一高考，报考本市部委属高校、在外地有招生计划的市属高校或者民办高校。”[1]

2008年，全国许多地区出台了随迁子女在流入地中考政策[2]，上海市也逐渐放开中职学校，在流入地升学考试方案公布之前每年均发布中职学校招收随迁子女的通知，如《上海市教育委员会关于2008年在本市部分全日制普通中等职业学校试行自主招收在沪农民工同住子女的通知》[3]《上海市教育委员会关于做好2009年本

[1] 上海市人民政府. 引进人才实行《上海市居住证》制度暂行规定［EB/OL］.（2003-07-07）［2015-02-11］. http：//www.people.com.cn/GB/guandian/28296/1954936.html.

[2] 吴霓，朱富言. 农民工子女异地中考政策研究［M］. 北京：教育科学出版社，2011：45.

[3] 上海市教育委员会. 上海市教育委员会关于2008年在本市部分全日制普通中等职业学校试行自主招收在沪农民工同住子女的通知［EB/OL］.（2008-05-19）［2015-02-11］. http：//www.shmec.gov.cn/html/xxgk/200805/420052008005.php.

市部分全日制普通中等职业学校自主招收在沪农民工同住子女的通知》[1]《上海市教育委员会关于做好2010年本市部分全日制普通中等职业学校自主招收在沪农民工同住子女的通知》[2]《上海市教育委员会关于做好2011年本市全日制普通中等职业学校自主招收在沪进城务工人员随迁子女的通知》[3]《上海市教育委员会关于做好2012年本市全日制普通中等职业学校自主招收在沪进城务工人员随迁子女的通知》[4]等。

在《随迁子女升学考试意见》要求各地2012年年底前出台在流入地升学考试方案的期限临近之时，上海市于2012年11月22日公布了《上海市居住证管理办法（草案）》，拟对居住证进行“积分制”管理，其中获得A证的人员，其子女可在上海市参加中考、高考，具体要求和规定如下：“在本市有合法稳定职业和合法稳定住所，参加本市社会保险，且积分达到规定分值的境内来沪人员，可以申请办理《居住证》A证；在本市有合法稳定职业和合法稳定住所，参加本市社会保险，但积分未达到规定分值的境内来沪人员，可以申请办理《居住证》C证”，“《居住证》持有人可以在《居住证》有效期限内，为其随迁子女申请在本市接受义务教育，由居住地的区（县）教育行政管理部门按照规定安排就读。持《居住证》A证的人员，其子女可以按照本市有关规定在本市参加中考、高考。持《居住证》C证人员，其子女可以按照本市有关规定在本市参加全日制普通中等职业学校自主招生考试”。[5]《上海市居住证管理办法（草案）》被视为上海市实施在流入地升学考试方案的人口信息基础，该办法释放的政策信号引发了社会热议。

随后，2012年12月，在流动人口管理制度这一架构基础上，上海市在流入地升学考试方案最终得以颁布。《上海市人民政府办公厅关于转发市教委等四部门制

[1] 上海市教育委员会. 上海市教育委员会关于做好2009年本市部分全日制普通中等职业学校自主招收在沪农民工同住子女的通知［EB/OL］.（2009-03-20）［2015-02-11］. http://www.shmec.gov.cn/html/xxgk/200903/420052009006.php.

[2] 上海市教育委员会. 上海市教育委员会关于做好2010年本市部分全日制普通中等职业学校自主招收在沪农民工同住子女的通知［EB/OL］.（2010-02-23）［2015-02-11］. http://www.shmec.gov.cn/html/xxgk/201002/420052010002.php.

[3] 上海市教育委员会. 上海市教育委员会关于做好2011年本市全日制普通中等职业学校自主招收在沪进城务工人员随迁子女的通知［EB/OL］.（2011-03-29）［2015-02-11］. http://www.shmec.gov.cn/html/xxgk/201103/420052011003.php.

[4] 上海市教育委员会. 上海市教育委员会关于做好2012年本市全日制普通中等职业学校自主招收在沪进城务工人员随迁子女的通知［EB/OL］.（2012-03-02）［2015-02-11］. http://www.shmec.gov.cn/html/xxgk/201203/420052012002.php.

[5] 上海市人民政府. 上海市居住证管理办法（草案）征求意见稿［EB/OL］.（2012-11-22）［2015-02-11］. http://shanghai.xinmin.cn/xmsz/2012/11/22/17290318.html.

订的〈进城务工人员随迁子女接受义务教育后在沪参加升学考试工作方案〉的通知》[1]（以下简称《上海市方案》）制定的解决随迁子女接受义务教育后升学考试问题的主要措施是：

2014年实施与《上海市居住证管理办法》相衔接的进城务工人员随迁子女接受义务教育后在沪参加升学考试的具体方案，以《上海市居住证管理办法》为依据，有梯度地为进城务工人员随迁子女提供接受义务教育后的公共教育服务。

（1）进城务工人员符合上海市进城务工人员管理制度规定的基本要求并达到一定积分的，其子女可在上海市参加高中阶段学校招生考试，接受高中阶段教育（普通高中教育或中等职业教育）；其子女在上海市参加高中阶段学校招生考试并完成高中阶段完整学习经历后，可在上海市参加普通高等学校招生考试。

（2）进城务工人员符合上海市进城务工人员管理制度规定的基本要求的，其子女可在上海市参加全日制中等职业学校的自主招生考试，接受全日制中等职业教育（包括"中高职贯通培养模式"的专业教育）；其子女在上海市参加全日制中等职业学校自主招生并完成全日制中等职业教育完整学习经历后，可在上海市参加上海市普通高等职业学校自主招生考试；其子女参加全日制普通高等职业学校自主招生并完成高等职业教育完整学习经历后，可在上海市参加普通高等学校专升本招生考试。

（3）对不符合上海市普通高等学校招生条件的进城务工人员随迁子女，待教育部出台相关文件规定并经学生户籍所在省份同意后，可在沪参加普通高等学校招生考试借考，由学生户籍所在省份负责录取。

表5-1　上海市随迁子女升学考试政策汇总

颁布时间（年）	文件
2002	《引进人才实行〈上海市居住证〉制度暂行规定》
2008	《上海市教育委员会关于2008年在本市部分全日制普通中等职业学校试行自主招收在沪农民工同住子女的通知》《上海市教育委员会关于做好2009年上海市普通高等学校招生考试报名工作的通知》《上海市教育委员会关于做好2009年上海市中等学校高中阶段招生报名工作的通知》

［1］上海市人民政府办公厅．上海市人民政府办公厅关于转发市教委等四部门制订的《进城务工人员随迁子女接受义务教育后在沪参加升学考试工作方案》的通知［EB/OL］．（2012-12-30）［2015-02-11］．http：//www.shmec.gov.cn/html/xxgk/201212/420042012004.php.

续表

颁布时间（年）	文件
2009	《上海市教育委员会关于做好2009年本市部分全日制普通中等职业学校自主招收在沪农民工同住子女的通知》《上海市教育委员会关于做好2010年上海市普通高校招生报名工作的通知》《上海市教育委员会关于做好2010年上海市中等学校高中阶段招生报名工作的通知》
2010	《上海市教育委员会关于做好2010年本市部分全日制普通中等职业学校自主招收在沪农民工同住子女的通知》《上海市教育委员会关于做好2011年上海市普通高校招生报名工作的通知》《上海市教育委员会关于做好2011年上海市中等学校高中阶段招生报名工作的通知》
2011	《上海市教育委员会关于做好2011年本市全日制普通中等职业学校自主招收在沪进城务工人员随迁子女的通知》《上海市教育委员会关于做好2012年上海市普通高校招生报名工作的通知》《上海市教育委员会关于做好2012年上海市中等学校高中阶段招生报名工作的通知》
2012	《上海市教育委员会关于做好2012年本市全日制普通中等职业学校自主招收在沪进城务工人员随迁子女的通知》《上海市居住证管理办法（草案）》《上海市教育委员会关于做好2013年上海市普通高等学校招生报名工作的通知》《上海市教育委员会关于做好2013年上海市中等学校高中阶段招生报名工作的通知》《进城务工人员随迁子女接受义务教育后在沪参加升学考试工作方案》
2013	《上海市教育委员会关于做好2013年上海市全日制普通中等职业学校自主招收进城务工人员随迁子女报名工作的通知》《关于对“医院外来护工”等四类来沪从业人员试行开展灵活就业登记的通知》《上海市居住证管理办法》《上海市人民政府关于印发〈上海市居住证积分管理试行办法〉的通知》《上海市人民政府关于印发〈上海市居住证申办实施细则〉的通知》《上海市教育委员会关于做好2014年上海市中等学校高中阶段招生报名工作的通知》《上海市教育委员会关于做好2014年上海市普通高校招生报名工作的通知》《上海市人民政府办公厅转发市教委等四部门关于来沪人员随迁子女就读本市各级各类学校实施意见的通知》
2014	《上海市教育委员会关于做好2014年上海市中高职贯通教育招生工作的通知》《上海市教育委员会关于做好2014年上海市全日制普通中等职业学校自主招收进城务工人员随迁子女工作的通知》《上海市教育委员会关于做好2015年上海市中等学校高中阶段招生报名工作的通知》《上海市教育委员会关于做好2015年上海市普通高校招生报名工作的通知》

续表

颁布时间（年）	文件
2015	《上海市教育委员会关于做好2015年全日制普通中等职业学校自主招收进城务工人员随迁子女报名工作的通知》《上海市教育委员会关于做好2016年上海市全日制普通中等职业学校自主招收进城务工人员随迁子女工作的通知》《上海市教育委员会关于做好2016年上海市普通高校招生报名工作的通知》《上海市教育委员会关于做好2016年上海市中等学校高中阶段招生报名工作的通知》

2. 政策实践状况

（1）在流入地升学考试政策的初步实践

这主要体现在上海市的招生计划里对流动人口的随迁子女进行了相应安排。一方面，继续实施随迁子女中职招收工作。2012年年底的《上海市方案》出台后，2013年至2015年，上海市全日制普通中等职业学校继续自主招收符合基本条件的进城务工人员应届初三随迁子女。2013年中等职业学校计划招收随迁子女1万名左右，涉及65所招生学校[1]；2014年、2015年63所中等职业学校计划分别自主招收随迁子女1万名、1.2万名左右[2, 3]。

另一方面，面向随迁子女放开高职和高专。《上海市方案》中明确随迁子女可参加“中高职贯通培养模式”的自主招生。与此同时，2012年上海市在新增中高职贯通院校的6个专业中，试行招收在沪应届初中毕业的随迁子女。[4]在一年的探索实验基础上，上海市2013年正式推出了随迁子女参与“中高职贯通培养模式”的自主招生，招生计划为213名，有26所学校30个专业对随迁子女开放中高职贯通教育模式招生。[5]在一定意义上，此举是对现行高考制度的悄然突破。2014年实施中高职贯通的试点专业的学校，招生计划总数5500名，其中招收的随迁子女增加至550

[1] 上海市教育委员会. 上海市教育委员会关于做好2013年上海市全日制普通中等职业学校自主招收进城务工人员随迁子女的通知［EB/OL］.（2013-03-27）［2015-02-11］. http：//www.shmec.gov.cn/html/xxgk/201303/420052013004.php.

[2] 上海市教育委员会. 上海市教育委员会关于做好2014年上海市全日制普通中等职业学校自主招收进城务工人员随迁子女工作的通知［EB/OL］.（2014-03-25）［2015-02-11］. http：//www.shmec.gov.cn/html/xxgk/201403/420052014002.php.

[3] 上海市教育委员会. 上海市教育委员会关于做好2015年全日制普通中等职业学校自主招收进城务工人员随迁子女报名工作的通知［EB/OL］.（2015-01-04）［2015-05-18］. http：//www.shmec.gov.cn/html/xxgk/201501/420052015001.php.

[4] 上海招随迁子女高职今年将增至31所［EB/OL］.（2012-06-04）［2015-02-11］. http：//sh.gaokao.com/e/20120604/4fcc/9b95c2/2.shtml.

[5] 同［1］.

名[1]，占了总人数的一成。2015年中高职贯通招生计划总数约为5700名，其中招收进城务工人员随迁子女570名。[2]此外，2013年至2015年，上海市部分普通高校专科层次在实行依法自主招生改革的过程中，开始允许纳入入学当年招生计划的全日制中职学校毕业的进城务工人员随迁子女报名[3-5]。

（2）以居住证积分制细化政策

由于上海市推行的是与居住证管理办法相衔接的在流入地升学考试政策，因此虽然《上海市方案》已经公布，但积分指标体系和积分细则尚未出炉，在流入地升学考试依然缺少操作的基础，故直到居住证管理办法最终定稿，《上海市方案》才得以真正实行。2013年3月，上海市人力资源和社会保障局等部门联合发布《关于对"医院外来护工"等四类来沪从业人员试行开展灵活就业登记的通知》，建立灵活就业登记制度，解决了部分非正规就业流动人口"合法稳定职业"的认定问题。2013年5月、6月，上海市政府相继发布《上海市居住证管理办法》[6]《上海市人民政府关于印发〈上海市居住证积分管理试行办法〉的通知》[7]《上海市人民政府关于印发〈上海市居住证申办实施细则〉的通知》[8]，逐步完善居住证管理制度。这标志着上海市从始于2002年的居住证制度，过渡到全国最早实行的居住证积分制

[1] 上海市教育委员会. 上海市教育委员会关于做好2014年中高职贯通教育招生工作的通知［EB/OL］.（2014-01-15）［2015-02-11］. http://www.shmec.gov.cn/html/xxgk/201401/420042014001.php.

[2] 上海市教育委员会. 上海市教育委员会关于2015年本市中等学校高中阶段考试招生工作的若干意见［EB/OL］.（2015-03-23）［2015-04-16］. http://www.shmec.gov.cn/html/xxgk/201503/420052015003.php.

[3] 上海市教育委员会. 上海市教育委员会关于印发2013年上海市部分普通高校专科层次实行依法自主招生改革试点方案的通知［EB/OL］.（2013-01-23）［2015-04-16］. http://www.shmec.gov.cn/html/xxgk/201301/420032013001.php.

[4] 上海市教育委员会. 上海市教育委员会关于印发《2014年上海市部分普通高校专科层次实行依法自主招生改革试点方案》的通知［EB/OL］.（2014-01-07）［2015-04-16］. http://www.shmec.gov.cn/html/xxgk/201401/420032014001.php.

[5] 上海市教育委员会. 上海市教育委员会关于印发《2015年上海市部分普通高校专科层次实行依法自主招生改革试点方案》的通知［EB/OL］.（2015-01-08）［2015-04-16］. http://www.shmec.gov.cn/html/xxgk/201501/420032015001.php.

[6] 上海市人民政府. 上海市居住证管理办法（市政府令第2号）［EB/OL］.（2013-06-19）［2015-04-16］. http://www.shanghai.gov.cn/nw2/nw2314/nw2319/nw2407/nw31294/u26aw36126.html.

[7] 上海市人民政府. 上海市人民政府关于印发《上海市居住证积分管理试行办法》的通知［EB/OL］.（2013-07-04）［2015-04-16］. http://www.shanghai.gov.cn/nw2/nw2314/nw2404/nw31379/nw31380/u26aw36287.html.

[8] 上海市人民政府. 上海市人民政府关于印发《上海市居住证申办实施细则》的通知［EB/OL］.（2013-07-04）［2015-04-16］. http://www.shanghai.gov.cn/nw2/nw2314/nw2319/nw2404/nw31379/nw31380/u26aw36288.html.

度，随迁子女接受教育的条件也随之改变：中高考放开的对象从父母为人才引进类居住证人员的子女变为积分达120分人员的子女。

2013年颁布的《上海市居住证管理办法》通过以下条文建立了有梯度的随迁子女义务教育后公共服务方案："持证人的同住子女可以按照本市有关规定，在本市参加全日制普通中等职业学校自主招生考试、全日制高等职业学校自主招生考试。积分达到标准分值的持证人，其同住子女可以按照本市有关规定，在本市参加高中阶段学校招生考试、普通高等学校招生考试。"居住证积分制，是指通过设置积分指标体系，对在本市合法稳定居住和稳定就业的居住证持有人进行积分，将持证人的个人情况及实际贡献转化为相应的分值，当积分累积达到特定的标准（标准分值为120分）时，持证人可以享受相应的城市公共服务待遇。居住证指标体系由基础指标、加分指标、减分指标及一票否决指标四部分组成，主要的基础指标细分为年龄、教育背景、专业技术职称和技能等级、在沪工作及缴纳社会保险年限，并根据城市发展和管理需要设置紧缺急需专业、投资纳税或带动本地就业、表彰奖励、配偶为本市户籍人员等加分项目。积分管理使得流动人口获得城市公共服务的条件标准化、量化和多元化，有居住证和居住证积分达标者因此获得包括子女教育在内的不同层次的公共服务。

居住证积分制的正式建立推动了上海市在流入地升学考试政策的全面施行。2013年年底，上海市人民政府办公厅转发市教委等四部门《关于来沪人员随迁子女就读本市各级各类学校的实施意见》[1]（以下简称《上海市意见》），同时废除《上海市方案》，进一步细化了来沪人员随迁子女义务教育后就读各级各类学校的政策。2014年年初，颁布实施年度随迁子女就读各级各类学校的政策也作为当年考试招生制度改革中的重点工作出现在《2014年上海市教育委员会工作要点》[2]中。《上海市意见》的具体内容如下。

关于高中阶段教育，提出如下内容：

第一，持上海市居住证且积分达到标准分值人员随迁子女，可在上海市居住证登记所在区（县）或就读学校所在区（县），参加本市中等学校高中阶段招生考试；第二，持上海市居住证人员，或连续3年（逐步过渡到3年）在街镇社区事务受

[1] 上海市人民政府办公厅. 上海市人民政府办公厅转发市教委等四部门关于来沪人员随迁子女就读本市各级各类学校实施意见的通知［EB/OL］.（2013-12-24）［2015-04-16］. http：//www.shmec.gov.cn/html/xxgk/201312/420042013003.php.

[2] 上海市教育委员会. 上海市教育委员会关于印发《2014年上海市教育委员会工作要点》的通知［EB/OL］.（2014-01-14）［2015-04-16］. http：//www.shmec.gov.cn/html/xxgk/201401/304162014001.php.

理服务中心办妥灵活就业登记且持有上海市临时居住证满3年（逐步过渡到3年）人员，其随迁子女在本市接受3年（逐步过渡到3年）初中教育的，可参加本市全日制中等职业学校自主招生考试。

关于高等教育阶段，提出如下内容：

第一，持上海市居住证且积分达到标准分值人员随迁子女在本市参加中等学校高中阶段招生考试并具有本市高中阶段完整学习经历的，可在本市参加普通高等学校招生考试。持上海市居住证且积分达到标准分值人员连续持有上海市居住证3年，其子女为本市高中阶段毕业生的，可在本市参加普通高等学校招生考试。第二，持上海市居住证人员，或连续3年（逐步过渡到3年）在街镇社区事务受理服务中心办妥灵活就业登记且持有上海市临时居住证满3年（逐步过渡到3年）人员，其随迁子女参加中等职业学校自主招生考试并具有本市中等职业教育完整学习经历的，可选择在本市参加专科层次依法自主招生考试和三校生高考（专科层次）；持上海市居住证人员，或连续3年（逐步过渡到3年）在街镇社区事务受理服务中心办妥灵活就业登记且持有上海市临时居住证满3年（逐步过渡到3年）人员，其随迁子女参加专科层次依法自主招生考试或三校生高考（专科层次），并具有高等职业教育完整学习经历的，可参加本市普通高等学校专升本招生考试。

（3）正式施行随迁子女在流入地中高考政策

根据相关规定，上海市从2014年开始首次放开随迁子女在流入地普通中高考。2014年、2015年，包括父母积分达到标准分值的随迁子女在内的8类非本市户籍学生可在沪参加中等学校高中阶段招生报名。[1, 2] 2014年、2015年的高校招生方案均明确，包括本市高中阶段学校毕业且积分达到标准分值的上海市居住证持证人的同住子女在内的9类非沪籍学生可在沪报考。[3, 4]

尽管目前尚未获得能在沪参加中高考随迁子女的实际人数，但由于达到标准分值的人数可能比以前持有人才引进类居住证的人数多，所以能在沪参加中高考的随

[1] 上海市教育委员会．上海市教育委员会关于做好2014年上海市中等学校高中阶段招生报名工作的通知［EB/OL］．（2013-11-29）［2015-04-16］．http：//www.shmec.gov.cn/html/xxgk/201311/420052013006.php.

[2] 上海市教育委员会．上海市教育委员会关于做好2015年上海市中等学校高中阶段招生报名工作的通知［EB/OL］．（2014-12-24）［2015-04-16］．http：//www.shmec.gov.cn/html/xxgk/201412/420052014006.php.

[3] 上海市教育委员会．上海市教育委员会关于做好2014年上海市普通高校招生报名工作的通知［EB/OL］．（2013-11-15）［2015-04-16］．http：//www.shmec.gov.cn/html/xxgk/201311/420032013015.php.

[4] 上海市教育委员会．上海市教育委员会关于做好2015年上海市普通高校招生报名工作的通知［EB/OL］．（2014-11-21）［2015-04-16］．http：//www.shmec.gov.cn/html/xxgk/201411/420032014013.php.

迁子女人数可能会增加。[1]此前《上海市居住证管理办法（草案）》的公布曾引发社会各界的争议，尤其是2012年的《上海市方案》再次明确了在流入地中高考与居住证挂钩，对此有关人员建议上海市政府对草案中关于持A证和C证居民子女中高考权利享有差别待遇的条款进行修改。最新的《上海市意见》取消了原有的居住证分类，以积分制取代，达到120分标准值的持证人，其子女能够在上海市参加中高考。

但在实际操作中，仍然有大批考生面临不能报考的情况。积分制实质上是以居住证为载体，将城市流动人口的自身情况或实际贡献换算成能够量化的积分，持证人依据累积积分的多少享受与之相匹配的城市公共服务和福利标准。教育的特殊之处在于服务对象是子女，而积分的主体却是父母。从一定程度上说，上海市的积分体系反映了政府的偏好，年纪越轻、学历越高、专业技术职称或技能等级越高、带动本地就业越多、投资纳税或缴纳社保金越多者积分越高，即年轻人、经济条件优渥者、高学历或高技能者较受欢迎。上海市外来流动人口管理研究中心负责人也表示："完全取消户籍制度现在形势不允许，户籍制度背后捆绑一系列的社会福利也很难一下子剥离。现在上海市的做法是，让有条件的、竞争性比较强的、对上海市贡献比较大的外来人才和劳动者逐渐进入管理的序列，最终转变为上海市户籍。"[2]因此，有舆论认为，该制度其实是以积分衡量父母的条件，而不是随迁子女自身的条件。[3]这种做法无疑将学生按照父母的条件划分等级，进而对随迁子女接受教育的权利造成一定的影响。对此，本课题组也展开了有针对性的调研，将在下文结合实地调查的结果讨论具体实践与政策本身之间的偏差，以及实践方面存在的困难。

二、研究设计与过程

（一）调研实施

1. 调研任务

2014年10月，课题组针对随迁子女在流入地义务教育后的升学考试问题对上海市B区随迁子女较集中的2所初中学校（1所公办学校、1所民办学校）开展调研，分

[1] 胡欣欣. 上海居住证新政破题：条件管理改为积分管理［EB/OL］.（2013-06-30）［2015-04-16］. http：//www.s1979.com/news/china/201306/2091642620.shtml.

[2] 熊晓辉. 上海居住证"积分制"破题户籍制度改革［N/OL］. 中国经营报，2013-07-06［2015-04-16］. http：//www.cb.com.cn/index.php? m=content&c=index&a=show&catid=20&id=1003052&all.

[3] 石飞."居住证积分制"是更深层次的歧视［EB/OL］.（2013-06-25）［2015-04-16］. http：//news.china.com/social/ms/11116778/20130625/17909468.html.

别选取区教委主管领导以及调研学校的学生、家长、教师、校长作为调查对象进行全方位的调查研究。

同时，课题组人员对上海市M区教委主管领导、4所高中学校领导进行了相关访谈。

2. 样本的选取

本项目采用整群抽样的方式，将每类调研对象总体中各单位归并成若干个互不交叉、互不重复的群，然后以群为抽样单位抽取样本。

（1）确定分群的标准。根据各地学校随迁子女数量，此处以班级作为分群的标准。

（2）总体（N）分成若干个互不重叠的部分，每个部分为一群。

（3）根据各样本量，确定抽取的群数。

（4）采用简单随机抽样或系统抽样方法，从群中抽取确定的群数。

3. 样本描述

课题组共获得478份初中学生样本、226份初中家长样本和89份初中教师样本，各个群体的基本信息如下。

表5-2　初中学生样本信息

		有效百分比（%）			有效百分比（%）
性别	男	52.8	学校类型	公办	48.7
	女	47.2		民办	51.3
年龄（岁）	10	0.9	出生地	本区（县）	49.5
	12	14.5			
	13	30.3		本市的其他区（县）	9.5
	14	36.1			
	15	14.3		其他省（自治区、直辖市）	41.0
	16	3.6	户口性质	农业	39.6
	18	0.2		非农业	60.4
年级	预备班	1.5	户口所在地	本区（县）	42.0
	初一	26.3			
	初二	40.9		本市的其他区（县）	11.3
	初三	30.9		其他省（自治区、直辖市）	46.8
	复读班	0.4	是否与父母同住	与父母都住在本地	91.7
学生类型	随迁	46.8		只与父亲住在本地	2.1
	本地	53.3		只与母亲住在本地	3.4
				父母都住在外地	2.8

表5-3　初中家长样本信息

		有效百分比（%）			有效百分比（%）
家长身份	父亲	49.5	家庭经济	非常贫困	3.6
	母亲	47.7		中等偏下水平	21.4
	爷爷奶奶	1.4		中等水平	65.0
	亲戚	0.5		中等偏上水平	9.5
	其他熟人	0.9		非常富裕	0.5
家长婚姻	初婚	80.3	家长类型	非本地	35.5
	离婚	9.4		本地	64.5
	丧偶	0.9	学校类型	公办	56.2
	再婚	4.2		民办	43.8
	其他	5.2			

表5-4　初中教师样本信息

			有效百分比（%）			有效百分比（%）
性别	男		25.7	授课年级	预备班	4.6
	女		74.3		初一	26.5
年龄	36.46（岁）（均值）	35（中位数）	9.33（标准差）		初二	17.2
教龄	13.49（年）（均值）	12（中位数）	9.64（标准差）		初三	28.7
学历	大专以下		5.8		多年级授课	23.0
	大专		11.6	职称	中学高级	13.6
	本科		80.2		中学一级	29.6
	硕士		2.3		中学二级	29.6
是否有教师资格证	是		82.4		未评定	22.7
	否		17.6		其他	4.5
是否为班主任	是		39.0	学校类型	公办	31.5
	否		61.0		民办	68.5

（二）数据处理

问卷回收后使用专业统计软件进行数据整理和分析，包括EpiData、SPSS、Stata等。

三、研究发现

（一）政策知晓状况

1. 政策知晓程度

（1）随迁子女对政策的知晓度高于本地学生，但准确知晓度不理想

如上文所述，《随迁子女升学考试意见》要求各地于2012年年底前出台在流入地中高考方案，上海市于2012年12月30日公布《上海市方案》，次年年底在流动人口管理制度基础上进一步细化相关规定，颁布了《上海市意见》，为2014年实施来沪随迁子女在流入地升学考试方案奠定了基础。时隔一年，以上两个政策的主旨精神和主要条文的规定基本一致。课题组在2014年11月的实地调查中发现，随迁子女准确回答“职业学校和普通高中都可以报考”的比例仅为26.4%，比本地学生还低4个百分点，认为只允许报考职业学校的比例最高（44.2%），还有24.5%的随迁子女回答“不知道”。

学生对各个报考条件的知晓情况如表5–5所示，全体学生对“本地连续就学年限”的准确知晓率最低，不到一半的比例，对“居住证或暂住证”的准确知晓率最高，超过八成。随迁子女和本地学生在“本地学籍证明”“家长社保证明”“家长有稳定住所”这几项上的知晓度有显著差异。总体而言，除个别项目以外，随迁子女对报考条件的知晓度要高于本地学生。

表5–5　据您了解，随迁子女在本地参加中考必须满足下列哪些条件（%）

中考条件	学生类型	必须满足此条件	不要求满足此条件	不清楚
本地学籍证明	随迁	65.0	11.0	24.0
	本地	79.1	6.0	15.0
	全体	72.6	8.3	19.1
本地连续就学年限	随迁	45.9	18.6	35.6
	本地	47.4	19.0	33.6
	全体	46.7	18.8	34.5
居住证或暂住证	随迁	84.7	4.4	10.8
	本地	80.4	4.8	14.9
	全体	82.4	4.6	13.0

续表

中考条件	学生类型	必须满足此条件	不要求满足此条件	不清楚
家长社保证明	随迁	68.8	9.6	21.6
	本地	53.1	14.2	32.7
	全体	60.5	12.0	27.5
家长有合法稳定职业	随迁	64.0	12.2	23.9
	本地	56.3	17.0	26.6
	全体	59.9	14.8	25.4
家长有稳定住所	随迁	63.0	12.5	24.5
	本地	46.3	20.3	33.5
	全体	54.1	16.6	29.3

（2）随迁子女家长对政策的知晓度高于本地家长，但准确知晓度不理想

随迁子女的家长对于中考和高考报考条件的了解略好于本地家长。报考条件中，随迁子女家长对居住证或暂住证、家长在当地缴纳社保的证明、家长有合法稳定职业和稳定住所的知晓比例高于本地家长，对于当地学籍证明和当地连续就学年限的知晓度两类家长相差不大，具体数据如表5-6所示。不过，当问及根据当地现行政策其子女是否可以在当地参加中考时，43.8%的随迁子女家长却表示“不清楚”。另外，无论是公立学校还是民办学校的教师，对政策规定中的学籍证明和就学年限的条款都有较深的印象。

表5-6　据您了解，非本地户口学生如要在流入地中/高考必须满足哪些条件（多选）（%）

中/高考条件	教师	家长					
	中考	中考			高考		
		随迁	本地	全体	随迁	本地	全体
当地学籍证明	77.5	53.3	55.7	54.8	52.0	57.9	55.8
当地连续就学年限	61.8	42.9	43.6	43.3	49.4	41.4	44.2
居住证或暂住证	64.0	74.0	57.1	63.1	68.8	50.0	56.7
家长在当地缴纳社保的证明	37.1	68.8	40.7	50.7	64.9	40.7	49.3
家长有合法稳定职业	20.2	41.6	37.1	38.7	40.3	37.1	38.3
有稳定住所	13.5	42.9	32.9	36.4	37.7	32.9	34.6

2. 政策知晓渠道

（1）学校和老师、大众传媒是最主要的政策知晓途径

在政策获知途径方面，如表5-7所示，随迁子女主要从学校和老师那里得到关于在流入地升学考试政策的消息，其次是通过家长和电视报道了解；除学校和老师外，本地学生还主要从各种媒介渠道获知，包括电视、报纸、网络和广播等。表5-8说明，学校类型也产生明显影响，就读民办学校的随迁子女中有10.7%不知道上海市有在流入地升学考试政策（这个比例在公办学校是1.9%），只有不到两成是由学校和老师告知的。民办学校的随迁子女更多是通过电视、网络、同学和朋友、家长获知该政策的消息，对政策的宣传工作公办学校显然取得更好的效果。家长方面，学校和老师、电视是随迁子女家长主要的政策获知渠道，但调查也发现，对于与子女利益密切相关的在流入地升学考试政策，仍然有近10%的随迁子女的父亲或母亲表示从未听说过，这样的调查发现不太乐观。同时，访谈还发现，无论公办学校还是民办学校，教师对在流入地升学考试政策都是比较熟悉的，各校也有领导专门负责教师的政策学习和宣传工作，这是对提高随迁子女和家长的政策知晓度的很有利的环境条件。

表5-7　主要从哪里得到关于随迁子女在流入地升学考试政策的消息（%）

	学生类型				家长类型		
	随迁	本地	全体		随迁	本地	全体
从没听说过	4.2	18.6	11.8	从没听说过	9.3	20.3	16.4
电视	10.3	19.0	14.9	电视	21.3	24.6	23.5
报纸	0.9	2.9	2.0	报纸	2.7	5.8	4.7
网络	8.9	7.4	8.1	网络	17.3	18.8	18.3
广播	0.9	1.7	1.3	学校和老师	24.0	12.3	16.4
学校和老师	55.1	36.4	45.2	同事和朋友	12.0	14.5	13.6
同学和朋友	4.2	5.4	4.8	孩子回家说的	9.3	1.5	4.2
家长	12.2	7.9	9.9	听其他家长说的	1.3	2.2	1.9
其他	3.3	0.8	2.0	其他	2.7	0	0.9

表5-8 不同学校学生主要从哪里得到关于在流入地升学考试政策的消息（%）

	公办	民办	全体
从没听说过	1.9	10.7	4.2
电视	9.5	12.5	10.3
报纸	0.6	1.8	0.9
网络	7.6	12.5	8.9
广播	1.3	0	0.9
学校和老师	67.7	19.6	55.1
同学和朋友	1.9	10.7	4.2
家长	6.3	28.6	12.2
其他	3.2	3.6	3.3

（2）政策的准确知晓度不高

在流入地升学考试方案公布后，70.4%的随迁子女、49.2%的随迁子女家长和67.5%的教师表示，学校或老师曾经结合该项政策对随迁子女进行过关于报考和升学的指导，这在公办学校和民办学校之间没有差别。但结合上文的分析结果，发现随迁子女对该政策的准确知晓度其实不算高，可见学生们很有可能对在流入地升学考试政策“只知其一，不知其二”。

（二）政策接纳状况与选择意愿分析

1. 政策接纳状况

（1）流动人口和本地人口对政策的支持情况存在明显不同

在流入地升学考试政策的实施涉及多方利益群体，因此接纳度不一。表5-9的数据表明，在学生当中分别有68.2%的随迁子女和43.3%的本地学生表示支持，因为他们普遍认可“保证教育公平、消除地域差异”。14.5%的随迁子女和23.8%的本地学生还考虑到“如果让非本地学生回家，所学与考试内容不同会影响他们考试水平的发挥”，14.5%的随迁子女认为“非本地人为本地的建设做了贡献，理应让其子女在本地考试”。由于同样的身份，有较多的随迁子女赞成应该向任何群体或长期居住在本地的外来劳动者的子女开放中考报考资格。而本地学生中，15.1%认为不应该对非本地的任何群体开放中考报考资格，13.5%认为只允许家庭经济生活条件好的学生在流入地参加中考，这些选项的选择比例都超过随迁子女的选择比例。

表5-9 学生对在流入地升学考试政策的接纳情况（%）

		学生类型		
		随迁	本地	全体
对允许非本地户口学生在流入地中考有何看法	非常反对	3.8	8.9	6.5
	比较反对	10.9	19.5	15.4
	无所谓	17.1	28.4	23.0
	比较支持	28.9	29.7	29.3
	非常支持	39.3	13.6	25.7
你同意非本地户口学生在流入地参加中考的最主要原因是	教育公平	57.3	55.2	56.4
	所学与考试内容不同	14.5	23.8	18.5
	促进地区经济发展	8.7	9.5	9.1
	非本地人为本地建设做贡献	14.5	7.6	11.5
	方便在流入地学生考试	2.2	1.9	2.1
	教育不应紧闭大门	2.9	1.0	2.1
	其他	0	1.0	0.4
在流入地中考，你认为最应对哪些人群开放	对任何非本地户籍群体都不开放	6.9	15.1	11.3
	对任何群体都应该开放	36.8	22.7	29.2
	长期居住在本地的外来劳动者子女	29.9	20.6	24.9
	家庭经济生活条件好的考生	3.9	13.5	9.1
	成绩优异的考生	22.1	27.7	25.1
	其他	0.5	0.4	0.5

近年来，因在流入地升学考试政策引发的冲突事件主要发生在家长之间。本次在上海市的调研发现（见表5-10），三分之一的本地家长对非本地户籍学生就地参加中考和高考持明确的反对意见，同时也有四分之一的本地家长表示支持。与上述反对者相对应的是持支持意见的随迁子女家长超过85%，两个群体的态度差异显著。另一个与随迁子女朝夕相处的群体——教师中有13.5%反对随迁子女在流入地中考，有17.1%反对随迁子女在流入地高考，不过赞成该政策的还是占大多数，支持率约六成。本次调查未发现在对在流入地升学考试的支持率方面存在公办学校教师和民办学校教师的显著差别。

表5–10　家长和教师对在流入地升学考试政策的支持情况（%）

			非常反对	比较反对	无所谓	比较支持	非常支持
家长	中考	随迁	0	1.3	13.3	30.7	54.7
		本地	10.8	22.3	41.0	20.1	5.8
		全体	7.0	15.0	31.3	23.8	22.9
	高考	随迁	0	0	14.7	29.3	56.0
		本地	11.6	21.7	41.3	18.1	7.3
		全体	7.5	14.1	31.9	22.1	24.4
教师	中考		5.6	7.9	23.6	30.3	32.6
	高考		8.0	9.1	23.9	27.3	31.8

（2）与就学有关的准入条件获得最高的接纳度

当问及对于准入条件的总体看法时，本地和非本地群体之间的差异同样比较明显。如表5–11所示，本次调查的随迁子女中32.2%认为应该完全放开随迁子女在流入地的中考资格，超过五成认为可以设置比较宽松的准入条件。这两个选择结果在本地学生中的比例分别是18.2%和33.5%，另外近半数本地学生则认为应该设置严格的报考条件甚至完全禁止参考。家长方面，三分之一的随迁子女家长有完全放开在流入地中考和高考的要求，半数以上随迁子女家长能够接受比较宽松的准入条件设置；近半数的本地家长认为应该设置严格的准入条件方案，认为应该完全禁止随迁子女在流入地中高考的本地家长占到15%左右。

表5–11　关于准入条件设置的看法（%）

			应完全禁止他们参加	设置严格的准入条件方案	设置比较宽松的准入条件方案	应完全开放，不设置准入条件
在流入地参加中考的准入条件应如何设置	学生类型	随迁	1.0	16.1	50.7	32.2
		本地	10.3	38.0	33.5	18.2
		全体	6.0	28.0	41.4	24.6
	家长类型	随迁	2.7	6.9	56.2	34.3
		本地	15.3	51.8	19.0	13.9
		全体	11.0	36.2	31.9	21.0
在流入地参加高考的准入条件应如何设置	家长类型	随迁	2.8	9.7	55.6	31.9
		本地	14.9	48.5	22.4	14.2
		全体	10.7	35.0	34.0	20.4

就全国范围而言，上海市在流入地升学考试政策的高准入条件是众所周知的，课题组在实地调研中访问了学生、家长和教师群体对于当地设置的具体报考准入条件的认同情况。如图5-2所示，分值越高表示被调查者认为该条件的合理性越高。无论是本地学生还是随迁子女，就孩子们的理解，允许非本地学生在流入地参加升学考试最合理的条件有两个：第一是学籍，这是教育方面应有的标志；第二是居住证或暂住证，这是生活在本地的标志。本地学生和随迁子女认为合理性较低的准入条件是家长合法稳定职业和学生连续就读年限，认为最不合理的条件是家长社保缴纳证明和稳定住所。被访家长认为各项条件的合理性由高到低的排序结果为学籍证明、连续就读年限、居住证或暂住证、家长缴纳社保证明、家长合法稳定职业、稳定住所。即使是本地家长也更多地赞同和教育本身有关的准入条件，对家长能力的判断不是他们的关注焦点。类似的接纳情况在教师群体中也存在，家长社保缴纳证明的合理性得分最低。无论公办学校的教师还是民办学校的教师，均认为在流入地升学考试政策设置适当的准入条件是合理的。但在上海市这样的大城市，准入条件应如何设置，教师群体也表示该政策处于两难境地。由于同时面对本地和随迁两个学生群体，教师普遍认为教育公平是一个相对概念。另外，公办学校的教师比民办学校的教师对学生学籍证明有更高的认同度，这与两类学校在教学管理过程中不同的规范程度有关。

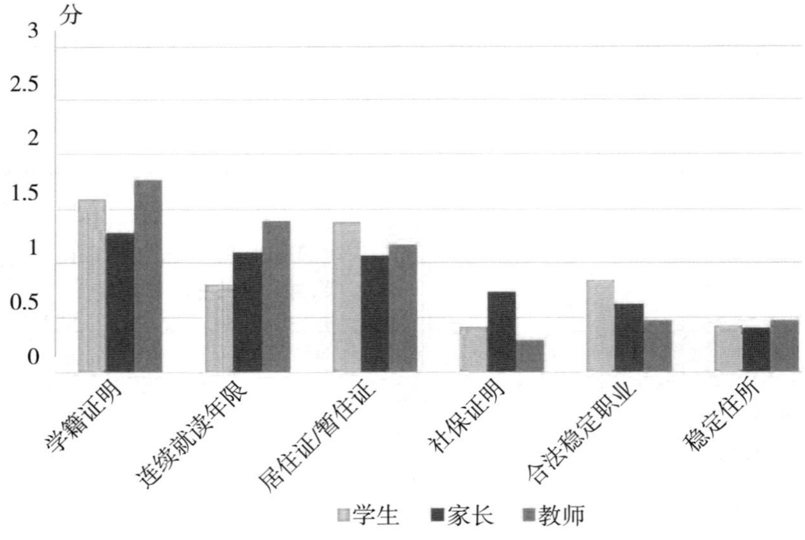

图5-2　关于在流入地升学考试政策准入条件的合理性打分结果

2. 升学选择意愿

（1）政策的实施提高了随迁子女升入普通高中、在本地上学的意愿

那么，学生们的升学意愿如何？在流入地升学考试政策颁布以来，学生关于未

来出路的心理基础是否发生变化？本次上海市的调查结果表明（见表5–12），本地学生的未来学习目标更加明确，选择更加集中，希望接受本科和研究生教育的各有三分之一，选择“看情况”和“不知道”的合计占28.4%。随迁子女选择“看情况”和“不知道”这两项的比例合计占到近五成，体现了其学习方向的迷茫，打算接受本科和研究生教育的各有15%左右，其余随迁子女的选择则零星分布在中专、高中、专科和初中四个选项上。面对接下来的初中毕业升学，23.6%的随迁子女没有具体的想法，不过希望报考普通高中的比例还是最高的，超过三分之一，但与本地学生80.0%的比例差距很大。在全国在流入地中考政策出台最为密集的2008年，上海市允许随迁子女报考中职学校，目前看来，随迁子女中觉得职业学校和普通高中都可以接受的占23.6%，明确准备报考中职学校的比例较低（16.8%）。需要提及的一点是，本次被访的随迁子女中72.3%是农业户口，本地学生中88.7%是城镇户口。

表5–12 学习目标和报考类型（%）

希望能达到哪种受教育程度				初中毕业升学准备报考哪种类型的学校			
	随迁	本地	全体		随迁	本地	全体
初中	2.4	0.4	1.3	职业学校	16.8	3.3	9.6
高中	5.6	2.9	4.2	高中	34.6	80.0	58.9
中专	9.4	1.2	5.0	职业学校和高中都可以	23.6	11.3	17.0
专科	5.2	1.2	3.1	职业学校和高中都不报	1.4	0.8	1.1
本科	15.0	33.3	24.8	不知道	23.6	4.6	13.4
研究生	14.6	32.5	24.1				
看情况	40.9	24.7	32.2				
不知道	7.0	3.7	5.3				

上文的分析结果已经指出，在中学毕业后随迁子女中愿意报考普通高中者居多。调查发现，政策的实施确实提高了随迁子女升入普通高中的意愿，降低了其选择中职学校的比例，其中，非农业户口随迁子女选择就读高中的比例在政策实施前后都明显高于农业户口随迁子女。

表5–13说明在未来出路方面，政策的实施大幅度提高了随迁子女在本地上学的意愿，降低了其回原籍地上学的意愿，尤其是非农业户口学生。而那些之前打算在本地工作的随迁子女，政策对他们的影响较小。成绩优异的随迁子女对在流入地升学考试政策更加敏感，受政策影响更大。通过访谈得知，在现行政策下，

外地孩子基本上到初二就能知道自己是否可以留在上海市参加中高考，成绩较好的回原籍地续读，成绩不理想的大多是毕业后就业，与在流入地升学考试政策关系不大。

在对调查学校教师和当地教育局领导的访谈中，教师反映目前仍然有大量随迁子女返回原籍地。从上海市2008年开放中职学校到2013年年底《上海市意见》出台期间，在流入地中考和高考政策进展缓慢，随迁子女家长在知道相关限制规定后，情绪上较为平和，认为高准入条件的设置在意料之中。因此，就学地的改变是普遍现象，在部分学校，甚至80%的随迁子女最迟在初二下学期返回原籍地继续就读，或到其他省份学习，只有不足20%的随迁子女会留下来，留下的大多数随迁子女会进入中职学校。

表5–13　政策实施前后随迁子女的升学意愿和出路选择（%）

		政策实施前			政策实施后		
		农业	非农业	全体	农业	非农业	全体
你初中毕业后会上什么学校	直接工作	7.5	9.3	7.7	6.7	5.7	6.3
	上高中	38.8	68.5	47.8	56.7	81.1	64.6
	上中职	47.0	13.0	37.2	29.9	7.6	22.8
	其他	6.7	9.3	7.3	6.7	5.7	6.3
你会选择哪些出路	回原籍地上学	43.4	51.9	46.2	17.9	7.6	14.4
	回原籍地工作	2.9	1.9	2.4	2.2	0.0	1.4
	在本地上学	19.1	21.2	19.2	56.7	79.3	63.9
	在本地工作	21.3	9.6	18.3	17.2	7.6	13.9
	去其他地区上学	3.7	11.5	6.3	1.5	3.8	1.9
	去其他地区工作	1.5	0	1.4	0.8	0	1.0
	其他	8.1	3.9	6.3	3.7	1.9	3.4

（2）政策的实施提高了随迁子女家长希望子女升入普通高中、在本地上学的意愿，但他们对中职教育出路的顾虑影响了子女的判断

从随迁子女家长的角度来看，他们期望子女能够升入普通高中、在上海市上学的意愿较强烈，政策的实施在一定程度上提升了这种意愿，即使面临很严格的准入条件。根据表5–14，在政策实施前，有3.9%的农业户口随迁子女家长希望子女初中毕业后直接工作，政策实施后这个比例为零，希望子女上高中的比例也提高了超过

10个百分点。政策实施后，随迁子女家长选择让子女回家上学的比例从23.9%降低到8.5%，选择在本地上学的比例增加了20多个百分点。同时，家长们对中职学校的看法比子女更消极，访谈中有部分家长认为中职教育“没用，管理混乱”，对近两年上海市全面启动的“中高职贯通培养模式”也相当陌生，认为未来考本科学校非常困难。随迁子女家长对中职教育出路的顾虑会明显地影响其子女的判断，有的学生甚至把接受中职教育后可能从事的职业视为“体力活”，认为“没有出路”。如果不愿意子女留在上海市升入职业学校而将他们送回户籍地参加中考，随迁子女家长也同样面临诸多问题。调查显示，随迁子女家长最担心的是教材和中考内容都跟现在学的不一样（75.3%），其次是孩子不适应户籍地学校的教学方式（45.5%）和孩子没人照顾（44.2%），再次是孩子不适应户籍地的生活习惯（19.5%）和报不上名（18.2%），最后是孩子听不懂户籍地老师的方言（10.4%）和孩子与同学相处得不好（9.1%）。

表5-14　政策实施前后随迁子女家长关于子女的升学意愿和出路选择（%）

		政策实施前			政策实施后		
		农业	非农业	全体	农业	非农业	全体
您会让孩子初中毕业后上什么学校	直接工作	3.9	5.3	4.2	0	5.3	1.4
	上高中	63.5	84.2	69.4	75.0	84.2	77.8
	上中职	26.9	10.5	22.2	17.3	5.3	13.9
	其他	5.8	0	4.2	7.7	5.3	6.9
您会让孩子初中毕业后	回户籍地上学	19.2	33.3	23.9	9.6	5.6	8.5
	在本地上学	63.5	61.1	62.0	82.7	88.9	84.5
	在本地工作	9.6	5.6	8.5	1.9	5.6	2.8
	去其他地区上学	5.8	0	4.2	1.9	0	1.4
	其他	1.9	0	1.4	3.9	0	2.8

（三）政策实施效果与评价

1. 对学生及家长的影响

（1）政策的实施对随迁子女的学习态度、学习成绩和心理均产生了积极影响

政策的实施在短期内对来沪人员的家庭及其子女带来了一些变化（见表5-15）。调查发现，47.7%的教师反映随迁子女比以前更加努力学习，55.8%的教师

评价随迁子女的成绩总体上出现了不同程度的提高。随迁子女认为自己的学习态度变得比较积极和非常积极的比例分别为34.6%和29.8%，随迁子女还认为学习成绩受到了比较积极和非常积极的影响的比例分别为32.2%和22.3%，随迁子女家长认为其子女的学习积极性有所提高和明显提高的比例分别为33.8%和25.4%，这三项数据结果都高于本地学生和本地家长。同时，政策的实施对随迁子女的心理也产生了积极影响，七成左右的教师和学生都认为随迁子女变得更加开朗了。

（2）随迁子女和家长就群体互动关系的正向评价高于本地学生和家长

允许随迁子女在流入地参加升学考试政策实施后，50.7%的随迁子女家长认为不同学生之间的关系更加融洽了，仅5.6%的随迁子女家长认为关系融洽度有所下降；本地家长所对应的这两个数据均是14.6%，七成认为没有变化，并且35.2%的本地家长认为政策的实施将减少上海市户籍学生的升学机会。就家长之间的关系而言，45.7%的随迁子女家长认为融洽程度提高，5.8%认为下降，74.5%的本地家长则认为没有变化，认为关系下降的本地家长占10.9%。从教师的角度观察，62.8%的教师认为，班上本地户籍学生与随迁子女之间关系融洽程度没有变化，认为融洽程度下降和提高的比例相当；认为不同学生家长之间关系没有变化的占67.9%，认为下降者比提高者多出一半左右。在学生群体内部，56.0%的随迁子女认为他们与本地学生之间的关系更加融洽，认为关系下降的仅占12.0%，本地学生中认为关系更加融洽和下降的比例分别为35.9%和25.0%，由此可见两者的差别。（见表5–15）

表5–15　政策实施对学生及家长的影响（%）

			随迁	本地	全体
本地学生与非本地户口学生关系的融洽程度	学生	明显下降	3.5	9.2	6.6
		有所下降	8.5	15.8	12.5
		没有变化	32.0	39.2	35.9
		有所提高	40.0	28.8	33.9
		明显提高	16.0	7.1	11.1
	家长	明显下降	2.8	4.4	3.9
		有所下降	2.8	10.2	7.7
		没有变化	43.7	70.8	61.5
		有所提高	32.4	13.9	20.2
		明显提高	18.3	0.7	6.7

续表

			随迁	本地	全体
学生对学习的态度/积极性	学生	非常消极	3.9	3.7	3.8
		不太积极	4.9	11.2	8.3
		没有变化	26.8	54.6	41.8
		比较积极	34.6	21.5	27.5
		非常积极	29.8	9.1	18.6
	家长	明显下降	2.8	5.2	4.4
		有所下降	4.2	12.5	9.7
		没有变化	33.8	64.0	53.6
		有所提高	33.8	16.9	22.7
		明显提高	25.4	1.5	9.7
对学习成绩的影响	学生	非常消极	4.5	3.3	3.8
		不太积极	2.0	10.4	6.6
		没有变化	39.1	61.4	51.2
		比较积极	32.2	19.1	25.1
		非常积极	22.3	5.8	13.3
心理变化情况	学生	非常消极	3.0	5.8	4.5
		比较消极	2.0	11.6	7.2
		没有变化	28.6	54.6	42.7
		比较开朗	41.9	21.9	31.0
		非常开朗	24.6	6.2	14.6
家长关系的融洽程度	家长	明显下降	2.9	2.9	2.9
		有所下降	2.9	8.0	6.3
		没有变化	48.6	74.5	65.7
		有所提高	34.3	12.4	19.8
		明显提高	11.4	2.2	5.3
对您孩子升学机会的影响	本地家长	明显减小	/	/	11.2
		有所减小	/	/	24.0
		没有影响	/	/	29.6
		有所加大	/	/	20.8
		明显加大	/	/	14.4

2. 对教师的影响

（1）公办学校的教师感受到更多的工作压力

在本次上海市的调研过程中，课题组还考察了教师群体因在流入地升学考试政策实施而面临的可能影响。表5–16表明在主要的工作量方面，来自公办学校的教师感受到了更多的压力。数据显示，公办学校老师认为每周备课时间有所增加和明显增加的比例分别为37.0%和22.2%，43.1%的民办学校老师表示有所增加，仅6.9%的民办学校老师认为明显增加；公办学校老师认为每周的课时数有所增加和明显增加的比例分别为37.0%和25.9%，而只有10.2%的民办学校老师认为每周的课时数增加了，89.8%则认为没有变化。不过，在课外辅导及学生管理方面，民办学校教师认为所用时间增加的比例为66.1%，略高于公办学校教师（51.8%）。

表5–16　政策实施对教师的影响（%）

		公办	民办	全体
备课时间	明显减少	14.8	3.5	7.1
	没有变化	25.9	46.6	40.0
	有所增加	37.0	43.1	41.2
	明显增加	22.2	6.9	11.8
课时数	明显减少	7.4	0	2.3
	没有变化	29.6	89.8	70.9
	有所增加	37.0	8.5	17.4
	明显增加	25.9	1.7	9.3
课外辅导和学生管理的时间	明显减少	22.2	0	7.0
	没有变化	25.9	33.9	31.4
	有所增加	40.7	54.2	50.0
	明显增加	11.1	11.9	11.6

（2）公办学校教师面临的最大困难是工作量太大，而民办学校教师面临的最大困难是与随迁子女家长配合有困难和班级不好管理

政策实施后，教师对于眼前的困难也有自己的看法，九成被访者谈及如图5–3所示的各项困难，分值越高表示困难程度越大。公办教师认为工作量大是面临的最

大困难，其次是班级管理方面的困难；民办学校教师认为与随迁子女家长的配合和班级管理是最大的困难，其次才是工作量的增加。此外，上文提及的随迁子女因无法满足在流入地升学考试准入条件而离开上海市的现象，也极大地影响曾经接收这些学生的学校教师。初一时学生多，初三时学生骤减，导致班主任工作面临问题，教师工作量上的差异也让学校的管理陷入困境，同时，这种学生大量流失的现象更是让教师们觉得很失落，工作热情受到很大影响。

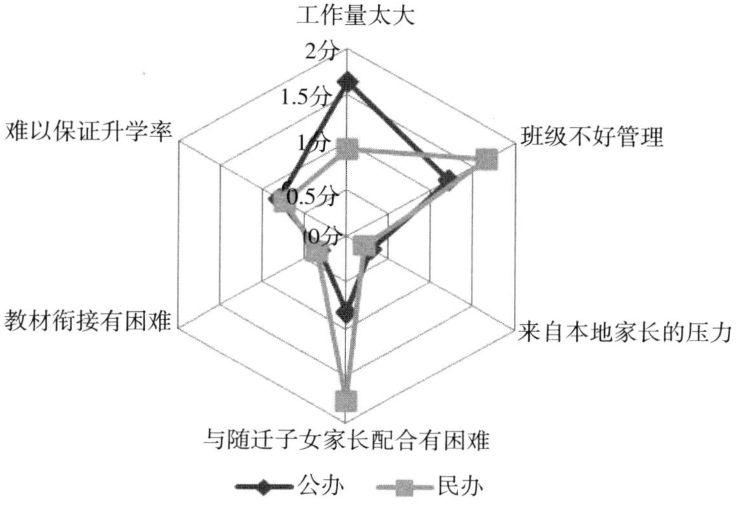

图5-3　关于政策实施后教师工作所面临的困难的打分结果

3. 政策实施的评价

（1）半数被访学生和随迁家长认可政策，半数本地学生和家长却存在各种顾虑

上海市在流入地升学考试政策自2012年年底出台以来，经历了与居住证管理挂钩，再到《上海市意见》中细化操作的过程，一直是社会各界讨论的焦点。就本次调研来看，从学生的角度，无论是随迁子女还是本地学生，近半数（45.3%）均认可该政策对外地学生升学和未来出路问题的积极意义，认为其满足了大部分甚至全部随迁子女的需求。不过，也有近五成的本地学生担心在流入地升学考试政策的推行会导致“出现大量钻政策空子的‘高考移民’”“当地中学会出现大班额现象，直接影响教学质量”“增加本地孩子的学习压力”“随迁子女会‘挤占’本地孩子的升学指标”等问题，本地学生中有此类担忧的明显多于随迁子女（见表5-17）。

表5–17　对政策实施的担忧（%）

	在随迁子女在流入地考试政策推行和实施的过程中，学生最担心的问题			允许非本地户口学生在流入地升学考试后，您主要担心什么问题
	随迁	本地	全体	本地家长
出现大量钻政策空子的“高考移民”	28.2	48.8	39.2	47.9
当地中学会出现大班额现象，直接影响教学质量	41.2	48.8	45.2	43.6
增加本地孩子的学习压力	25.5	44.7	35.7	42.1
随迁子女会“挤占”本地孩子的升学指标	18.5	43.1	31.6	47.1
随迁子女与本地学生不能很好相处	29.2	16.7	22.5	12.9

家长方面，27.8%的随迁子女家长和仅3.6%的本地家长对在流入地升学考试政策的实施表示“非常满意”；认为“比较满意”的比例均为19%；表示“一般满意”的本地家长比例最高，为54.7%，随迁子女家长为34.7%。近半数的随迁子女家长、两成的本地家长对政策实施的满意度较高。超过四成的本地家长担心“出现大量钻政策空子的‘高考移民’”“当地中学会出现大班额现象，直接影响教学质量”“增加本地孩子的学习压力”“随迁子女会‘挤占’本地孩子的升学指标”（见表5–17）。当问及具体不满意之处，如图5–4所示，分值越高表示越不满意，报考的准入条件和允许报考学校的类型是随迁子女家长最不满意的方面，本地家长则对随迁子女报考资格的审查监督不力最不满意，提出现行政策存在易于造假的空间。

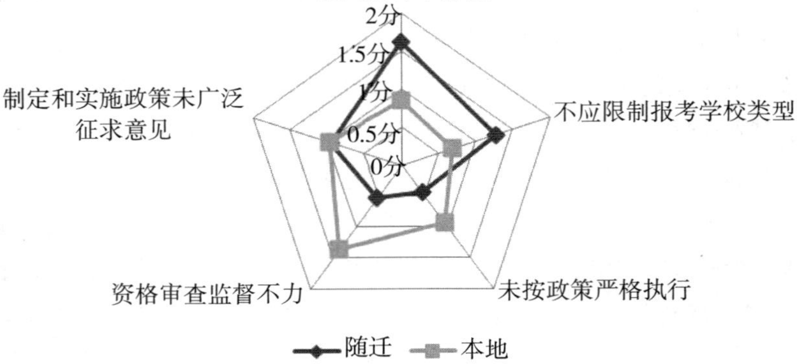

图5–4　家长对于在流入地升学考试政策不满意方面的打分结果

（2）民办学校的教师对政策评价更加多元

教师群体对政策实施的评价如表5–18所示，来自不同类型学校的教师的评价存在一些差异。公办学校教师对政策的评价中比例最高的三项是“符合教育公平的理念”“解决了外地学生的后顾之忧”“给外地学生提供了更多的出路和选择”。这三项在民办教师的选择中也是比例最高的。民办学校的教师对政策实施的评价更为多元，“学校管理和经费将面临压力”“教师负担明显增加”“加大了外地学生流入当地的可能”等方面也成为其关注点。

表5–18　不同类型学校的教师对政策实施的评价（%）

	公办	民办	全体
符合教育公平的理念	92.9	68.9	76.4
解决了外地学生的后顾之忧	71.4	49.2	56.2
给外地学生提供了更多的出路和选择	60.7	50.8	54.0
学校管理和经费将面临压力	3.6	18.0	13.5
教师负担明显增加	10.7	32.8	25.8
对学校生源有负面影响	0	16.4	11.2
本地学生享受的教育资源会减少	0	14.8	10.1
催生新的教育竞争	17.9	13.1	14.6
会降低本校的升学率	0	9.8	6.7
加大了外地学生流入当地的可能	10.7	19.7	16.9

（四）政策实施的问题与挑战

1. 存在在流入地升学考试的大需求与高准入条件的矛盾现实

上海市在流入地升学考试的政策参照《随迁子女升学考试意见》制定细则，体现了政府对待人口流入重点区域的导向，而各项具体规定都已超过“根据进城务工人员在当地的合法稳定职业、合法稳定住所（含租赁）和按照国家规定参加社会保险年限，以及随迁子女在当地连续就学年限等情况”的基本要求，与北京、广东并列为全国在流入地升学考试准入条件最严格的地区。同时，这些地区随迁子女的教育需求也是最大的。本次调查中，随迁子女家长来沪原因选择比例最高的是“为了孩子更好地接受教育”（46.5%），甚至还略高于“为了找到更挣钱的工作”（43.7%）的选择比例。如图5–5所示，在决定子女参加升学考试地点的过程中，初中随迁子女家长给“政策是否允许参加中考”打出了最高分，其次才是“当地的教育质量”。那么在居住证积分制新政实施后，上海市到底有多少随迁子女能够因此获益？或者从操作的意义上说，到底有多少适龄随迁子女的家长能够达到居住证120分的标准值？

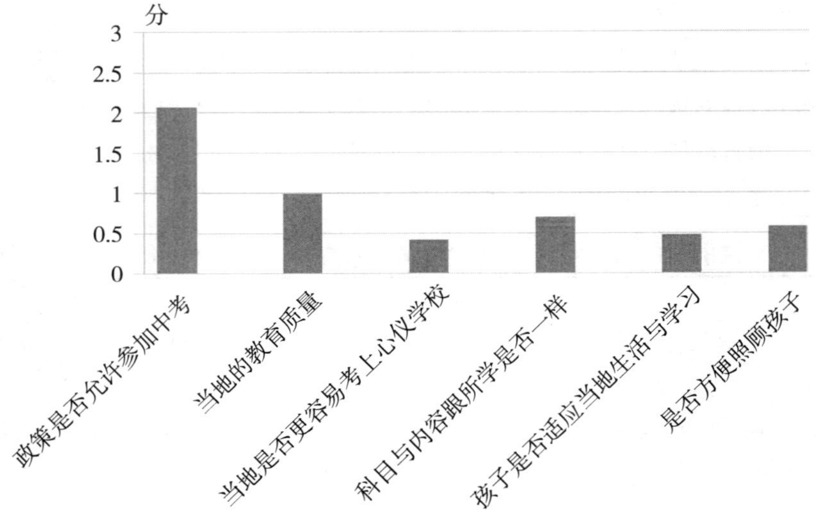

图5-5　家长为孩子选择中考地点时考虑因素的打分结果

2. 社保等条件导致随迁子女家长申领居住证困难

就一般的基本要求而言，随迁子女认为自己满足"居住证或暂住证"的比例最高（74.3%），其次是"家长有合法稳定职业"（69.7%）和"家长有稳定住所"（62.0%），再次是"本地连续就读年限"（59.4%）、"本地学籍证明"（58.8%）以及"家长社保证明"（56.1%）。不过以上数据结果易受学生对父母和家庭情况了解程度的影响。从居住证积分体系的角度来看，情况就比较复杂了，接下来结合实地调研的数据做进一步分析。

根据居住证申请的规定，申请居住证应当符合"在本市合法稳定居住，在本市合法稳定就业，参加本市职工社会保险满6个月"等条件，这些条件虽不高，但会把大批流动人口排除在外。实际情况是仅社保这一项便可能导致相当一部分流动人口无法办理居住证。本次上海市的调查样本中，随迁子女家长缴纳当地社会保险的时间平均为2.81年（中位数为2年），但不同户口性质者有较大区别。36.0%的农业户口家长并未参加当地社保，参加者的平均参保时间为2.6年（中位数为1年）；非农业户口家长的平均参保时间稍高，为3.4年（中位数为3.5年）。农业户口的家长认为社保证明是最难满足的条件，如图5-6所示，分值越高表示越难满足。

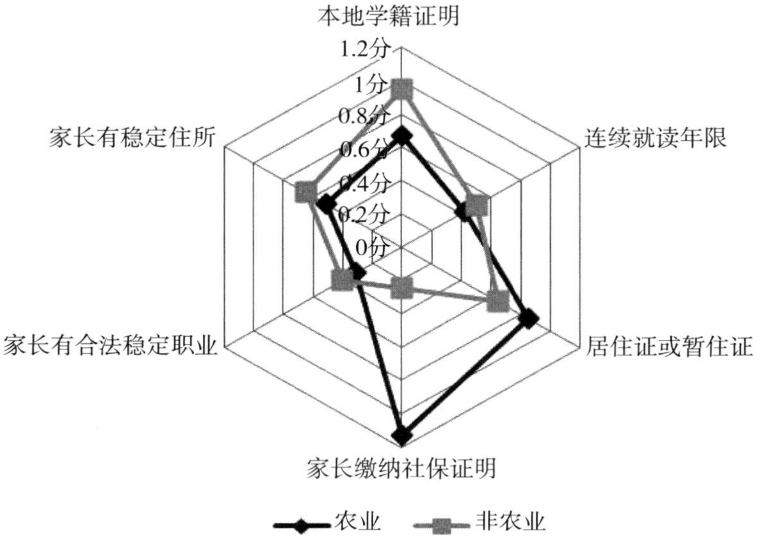

图5-6　随迁子女家长关于准入条件满足的难易程度的打分结果

缴纳社保与职业状况密切相关，非正规就业的随迁子女家长很难持续参加社保。随迁子女家长的职业分布如表5-19所示，农业户口和非农业户口流动人口的工作行业区别较大，前者较为分散，后者更加集中在某几个行业。近三成的非农业户口随迁子女的父亲是技术人员，17.7%是商业工作人员，11.8%是个体劳动者；农业户口随迁子女的父亲从事最多的职业是建筑业和个体经营，其次是工业和技术类工作。非农业户口随迁子女的母亲作为商业工作人员的比例最高，为23.5%，其次是技术人员和个体劳动者；农业户口随迁子女的母亲从事商业、工业和个体经营的比例相当，为15.0%～16.5%。同时，上海市规定“持证人申请积分的，委托其单位到人才服务中心办理”，也就是说，那些没有供职于机关或企事业单位的来沪人员，即使获得了居住证，也没有途径申请积分，比如从事服务业、建筑业、运输业的人员以及个体经营者。通过与随迁子女的家长和教师访谈可知，外地孩子的父母从事农贸、制造加工、批发零售、仓储快递等技术含量较低的工作居多，这部分普通劳务工作者在目前的居住证积分制体系中处于较不利的位置。另外，积分制体系中规定的专业技术职称、技能等级的基础指标和紧缺急需专业的加分指标也只适用于一些特定行业，与现实中大多数流动人口集中的行业关系不大。

表5-19　随迁子女家长的职业（%）

	父亲的职业			母亲的职业		
	农业	非农业	全体	农业	非农业	全体
各类技术人员	10.2	29.4	15.5	4.5	13.7	6.4
国家机关、党群组织、企事业单位负责人	2.9	3.9	2.9	1.5	0	1.5
办事人员和有关人员	1.5	3.9	2.4	0.8	7.8	3.0
商业工作人员	8.8	17.7	11.1	16.5	23.5	18.7
废旧物资回收人员	2.9	0	1.9	0.8	0	0.5
餐饮服务工作人员	3.7	2.0	2.9	8.3	3.9	6.9
修理服务工作人员	7.3	0	4.8	3.0	0	2.0
其他服务性工作人员	5.1	3.9	4.8	6.8	7.8	6.9
农林牧渔劳动者	2.9	2.0	2.4	2.3	2.0	2.0
工业劳动者	14.6	9.8	13.0	16.5	3.9	12.3
建筑业劳动者	16.1	3.9	15.5	1.5	0	1.5
运输业劳动者	5.8	0	4.4	0.8	0	0.5
个体劳动者	16.1	11.8	14.0	15.0	13.7	15.3
不便分类的其他劳动者	2.2	7.8	3.4	5.3	7.8	5.9
无业/失业	0	3.9	1.0	16.5	15.7	16.8

近年来，随着流动人口总量持续增长出现的一个重要趋势是“迁移大军”的不流动，这颠覆了传统流动人口管理的理念。而部分流入地城市由于各种原因，回避或者无视包括了流动人口在内的实有人口的公共服务需求，最终带来更多的城市管理问题。上海市的居住证积分管理试行办法规定“持证人在本市工作并按照国家和本市相关规定按月缴纳职工社会保险费，每满1年积3分”，结合实际情况来看，可以认为这是一个非常窄的口径。调查数据显示，本次随迁子女家长样本中半数者已经在上海市生活超过了13年，平均居住年限也有13.1年，这在不同户口性质的家庭之间没有差别。很多流动人口家庭来上海市10多年了，孩子也在上海市出生，但却无法获得年限方面的积分。若暂时不考虑社保标准，首先在本地居住时间不等同于工作时间，其次在沪工作年限涉及认定问题，至少需要正式记录的累计或延续，而非正规就业的认定更为困难，且上海市的灵活就业登记制度也刚刚开始建立。如果附上社保标准，能够在年限项目上积分的家庭则更少。

3. 大量文化层次较低的随迁子女家长在积分体系中处于劣势

上海市居住证积分指标中教育背景的分值很高。根据在流入地升学考试条件所依赖的积分政策，学历具有很高的权重，应届本科毕业生或拥有本科学历和学士学位的非沪籍人口，基本上都能达到享受准市民待遇的积分标准。本次调查的非沪籍学生家庭中，超过九成的农业户口家长学历为高中或中专及以下，即使是非农业户口的父亲，也有半数在这个学历层次及以下（见表5–20）。要在教育背景指标上获得积分，最低学历要求是大专（高职）学历（积50分），也就是说，低于该学历者没有任何分值。因此，大量文化层次低的流动人口在教育背景上积分为零分，他们很难拿到120分的标准分值。

表5–20　随迁子女的父母受教育程度（%）

	父亲学历			母亲学历		
	农业	非农业	全体	农业	非农业	全体
没上过学	1.9	0	1.3	3.7	5.0	4.0
小学	15.1	10.0	14.7	25.9	5.0	21.1
初中	52.8	15.0	41.3	59.3	30.0	51.3
高中或中专	22.6	25.0	22.7	5.6	50.0	17.1
大专	5.7	20.0	10.7	3.7	5.0	4.0
本科	1.9	30.0	9.3	1.9	5.0	2.6

4. 随迁子女的升学考试资格完全取决于父母的积分现状

从以上随迁子女家长的积分现状可知，多数流动人口仍然很难满足120分的条件，尤其是对于非沪籍的农村流动人口家庭，因此让孩子在上海市读书升学的条件依然“高不可攀”。访谈过程中，随迁子女家长普遍反映120分的条件过高，居住证积分制出台后感到“很失望”，准入条件更多的是考核父母，积分体系中的条件会在随迁子女当中进一步分等，而这种分等不是按照随迁子女的能力，而是按父母的能力。

积分制出台之前，由于户籍限制，绝大部分随迁子女无法获得在上海市直接报考高等院校的资格，而高中阶段教育也只是有限度地放开中职学校，从而导致就读于普通高中的随迁子女数量较少而且比较分散，这也是课题组未实施高中学生问卷调查的原因之一。不过，居住证积分制中规定的随迁子女获得参加普通中考和高考资格的积分标准都是120分，因此以上分析结果可以类推到高中学生的家庭。不难发现，目前的政策对家庭条件好的学生非常有利。在高中学校访谈时，教师们也认可，无论是公办学校还是民办学校，目前能升入高中的随迁子女基本都能参加当地高考，因为这些学生的家长属于高端人才序列，积分已达到120分标准值。尤其是入读民办高中者，高额学费决定了只有家庭经济条件优越的随迁子女才能获得这种机会，一些民办学校在招生时，也会重点考察随迁子女家长的积分是否达到上海市标准值。

四、分析讨论

（一）在流入地升学考试政策的准确知晓度有待提高，相关利益群体的支持程度不一

随迁子女和家长对在流入地升学考试政策的知晓度略高于本地学生和家长，后者在政策获知途径方面更具被动性。不过，随迁子女和家长的准确知晓度其实不算高，对在流入地升学考试政策大多也“只知其一，不知其二”，这将影响流动人口家庭对子女升学考试的抉择。另外，在对随迁子女的宣传工作方面公办学校取得了更好的效果。

无论是学生还是家长，本地和非本地群体之间对在流入地升学考试政策的支持率存在明显的分野。本地家长的反对声音强于本地学生，约三分之一的本地家长对在流入地中高考政策持明确反对意见，认为政策的实施将减少沪籍孩子的升学机会，半数本地家长认为应该设置严格的准入条件。

具体的准入条件方面，综合学生、家长和教师三个群体的调查结果可以发现，有关学生的准入条件合理性较高，即能够获得较高的接纳度，有关家长和家庭的各项规定在三个群体中都被视为合理性较低的准入条件。可见在流入地升学考试的政策规定与相关群体的理解存在不小差距。

（二）在流入地升学考试政策的实施给随迁子女带来诸多积极影响，但同时引发了当地学校、学生及家长的顾虑

在流入地升学考试政策颁布后，随迁子女面临升学选择的心理基础发生了变化。尽管他们的学习目标暂时不及本地学生那么明确，但随迁子女中愿意报考普通高中者还是居多。政策的实施确实提高了随迁子女升入普通高中、在本地上学的意愿，降低了选择中职学校、回原籍地上学的比例，尤其是非农业户籍且成绩优异的学生，他们对在流入地升学考试政策更加敏感。调查发现，十几年来，临近毕业的学生大量返乡的现象改变不大，虽然政策的实施提高了主观上就地参加考试的意

愿，但客观上上海市现有的政策仍导致学生频繁转学。此外，家长们对中职学校的看法比子女更消极，对近两年上海市启动的“中高职贯通培养模式”也相当陌生，家长对中职教育出路的顾虑明显影响了子女的判断。

政策的实施对随迁子女的学习态度、学习成绩和心理均产生了显著的积极影响。随迁子女和家长就流动人口和本地人口两个群体互动关系的正向评价高于本地学生和家长，此种彼此心理接受程度不对称的差异也将成为双方潜在矛盾的组成部分。

在流入地升学考试政策使来自公办学校的教师感受到了更多的压力，首先是工作量明显增大，其次是班级管理方面的困难；民办学校教师则认为与随迁子女家长的配合和班级管理是最大的困难，其次才是工作量的增加。现行积分制政策下随迁子女的大量返乡也给学校和教师的工作带来很多负面影响，成绩较优秀的随迁子女返回家乡就学，挫伤了教师的成就感，也在很大程度上打击了学校的办学积极性。

上海市在流入地升学考试政策对外地学生升学和未来出路问题的积极意义及具体实施情况获得半数被访学生和随迁子女家长的认可，同时也有约半数的本地学生和家长存在各种顾虑，对政策实施的满意度较低。一方面，本地学生和家长关注的教育资源的利益冲突以及对城市生存环境压力的担忧客观存在；另一方面，非沪籍家长不能接受现行的居住证制度成为划定等级的依据。这些都成为政策推进过程中必须正视的问题。此外，基于教育公平和学生发展的立场，教师群体认为在流入地升学考试政策的实施值得肯定，同时也承认了其可能带来的负面效应。

（三）大部分随迁子女在积分制施行的背景下，短期内不易实现在流入地升学考试

随迁子女在流入地升学考试的需求大，但随迁子女家长积分却难达标。课题组的调查发现，随迁子女家长的积分达标情况非常不乐观。尤其是受教育程度不高、收入较低的农村流动人口群体，他们一般对子女教育有很高的期望，然而子女只能进入职业学校而不能进入高层次本科院校学习的结果，让他们的希望大打折扣。居住证积分制要求持证人需获得120分的标准分值其子女才能参加上海市的普通中高考，虽然有一些逐年累计的指标，但大都为分值较低的项目，今后达到标准分值的人数即使增加也非常有限，从长远发展趋势来看，目前的积分层次现状不会有太大改变。这样，非持证人和持证人之间、普通持证人和积分达标的持证人之间将获得不同层次的公共服务，随迁子女教育进入“120”的积分制时代。积分制提供的可

能途径对家长提出了很高的要求，随迁子女在上海市获取中高考的机会，依靠的是随迁子女家长甚至整个家庭的经济资本、文化资本和社会资本等，这样就将众多急需就地高考机会的随迁子女排除在外。短期内上海市的随迁子女实现在流入地升学考试的前景仍不乐观，这可能导致大批随迁子女缺乏上升通道。

在上海市在流入地升学考试政策的实施过程中，还存在其他方面的一些问题。积分制对经济条件优渥者、年轻人、高学历和高技能者相对重视，但上海市城市发展也离不开其他类型的外来务工人员。通常，后者比前者更需要公共服务，但目前的积分设置对后者缺乏激励作用。在这种现实下，为平凡岗位的普通劳动者提供一个融入渠道，为长期合法稳定就业、居住的来沪人员建立透明而且稳定的预期较难实现。[1]另外，在积分操作过程中防范弄虚作假具有一定难度。

五、对策建议

（一）直面随迁子女数量稳定增长的客观形势，增强教育政策的科学性

根据课题组的预测，上海市14岁初中毕业随迁子女在2016年至2020年将基本维持在3.3万人至3.5万人的规模，17岁高中毕业随迁子女在2020年将达到13.1万人，上海市随迁子女的数量将保持平稳增长的势头。上海市是全国在流入地升学考试问题的核心区域之一，相关政策出台时间较晚，首推的居住证积分制落实到解决随迁子女教育问题上也面临诸多挑战。目前，上海市接近一半的儿童是随迁子女，而在上海市近千万的非本地户籍常住人口中，积分达标的人员毕竟是少数，一项无法惠及广大人群的政策难免有失去其本身意义的风险。上海市的在流入地升学考试政策应该面对随迁子女数量稳定增长的形势，在积分制实施过程中对出现的各种问题迅速做出反应，积极探索更加合理和科学的教育安排，为随迁子女实现未来发展提供机会。

（二）通过宣传提升政策知晓度，消除内外隔阂

从本次调研来看，随迁子女和家长的政策知晓度还有提升的必要，尤其是具体的积分指标、资格条件和报考学校类型等规定。应进一步挖掘学校和老师政策宣传的主渠道作用，增强随迁子女和家长的政策敏感性。另外，政府和社会各界在进行宣传工作时需要继续充分利用电视、广播、报刊、网络等大众传媒的优势，并且侧

[1] 胡欣欣．上海居住证新政破题：条件管理改为积分管理［EB/OL］．（2013-06-30）［2015-04-16］．http：//www.s1979.com/news/china/201306/2091642620.shtml.

重政策要点的宣传和解读，有效提高政策的准确知晓度。同时，宣传工作要致力于消减随迁子女家庭与本地学生家庭在教育资源分享方面的误解甚至对立情绪，并且在此之前，当地政府和教育部门首先需要逐渐纠正在流入地升学考试工作中的偏好。

（三）在政策实施过程中不断解决与相关利益群体有关的操作化问题

对于随迁子女及家庭，要逐步解除家长“120”积分对子女参加升学考试资格的不合理限制，还原各种社会设置真正的社会功能，使积分制既符合城镇化发展过程的特点又维护好随迁子女的受教育权利。在流入地升学考试的权利主体是随迁子女，确定依据应该是随迁子女本身的处境，而不是其父母的背景，即使设定一些关于父母的准入条件也应只作为平稳过渡之策，不宜作为长久之计。家长的居住证明、社保和纳税年限等，可以用来证明随迁子女并不是“高考移民”，而不应成为划分学生等级的工具，尤其是应该避免以职业来区分务工人员的贡献大小，将作为进城务工人员主体的农村流动人口的子女排除在外。上海市的农村流动人口群体中除没有上过学的，93.1%都是小学、初中和高中文化程度[1]，他们在学历这一指标上无法获得任何分值，而且目前的积分制对大多数普通务工者也缺乏激励作用，未来基本没有达到标准分值的可能。所以，政府应该尽量在保证当地教育管理和运行不受较大负面影响，考虑本地学生和家长的需求的前提下，根据随迁子女自身的条件和能力来完善在流入地升学考试政策。

对于当地学校和家庭，切实考虑政策实施后可能带来的负面影响，做好教育资源的统筹分配和教师减压的工作，更加要做好本地学生的升学考试工作，使学生免受不利影响。同时，在政策实行过程中建立有效机制，减少弄虚作假等操作漏洞，提高各个群体对政策具体实施效果的满意度。

（四）增强教育服务意识，不断探索随迁子女升学考试的保障措施

允许部分满足积分制条件的流动人口的随迁子女在上海市参加普通中高考是现阶段的过渡性措施，当地政府和教育部门需要强调服务意识，切莫将宝贵的时间和资源浪费在对流动人口积分制等准入条件的审核工作上，而是应当尽快研究从最先放开的中职教育过渡到全面放开普通高等教育的关键步骤。同时，教育部门要帮

［1］上海市统计局．外省市来沪常住人口发展现状及特征［EB/OL］．（2011-09-23）［2015-03-10］．http：//www.stats-sh.gov.cn/fxbg/201109/232741.html.

助随迁子女厘清政策条件，积极尝试通过借考、回原籍地参加考试等途径，为有升学潜力的随迁子女提供教育服务，做好衔接工作，尽力保障其升学考试过程的顺利。

此外，随迁子女内部的升学意愿和学习能力有差异，因而也存在多元的教育需求。在流入地升学考试逐步放开的过程正值国家发展职业教育的重要阶段，像上海市这样有条件、有步骤地放开职业教育资源，建立流动人口子女职业教育发展体系，对于流入地发展和迁入家庭来说都是有深远意义的。部分学生可以通过改变对职业教育的偏见，树立正确认识，选择适合自身具体情况的义务教育后培养途径。

最后，在包括上海市在内的流动人口汇聚重点地区逐渐完善在流入地升学考试政策的同时，最根本的出路还在于推进高考综合改革。高考综合改革必须在国家层面的顶层设计下统一进行，以使随迁子女在流入地升学考试政策尽快符合人口流动和社会发展的趋势。

第六章　重庆市随迁子女在流入地升学考试调研

一、调研背景

（一）重庆市经济社会发展与流动人口基本状况

1. 经济社会发展基本状况

重庆市位于中国内陆西南部、长江上游地区，面积8.24万平方千米，辖38个区县（自治县）。2014年末，全市户籍人口3375.2万人，常住人口2991.4万人，常住人口城镇化率59.6%，其中主城建成区面积650平方公里，常住人口819.0万人。人口以汉族为主体，有土家族、苗族、回族、满族、彝族、藏族等54个少数民族，少数民族人口200万人，占总人口6%。[1]

重庆市是中国中西部唯一的直辖市，是国家重要中心城市、长江上游地区经济中心，也是国家重要的现代制造业基地、西南地区综合交通枢纽和全国统筹城乡综合配套改革试验区。获批直辖市以来，重庆经济社会发展取得显著成就。老工业基地改造振兴步伐加快，形成了电子信息、汽车、装备制造、综合化工、材料、能源和消费品制造等千亿级产业集群，农业农村和金融、商贸物流、服务外包等现代服务业快速发展，继上海浦东新区、天津滨海新区之后的国家级新区——两江新区开发开放全面推进，两路寸滩保税港区、西永综合保税区成为内陆重要口岸，以长江黄金水道、渝新欧国际铁路联运大通道等为支撑的“一江两翼三洋”国际贸易大通道骨架基本形成。民生也不断改善，教育、医疗、文化、社会保障等各项事业全面进步，生态环境建设持续加强。三峡百万移民搬迁安置任务圆满完成，库区面貌发生显著变化。

党的十八大以来，重庆市以“科学发展、富民兴渝”为总任务，紧紧抓住发

[1] 重庆市人民政府办公厅. 重庆概况［EB/OL］.［2015-07-01］. http：//www.cq.gov.cn/cqgk/82835.shtml.

展和民生两个关键，深化改革、扩大开放，大力实施五大功能区域发展战略[1]，统筹推进新型工业化、信息化、城镇化和农业现代化，加快建设内陆开放高地，经济社会发展不断取得新的更大的成就。2014年，全市实现地区生产总值14265.4亿元，同比增长10.9%；一般公共预算收入1921.9亿元，同比增长13.9%；全社会固定资产投资13223.8亿元，同比增长18.0%；社会消费品零售总额5096.2亿元，同比增长13.0%；实现进出口总值954.5亿美元，同比增长39.0%；城镇居民人均可支配收入25133元，同比增长9.0%；农民人均纯收入9470元，增长11.5%。[2]

2. 流动人口基本状况

（1）流动人口数量逐年增长，主城九区成为主要流入地

随着经济社会发展和城市化、工业化的推进，流动人口数量的不断增加成为一个显著的社会现象。重庆作为中西部的人口大省，流动人口的数量和规模相对较大。统计表明，2012年，重庆市流动人口数量为621.1万人，其中，市内流动人口485.62万人，占流动人口的78.2%；外省市人口流入重庆（工作和生活）的为135.5万人，占流动人口的21.8%，主要来自四川、湖北、湖南和贵州等周边省份。截至2014年，重庆市流动人口数量已增至685.9万人，其中，市内流动人口539.6万人，占78.7%；外省市流入人口146.3万人，占21.3%。主城九区是重庆市流入人口最主要的目的地，居住在主城九区和一小时经济圈的流入人口，分别占全部流入人口的70%和17%。[3]

（2）流动人口呈现出新的人群特征

近年来，重庆市流动人口呈现出一些新的群体特征。一是流动人口举家迁移现象明显。2012年，重庆市内流动人口有70.3%的家庭成员随迁居住在流入地，19.2%的家庭成员居住在户籍地，还有10.5%的家庭成员居住在其他地方。[4]二是流入人口的年龄结构相对常住人口更年轻。以2012年为例，流入人口的平均年龄为32.4岁，其中0～14岁人口占16.4%，15～59岁人口占81.4%，60岁及以上的占2.2%。流入人口中15～64岁人口的比重为82.8%，比重庆市常住人口高出11.3个百分点。流

[1] 2013年9月，中共重庆市委四届三次全会研究部署了重庆市功能区域划分和行政体制改革工作，综合考虑人口、资源、环境、经济、社会、文化等因素，将全市划分为都市功能核心区、都市功能拓展区、城市发展新区、渝东北生态涵养发展区、渝东南生态保护发展区等五个功能区域。

[2] 重庆市人民政府办公厅．重庆概况［EB/OL］．［2015-07-01］．http：//www.cq.gov.cn/cqgk/82835.shtml.

[3] 重庆市统计局，国家统计局重庆调查总队．重庆统计年鉴2013［Z］．北京：中国统计出版社，2014.

[4] 周梦莹．流动人口“举家迁移”现象明显“留守”有所缓解［EB/OL］．（2013-04-02）［2015-02-09］．http：//cq.cqnews.net/html/2013-04/02/content_25386617.htm.

入人口中育龄妇女的比重为35.1%，未婚人口比重为31.9%，有着较高的生殖健康保健服务需求。[1]三是流入人口文化程度以初中为主，占48.3%，高中文化程度的占23%，男性受教育程度高于女性，“80后”流动人口的文化程度高于“80前”人口，城-城流动人口文化程度显著高于乡-城流动人口。流入人口的孩子中有近1/3处于义务教育阶段，90%以上就读公立学校。四是流入人口从事的行业主要集中在六大行业，从事批发零售业的比例最高，占26.3%，制造业、住宿餐饮业、社会服务业、其他行业和建筑业分别占15.3%、12.4%、11.7%、10.2%和9.6%。流入人口就业单位类型主要集中在个体工商户（42.0%）和私营企业（38.6%），在国有企业和机关事业单位就业的流入人口仅占7.8%。五是流动人口中购买城市住房的比例较低，食品和房租支出占日常开销的比重较高。64.8%的流动人口租住在私房或单位雇主房，19.3%的流入人口在流入地购买了自己的住房。流入人口家庭平均月收入和支出分别为4351.6元和2285元，支出占收入比例为52.5%，其中食品和房租支出占总支出的60%左右。[2]

（3）随迁子女将保持平稳增长态势

重庆市在历年发布的1%人口抽样调查主要数据公报及人口普查资料中，对流入的市外人口进行了统计，这为相关流动人口预测提供了基础数据。通过对重庆市流动人口的数量变动来推算随迁子女的数量，具有较强的可行性和科学性。本研究主要运用Logistic曲线拟合预测对重庆流动人口随迁子女的数量进行预测。

根据重庆市2006年以来市外流动人口的数据，建立重庆市未来流动人口数量的预测模型为$y=\frac{k}{1+e^{-a\times(x-b)}}$，其中$x$表示年份，$y$表示流动人口数，$a,b,k$为三个特定参数。为避免自变量$x$与观测值在数量上相差过大，$x$取值的初始年份为1。运用Stata9统计软件可以求出该模型的a,b,k值，该模型可表示为$y=\frac{227.2242}{1+e^{-0.2023044\times(x-5.634143)}}$，均方根误差为6.129654，$R^2$=0.9980。回归方程统计检验达到显著水平（$p$<0.001），整体预测效果较好。

[1] 重庆市人民政府新闻办公室．重庆市流动人口状况新闻发布会［EB/OL］.（2013-04-02）［2015-02-09］. http：//cq.cqnews.net/jrzb/node_212010.htm.

[2] 重庆市人口和计划生育委员会．重庆市流动人口状况［EB/OL］.（2013-04-01）［2014-12-14］. http：//cq.cqnews.net/jrzb/node_212010.htm.

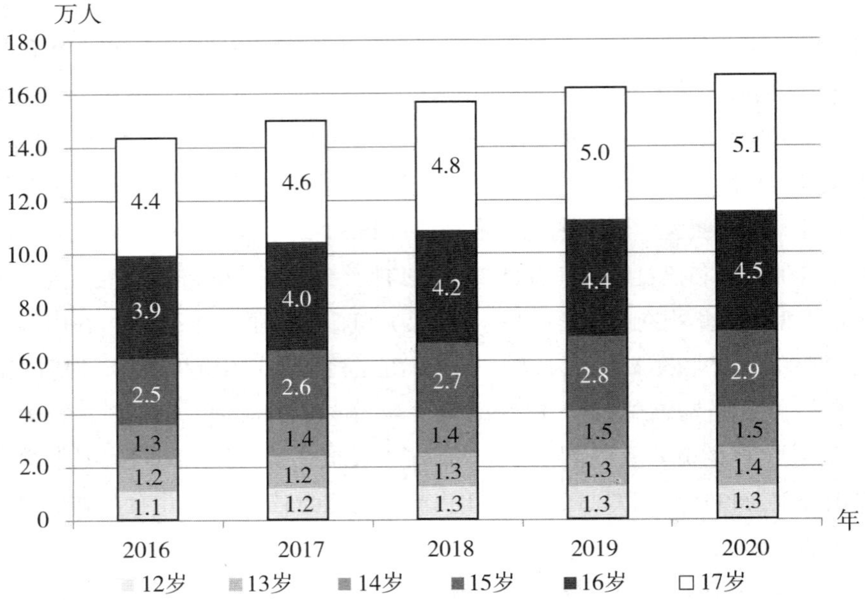

图6-1　重庆市随迁子女数量变动趋势

由于流动人口的年龄结构相对稳定，根据2010年第六次全国人口普查的流动人口年龄结构，可推测出重庆市未来流动人口随迁子女的数量。如图6-1所示，重庆市14岁初中毕业适龄随迁子女的数量在2016年至2020年将基本维持在1.3万人至1.5万人这一规模，17岁高中毕业适龄随迁子女的数量在2020年将提升到5.1万人。从整体上看，重庆市流动人口随迁子女的数量将保持平稳增长的势头。

（二）重庆市随迁子女教育基本状况

1. 重庆市随迁子女教育工作有序推进

为切实保障随迁子女的入学权利和受教育质量，重庆市将保障随迁子女入学纳入了教育发展规划，相继出台了一系列旨在做好随迁子女接受义务教育工作的专项文件，对随迁子女接受义务教育的组织领导、部门职责、入学政策、经费保障、督导检查、宣传引导等做出了明确规定。在推进城乡统筹综合配套改革试验和义务教育均衡发展的进程中，重庆市加大了中小学标准化建设，在办学条件、师资配置、管理水平、教育质量等方面努力，为随迁子女创造较好的受教育条件。截至2013年年底，重庆市接收随迁子女就学的公办学校增加到1428所，全市义务教育阶段学校接收随迁子女就学人数达34.1万人，占全市义务教育阶段学生总数的11.3%，较2012

年上升了3个百分点[1]。

对于义务教育阶段随迁子女的教育，重庆市坚持“以流入地政府管理为主，以全日制公办学校接收为主”，按照“相对就近，免试入学，统筹安排”的原则，在流动人口居住相对集中的区域统筹安排随迁子女就近免试入学。已转户进城、在重庆市具有相对稳定的工作并购置有住房的流动人口，其子女入学全面纳入城市居民子女入学安排；租借房居住的流动人口子女，需要持家庭户籍证明、流动人口居住证、房屋租赁合同和单位用工协议等到居住地教育行政部门申请，教育行政部门就近安排学校入学（具体流程见图6-2）。在此基础上，各区（县）教育行政部门需要根据本地情况，出台更为细致的随迁子女入学管理办法。例如，2015年4月，九龙坡区教委根据随迁子女入学的新形势，出台了《重庆市九龙坡区2015年义务教育阶段中小学校招生方案》，规定流动人口随迁子女按照“购房优先，积分排序”的原则入学。“购房入学”是指流动人口在九龙坡区购置住房（所占房屋产权的比例超过51%）且连续居住满1年。“积分入学”是指流动人口满足“两个1年”的条件：在九龙坡区经商（办实业）或务工满1年，在九龙坡区连续居住满1年。积分计算按照“入学积分=基本分+工作生活积分+社保纳税积分+附加分”的方式，各学区对符合条件的申请人按积分进行排序，根据空余学位情况录取，并在九龙教育政务网向社会公布录取结果，接受监督。[2]（“基本分”是指符合参加积分入学基本条件的，计20分；“工作生活积分”是指随迁子女父母其中一方同时具备居住证和工作证明，以居住证的时间为依据，1个月计1分，积分不封顶；“社保纳税积分”是指以随迁子女父母其中一方在九龙坡区人力资源社会保障部门连续缴纳的城镇职工养老保险或在九龙坡区税务部门连续纳税的时间计算积分，1个月计2分，积分不封顶；“附加分”是指随迁子女父母双方均在九龙坡区居住并就业的，可以一方作为主申请方计算积分，另一方作为副申请方，其工作生活积分和社保纳税积分折半计附加分。）

[1] 邓沁泉. 市教委嘉宾谈进城务工随迁子女入学问题［EB/OL］.（2013-11-29）［2014-12-14］. http：//www.ygcq.com.cn/special/p/j/live.shtml.

[2] 九龙坡区教育委员会. 关于开展2015年流动人口随迁子女入学报名工作的通知［EB/OL］.（2015-04-27）［2015-06-14］. http：//www.jlpjw.gov.cn/GuestBook/xfwj/2015/04/1935206877.html.

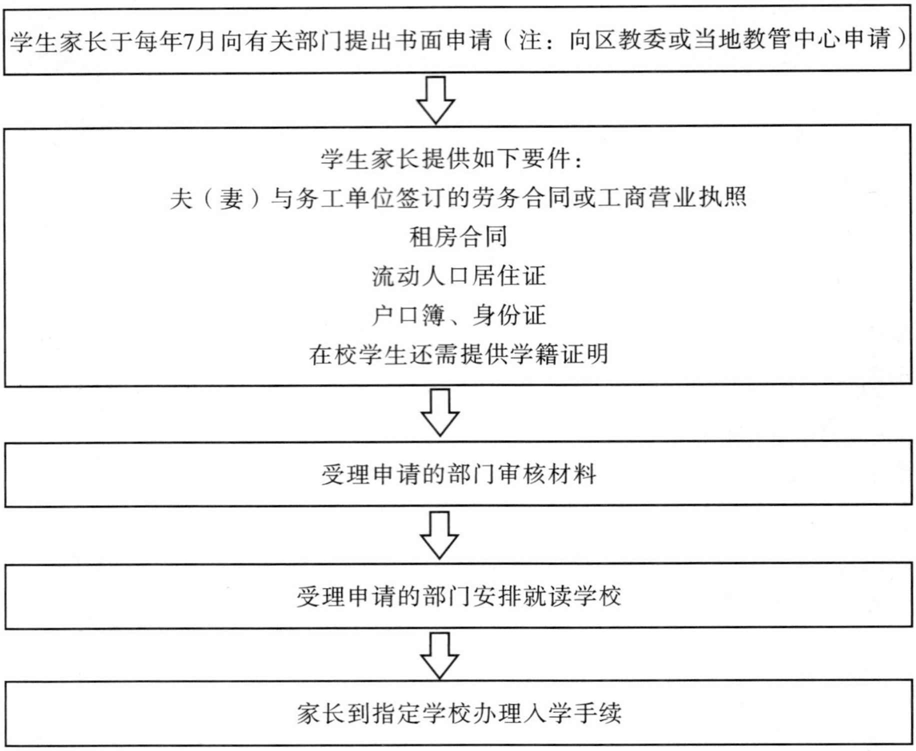

图6–2　重庆市流动人口随迁子女接受义务教育流程图

2. 重庆市随迁子女教育的经验与举措

基于目前随迁子女规模不断增大的现状，重庆市根据自身教育发展特点，有针对性地采取了一系列措施来保障随迁子女接受良好教育。

（1）完善工作机制，提高保障水平

一是落实政策，保障就学权利。坚持“以流入地政府管理为主，以全日制公办学校接收为主”，按照“相对就近，免试入学，统筹安排”的原则，在流动人口子女居住相对集中的区域，统筹安排随迁子女就近入学，切实保障随迁子女的就学权利。凡转户进城的流动人口及其他新市民，其子女入学由户籍转入地的区（县）教育行政部门纳入当地居民子女就学安排，实行划片就近入学，享受平等受教育的权利。二是完善入学办法，简化入学手续。已转户进城、在重庆市具有相对稳定的工作并购置有住房的流动人口，其子女入学全面纳入城市居民子女入学安排；租借房居住的流动人口，只需持家庭户籍证明、流动人口居住证、房屋租赁合同和单位用工协议，就可以到居住地教育行政部门申请，教育行政部门就近安排学校入学。

（2）增加学校数量，确保有学可上

一是加大规划建设。“十二五”期间，重庆市在主城及周边区县，启动115所新城（区）配套学校建设计划，以满足进城务工人员子女、转户居民子女及新市民子女等的就学需求。二是对现有随迁子女就读学校实行改建和扩建，增大学校容量，增加学位数量，切实保障随迁子女有学上。三是对于义务教育阶段学校容量充足、随迁子女就学压力较小的区县，提倡、鼓励公办中小学敞开校门，广泛接纳随迁子女。

（3）健全资助体系，确保上得起学

从2006年起，重庆市就将随迁子女纳入义务教育经费保障范围，凡已进入重庆市义务教育阶段学校就读的随迁子女，与城市居民子女同等享受义务教育经费保障政策。

（4）改善办学条件，确保有好学上

在全市大力推进义务教育学校标准化建设，统一校舍建设标准和师资配备标准，改善接收随迁子女学校的办学条件。市和区（县）财政每年拨付专项资金，2010年投入8300万元，2011年投入8600万元，用于增设教育教学设施和购买图书等，努力促进区域内中小学在办学条件、师资配置、管理水平、投入水平、教育质量等方面的基本均衡，为随迁子女平等就学创造良好条件。

（5）完善管理办法，实现同城待遇

一是在全市建立统一规范的义务教育阶段学生电子学籍管理网络，将随迁子女学籍纳入统一管理，保障随迁子女在流入地完成九年义务教育；二是严格实行随迁子女就学“同等编班、同等享受教育资源、同等参加各种教育活动”，在经费资助、评优奖励、入队入团、教育教学、课外活动等方面与本地学生一视同仁，保障随迁子女平等受教育的权利，让随迁子女与本地学生“同享一片蓝天”。

（6）加大宣传力度，营造关爱氛围

通过市政府设立的“农民工日”和“阳光重庆”直播节目平台，先后开展了以“同一片蓝天下”“关心关爱、共同成长”“平等·共享·成长”“同一片蓝天、同一个梦想”为主题的大型宣传咨询活动，发放宣传手册，接待群众咨询，帮助解决随迁子女在就学方面存在的困难和问题，营造了全社会关爱随迁子女的良好氛围。

3. 重庆市随迁子女教育的问题与挑战

尽管重庆市各级教育行政部门在随迁子女教育问题上做出了一系列努力，但伴随流动人口随迁子女规模扩大和一些新的群体特征的出现，重庆市随迁子女教育仍存在一些问题与挑战。

（1）就学需求与学校容量的矛盾突出

近年来，重庆市流动人口数量持续增长，举家迁移现象明显，随迁子女的就学需求急剧增长，给重庆市各城区学校造成较大压力，大部分主城区学校面临着校舍紧张、班额膨胀的问题，就学需求与学校容量之间的矛盾突出。

（2）教育经费保障水平偏低

随迁子女平等接受城市义务教育的一个主要障碍就是义务教育经费短缺。虽然重庆市在教育投入上已经取得了很大的成就，但由于重庆市义务教育经费历史欠账严重，教育经费投入相对不足，所以经费短缺问题较为严重，这也导致公共财政支出整体上无法很好地满足随迁子女义务教育所需经费。以2013年为例，重庆市公共财政教育支出为406.85亿元，占公共财政支出的13.29%，在全国31个省、自治区、直辖市（不含港澳台）中列第26位；与其他地区相比，重庆市2013年的基础教育生均公用经费支出处于较低水平（小学6308.7元/人，初中7606.65元/人，高中7418.09元/人），低于全国平均水平（小学6901.77元/人，初中9258.37元/人，高中8448.14元/人）。[1]生均教育经费不足容易导致接收随迁子女的学校出现人均面积较少、教学设施不足、师资力量薄弱等问题，直接影响教育的质量和水平。

（3）教育责任担负上存在一些“主体缺位”现象

虽然重庆市在随迁子女教育责任上实施的是“以流入地政府为主”的政策，但从实施效果来看，流入地政府在责任担负上存在一些缺位现象。一方面，由于我国义务教育财政经费一直是按照学生户籍所在地进行拨付的，按照这个规则，应该由流出地政府承担这些随迁子女的义务教育阶段的经费。一些农民工的孩子随父母进入城市后，受教育地点发生了变化，但是教育经费却不能从农村转移到城市（即使能够转移过来，也与城市的教育支出标准有很大的差距）。这就进一步加重了接收随迁子女区（县）一级教育财政的负担，对于户籍不在城市却在城市读书的随迁子女，公办学校不能获得相应的教育经费。这就意味着接收随迁子女的公办学校每接收一个随迁子女，就得在教育财政费用中挪出相应经费来支付随迁子女所需费用。在“两免一补”政策实施后，区（县）政府还必须承担随迁子女的学杂费及书本费。因此，面对规模日益庞大的随迁子女群体，区（县）一级教育财政负担日益加重。另一方面，缺乏相应的激励措施来调动流入地政府接收随迁子女的积极性，客观上或多或少存在随迁子女教育经费保障“主体缺位”的现象。

（4）随迁子女融入当地学校教育的能力不足

重庆市流动人口调查数据显示，流入人口文化程度以初中为主，占48.3%，高

[1] 教育部、国家统计局、财政部关于2013年全国教育经费执行情况统计公告[EB/OL].（2014-11-16）[2014-12-18]. http：//www.moe.gov.cn/publicfiles/business/htmlfiles/moe/s3040/201411/178035.html.

中文化程度占23%，很多随迁子女的父母受教育程度不高，没有能力对子女进行必要的课后学习指导，且由于家庭经济条件的原因，也难以像城市学生一样购买充足的课外辅导材料，这进一步拉大了随迁子女与城市本地学生的学业差距。在高考“指挥棒”的作用下，城市普通高中的竞争十分激烈，中考已然成了高考的预热，学习成绩不好的初中毕业生只能被分流到入学条件较低的中等职业学校。因此，即使完全符合在流入地升学考试政策的准入条件，一部分随迁子女也会因自身学业成绩不佳和能力不足而被拒于城市普通高中门外，只能选择返乡求学或就读中等职业学校。

（5）学生流动性强，学籍管理难度较大

随迁子女流动性强，学生不打招呼就转回原籍的现象尤为突出，这不利于学生的学业发展，也给学校的学籍管理造成困难。调研时，随迁子女就学定点学校的教师们也反映，由于学生流动性强，需要花费很大精力，刚看到教育效果，孩子就转学走了，这样会对教师的情绪和工作积极性产生消极影响。

（三）重庆市随迁子女义务教育后升学考试政策状况

1. 政策演进轨迹及政策主要内容

（1）随迁子女在流入地高考政策演进轨迹及主要内容

2013年以前，重庆市对外地高考考生实施的是“双3”政策，即户籍、学籍在重庆均达到3年的考生可以在重庆参加考试。2012年，重庆市根据国办发〔2012〕46号文件精神，结合该市实际情况，制定并出台了《重庆市外来务工人员随迁子女在重庆参加普通高考方案》（见附录8）。该方案从2013年开始，面向非重庆市户籍的随迁子女试行。随迁子女具备以下条件，可以在重庆参加普通高考：第一，具备在重庆高中阶段3年连续完整的学籍并就读，即从高一（当年9月30日前取得重庆市高中阶段教育学籍）起至高三毕业一直在重庆就读；第二，普通高中学生家长（父亲或母亲）在重庆有合法稳定职业、合法稳定住所（含租赁），中职学生家长不作条件限制；第三，符合重庆市普通高考其他报名条件。[1] 考生按规定时间向就读中学所在区县（自治县）招生考试机构提交“2013年重庆市外来务工人员随迁子女普通高考报名申请表”（以下简称“申请表”）、户口簿、身份证和家长在重庆合法稳定住所的证明原件及相关复印件，经所在区、县（自治县）招生考试机构审核合格后予以报名。

［1］重庆市外来务工人员随迁子女在重庆参加普通高考方案［EB/OL］.（2012-12-31）［2014-12-18］. http：//www.gov.cn/zwgk/2012-12/31/content_2302714.htm.

与全国各省（自治区、直辖市）已出台或酝酿中的方案相比，重庆市的方案具有三个主要特点。一是出台和实施时间早。重庆市是全国第五个面向社会公布方案的省市，且方案从2013年就开始试行，为全国较快、较早实施的省市之一。二是开放程度高。对在重庆市普通高中就读的学生，只要具备3年连续完整学籍，其父母在重庆有合法稳定住所和合法稳定职业的条件即可在重庆市报考。三是突出了职教对口招生的特点。对在重庆市中职学校就读的学生报考对口高职本专科招生考试实行完全放开户籍限制的政策，只要具备3年连续完整学籍，不论其父母是否来重庆，均可在重庆市报考。

重庆市实施开放的在流入地高考政策，与其经济模式和发展环境密切相关。由于人才资源和教育资源都比较匮乏，加上发展本地产业需要大量的产业工人，因此重庆市采取开放的政策来吸引人才、留住人才，从而促进经济社会发展。

（2）随迁子女在流入地中考政策演进轨迹及主要内容

继在流入地高考方案公布后，重庆市就在酝酿出台新的在流入地中考方案。在新方案施行前，重庆市中考仍沿用过去的招生政策，即户籍不在重庆市但在重庆市借读的学生，如因特殊原因不能回户籍所在地参加中考，可申请在就读区（县）参加当地普通高中招生考试（不含联招），凭区（县）教育行政部门出具的成绩证明回户籍地升学或在重庆市普通高中继续择校就读。根据我国有关法律规定，在重庆市就读初中的归侨子女，台湾地区居民子女，香港、澳门特别行政区居民子女，可在初中毕业学校报名参加普通高中（含联招）考试。

目前，重庆市也正在探索中考改革，适时取消联招考试，将直属中学的招生指标分到各区或学校。取消联招考试之后，直属学校招生计划将通过指标到区、指标到校的方式进行分配。此前重庆市已要求市级重点中学70%的招生计划直接分到辖区内初中学校，不再举行统一升学考试，按照综合素质评价进行选拔。一旦取消联招考试，随迁子女学生就有希望实现与本地学生同等条件参加中考及录取。

2. 政策实践状况

（1）随迁子女在流入地高考方案有序实施

2012年12月，重庆市教育考试院根据《重庆市外来务工人员随迁子女在重庆参加普通高考方案》的要求，下发了《重庆市教育考试院关于做好外来务工人员随迁子女在重庆市参加普通高考工作的通知》（渝教考〔2012〕235号）。该通知规定了具体的报名时间、报名对象、报名地点、报名条件等内容，并说明了具体的报名流程及所需材料：考生在报名所在区、县（自治县）招生考试机构领取“2013年重庆市外来务工人员随迁子女普通高考报名申请表”；根据申请表所列项目完成填写，并由相关证明人签字，相关单位加盖公章；考生按规定时间向所在区、县（自治县）招生考试机构提交申请表、户口簿、身份证和家长在重庆市合法稳定住所的证明原件及相关复印件，经所在区、县（自治县）招生考试机构审核合格后可以报名。

（2）在流入地高考的随迁子女考生数量相对较少

在重庆市在流入地高考政策实施之初，受之前高考政策惯性的影响，加之新政策的宣传力度有限，2013年在重庆市参加在流入地高考的随迁子女考生数量较少。统计表明，2013年、2014年毕业的非重庆籍普通高中学生人数分别约为8600人和9300人，约占同期全市普通高中毕业生人数的4.1%～4.2%。2013年作为重庆市在流入地高考政策实施的第一年，符合条件在重庆参加高考的外来务工人员随迁子女约1000人，比例不足全市普通高中学生人数的1%[1]。以重庆市九龙坡区为例，该区2013年共有4669人参加高考，随迁子女考生仅有36人，占0.8%；2014年该区随迁子女考生人数增长为61人，占该区全部考生的1.3%，其中来自四川省的考生人数最多，达41人，其他随迁子女考生分别来自福建、浙江、湖南、贵州、上海、山东、江苏、湖北和内蒙古等省市[2]。

重庆市在流入地高考的随迁子女考生数量较少的原因主要有两点。一是与其经济模式和发展环境有关。作为年轻的直辖市，重庆并不像京津沪等地形成了资源积累优势，其人才资源和教育资源都相对匮乏，客观上导致外省市流入重庆的随迁子女数量相对较少。二是受原有政策惯性的影响，大部分随迁子女家庭在新政策出台之前就已提前做好了应对，一部分随迁子女家庭提早把户口迁至重庆，另一部分则返回原籍参加高考，这就使得在流入地高考政策实施的前几年，随迁子女考生数量相对较少。

二、研究设计与过程

（一）调研实施

1. 调研任务

2014年1～6月，课题组针对随迁子女在流入地参加升学考试（以下简称“在流入地考试”）问题对随迁子女数量较大的重庆市A区开展调研。根据该区区情，课题组在对区教委主管领导访谈的基础上，集中选取了4所公办学校（其中初中2所，

[1]“重庆在流入地高考方案”将实施[EB/OL].（2012-12-21）[2014-12-18]. http://www.wuzhongzx.com/zxzx/show-153605.html.

[2]数据源于重庆市九龙坡区招生办公室统计报表。

高中2所）展开深入调研。课题组人员分组对调研学校的学生、教师和家长开展问卷调查，并对调研学校的学生、家长、校长和教师做进一步的半结构式访谈。学生问卷的填写，是在调研人员的指导下，由学生现场填写并回收；教师问卷由随机选取的教师自行填写后统一回收；家长问卷由学生填好问卷编号后带回家让其家长填写，次日由班主任统一收齐后交回。

2. 样本的选取

在A区教委的协助下，选取随迁子女数量较多的4所中学进行调查，其中初中2所，高中2所。学生样本的选取覆盖初一到高三的各个年级，选取的学生包含随迁子女和本地子女。家长样本从填写问卷的学生中选取他们的家长来完成（包含随迁子女家长和本地家长），家长问卷与学生问卷按照相应的比例配对调研：对随迁子女群样本，其家长样本按照间隔为3的方式抽取，即每4个随迁子女样本的群抽取一个群对其家长进行调研；本地子女样本与本地家长样本按照1：1的比例配对调研，即每个本地学生样本，其家长也一并调研。教师样本的选取按照随机抽样的方法，在4所调研学校各随机选取60名教师作为调查对象。

3. 样本描述

（1）学生问卷

发放初中学生问卷560份，回收率100%，其中有效问卷504份，问卷有效率90%；发放高中学生问卷500份，回收率85%，其中有效问卷391份，问卷有效率92%。

在有效问卷的504位初中学生中，本地学生124人，重庆市内跨区（县）流动学生269人，跨省市流动学生111人，分别占24.6%、53.4%和22.0%；在有效问卷的391位高中学生中，本地学生162人，重庆市内跨区（县）流动学生160人，跨省市流动学生69人。初中、高中学生样本的基本信息见表6–1和表6–2。

表6–1　初中学生样本描述

		本地学生		市内随迁子女		市外随迁子女	
		频数	百分比（%）	频数	百分比（%）	频数	百分比（%）
性别	男	57	47.9	111	42.5	53	50.0
	女	62	52.1	150	57.5	53	50.0
	缺失	5		8		5	

续表

		本地学生		市内随迁子女		市外随迁子女	
		频数	百分比（%）	频数	百分比（%）	频数	百分比（%）
年级	初一	28	23.1	54	20.5	44	41.1
	初二	61	50.4	130	49.2	40	37.4
	初三	32	26.4	80	30.3	23	21.5
	缺失	3		5		4	
出生地	本区	67	58.3	17	6.6	5	4.9
	本市的其他区（县）	26	22.6	215	83.7	11	10.8
	其他省（自治区、直辖市）	22	19.1	25	9.7	86	84.3
	缺失	9		12		9	
户口性质	农业	14	12.8	133	57.6	60	65.2
	非农业	95	87.2	98	42.4	32	34.8
	缺失	15		38		19	
在本市居住时间	5年以下	16	13.6	83	32.5	45	41.0
	5～10年	18	15.2	68	26.7	35	31.8
	11～15年	80	67.8	95	37.3	30	27.3
	15年以上	4	3.4	9	3.5	0	0
	缺失	6		14		1	

表6-2 高中学生样本描述

		本地学生		市内随迁子女		市外随迁子女	
		频数	百分比（%）	频数	百分比（%）	频数	百分比（%）
性别	男	71	43.8	77	48.4	36	52.9
	女	91	56.2	82	51.6	32	47.1
	缺失	0		1		1	
年级	高一	68	42.0	51	32.1	44	63.8
	高二	40	24.7	54	34.0	10	14.5
	高三	54	33.3	54	33.9	15	21.7
	缺失	0		1		0	
出生地	本区	104	66.2	11	7.0	4	6.1
	本市的其他区（县）	21	13.4	134	84.8	0	0
	其他省（自治区、直辖市）	32	20.3	13	8.2	62	93.9
	缺失	5		2		3	
户口性质	农业	33	21.0	85	55.2	45	71.4
	非农业	124	79.0	69	44.8	18	28.6
	缺失	5		6		6	
在本市居住时间	5年以下	11	6.9	27	17.2	15	22.1
	5～10年	30	18.8	31	19.7	32	47.1
	11～15年	21	13.1	17	10.9	12	17.6
	15年以上	98	61.3	82	52.2	9	13.2
	缺失	2		3		1	

（2）家长问卷

发放初中家长问卷240份，回收率95%，其中有效问卷196份，问卷有效率86.0%；发放高中家长问卷280份，回收率100%，其中有效问卷261份，问卷有效率93.2%。

在有效问卷的196位初中学生家长中，本地学生家长89人，市内随迁学生家长68人，市外随迁学生家长39人，分别占45.4%、34.7%、19.9%；在有效问卷的261位高中学生家长中，本地学生家长107人，市内随迁学生家长103人，市外随迁学生家长51人，分别占41.0%、39.5%、19.5%。初中、高中学生家长样本的基本信息见表6–3和表6–4。

表6–3 初中学生家长样本描述

		本地学生家长		市内随迁学生家长		市外随迁学生家长	
		频数	百分比（%）	频数	百分比（%）	频数	百分比（%）
家庭角色	父亲	45	52.3	33	50.8	24	66.7
	母亲	38	44.2	28	43.1	11	30.5
	祖父母	0	0	3	4.6	1	2.8
	亲戚	3	3.5	1	1.5	0	0
	其他熟人	0	0	0	0	0	0
	缺失	3		3		3	
父亲学历	没上过学	0	0	0	0	1	2.8
	小学	8	9.2	9	13.4	2	5.6
	初中	34	39.1	35	52.2	22	61.1
	高中或中专	30	34.5	18	26.9	8	22.2
	大专	5	5.7	3	4.5	3	8.3
	本科	7	8.0	1	1.5	0	0
	硕士	2	2.3	0	0	0	0
	博士	1	1.1	1	1.5	0	0
	缺失	2		1		3	

续表

		本地学生家长		市内随迁学生家长		市外随迁学生家长	
		频数	百分比（%）	频数	百分比（%）	频数	百分比（%）
母亲学历	没上过学	1	1.2	0	0	1	2.6
	小学	14	16.3	1	1.5	8	21.1
	初中	35	40.7	21	31.3	20	52.6
	高中或中专	25	29.1	29	43.3	7	18.4
	大专	6	7.0	14	20.9	2	5.3
	本科	4	4.7	2	3.0	0	0
	硕士	1	1.2	0	0	0	0
	博士	0	0	0	0	0	0
	缺失	3		1		1	
婚姻状况	初婚	69	80.2	47	75.8	28	73.7
	离婚	8	9.3	6	9.7	3	7.9
	丧偶	0	0	1	1.6	1	2.6
	再婚	3	3.5	5	8.1	2	5.3
	其他	6	7.0	3	4.8	4	10.5
	缺失	3		6		1	
收入水平	非常贫困	8	9.1	5	7.5	1	2.6
	中等偏下	19	21.6	24	35.8	12	31.6
	中等水平	55	62.5	34	50.7	23	60.5
	中等偏上	6	6.8	4	6.0	1	2.6
	非常富裕	0	0	0	0	1	2.6
	缺失	1		1		1	0

表6–4　高中学生家长样本描述

		本地学生家长		市内随迁学生家长		市外随迁学生家长	
		频数	百分比（%）	频数	百分比（%）	频数	百分比（%）
家庭角色	父亲	42	39.3	45	44.1	25	52.1
	母亲	55	51.4	44	43.1	17	35.4
	祖父母	9	8.4	5	4.9	2	4.2
	亲戚	0	0	7	6.9	2	4.2
	其他熟人	1	0.9	1	1.0	2	4.2
	缺失	0		1		3	
父亲学历	没上过学	5	4.7	1	1.0	1	2.1
	小学	8	7.5	13	12.6	4	8.3
	初中	41	38.3	44	42.7	23	47.9
	高中或中专	28	26.2	32	31.1	17	35.4
	大专	13	12.1	5	4.9	3	6.3
	本科	12	11.2	6	5.8	0	0
	硕士	0	0	1	1.0	0	0
	博士	0	0	1	1.0	0	0
	缺失	0		0		3	
母亲学历	没上过学	1	0.9	1	1.0	0	0
	小学	12	11.2	27	26.5	7	14.9
	初中	37	34.6	44	43.1	30	63.8
	高中或中专	38	35.5	19	18.6	5	10.6
	大专	10	9.3	5	4.9	4	8.5
	本科	7	6.5	3	2.9	0	0
	硕士	0	0	1	1.0	0	0
	博士	2	1.9	2	2.0	1	2.1
	缺失	0		1		4	

续表

		本地学生家长		市内随迁学生家长		市外随迁学生家长	
		频数	百分比（%）	频数	百分比（%）	频数	百分比（%）
婚姻状况	初婚	79	76.0	73	73.7	39	83.0
	离婚	14	13.5	13	13.1	4	8.5
	丧偶	1	1.0	1	1.0	1	2.1
	再婚	8	7.7	8	8.1	2	4.3
	其他	2	1.9	4	4.0	1	2.1
	缺失	3		4		4	
收入水平	非常贫困	3	2.9	7	6.9	1	2.1
	中等偏下	25	24.0	42	41.2	21	43.8
	中等水平	73	70.2	47	46.1	22	45.8
	中等偏上	2	1.9	4	3.9	3	6.3
	非常富裕	1	1.0	2	2.0	1	2.1
	缺失	3		1		3	0

（3）教师问卷

发放初中教师问卷110份，回收率100%，其中有效问卷97份，问卷有效率88.2%。调查的初中教师年龄范围在23～58岁，教龄在2～38年，样本的具体信息见表6–5。

表6–5　初中教师样本描述

		有效百分比（%）
性别	男	28.7
	女	71.3
教师资格证	有	98.9
	无	1.1
是否为班主任	是	47.8
	否	52.2

续表

		有效百分比（%）
目前授课年级	预备班	0
	初一	22.7
	初二	36.1
	初三	29.9
	复读班	0
	不授课	3.1
	多年级授课	8.2
技术职称	中学高级教师	23.7
	中学一级教师	41.2
	中学二级教师	24.7
	中学三级教师	10.3
	未评定	0
	其他	0
教授的学科	语文	19.6
	数学	20.6
	外语	24.7
	物理	5.2
	化学	5.2
	生物	1.0
	地理	3.1
	政治	6.2
	历史	6.2
	体育	3.1
	音乐、美术、艺术	3.1
	信息技术	1.0
	其他	1.0

发放高中教师问卷150份，回收率100%，其中有效问卷139份，问卷有效率92.7%。调查的高中教师年龄范围在23～59岁，教龄在1～36年，样本的具体信息见表6–6。

表6-6 高中教师样本描述

		有效百分比（%）
性别	男	38.0
	女	62.0
学历	大专以下	1.4
	大专	1.4
	本科	79.0
	硕士	18.2
	博士	0
教师资格证	有	99.3
	无	0.7
是否为班主任	是	30.9
	否	69.1
目前授课年级	高一	29.0
	高二	36.2
	高三	32.6
	不授课	0
	多年级授课	2.2
技术职称	中学高级教师	23.7
	中学一级教师	36.0
	中学二级教师	28.1
	中学三级教师	1.4
	未评定	10.8
	其他	0
教授的学科	语文	17.3
	数学	17.3
	外语	12.9
	物理	12.9
	化学	15.8
	生物	11.5
	地理	3.6
	政治	1.4
	历史	6.5
	体育	0.8
	音乐、美术、艺术	0
	信息技术	0
	其他	0

（二）数据处理

问卷回收后，由专门人员按照统一的编码手册和录入说明录入数据，经过核实、整理后的数据采取SPSS19.0软件包进行数据处理和相关统计分析。

三、研究发现

（一）政策知晓状况

1. 多数学生、家长及教师对随迁子女在流入地高考政策知之甚少

在被调查的学生、家长和教师中，多数人不了解在流入地考试政策，对于重庆市在流入地高考政策的细节（政策具体条件、实施时间、报考学校类型）规定更是知之甚少。例如，在问及“你所在的城市从哪一年开始允许随迁子女参加高考？”时，72.1%的学生回答“不了解”，60.9%的家长表示“不清楚”，48.5%的教师也表示“不了解”。学生、家长、教师回答正确（2013年）的比例分别为17.6%、25.1%和35.8%，均未超过40%。（详见图6–3、图6–4、图6–5）

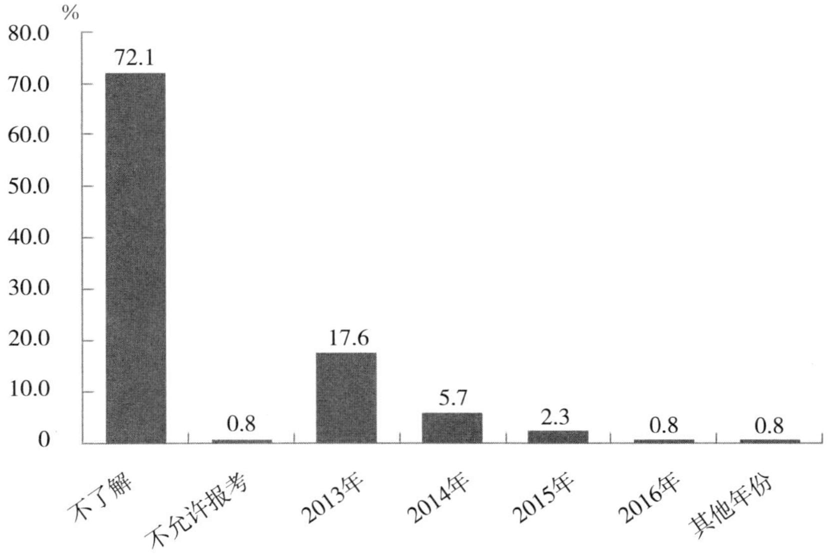

图6–3　学生对重庆市随迁子女在流入地高考政策实施年份的知晓状况

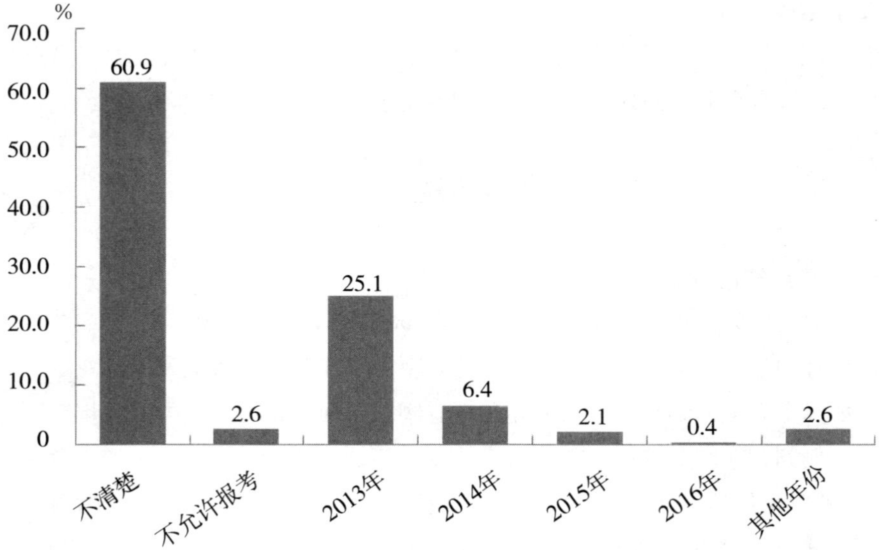

图6-4　家长对重庆市随迁子女在流入地高考政策实施年份的知晓状况

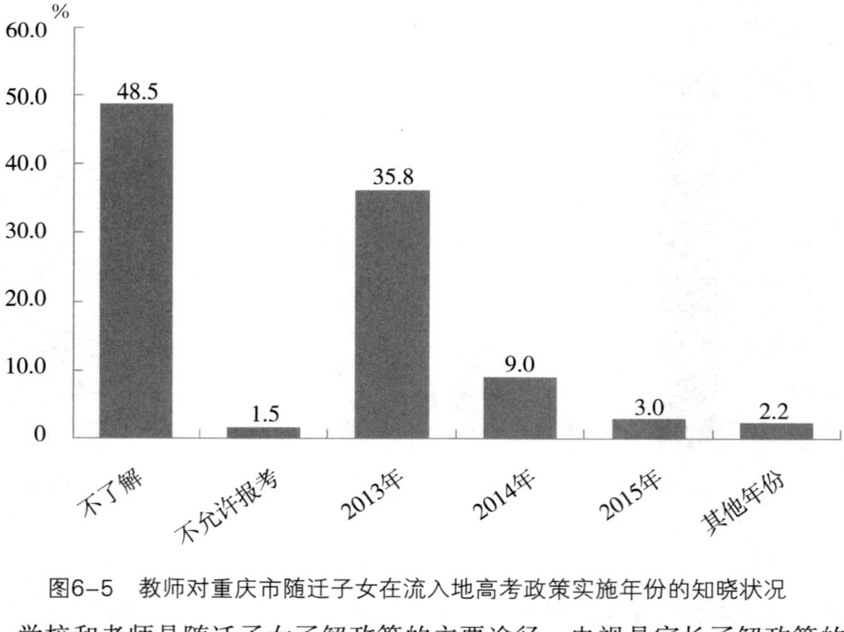

图6-5　教师对重庆市随迁子女在流入地高考政策实施年份的知晓状况

2. 学校和老师是随迁子女了解政策的主要途径，电视是家长了解政策的主要途径

不同群体了解在流入地高考政策的信息来源略有差异，学校和老师是学生了解这一信息的重要来源，而家长则主要通过电视得到这一信息。（详见图

6-6、图6-7）

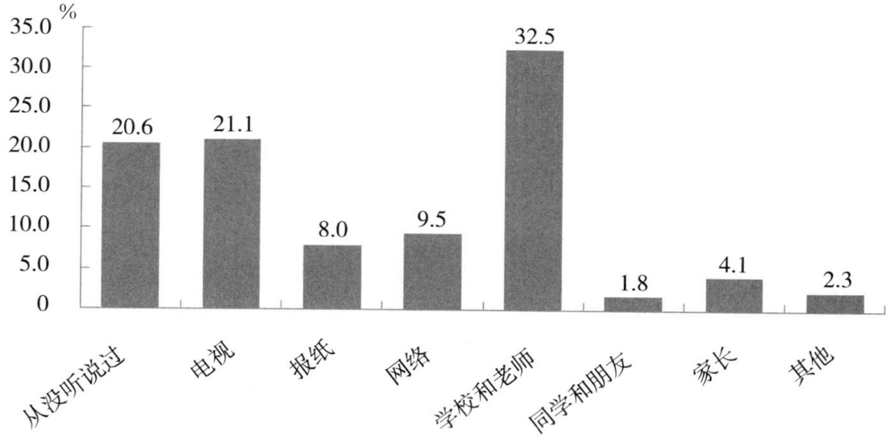

图6-6 学生了解随迁子女在流入地高考政策的途径

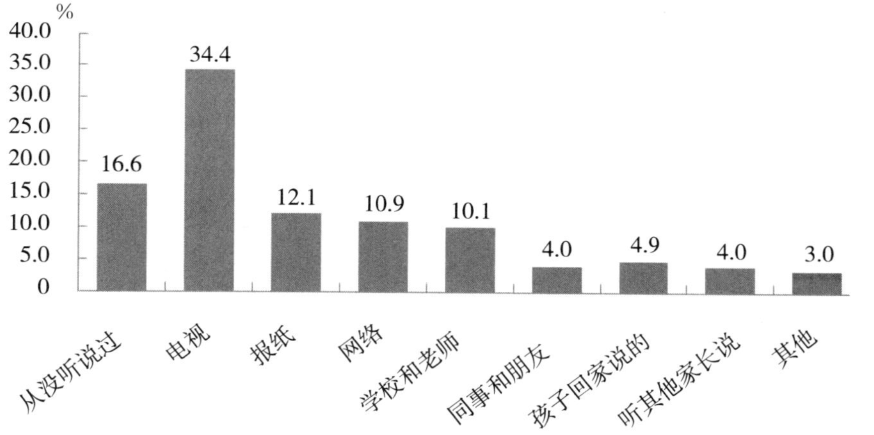

图6-7 家长了解随迁子女在流入地高考政策的途径

（二）政策接纳状况与选择意愿分析

1. 大多数利益群体支持随迁子女在流入地考试政策

数据显示，在在流入地考试政策所涉及的相关利益群体中，学生、家长及教师对该政策的支持度均比较高，但仍有少数被调查对象表示反对。初中学生、初中学生家长、初中教师对随迁子女在重庆中考持反对态度的比例依次为6.0%、3.1%、10.3%（见图6-8），高中学生、高中学生家长、高中教师对随迁子女在重庆高考持反对态度的比例依次为8.0%、14.4%、9.5%（见图6-9）。

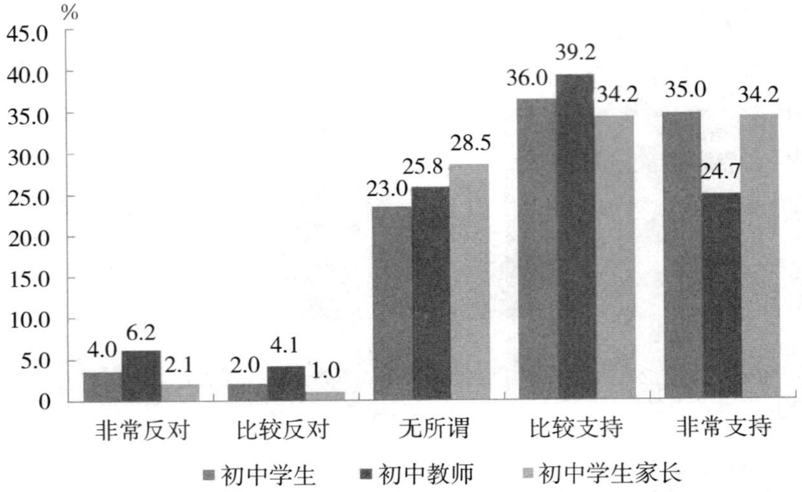

图6-8　初中学生、初中教师、初中学生家长对随迁子女在流入地中考政策的态度

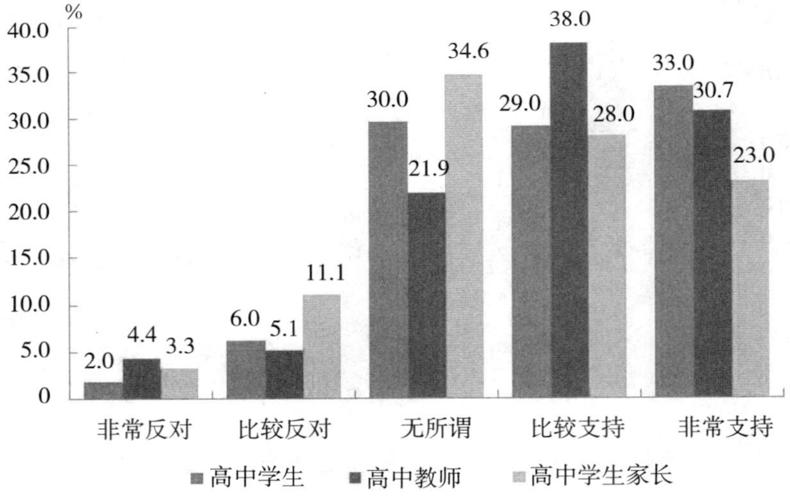

图6-9　高中学生、高中教师、高中学生家长对随迁子女在流入地高考政策的态度

2. 随迁子女家庭比本地家庭更支持随迁子女在流入地高考政策

调查发现，高中学生在允许随迁子女在当地参加高考的态度方面，随迁子女学生与本地学生存在较大差异，随迁子女学生对在流入地高考持支持态度的比例为62.9%，而本地学生为22.5%（见图6-10）；高中家长在允许随迁子女在当地参加高考的态度方面，随迁子女家长与本地家长也存在明显差异，本地家长支持的比例仅为10.1%，远远低于随迁家长支持的比例（77.7%），且对在流入地高考政策持反对

态度的以本地家长居多（见图6–11）。

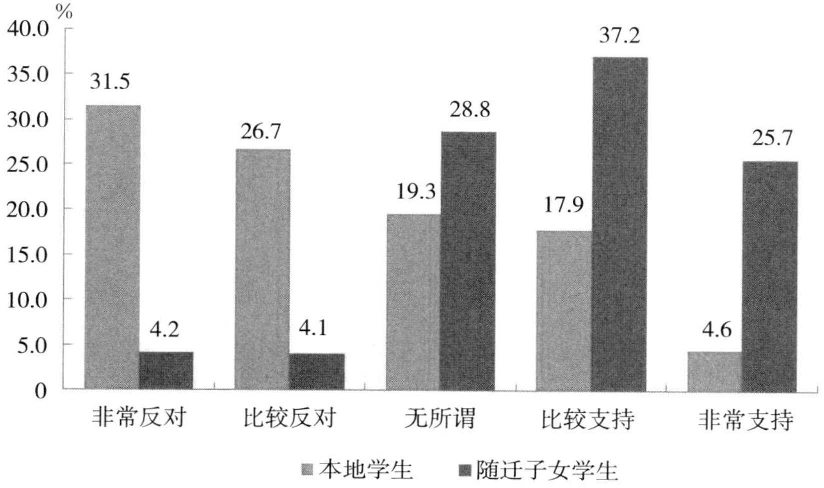

图6–10　本地学生与随迁子女学生对随迁子女在流入地高考政策的态度

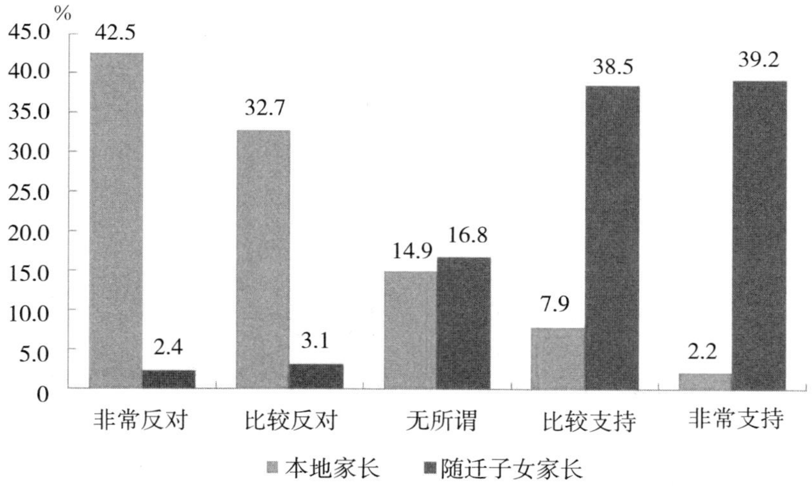

图6–11　本地家长与随迁子女家长对随迁子女在流入地高考政策的态度

（三）政策实施效果与评价

1. 政策出台对随迁子女的学习态度和学习成绩产生积极影响

调查发现，在流入地考试政策的颁布对多数初中、高中随迁子女的学习态度产生了较为积极的影响，认为政策出台后学习态度变得积极的初中、高中随迁子女分别为69.8%、70.6%（见图6–12）。对教师的调查也进一步说明，政策的出台较大幅度提升了随迁子女学习的努力程度，教师认为比以前努力的初中、高中随迁子女比例分别为44.7%和43.7%（见图6-13）。

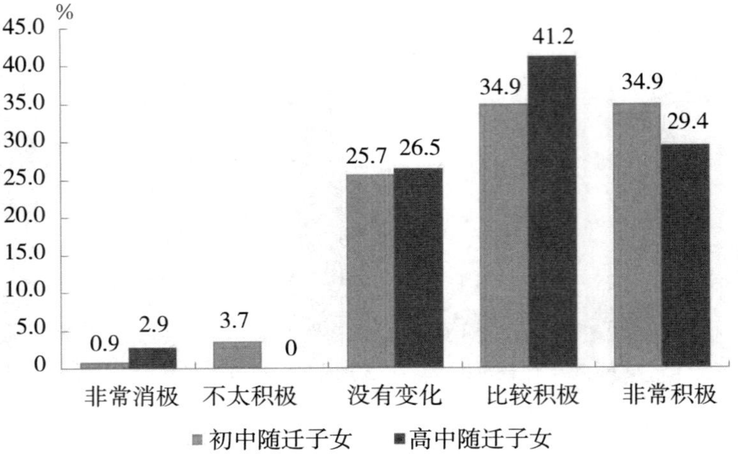

图6-12　允许随迁子女在流入地升学后随迁子女的学习态度变化情况

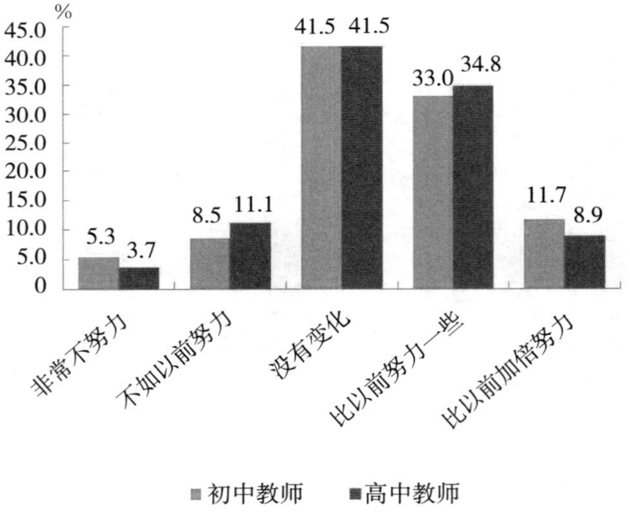

图6-13　允许随迁子女在流入地升学后，教师对随迁子女学习努力程度的判断

同时，政策的出台也对随迁子女的学习成绩产生了积极影响，认为政策出台对学习成绩产生积极影响的初中和高中随迁子女分别为60.8%、67.7%（见图6-14）。通过对教师的调查发现，允许随迁子女在流入地参加升学考试政策实施后，随迁子女的成绩有所提高（见图6-15）。

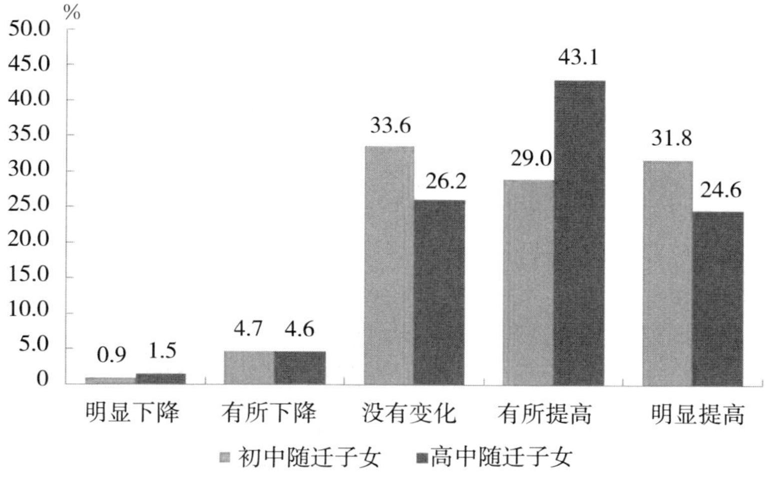

图6–14　允许随迁子女在流入地升学后随迁子女的学习成绩变化情况

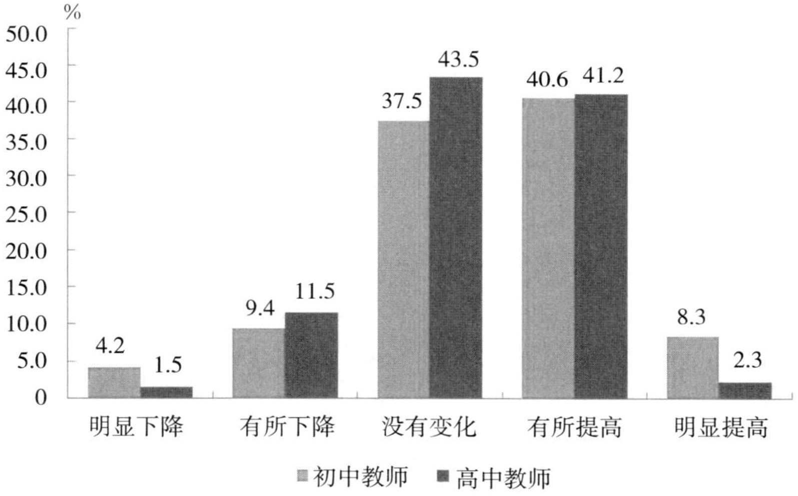

图6–15　允许随迁子女在流入地升学后，教师对随迁子女学习成绩的判断

2. 政策出台对随迁子女的心理状态产生积极影响

调查发现，允许随迁子女在流入地参加中考后，71.6%的初中随迁子女认为自己的心理状态变得比以前更加积极；在流入地高考政策出台后，76.2%的高中随迁子女认为自己的心理状态变得比以前更加积极（见图6–16）。对教师的调查也进一步发现，允许随迁子女在流入地参加升学考试政策实施后，随迁子女的心理状态变得更加积极（见图6–17）。

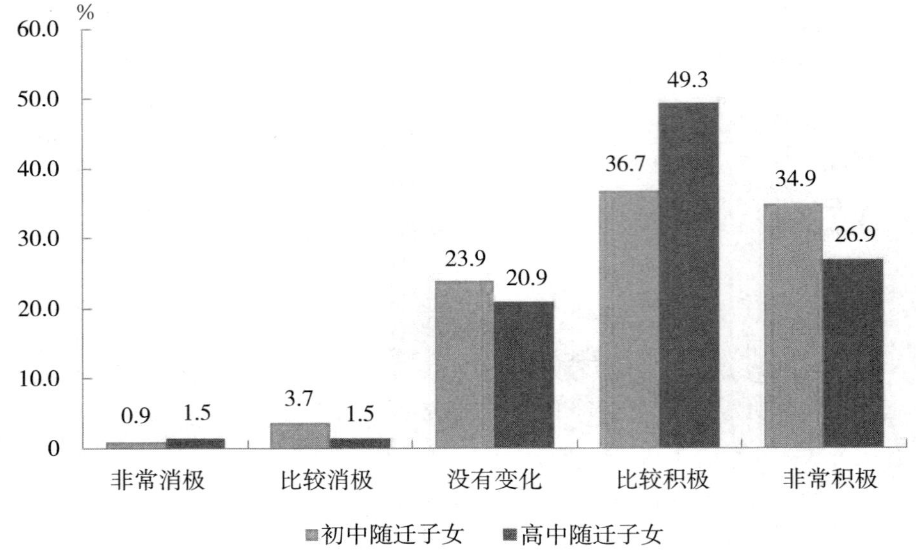

图6-16　允许随迁子女在流入地升学后随迁子女的心理状态变化情况

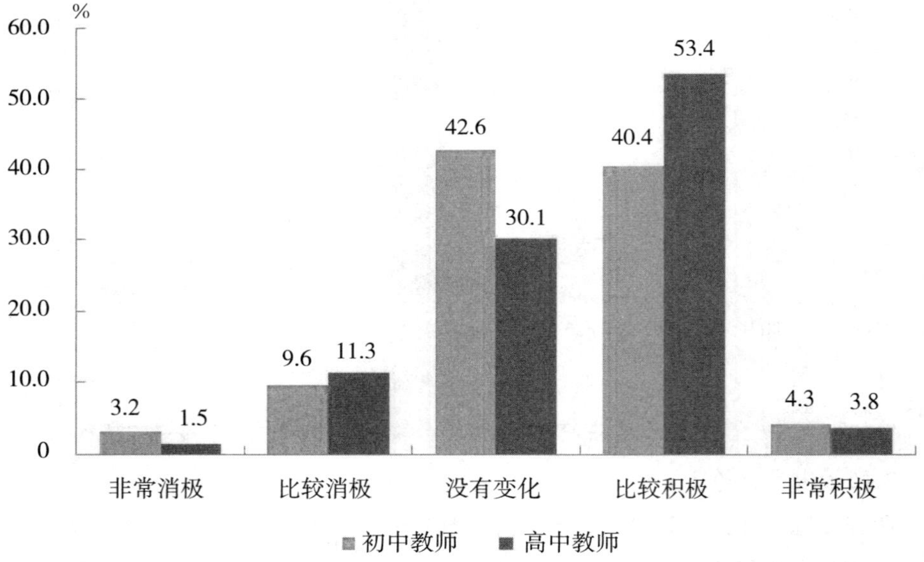

图6-17　允许随迁子女在流入地升学后，教师对随迁子女心理状况的判断

3. 政策的出台并未对本地子女与随迁子女的同学关系产生较大影响

通过对学生的调查发现，超过七成的学生认为允许随迁子女在流入地参加升学考试政策实施后，班上本地学生与随迁子女学生之间关系的融洽程度“没有

变化”，有13.6%的初中学生和11.2%的高中学生认为融洽程度有所提高。（见图6–18）

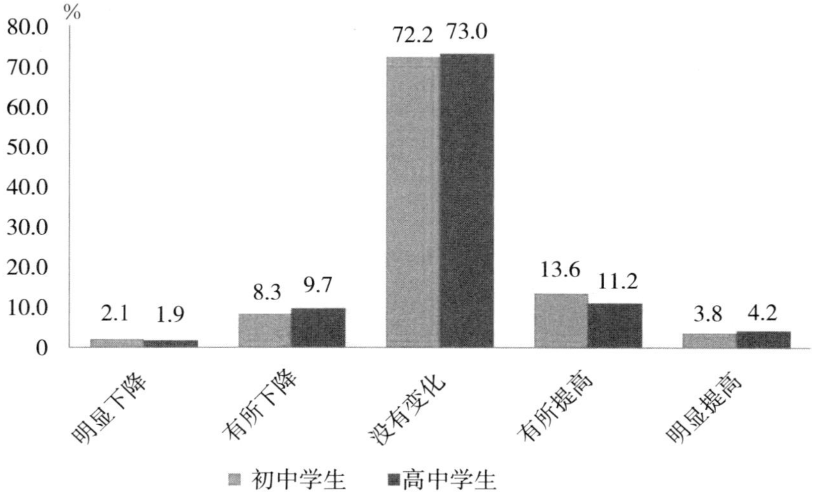

图6–18　允许随迁子女在流入地升学后，本地学生与随迁子女学生之间关系的融洽程度变化

通过对教师的调查发现，超过六成的教师认为允许随迁子女在流入地参加升学考试政策实施后，班上本地学生与随迁子女学生之间关系的融洽程度“没有变化”，有13.4%的初中教师和14.5%的高中教师认为学生的融洽程度有所提高。（见图6–19）

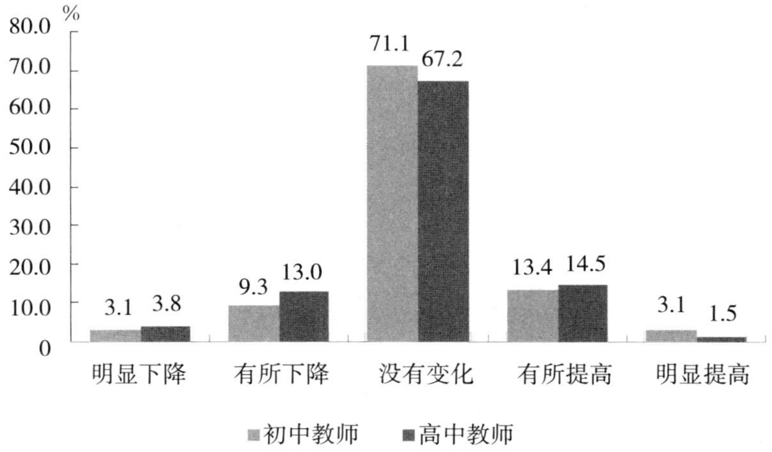

图6–19　允许随迁子女在流入地升学后，教师对本地学生与随迁子女学生关系的融洽程度的判断

4. 政策的出台并未对本地家长与随迁子女家长的关系产生较大影响

调查显示，有57.3%的初中学生家长和67.9%的高中学生家长认为在流入地考试

政策实施后，本地家长与随迁子女家长关系的融洽程度“没有变化”，有39.6%的初中学生家长和26.6%的高中学生家长认为本地家长与随迁子女家长关系的融洽程度提高了，仅有不足6%的家长认为两类家长关系的融洽程度下降（见图6-20）。对教师的调查也进一步印证了这一点，超过七成的教师认为允许随迁子女在流入地参加升学考试政策实施后，班上本地学生家长与随迁子女家长之间关系的融洽程度“没有变化”（见图6-21）。

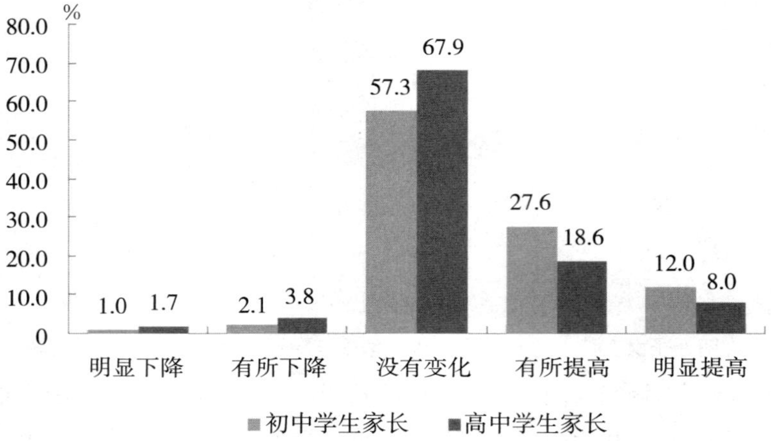

图6-20　允许随迁子女在流入地升学后，本地家长与随迁子女家长关系的融洽程度变化

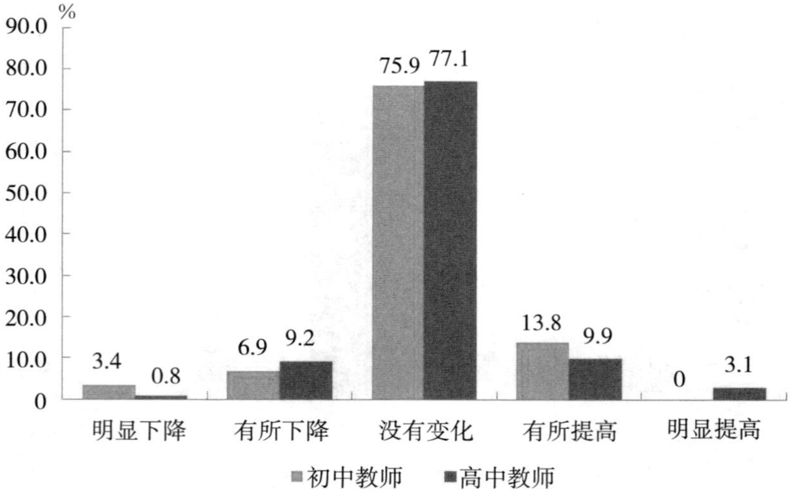

图6-21　允许随迁子女在流入地升学后，教师对本地家长与随迁子女家长关系融洽程度的判断

5. 重庆市随迁子女在流入地考试政策基本满足了随迁子女的升学考试需求

数据显示，有42.6%的初中随迁子女认为允许随迁子女在流入地参加中考的政

策满足了他们升学考试的大部分需求，有19.4%的初中随迁子女认为政策充分满足了他们的升学考试需求；55.2%的高中随迁子女认为在流入地高考政策满足了他们升学考试的大部分需求，另有17.9%的高中随迁子女认为现行政策充分满足了随迁子女的升学考试需求。（见图6–22）

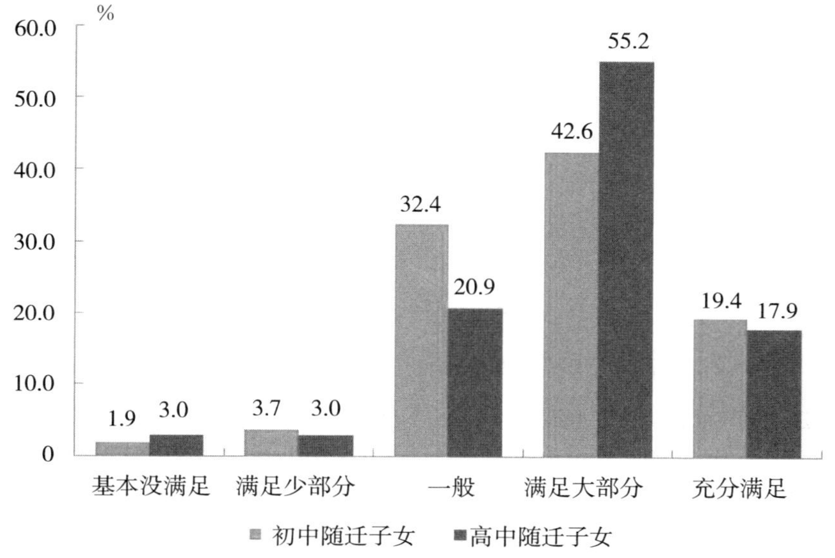

图6–22 初中、高中随迁子女对在流入地考试政策是否满足升学需求的评价

6. 在流入地考试政策的施行对随迁子女未来的学业选择产生较大影响，随迁子女更倾向于继续在流入地接受教育

通过对初中随迁学生进行调查发现，在流入地考试政策的出台对他们的毕业出路和学业选择都产生了较大影响。允许随迁子女在本地参加中考前，部分初中随迁子女选择“回户籍地上学”（38.8%）或“去其他地区上学”（22.3%），仅有16.5%的随迁子女选择继续留在本地上学。

在初中随迁子女的学业选择上，在流入地考试政策出台后，选择“上高中”的随迁子女由原来的79.6%增至83.5%，选择“上高职”的随迁子女由15.5%减少至14.6%，选择“不上学，直接工作”的随迁学生也有减少。（见图6–23）

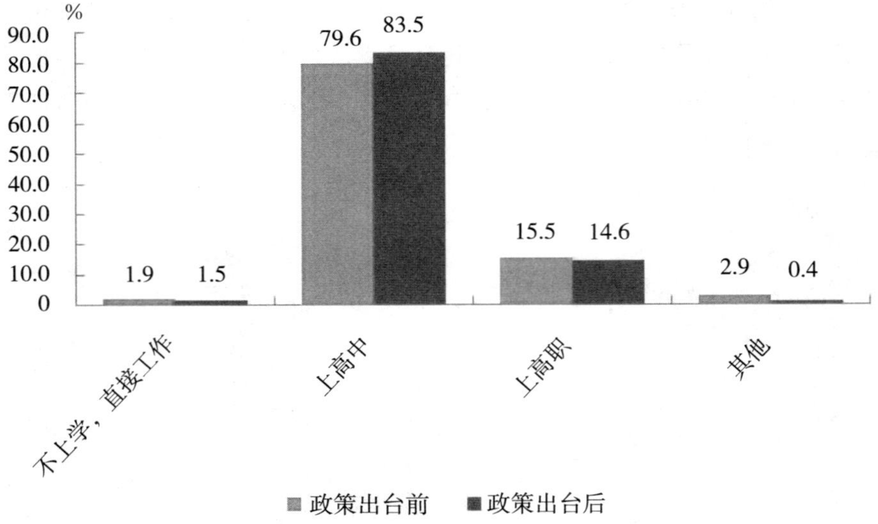

图6-23　在流入地考试政策出台前后初中随迁子女的学业选择情况

通过对高中随迁子女的调查发现，在流入地考试政策的出台也对高中随迁子女选择高考地产生较大影响。政策出台后，选择“在本地参加高考”的随迁子女由之前的28.8%增加至89.8%，选择“回户籍地参加高考”的随迁子女由之前的52.5%减少为零，选择“在本地借考，回户籍地录取”的随迁子女也由8.5%减少为1.7%。（见图6-24）

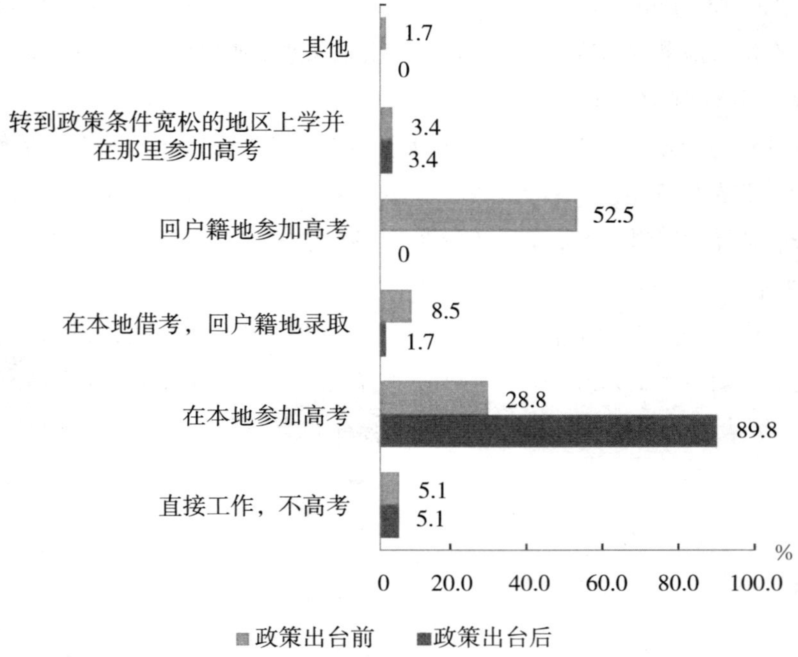

图6-24　在流入地高考政策出台前后高中随迁子女高考地选择情况

7. 随迁子女在流入地考试政策的出台对教师的工作时间产生一定影响

（1）初中教师备课时间明显增加，高中教师备课时间变化不大

通过对教师的调查发现，在流入地考试政策的出台对教师的备课时间产生了一定影响。对于初中教师而言，46.9%的教师认为备课时间“有所增加”，5.2%的教师认为“明显增加”，45.8%的教师认为“没有变化”；对于高中教师而言，71.9%的教师认为备课时间“没有变化”，22.2%的教师认为“有所增加”，3.0%的教师认为“明显增加”。（见图6–25）

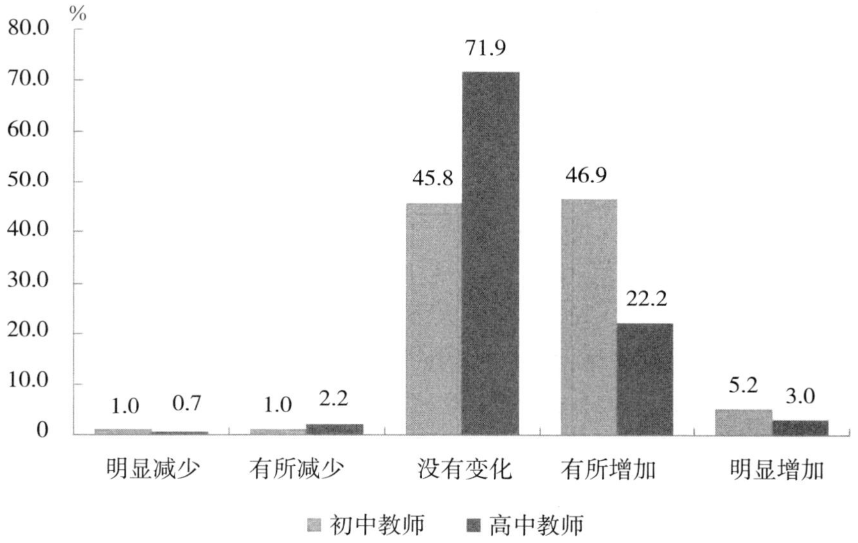

图6–25　在流入地考试政策实施后教师备课时间的变化情况

（2）政策出台后教师每周课时数略有增长

数据显示，在流入地考试政策实施后，教师每周的课时数也有所变化。30.5%的初中教师和19.8%的高中教师表示每周的课时数较之前有增加，67.4%的初中教师和78.7%的高中教师表示“没有变化”。（见图6–26）

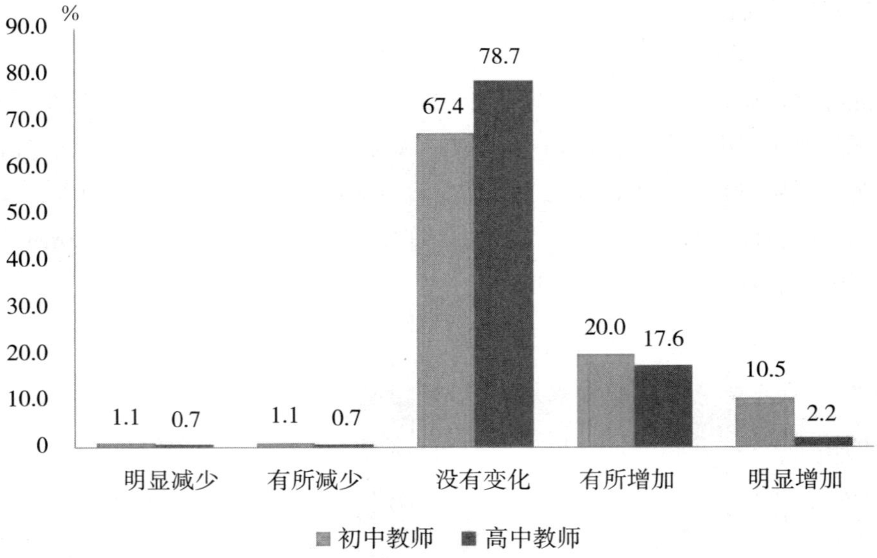

图6-26　在流入地考试政策实施后教师每周课时数的变化情况

（3）政策出台后教师的课外辅导和学生管理时间增加较多

调查发现，在流入地考试政策的实施对教师课外辅导及学生管理的时间产生较大影响。有37.6%的初中教师和34.6%的高中教师表示课外辅导和学生管理的时间“有所增加”，有14.0%的初中教师和5.1%的高中教师表示时间“明显增加”，表示“没有变化”的初中教师和高中教师分别占46.2%和54.4%。（见图6-27）

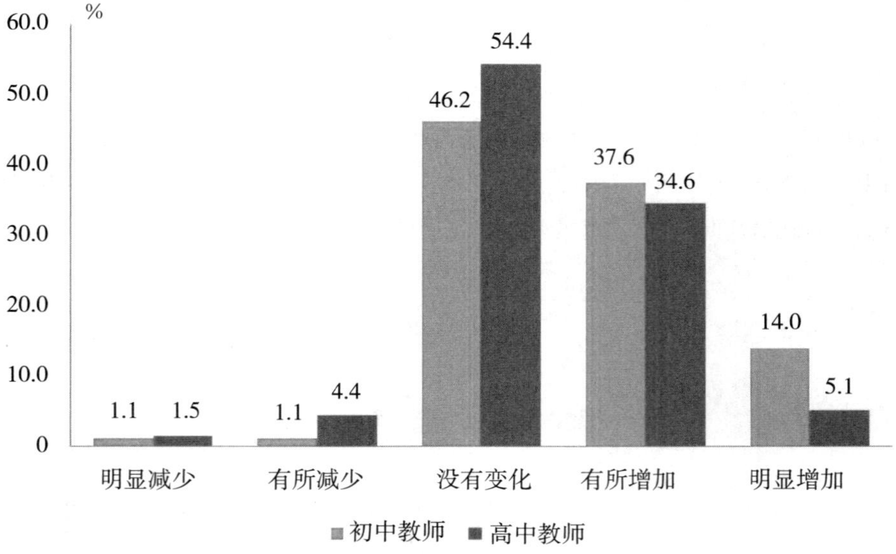

图6-27　在流入地考试政策实施后教师课外辅导和学生管理时间的变化情况

（四）政策期望状况与改进建议

1. 学生群体对重庆市随迁子女在流入地考试政策的前景持乐观态度

在回答“你认为在流入地考试政策的未来实施前景如何”时，47.2%的初中学生认为“比较容易落实”，17.9%的初中学生认为“非常容易落实”，26.4%的初中学生认为“一般”，8.5%的初中学生认为“落实难度较大”；在对高中学生的调查中，58.2%的高中学生认为在流入地高考的政策“比较容易落实”，11.9%的高中学生认为“非常容易落实”，仅有6.0%和1.5%的高中学生认为“落实难度较大”和“不可能实现”。（见图6–28）

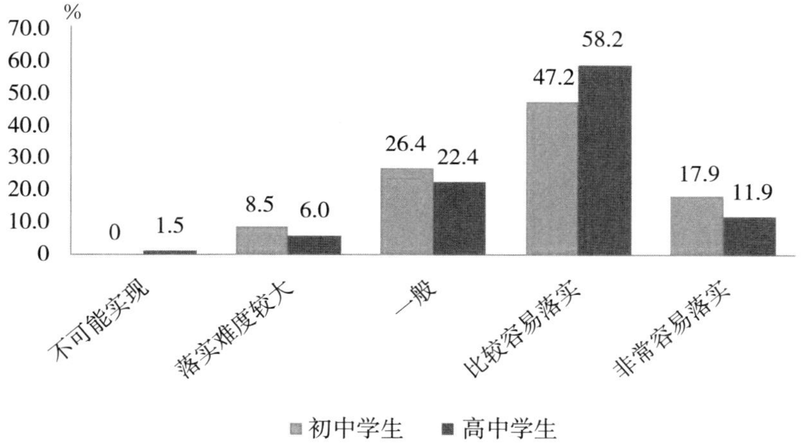

图6–28　学生对在流入地考试政策未来实施前景的预测

2. 户籍制度、城市超负荷和录取指标难以平衡是随迁子女在流入地考试政策面临的挑战

数据显示，户籍制度难以突破，流动人口大量增加导致城市超负荷，高校招生录取指标难以平衡是在流入地考试政策实施所面临的三大挑战。其中，26.9%的初中学生和31.8%的高中学生认为户籍制度难以突破是在流入地考试政策面临的主要挑战，另有14.8%的初中学生和18.2%的高中学生认为增加本地考生的竞争压力、导致利益冲突是在流入地考试政策面临的主要挑战。（见图6–29）

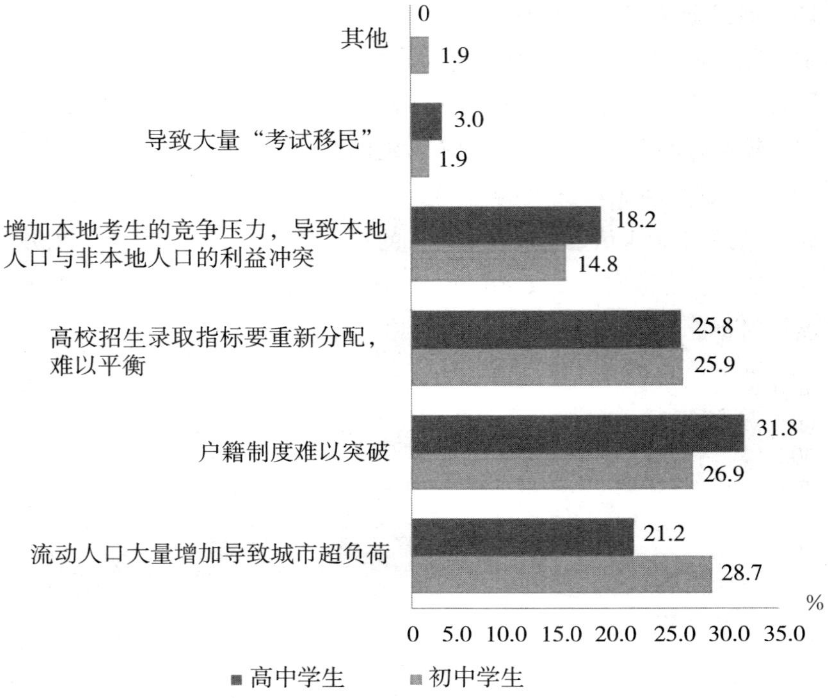

图6-29 学生认为在流入地考试政策所面临的主要挑战

3. 大部分初中学生认为随迁子女在流入地考试政策应对所有群体开放，大部分高中学生认为应对长期流动在本地的随迁子女开放

在回答“在流入地中考，你认为最应对哪些人群开放”时，49.3%的初中学生认为“不管任何群体，都应该对其开放”，22.7%的初中学生认为应对“长期居住在本地的外来劳动者子女”开放；在回答“在流入地高考，你认为最应对哪些人群开放”时，57.1%的高中学生认为应对“长期居住在本地的外来劳动者子女”开放，19.0%的高中学生认为“不管任何群体，都应该对其开放”。（见图6-30）

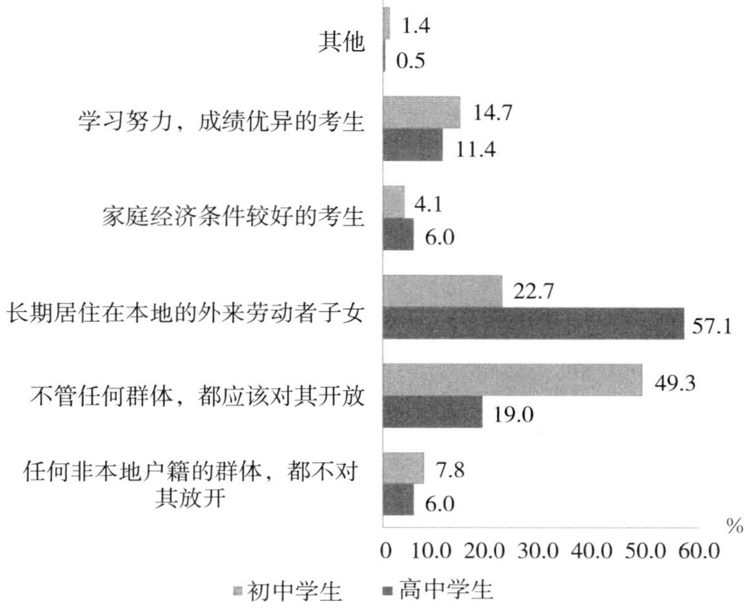

图6–30　在流入地中（高）考，你认为最应对哪些人群开放

4. 大部分家长和学生认为随迁子女在流入地高考政策应设置比较宽松的准入条件或者完全放开

通过对家长的调查发现，46.0%的初中学生家长认为随迁子女在流入地高考“应完全开放，不设置限制条件”，有33.3%的初中学生家长认为应“设置比较宽松的准入条件方案，允许大部分人参加”，仅有14.8%的初中学生家长认为应“设置严格的准入条件方案，只允许少部分人参加”；43.0%的高中学生家长认为随迁子女在流入地高考应“设置比较宽松的准入条件方案，允许大部分人参加”，另有21.1%的高中学生家长认为“应完全开放，不设置限制条件”，也有28.9%的高中学生家长认为应“设置严格的准入条件方案，只允许少部分人参加”。（见图6–31）

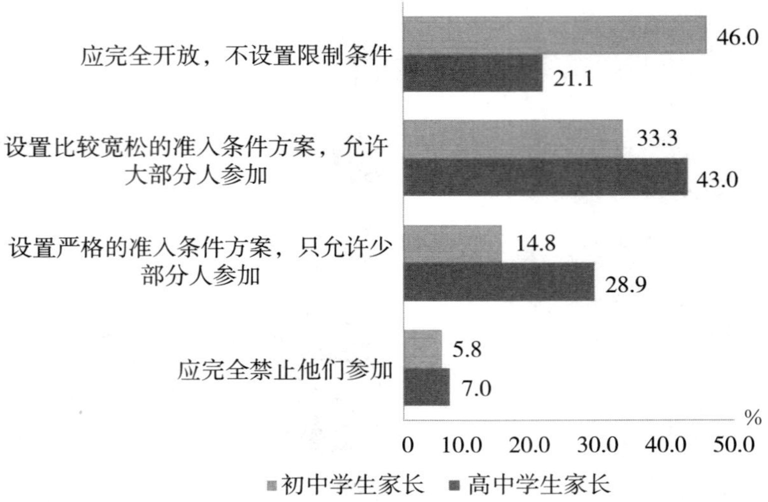

图6-31　家长对随迁子女在流入地高考准入条件设置的看法

通过对学生的调查发现，44.6%的初中学生认为随迁子女在流入地高考“应完全开放，不设置限制条件”，有43.3%的初中学生认为应“设置比较宽松的准入条件方案，允许大部分人参加”，有10.6%的初中学生认为应“设置严格的准入条件方案，只允许少部分人参加”；51.3%的高中学生认为随迁子女在流入地高考应“设置比较宽松的准入条件方案，允许大部分人参加”，认为应“设置严格的准入条件方案，只允许少部分人参加”的高中学生占30.2%，有16.4%的高中学生认为“应完全开放，不设置限制条件”。（见图6-32）

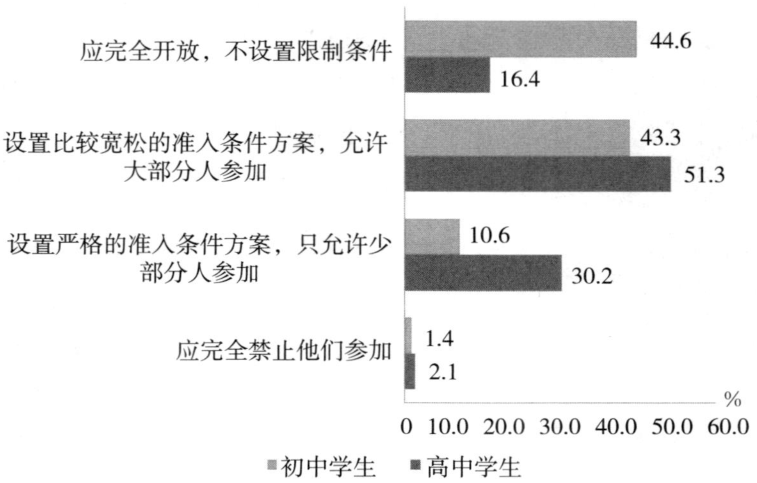

图6-32　学生对随迁子女在流入地高考准入条件设置的看法

四、分析讨论

（一）相关群体对重庆市随迁子女在流入地考试政策知晓程度不高，知晓途径有限

重庆市在流入地高考方案自2013年开始实施，是全国较早实施在流入地高考的地区，但从调研中可以发现，无论是家长、学生，还是学校教师，对于在流入地高考政策的具体内容和时间节点都缺乏深入的了解。在访谈中，很多家长、学生都表示对于随迁子女升学考试政策不太了解，平时没有太多途径对该政策进行了解，很多时候都是听别人谈论或者通过校方了解信息。家长们虽然对孩子的升学很关注，但对政策的认知能力不强，这就直接导致了应对方案的滞后和资源的浪费。例如，在流入地考试方案实施的初期，由于大部分考生及家长对在流入地考试政策不了解，因此大部分随迁子女仍选择了回原籍参加高考，这不仅耗费了大量的人力物力，而且不同地区高考命题方案和教材的差异也给考生带来较大损失。让相关利益群体更深入地了解在流入地考试政策的具体内容，拓宽政策宣传的渠道，是重庆市在流入地高考政策有效实施的重大挑战。

（二）重庆市随迁子女在流入地高考政策准入条件较宽松，获得了大多数利益群体的支持

重庆市在流入地高考方案规定外来务工人员只要在重庆有合法稳定工作和住所，其随迁子女在重庆高中就读并具备三年完整学籍即可在重庆参加高考，此外，在重庆就读中职的非重庆籍学生，不论父母是否在重庆均可报考。其中社保、纳税等限制大大放宽，一般的外来务工人员都能达标。

这个宽松的方案是由重庆特殊的地方社会情况决定的，也得到了大多数利益群体的支持。调查发现，对于随迁子女家庭而言，一般都能满足稳定住所、稳定职业、有三年连续完整的学籍等准入条件。他们认为重庆市的政策相对其他省市而言，是比较宽松的。对于本地家庭而言，由于重庆的地缘特征，随迁子女从数量上来说尚未对重庆考生构成较大影响。根据统计，2013年、2014年毕业的非重庆籍普通高中生人数大约分别为8600人和9300人，约占同期全市普通高中毕业生人数的4.1%～4.2%，在重庆市在流入地高考政策实施的第一年，符合条件在重庆参加高考的外来务工人员随迁子女约1000人，比例不足全市普通高中学生人数的1%，尚未对重庆考生构成影响。对于学校和教师而言，允许随迁子女考生在重庆参加高考可以

有力缓解优质生源流失和教育资源浪费。

（三）重庆市随迁子女在流入地考试政策实施效果良好，现实挑战犹存

调研发现，重庆市在流入地考试政策的出台和实施取得了良好效果。一是政策的出台对学生的学习态度、学习成绩和心理状态都产生了积极影响，尤其是对于随迁子女而言，允许在流入地考试以后，他们的学习态度更加积极，学习成绩得以提升，心态变得更积极。二是政策的出台对学生的学业选择和发展出路产生了积极影响，更多的随迁学生选择在重庆继续读书并参加高考，选择回原籍参加考试和直接工作的毕业学生大幅减少。三是政策的出台和实施并未影响同学关系和家长关系，大部分本地学生和家长认为，随迁子女在流入地升学考试的政策能够调动随迁子女的学习积极性，能够让他们在考试中获得公平竞争的机会，因此，随迁子女在流入地升学考试的政策应当落实。四是重庆市在流入地考试政策基本满足了随迁学生升学考试的需求，相关利益群体对于政策实施的前景持客观态度。

同时，重庆市在流入地升学考试政策也存在一些现实挑战和潜在问题。虽然重庆市在流入地考试政策的准入条件较宽松，可以保证绝大多数随迁子女家庭满足在流入地参加升学考试的要求，但这种宽松的政策也可能带来一些新的问题。一方面，可能引发“高考移民”。在现行高考招生体制下，重庆相对宽松的在流入地高考政策可能会吸引一些“高考移民”在重庆参加高考和录取，甚至可能出现外省考生只将学籍挂在重庆，而仍在本省读书的“挂空挡”现象。在调研中我们也发现，本地学生和家长还是会担心在政策具体实施的过程中出现本地学生指标被挤占的情况。另一方面，流动人口大量增加会进一步导致重庆教育资源紧张和城市超负荷。相对宽松的在流入地升学考试政策为随迁子女打通了学业上升的渠道，但也导致了城市流动人口的大量增加，使重庆相对紧张的教育资源更加捉襟见肘。从目前重庆主城区的教育发展状况来看，各区皆面临着学位不足的窘况，特别是基础教育阶段的学位更是超负荷。

（四）未来重庆市随迁子女数量稳中有升，高中毕业随迁子女数量增长较快

根据测算，重庆市14岁初中毕业适龄随迁子女在2016年至2020年将基本维持在1.3万人至1.5万人这一规模，变化幅度较小，因此，随迁子女在流入地参加中考的需求和考生数量也将基本趋于稳定；同时，17岁高中毕业适龄随迁子女在2020年将提升到5.1万人，这一人口变化趋势一方面将给重庆的高中教育带来较大压力，同时

也进一步考验着重庆的在流入地高考政策。如何化解高中毕业适龄随迁子女数量增长和有限教育资源之间的矛盾，是重庆在流入地高考政策将要面临的新问题。

五、对策建议

（一）加大对随迁子女在流入地考试政策的宣传力度

一方面，充分利用电视媒体这一宣传主渠道，加强对在流入地考试政策细节的宣传力度，同时，开发和利用微博、微信等新媒体的力量，加强对在流入地考试政策的宣传力度，形成正确的舆论导向，多渠道、多途径为在流入地考试政策的相关利益群体普及政策相关的具体内容及实施办法。另一方面，充分发挥学校及教师的政策宣传作用，快捷有效地将政策信息及时传达给学生及家长。调研中我们发现，学校和老师是随迁子女了解在流入地考试政策的主要渠道，这就需要学校更多地承担起政策宣传的公共责任，及早地将政策传达给家长和学生，便于他们早做准备。

（二）严格学籍档案管理，警惕新一轮“高考移民”的出现

在流入地高考最大的难题在于教育资源分配不均所带来的“高考移民”问题。设置三年完整学籍、在当地就读、父母有稳定工作和住所等准入条件是必要的，否则将会导致流入地教育资源紧缺。高考不是一次性考试，而是检验完整高中教育的过程。因此，重庆在实施在流入地高考方案的过程中，一方面要严格学籍档案管理，避免出现“挂空挡”的“高考移民”，同时还应对家长的工作和住所情况进行细化规定，防止界定过严或过松导致的不公平现象。此外，需进一步完善三级公示制度，考生报名申请表复印件或相关内容应分别提交所在学校和考生报名所在地招生考试机构组织，并在考生所属高中班级、学校和报名所在地考试机构进行三级公示，确保此特殊类型考生的报考信息及证明材料真实有效，接受学校和社会的监督。此外，还应建立与在流入地高考政策相配套的监督与问责机制。市级教育行政部门应建立定期专项审查与评估机制，加强对各区（县）政策执行情况的监督与评估，对扭曲政策本意或违背政策初衷的行为进行有效问责。各区（县）教育行政部门应在具体实施过程中明确在流入地考试准入条件的界定标准与审核机制，教育、公安、人力资源和社会保障等部门共同配合制定严格、规范的资格审查制度，以避免钻政策空子的“高考移民”现象的发生。

（三）增加教育投入，实现缓解教育资源紧张与优化升学考试政策的同步推进

从目前来看，重庆市在流入地升学考试政策取得了良好的实践效果，相对宽松的在流入地升学考试政策为随迁子女打通了学业上升的渠道，为重庆吸引人才、留住人才的经济社会发展战略奠定了良好基础。但由于重庆的公共财政教育支出和生均教育经费相对偏低，加之宽松的在流入地升学考试政策，将会进一步加重重庆教育资源的紧张和城市超负荷，因此，政府还需要进一步加大教育投入，改善办学条件，增加学校学位，缓解教育资源紧张的状况。同时，政府需根据现存问题完善重庆在流入地升学考试政策，实现缓解教育资源紧张与优化升学考试政策的同步推进。

（四）科学预测随迁子女数量变化，动态规划城市教育资源

基于重庆市随迁子女数量稳中有升、高中毕业随迁子女数量增长较快的发展趋势，教育行政部门要在充分调研的基础上，进一步加强对本地户籍生源变化及随迁子女流入情况的动态监测和科学预测。同时，为满足更多随迁子女在城市普通高中就学的需求，各区（县）教育行政部门应对普通高中教育资源进行动态配置和科学规划，通过建立教育资源配置的长效机制，以常住人口而非本地户籍人口为基数进行各级各类教育资源的科学规划，真正将随迁子女纳入城市教育发展规划之中，对城市普通高中学校的数量、规模、设施及师资等进行有效配置。

第七章　武汉市随迁子女在流入地升学考试调研

一、调研背景

（一）武汉市经济社会发展与流动人口基本状况

1. 经济社会发展基本状况

武汉市是湖北省省会，中国中部地区中心城市，素有“九省通衢”之称，自古又称“江城”。2014年，武汉市的地区生产总值为10069.48亿元，突破万亿元大关，按可比价格计算，比上年增长9.7%。其中，第一产业增加值350.06亿元，增长5.0%；第二产业增加值4785.66亿元，增长10.2%；第三产业增加值4933.76亿元，增长9.5%。第一、第二、第三产业比重由上年的3.7∶48.6∶47.7调整为3.5∶47.5∶49.0，第三产业占比提高1.3个百分点。公共财政预算总收入1968.5亿元，比上年增长15.5%。地方公共财政预算收入1101.0亿元，增长15.6%。其中，税收收入906.8亿元，增长14.3%；非税收收入194.3亿元，增长22.0%。[1]

2014年，武汉市常住人口1033.8万人，比上年增加11.8万人，户籍人口827.3万人，增加5.3万人。其中，农业人口268.0万人，增加1.9万人；非农业人口559.3万人，增加3.7万人。人口自然增长率7.3‰，其中，人口出生率12.2‰，人口死亡率5.0‰。全年城市常住居民人均可支配收入29627元，比上年增长10.1%。[2]

2013年，武汉市制定了“国际化水平提升计划”，通过实施五大计划，即“自主创新能力提升计划”“服务业升级计划”“国际化水平提升计划”“工业倍增计划”“城建攻坚计划”，建立国际化大都市。其阶段性目标包括：2013～2016年，武汉市将建成中部地区走向世界、世界走进中部地区的国际门户城市；2017～2030 年，建成在全球范围内具有一定竞争力和影响力的国际性城市；2031～2050年，建成有核心影响力的国家中心城市。

[1] 武汉市统计局，国家统计局武汉调查队．2014年武汉市国民经济和社会发展统计公报［EB/OL］．［2015-03-12］．http：//www.whtj.gov.cn/details.aspx?id=2513.

[2] 同［1］.

2. 流动人口基本状况

（1）武汉市流动人口逐年增加

随着城市化进程的发展，武汉市流动人口逐年增加。2002年，该市流动人口为39万人，到2011年年底，这一数字达到225万人，流动人口与户籍人口数量比为1：4[1]。中国社科院针对武汉市流动人口的调查显示，2013年，武汉市流动人口已达287万人。[2]

从流动人口的结构来看，2010年，武汉市内跨乡镇流动人口为193.3万人，比第五次全国人口普查时增加69.6万人；武汉市外湖北省内流入的有137.6万人，比第五次全国人口普查时增加64.2万人；省外流入的有52.6万人，比第五次全国人口普查时增加27.7万人。省外流入人口超过3万人的有7个省/直辖市，依次是河南（10.9万人）、湖南（5.2万人）、安徽（3.9万人）、江西（3.9万人）、浙江（3.6万人）、重庆（3.2万人）、四川（3.1万人），合计流入33.8万人，占省外流入人口总量的64.2%。武汉市常住流动人口呈现以下特点：一是市内流动人口与市外流入人口几乎各占半壁江山，市外流入增幅大于市内流动；二是市外流入人口的规模与距离成反比例，即离武汉市越近流入规模越大；三是流入人口有集聚效应，流入地集中度非常高。[3]国家卫生和计划生育委员会（现国家卫生健康委员会）流动人口司发布的年度流动人口发展报告显示，在武汉市流动人口中以湖北省内农村人口为主，月均收入略高于户籍人口，但这是以长时间和高强度的工作换取的。[4]

武汉市流动人口逐年增长，但是人口流出数量也很庞大。第六次全国人口普查显示，湖北省是净流出人口省份，因为相比沿海经济发达地区，湖北省仍然是经济欠发达区域，产业吸纳劳动力的能力不强，经济活力不足，武汉市的情况也类似。自2010年开始，武汉市的人口净迁移率开始由正转负，从2006年的16.2‰逐年下降到2009年的0.7‰，而后降至2010年的-3.2‰。2011年武汉市的人口净迁移率为-5.9‰，2012年开始有所回升，2014年人口净迁移率回升至0.04‰。

[1] 居住证制度：户籍改革 先行一着［EB/OL］.［2012-05-02］. http：//www.banyuetan.org/chcontent/sz/szgc/201252/55126.html.

[2] 武汉市流动人口近300万［EB/OL］.［2013-09-26］. http：//www.chinadaily.com.cn/hqgj/jryw/2013-09-26/content_10198536.html.

[3] 湖北省统计局. 武汉市人口总体特征分析［EB/OL］.［2012-12-05］. http：//www.stats-hb.gov.cn/wzlm/tjbs/fztjbs/94820.htm.

[4] 同［2］.

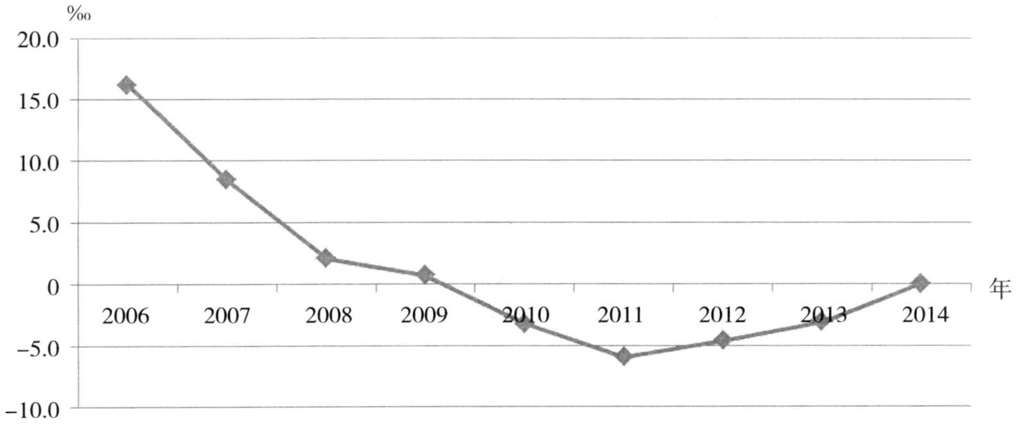

图7-1　2006～2014年武汉市人口净迁移率的变化情况[1]

从数量变动趋势来看，未来武汉市的流动人口规模将保持平稳增长的态势。武汉市历年发布的《国民经济和社会发展统计公报》对流动人口进行了统计，这为相关流动人口预测提供了基础数据。通过对武汉市流动人口的数量变动来推算随迁子女数量，具有较强的可行性和科学性。

根据武汉市2000年以来流动人口的数据，运用Logistic曲线建立武汉市未来流动人口数量的预测模型为$y=\frac{k}{1+e^{-a\times(x-b)}}$，其中$x$表示年份，$y$表示流动人口数，$a,b,k$为三个特定参数。为避免自变量$x$与观测值在数量上相差过大，$x$取值的初始年份为1。运用Stata9统计软件可以求出该模型的a,b,k值，该模型可表示为$y=\frac{249.736}{1+e^{-0.3278739\times(x-9.16355)}}$，均方根误差为34.18009，$R^2$=0.9645。回归方程统计检验达到显著水平（$p$<0.001），整体预测效果较好。

[1] 湖北省统计局. 各市州国民经济和社会发展统计公报［EB/OL］.［2015-03-14］. http：//www.stats-hb.gov.cn/search/searchResultGJ.jsp?t_id=234.

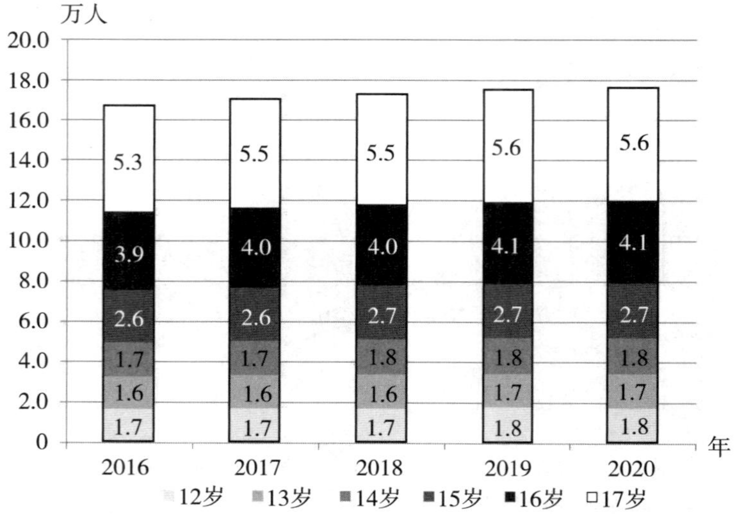

图7-2 武汉市随迁子女数量变动趋势

由于缺乏武汉市流动人口的年龄结构信息，考虑到流动人口的年龄结构相对稳定，此处以2010年第六次全国人口普查的流动人口年龄结构对武汉市流动人口随迁子女的数量进行推算。如图7-2所示，武汉市14岁初中毕业适龄随迁子女在2016年至2020年将基本维持在1.7万人至1.8万人这一规模，17岁高中毕业适龄随迁子女在2020年将提升到5.6万人。整体上看，武汉市流动人口随迁子女的数量将保持平稳增长的势头。

（2）武汉市出台政策推动流动人口本地化融入

近年来，武汉市在“武汉城市圈”[1]和“两型社会”[2]建设中，采取多项措施，加速流动人口本地化融入进程。2011年2月10日，武汉市以“市长令”的形式公布了《武汉市居住证管理暂行办法》，自2011年3月15日开始在全市大力推行居住证制度。该办法规定，年满16周岁的非武汉市户籍人员，因务工、经商、就学等原因在武汉居住30日以上的，可免费办理居住证。持证人享有义务教育阶段儿童入学就读，按规定参加社会保险，计划生育服务和奖励，在居住地申领机动车驾驶证等十项权益。符合规定的，还可以申请办理常住户口。[3]2011年，武汉市免费发

[1] 武汉城市圈，简称为“武汉圈”，又称“1+8”城市圈，是指以武汉为圆心，由黄石、鄂州、黄冈、孝感、咸宁、仙桃、天门、潜江等周边8个城市组成的城市圈。

[2] 两型社会指的是资源节约型、环境友好型社会。党的十七大会议之后，武汉城市圈和长株潭城市群被国家确定为两型社会试验区并被赋予先行先试的政策创新特权。

[3] 武汉市居住证管理暂行办法［EB/OL］.［2011-06-08］. http：//www.qiaokou.gov.cn/bsfw/zcfg/201106/t20110608_11073.shtml.

放居住证104万张，近五成外来人口用上了居住证。同年，《武汉市关于创新流动人口服务管理体制推进流动人口计划生育基本公共服务均等化试点工作的实施意见》将流动人口计生服务管理经费全面纳入财政预算，实行与常住人口同等投入，并通过实行居住证制度，规范房屋租赁管理，建立流动人口计生协会，加强与流出地的协作等举措统筹构建基本公共服务均等化新格局。[1]

2013年3月27日，武汉市下发《关于深入推进流动人口基本公共服务均等化的工作方案》，该方案围绕就业、住房、医疗、教育、权益保障等问题，确定将于当年为流动人口办理十件实事，主要包括过去只有市民才能享受的居家养老服务、计划生育基本公共服务、大病医疗保险、免费医疗卫生服务以及子女在居住地参加中高考等服务项目，2013年将全面覆盖流动人口；加强住房保障，鼓励和支持开发区、工业园区、大型企业建设或筹建一批面向流动人口的职工集体宿舍，同时，已取得居住证的流动人口2013年将被纳入公租房保障范围。[2]该方案的推行意味着武汉市的流动人口将享受越来越多的市民待遇。

（二）武汉市随迁子女教育基本状况

2013年，在武汉市接受义务教育的随迁子女有133454人，占区域内义务教育在校生总数的32.26%。其中，在公办学校就读的有128640人，在民办中小学就读的有4814人。来武汉务工人员随迁子女在公办中小学就读的比例达到96.39%。[3]

1. 武汉市随迁子女受教育现状

（1）率先面向随迁子女开放公立学校

1999年以前，武汉市流动人口子女就学几乎全部由民办学校承担。1998年，为避免进城务工人员的孩子失学，武汉市出台《社会力量办流动人口子女简易小学办学基本标准》，审批了198所民办学校。随着城市生育高峰的退潮，城市户口的适龄入学儿童不断减少，一些公办学校生源严重不足，于是就出现了一边是条件优良的公办教育资源闲置，另一边却是条件较差的民办学校挤满了学生的“怪现象”。在此背景下，1999年，武汉市在全国率先对随迁子女开放公办学校。

[1] 章炜．武汉市推行流动人口基本公共服务均等化［N］．中国人口报，2011-11-28（001）．

[2] 胡诚，郑发萱，陈晓军．武汉流动人口将享更多市民待遇　可办大病医保［EB/OL］．［2013-03-28］．http：//www.hubei.gov.cn/wsbs/bsfwtis/qc/pp/201303/t20130328_440331.shtml.

[3] 武汉市教育局采取措施确保随迁子女平等接受义务教育［EB/OL］．［2013-07-14］．http：//hbwh.wenming.cn/wcnr/wmqbz/201308/t20130813_776249.html.

（2）将随迁子女入学纳入教育事业规划

2001年，国务院出台了《关于基础教育改革与发展的决定》，提出“要重视解决流动儿童少年接受义务教育问题，以流入地区政府管理为主，以全日制公办中小学为主，采取多种形式，依法保障流动儿童少年接受义务教育的权利”，明确提出关于流动人口子女接受教育问题的“两为主”政策，即“以流入地区政府管理为主，以全日制公办中小学为主”。

作为对“两为主”政策的积极响应，2003年，武汉市开始实行政府统筹，将随迁子女入学纳入教育事业计划，按照《武汉市义务教育入学管理办法》，让随迁子女在武汉市接受义务教育，按照相对就近的原则进行划片安排。学生家长只需凭暂住证和务工证，就可就近送孩子入学，学生就读全部实行“一费制”。2004年年初，武汉市政府将妥善解决随迁子女接受义务教育问题列入当年的十件实事之一[1]，明确规定保证随迁子女进入公办中小学就读的比例不得少于60%，并在媒体上公布了313所公办中小学的校名、校址、联系电话等，明确指出这些学校不收借读费等费用，从而使进城务工人员盲目为子女找学校变为政府主动安排、指导入学。在指定的公办学校，随迁子女在区域内对口入学，不单独编班，城乡孩子同等对待。2004年，武汉市进入公办中小学就读的随迁子女达到8 万人。[2]

2004年7月，武汉《市人民政府办公厅关于进一步做好进城务工就业农民子女义务教育工作的通知》规定，由学生家长或其他监护人在规定时间内，持暂住证、就业证和相关证明材料向暂住地教育部门提出申请，暂住地教育部门按照有关规定，向学生发放“义务教育入学通知书”，并就近安排到指定的学校就读。

武汉市将随迁子女视同本市学生对待，教育经费全部列入财政预算，由各区政府负担。同时设立随迁子女教育专项基金，每年划拨300万元补贴接收随迁子女的公办学校。2004年和2005年，市教育局连续2年设立300万元专项资金，下拨到区和学校，奖励接收随迁子女人数较多的区和补助办学规模较大、办学质量较好的民办学校。[3]

（3）实行“无差别就学”政策

2006年4月，武汉市教育局颁布的《关于进一步加强农民工子女义务教育教学

[1] 武汉民工市民待遇：共享医疗教育公平［EB/OL］.［2004-03-03］. http://www.hb.xinhuanet.com/jdwt/2004-03/03/content_1954583.htm.

[2] 湖北省武汉市采取多种措施解决民工子弟教育问题［EB/OL］.［2014-08-28］. http://learning.sohu.com/20140828/n403859286.shtml.

[3] 同［2］.

管理工作的意见》提出，“保障农民工子女平等接受义务教育的权利，使他们在入学就读、教育资源、师资条件、入队入团、表彰奖励、考试评价、毕业升学、教育教学、学籍管理、收费管理等十个方面都享受与城市学生同等的待遇”，实行“无差别就学”政策。[1]部分公办学校降低随迁子女入学“门槛”，免收借读费。[2]

（4）从单独编班试点到推行“融合教育”

2006年，共有13余万随迁子女在武汉市接受义务教育，其中，67%的学生在公办中小学就读。2006年5月23日，武汉市教育局决定，从当年9月新生入学开始，在全市10所学校的起始年级开展随迁子女就学单独编班试点，探索随迁子女入学管理新方式。然而，单独编班试点在社会上引起了巨大争议，主要意见是，单独编班打击随迁子女的自信心，使他们不易融入集体生活，因此这次试点推动了武汉“融合教育”思路的形成。为了不让随迁子女感到不平等，学校采取了一系列措施：老师们不许在班上或者任何公共场合提到孩子的家庭背景；老师们要利用休息时间给孩子们辅导学习；老师们要定期家访，了解孩子们的生活环境，多和家长沟通。此外，随迁子女可自主选择是否与武汉籍孩子同班就读，以便顺利度过心理调适期。[3]

2007年，武汉市教育局出台的《农民工子女入学办法》中明文规定，“凡非我市城镇户口而在居住地派出所办理了暂住证，同时在居住地社区居委会办理了就业证的外来务工、经商人员，其子女入学由各区教育行政部门统筹安排，视同常住人口一样对待”。截至当年6月，在武汉市就读的随迁子女已达14万人，其中超过80%的随迁子女在公办初中、小学就读。[4]

（5）免借读费接纳随迁子女入学

2008年，武汉市教育局公布，从秋季学期开始，指定283所公办初中、小学，免借读费接纳随迁子女入学。[5]随迁子女进入指定公办初中、小学就读的，其收费与城市居民子女执行同一政策，即免交学杂费。凡非武汉市城镇户口但在该市居住地派出所办理了暂住证，同时在该市居住地社区居委会办理了就业

[1] 市教育局关于进一步加强农民工子女义务教育教学管理工作的意见［EB/OL］.［2012-09-27］. http://www.whjyj.gov.cn/news/2012927/n50311956.html.

[2] 仁寿路小学课题研究报告公示——《农民工子女的学校、家庭、社区教育资源的开发利用》［EB/OL］.［2011-10-10］. http://www.whjy.net/ktyj/ggl/124256.shtml.

[3] 武汉探寻农民工随迁子女融合教育［EB/OL］.［2009-01-12］. http://snedu.gov.cn/jynews/jyyw/200901/12/13049.html.

[4] 同［2］.

[5] 湖北省武汉市采取多种措施解决民工子弟教育问题［EB/OL］.［2014-08-28］. http://learning.sohu.com/20140828/n403859286.shtml.

证的外来务工、经商人员，其子女入学的程序如下：开学前，学生家长或其他监护人在规定的时间内，持暂住证、就业证和相关证明材料，到居住地区教育局指定的学校办理入学手续。[1]2009年1月，全市千余所公办中小学校向随迁子女敞开大门。[2]

（6）推行居住证制度保障随迁子女接受义务教育的权利

2011年3月15日，武汉市以市长令的形式公布了《武汉市居住证管理暂行办法》，在全市大力推行居住证制度。该办法规定，年满16周岁的非武汉市户籍人员，因务工、经商、就学等原因在武汉居住一个月以上，可免费办理居住证。持证人享有义务教育阶段儿童入学就读，计划生育服务和奖励，在居住地申领机动车驾驶证等十项权益。

2. 武汉市随迁子女教育的经验与举措

在接纳随迁子女入学政策方面，武汉市有一些好的经验和做法。一是武汉市各区人民政府均对各区教育局下达将随迁子女在公办中小学就读比例纳入绩效目标的决定，将随迁子女人数纳入全市适龄中小学生基数，规划布局中小学。二是由学生家长或其他监护人在规定时间内，持居住证、务工证（或经营许可证），到所属区教育局指定的对口服务学校办理入学手续；公办教育资源不足的地方，由区教育局协调安排入学。只要班级有学额，只要符合入学条件，允许随时插班；只要有正当理由，允许随时转学。[3]三是将随迁子女入学列入区财政经费保障范围，实行与本市户籍子女同等的收费政策，随迁子女义务教育免收学杂费，不收借读费、择校费、赞助费，家庭贫困的学生还可以免书本费。四是对政府委托的招收随迁子女的民办学校给予生均公用经费补贴。[4]

3. 武汉市随迁子女教育的问题与挑战

从调查来看，随迁子女在武汉入学的"门槛"放得很低，但这并不意味着随迁子女与本地学生享有完全一样的优质教育资源，随迁子女在武汉市接受教育还面临着以下挑战：

---

［1］湖北省武汉市采取多种措施解决民工子弟教育问题［EB/OL］.［2014-08-28］. http：//learning.sohu.com/20140828/n403859286.shtml.

［2］俞俭，邹永宁. 武汉规定中小学不得拒收农民工子女入学就读［EB/OL］.［2009-02-09］. http：//www.jyb.cn/basc/xw/200902/t20090209_238715.html.

［3］市教育局关于进一步规范2014年义务教育阶段新生入学管理工作的通知［EB/OL］.［2014-04-14］. http：//www.whjyj.gov.cn/news/2014414/n63072935.html.

［4］武汉市教育局采取措施确保随迁子女平等接受义务教育［EB/OL］.［2013-07-14］. http：//hbwh.wenming.cn/wcnr/wmqbz/201308/t20130813_776249.html.

首先，尽管在武汉就读公立学校的随迁子女比例很高，但是随迁子女大量集中在师资力量薄弱的学校。造成这一现象的原因主要有：一是外来务工人员通常聚集在一定地域；二是外来务工人员通常选择在房租较低的地方居住，由于是就近入学，孩子只能在地域经济发展状况较差的地方就学；三是一些师资力量薄弱的学校由于以前不收借读费，吸引了大量随迁子女前来就读；四是随迁子女的流动性、优秀学生的流失加剧了这些学校的薄弱；五是随迁子女进入的主要是生源不足的学校，而优质学校由于学额不足很少招收随迁子女。

其次，部分随迁子女学业成绩不佳。很多随迁子女家庭经济状况不好，家长的受教育程度不高，而且迫于生计，对随迁子女疏于照顾，难以顾及孩子教育，也无法对孩子的学习进行指导。此外，流动人口迁移比较频繁，导致孩子无法稳定、安心地学习。

（三）武汉市随迁子女义务教育后升学考试政策状况

随着随迁子女在武汉市接受义务教育的权利逐步得到保障，随迁子女在武汉市参加中考、高考的权利也得以逐步实现。

1. 政策演进轨迹及政策主要内容

（1）开放在流入地中考，保障随迁子女获得同等中考优录待遇

武汉市颁布的《市教育局关于2005年武汉市高级中等学校招生工作的意见》允许非武汉户籍的学生在本地参加中考："户口在外地、进城务工人员的子女和其他借读生，申请在我市参加中考升学的毕业生，到现就读的学校或借读学校报名。"[1]

除入学方面外，随迁子女还能够与本地学生享有同等的中考优录政策。2011年，武汉市人口和计划生育委员会和市教育局联合出台《关于我市流动人口中市外农村独生女和双女绝育户女孩享受中考优录政策的通知》，规定"我市流入人口中农村独女户、双女绝育户女孩，在我市就读且取得我市学籍的，享受我市中考优录政策"。[2]流动人口独女户、计划生育双女户的女孩在现居住地享受中考加分的优录政策，武汉市2011年对295名此类考生落实了加分政策。[3]此外，随迁子女也同本地

[1] 武汉市教育局. 市教育局关于2005年武汉市高级中等学校招生工作的意见［EB/OL］.［2012-09-27］. http：//jyj.wuhan.gov.cn/news/2012927/n65892109.html

[2] 关于我市流动人口中市外农村独生女和双女绝育户女孩享受中考优录政策的通知［EB/OL］.［2011-04-15］. http：//www.whjy.net/zkxx/ZKZC/118473.shtml.

[3] 章炜. 武汉市推行流动人口基本公共服务均等化［N］. 中国人口报，2011-11-28（001）.

学生一样享有“分配生”名额，该政策指部分省级示范高中按该校指令性招生计划35%的名额招录分配生，能享受指令线下40分（含40分）且不低于示范学校最低控制线的优录，该政策主要面向成绩优异的学生，没有武汉户籍限制。[1]

（2）正式开启在流入地高考大门

2012年12月31日，为落实国务院转发的教育部等部门的《关于做好进城务工人员随迁子女接受义务教育后在当地参加升学考试工作的意见》，湖北省出台了《关于进城务工人员随迁子女接受义务教育后在湖北省参加升学考试实施办法（试行）》（以下简称“《湖北省实施办法》”）。在该政策出台之前，湖北各地已经建立和完善了在流入地中考制度，基本保障了随迁子女在城市学校平等接受义务教育并进入高中阶段学习，该政策的出台首度实现了随迁子女在湖北省包括武汉市参加高考的愿望。

在在流入地中考方面，《湖北省实施办法》规定，在湖北省各地初中就读并获得统一学籍号的随迁子女均可在学籍所在学校报名参加中考中招，其中考报名、考试、录取等方面享受湖北省户籍考生同等待遇。[2]

在在流入地高考方面，湖北省各地从2013年开始接收应届、往届随迁子女在湖北省参加普通高考、高职统考和技能高考报名，具体报名时间与湖北省户籍高考考生同步。《湖北省实施办法》规定，凡在湖北省参加高考报名的外省户籍随迁子女及其父（母）或法定监护人，必须符合以下条件：随迁子女考生具有湖北省高中阶段教育的学籍，并在湖北省完成三年的高中阶段教育学习；随迁子女考生的父（母）或法定监护人有合法稳定职业，在现居住地有合法稳定住所（含租赁）。[3]

表7-1　武汉市随迁子女教育政策演进

年份	政策文件	备注
1998年	《社会力量办流动人口子女简易小学办学基本标准》	
2003年	《武汉市义务教育入学管理办法》	
2004年	《市人民政府办公厅关于进一步做好进城务工就业农民子女义务教育工作的通知》	

[1]“流动花朵”可申请分配生名额[EB/OL].[2011-04-04]. http://news.cnhubei.com/ctjb/ctjbsgk/ctjb11/201104/t1660882.shtml.

[2]湖北省教育厅，湖北省发展和改革委员会，湖北省公安厅，等.关于进城务工人员随迁子女接受义务教育后在湖北省参加升学考试实施办法（试行）[EB/OL].[2012-12-31]. http://www.hbe.gov.cn/content.php?id=10732.

[3]同[2].

续表

年份	政策文件	备注
2005年	《市教育局关于2005年武汉市高级中等学校招生工作的意见》	开放在流入地中考
2006年	《关于进一步加强农民工子女义务教育教学管理工作的意见》	
2007年	《农民工子女入学办法》	
2011年	《武汉市居住证管理暂行办法》	
2011年	《关于我市流动人口中市外农村独生女和双女绝育户女孩享受中考优录政策的通知》	保障随迁子女获得同等的中考优录待遇
2012年	《关于进城务工人员随迁子女接受义务教育后在湖北省参加升学考试实施办法（试行）》	正式开启在流入地高考大门，条件：学生有湖北当地三年学籍，家长有合法稳定职业、合法稳定住所（含租赁）

2. 政策实践状况

从调查情况来看，武汉市的在流入地升学考试政策得到了切实落实，超过90%的随迁子女可以进入公立学校就读，在在流入地升学考试和录取方面与本市户籍子女享受同等机会与待遇，很好地体现了国家的“两为主”政策。2013年是湖北省在流入地高考政策实施的第一年，由于在流入地考试的考生是补报名，全省符合在流入地高考条件的考生约2000人，最后仅有219人报名，其中113名在武汉市高考。2014年，也就是在流入地高考政策实施的第二年，全省共有2664名符合条件的外省考生在湖北报名，比上一年增加2445人。[1]截至2014年3月，在武汉市报名参加高考的外省考生有815人，是上一年的8倍[2]，但由于湖北高考考生众多，随迁子女占总考生比例仅约1.5%。

武汉市的在流入地升学考试政策有着政策准入条件低、出台速度快的特点。武汉市从2005年起就正式开放在流入地中考。在流入地高考方面，2012年12月湖北省在流入地高考政策出台，2013年的全省高考就采取补报名的方式允许外省学生参加，这使得政策刚刚出台就收到了明显的效果，在一定程度上满足了随迁子女在武

[1] 湖北今年高考预计约4万人弃考　异地考生增加11倍［EB/OL］.［2014-03-17］. http：//news.cnhubei.com/xw/kj/201403/t2867649.shtml.

[2] 2014年武汉异地高考人数达815人　是去年的8倍［EB/OL］.［2014-03-04］. http：//gaokao.eol.cn/dongtai_5640/20140304/t20140304_1081270.shtml.

汉市参加高考的需求。

（1）低准入条件较易满足

与全国其他省份的在流入地考试方案相比，湖北省实行的在流入地高考政策的准入条件较宽松，对于学生三年学籍、父母合法稳定职业、在现居住地有合法稳定住所的条件，随迁子女家庭较容易满足。因此，湖北省在流入地高考政策得到了随迁子女的普遍支持，解决了由于各地教材、考试科目记分方式、录取方式差异导致的随迁子女回原籍地高考的不适应问题。

（2）没有“高考移民”的担忧

在流入地高考政策的出台对武汉市本地考生的影响微乎其微。这一方面因为湖北高考考生人数多，高校在湖北录取计划较多，相对湖北省的40万考生来说，符合条件的在流入地高考的随迁子女人数所占比重并不大。另一方面，湖北省的高考录取分数线在全国处于较高水平，高考竞争比较激烈，愿意在湖北参加高考的外省考生一般都是长期生活在这里的随迁子女，或是以某些重点大学为目标的考生，而“高考移民”通常是选择考生少、录取竞争低的地区，因此在流入地升学考试政策的出台并没有给武汉市带来“高考移民”的风险。

（3）为随迁子女提供了更多的升学出路

湖北省的在流入地升学考试政策并不限制随迁子女报考的学校类型，普通高中、职业高中、普通大学、高职都是可以报考的，相较于其他限制升学类型的省市来说，武汉市为随迁子女提供了更多的升学选择。

在流入地升学方面，武汉市主要通过以下举措推动随迁子女在流入地升学考试政策的顺利实施。第一，在户籍改革难以一步到位的情况下，进一步落实居住证制度，以居住证制度解决流动人口的市民待遇。随迁子女家庭持居住证即享有包括教育在内的公共服务。武汉市给予流动人口以市民待遇，这有利于流动人口在武汉市定居下来成为常住人口，从而有利于保证随迁子女受教育的稳定性和持续性。第二，不对随迁子女在流入地升学的学校类型和层次做出任何限制。具有学籍的随迁子女在招生考试、评优评先、综合素质评价以及优录政策等方面，与本市户籍子女享受同等机会与待遇。第三，实行电子学籍，为流动人口随迁子女在转学籍方面提供了便利。湖北省建立了电子学籍平台，并从2012年开始实行个人终身学籍。在随迁子女转学时校方会和家长说明政策，需要任何信息校方都积极提供，并严格按照清晰的流程进行档案和学籍的转移。

二、研究设计与过程

（一）调研实施

1. 样本选取

本次调研于2014年5月在武汉市开展，主要调查了X区和Y区的4所中学，包括2所高中、2所初中，均为公立学校。2013年，A校随迁子女的比例为30.4%，B校随迁子女的比例为26.6%，C校随迁子女的比例为13.8%，D校随迁子女的比例为70.9%。因此，这些学校对于调查随迁子女具有一定的代表性。

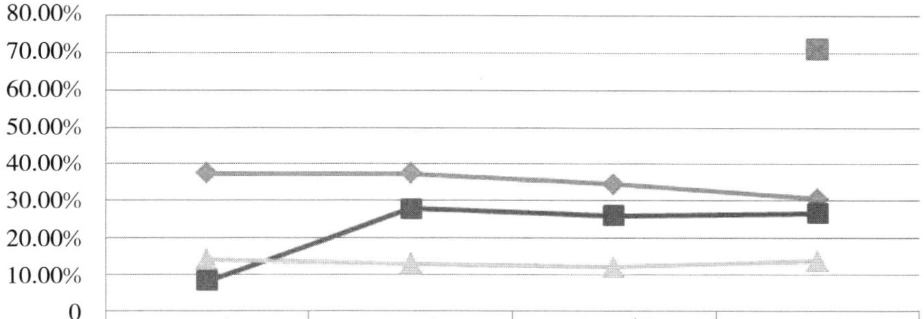

	2010年	2011年	2012年	2013年
A校	37.23%	37.18%	34.37%	30.41%
B校	8.23%	27.80%	25.98%	26.58%
C校	14.15%	12.94%	12.05%	13.83%
D校				70.87%

（注：空白处为数据缺失）

图7–3　2010～2013年样本学校随迁子女所占比例变化

2. 样本数量情况

家长问卷：初中学生家长有效样本217份，高中学生家长有效样本132份。

教师问卷：初中教师有效样本98份，高中教师有效样本91份。

学生问卷：初中学生有效样本435份，高中学生有效样本442份。

表7-2　不同群体样本数量

		学生	家长	教师
初中	外省	84	27	
	省内其他区（县）	232	109	
	本区（县）	119	81	
	小计	435	217	98
高中	外省	30	1	
	省内其他区（县）	228	70	
	本区（县）	184	61	
	小计	442	132	91

（二）数据处理

问卷回收后，由专门人员按照统一的编码手册和录入说明录入数据，经过核实、整理后的数据采取SPSS19.0软件包进行数据处理和相关统计分析。

三、研究发现

（一）政策知晓状况

1. 政策知晓程度不高

（1）对政策出台的时间知晓不足

在问及“你所在的城市随迁子女从哪一年开始可以在本地参加高考”时，63.4%的高中学生、5.4%的高中学生家长和44.9%的高中教师表示不了解，仅有15.2%的高中学生、18.5%的高中学生家长和37.1%的高中教师回答正确（2013年）。（见图7–4）

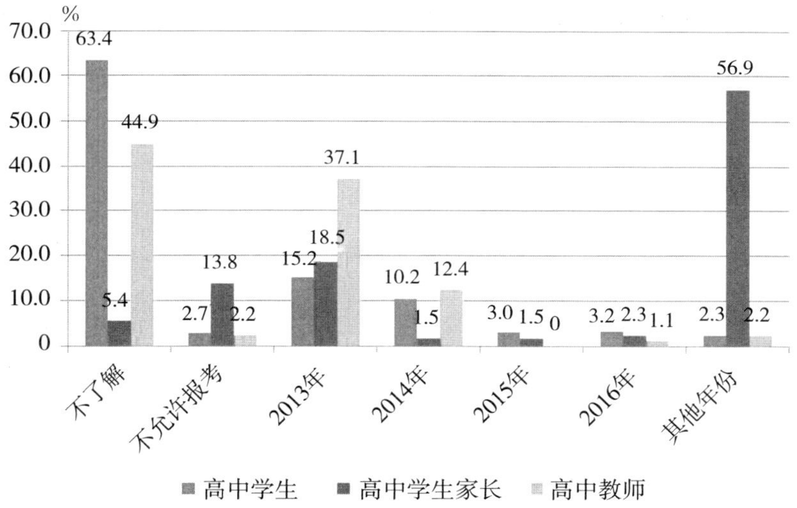

图7-4 不同群体对在流入地高考政策实施年份的知晓情况

（2）对允许报考学校的类型缺乏了解

部分初中学生对政策的具体条件、允许报考学校的类型缺乏了解。66.7%的省内其他区（县）初中生和53.8%的外省初中生了解目前随迁子女既可以报考职业学校也可以报考普通高中，而31.4%的省内其他区（县）初中生和35.9%的外省初中生对随迁子女可报考的学校类型不了解，约10%的外省初中生知晓有误。（见图7-5）

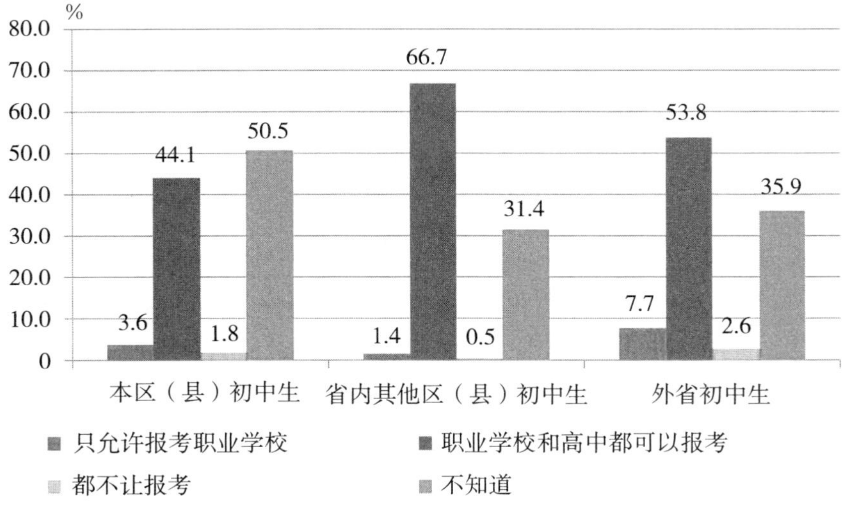

图7-5 初中学生对于在流入地中考政策允许报考学校类型的知晓情况

高中学生对在流入地高考政策允许报考的学校类型的知晓情况也不乐观。54.7%的省内其他区（县）高中生和51.9%的外省高中生不清楚在流入地高考政策允许报考的学校类型，33.6%的省内其他区（县）高中生和37.0%的外省高中生了解省内外高职和其他高等学校都可以报考，而11.7%的省内其他区（县）高中生和11.1%的外省高中生的知晓信息有误。（见图7-6）

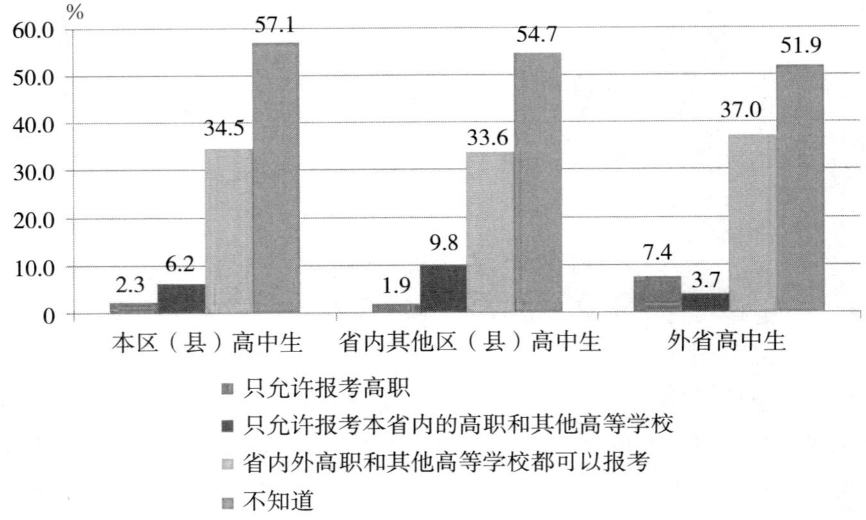

图7-6　高中学生对于在流入地高考政策允许报考学校类型的知晓情况

（3）对报考的准入条件知晓不足

对于随迁子女在流入地高考的准入条件，按照湖北省政策的要求，必须满足当地学籍证明、当地三年的连续就读年限、家长有合法稳定职业、合法稳定住所这四项条件。对这些具体的条件，学生和家长知晓不充分。有66.0%的高中学生、57.9%的高中学生家长和58.2%的高中教师了解随迁子女在流入地高考必须满足当地学籍证明，有44.7%的高中学生、41.4%的高中学生家长和42.9%的高中教师了解必须满足当地连续就读年限，有33.9%的高中学生、18.8%的高中学生家长和27.5%的高中教师了解必须满足家长有合法稳定职业，有35.4%的高中学生、20.3%的高中学生家长和11.0%的高中教师了解必须满足有合法稳定住所。（见图7-7）

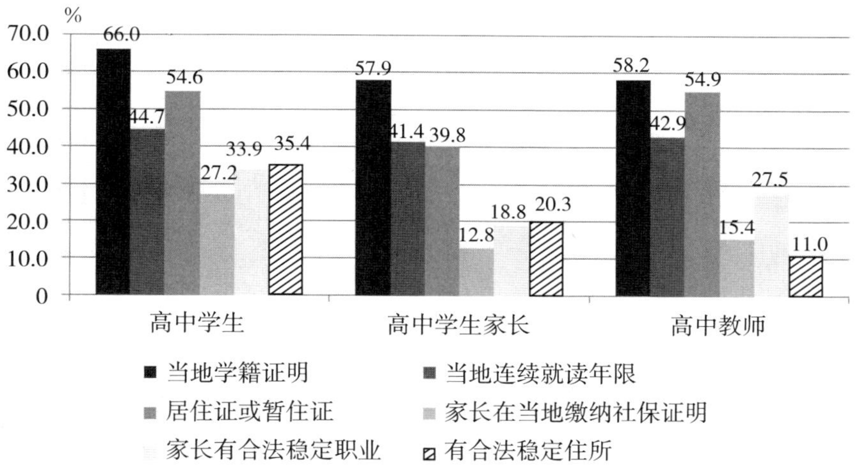

图7-7　不同群体对于在流入地高考政策准入条件的知晓情况

2. 学校和老师是学生了解随迁子女在流入地升学考试政策的主要渠道

学生主要从学校和老师处了解在流入地考试政策。其中，初中学生主要通过学校和老师（36.7%）、电视（10.9%）和家长（9.0%）了解在流入地升学考试政策的信息，高中学生主要通过学校和老师（21.3%）、电视（17.4%）和网络（13.2%）了解在流入地升学考试政策的信息。有22.9%的初中学生和30.2%的高中学生“从没听说过”在流入地升学考试政策的信息。（见图7-8）

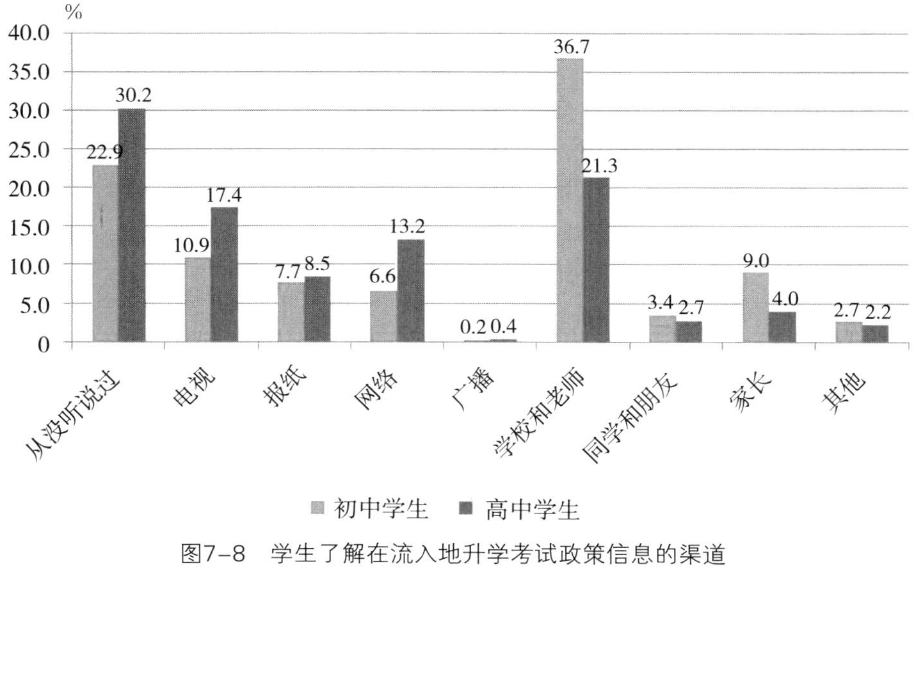

图7-8　学生了解在流入地升学考试政策信息的渠道

3. 电视和报纸是家长了解随迁子女在流入地升学考试政策的主要渠道

初中学生家长主要通过报纸（20.1%）、电视（17.3%）、学校和老师（15.0%）了解在流入地升学考试政策的信息，高中学生家长主要通过电视（28.6%）、报纸（23.3%）、学校和老师（8.3%）了解在流入地升学考试政策的信息。有16.4%的初中学生家长和23.3%的高中学生家长“从没听说过”在流入地升学考试政策的信息。（见图7–9）

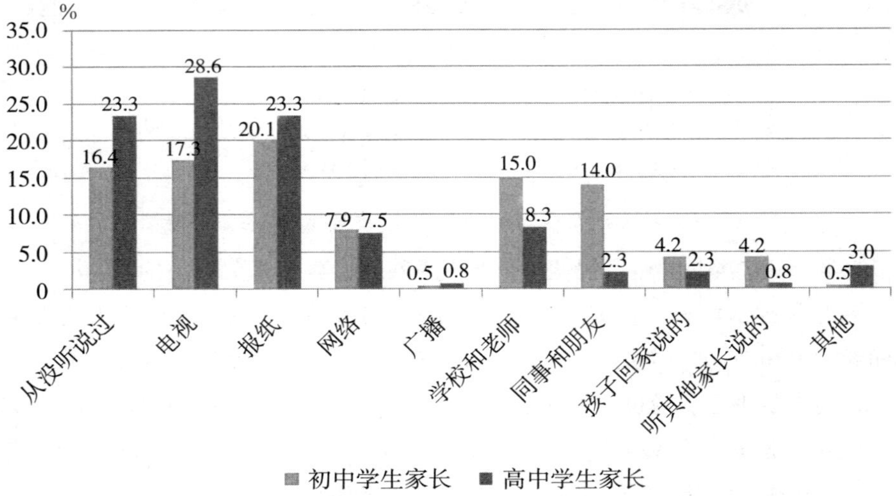

图7–9　家长了解在流入地升学考试政策信息的渠道

（二）政策接纳状况与选择意愿分析

1. 在流入地升学考试政策得到随迁子女及家长的广泛支持

84.2%的外省初中生对在流入地中考政策表示支持，其中，非常支持的占53.7%，比较支持的占30.5%。75.3%的省内其他区（县）初中生对在流入地中考政策表示支持，本区（县）初中生对这一政策的支持比例为46.1%。（见图7–10）

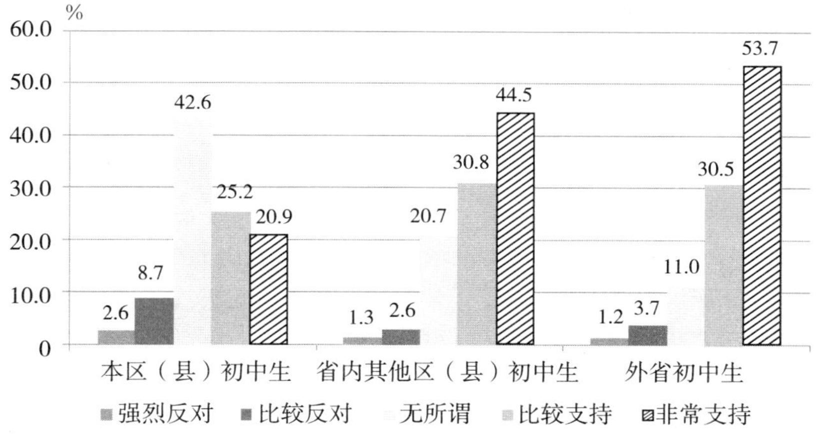

图7–10　初中学生对在流入地中考政策的态度

外省高中生中，对在流入地高考政策表示支持的比例为66.6%，其中，非常支持的占43.3%，比较支持的占23.3%。65.1%的省内其他区（县）高中生对在流入地高考政策表示支持，本区（县）高中生对这一政策的支持比例为47.0%。有44.8%的本区（县）高中生、27.1%的省内其他区（县）高中生和23.3%的外省高中生表示无所谓。表示反对的高中学生的比例在三类群体中均不超过10%。（见图7–11）

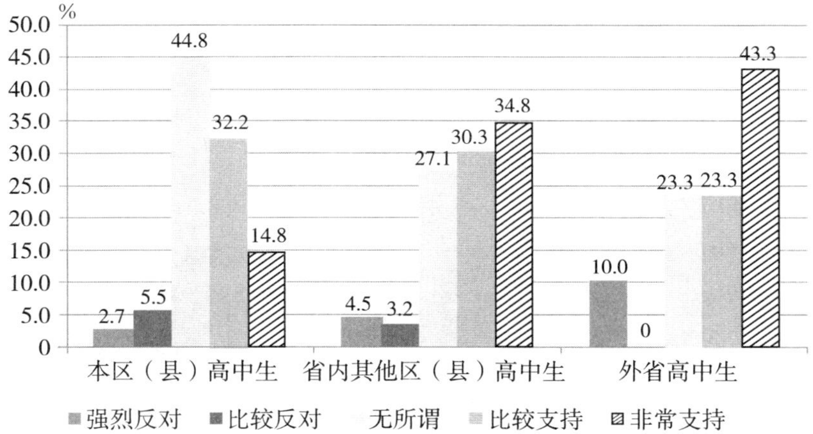

图7–11　高中学生对在流入地高考政策的态度

在流入地中考政策得到了大部分随迁子女家长的支持。对在流入地中考表示“非常支持”的家长中外省初中学生家长的比例最高，达53.8%，其次是省内其他区（县）初中学生家长（48.6%），本区（县）初中学生家长的意见以“无所谓”为主（48.1%）。表示“比较支持”的在外省初中学生家长中占34.6%，在省内其他区（县）初中学生家长中占33.9%，在本区（县）初中学生家长中占25.9%。本区

（县）初中学生家长中有11.1%表示非常支持在流入地中考政策，有8.6%表示“比较反对”和6.2%表示“强烈反对”。（见图7–12）

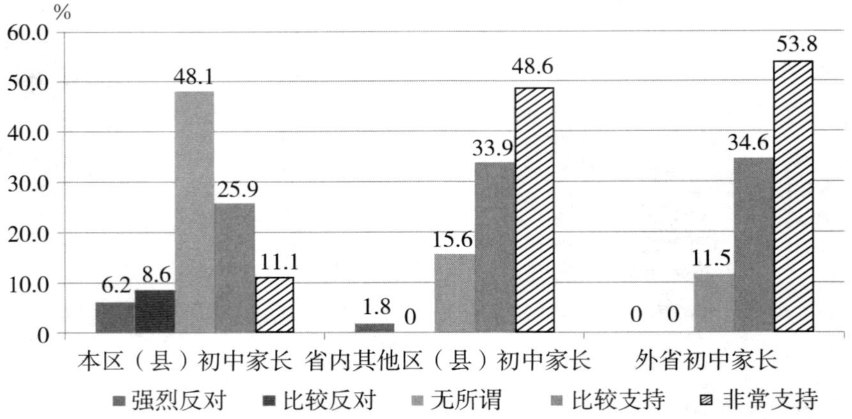

图7–12　初中学生家长对在流入地中考政策的态度

大部分高中随迁子女家长支持在流入地高考政策。省内其他区（县）高中学生家长对于在流入地高考政策的态度以“比较支持”为主，占38.8%，其次是“非常支持”，占26.9%，再次是“无所谓”，占22.4%；本区（县）高中学生家长的态度则以“无所谓”为主，占52.5%，其次是“比较支持”，占26.2%，本区（县）高中学生家长中有11.5%表示“非常反对”在流入地高考政策。（见图7–13）

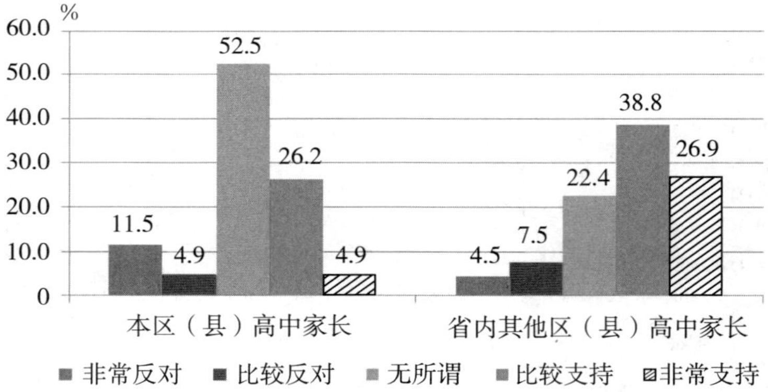

图7–13　高中学生家长对在流入地高考政策的态度

2. 随迁子女义务教育后在流入地升学的意愿强烈

80.2%的外省初中生和85.3%的省内其他区（县）初中生打算在目前所在城市参加中考，仅有2.5%的外省初中生和0.9%的省内其他区（县）初中生打算回原籍地学校上学。（见图7–14）

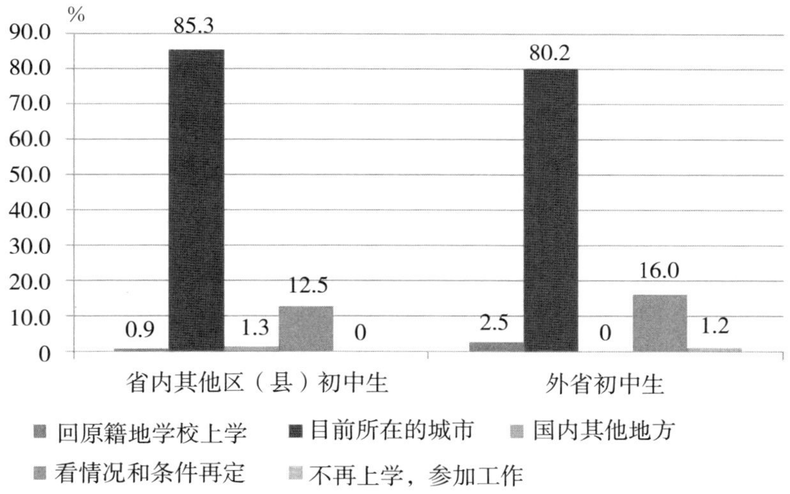

图7–14　随迁子女在流入地中考意愿情况

73.3%的外省高中生和83.1%的省内其他区（县）高中生打算在目前所在城市参加高考，没有外省高中生愿意回到原籍地学校上学，仅有1.8%的省内其他区（县）高中生打算回原籍地学校上学，选择直接参加工作的学生在省内其他区（县）高中生中仅占0.4%，在外省高中生中仅占3.3%。（见图7–15）

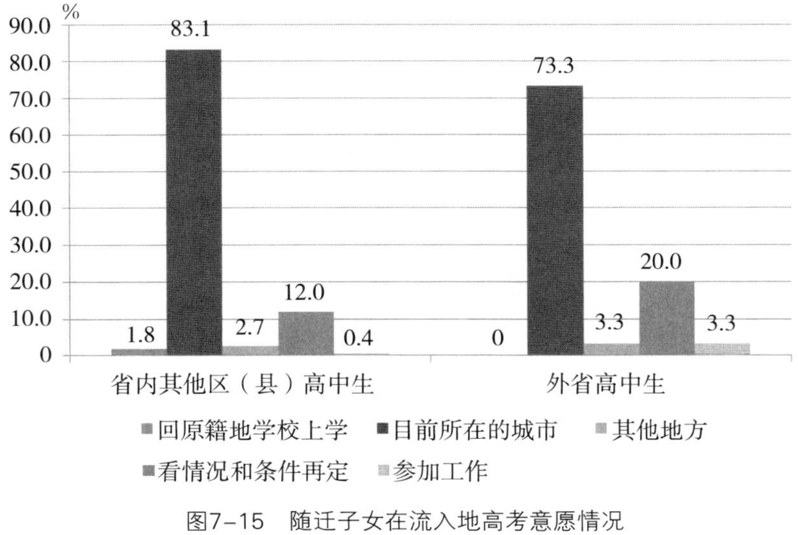

图7–15　随迁子女在流入地高考意愿情况

3. 大多数随迁子女认为在流入地升学的愿望尚未得到充分满足

36.4%的外省初中生认为在流入地中考政策“满足了大部分”随迁子女的升学需求，33.8%的外省初中生认为满足情况“一般”，认为“充分满足”了随迁子女在流入地升学需求的外省初中生比例仅为16.9%。在在流入地高考政策方面，认为

“满足了大部分”和满足情况“一般”的外省高中生各占34.5%，认为“充分满足”的外省高中生仅占6.9%，还有20.7%的外省高中生认为“基本没满足”。（见图7–16）

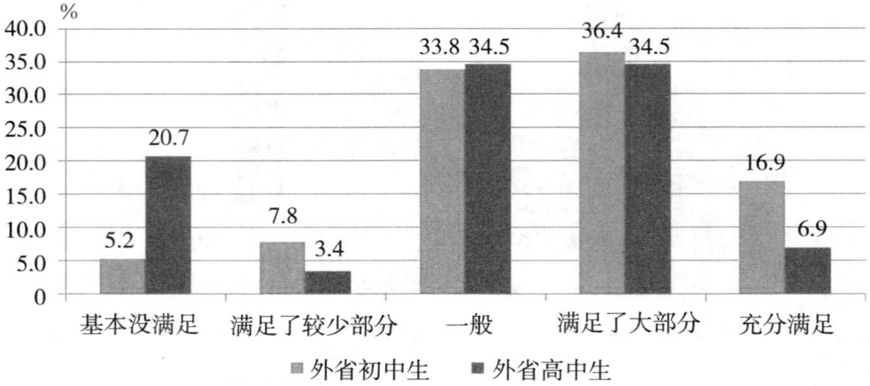

图7–16　在流入地升学考试政策对随迁子女升学考试需求的满足情况

4. 打算报考普通学校和职业学校的随迁子女均占有相当比例

在中考升学打算方面，47.5%的外省初中生准备报考高中，31.3%的外省初中生觉得职业学校和高中都可以，15.0%的外省初中生不知道应该报考哪种类型的学校。（见图7–17）

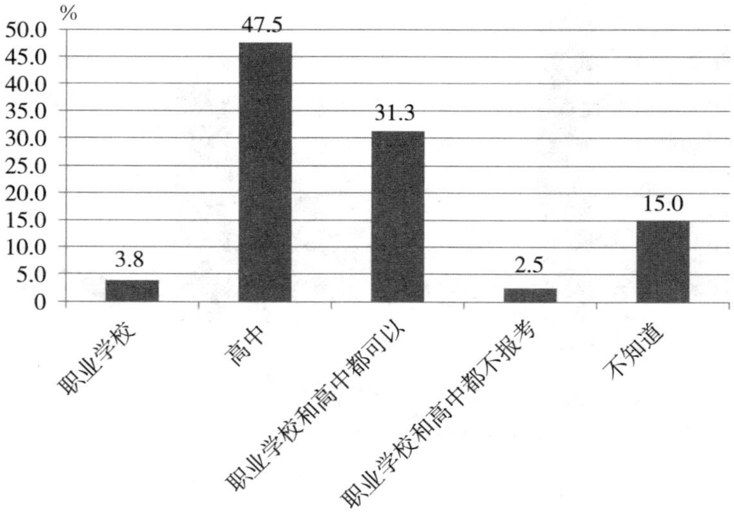

图7–17　外省初中随迁子女中考报考学校类型的打算

打算报考普通高等学校的高中生在本区（县）学生中的比例最高，打算报考职业学校的高中生在外省学生中的比例最高。在高考升学打算方面，35.7%的外省高中学生认为职业院校和普通高校都可以，28.6%的外省高中学生还不知道自己要报考的学校类型，打算报考职业学校和打算报考普通高等学校的外省学生各占17.9%。（见图7–18）

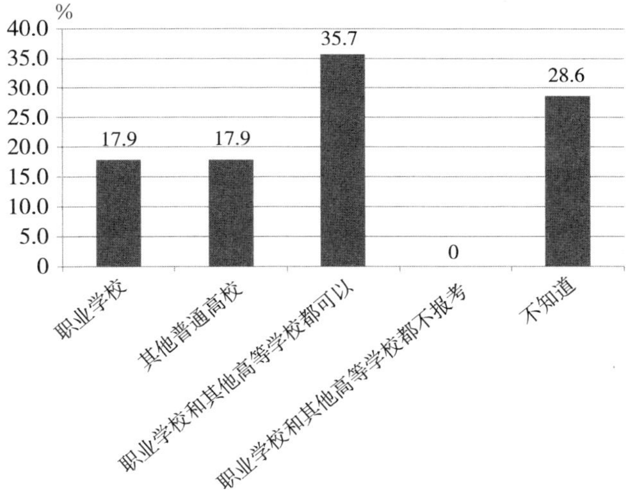

图7–18 外省高中随迁子女高考报考学校类型的打算

5. 保证教育公平是本地、随迁子女学生支持在流入地升学考试政策的主要原因

支持在流入地中考政策的学生中有70.3%的外省初中生、68.6%的省内其他区（县）初中生以及71.4%的本区（县）初中生将保证教育公平作为他们支持在流入地中考政策的原因。除此之外，还有各占12.5%的支持该政策的外省初中生是出于以下两点原因：第一，如果让非本地户籍学生回原籍地中考，所学知识与考试内容不同会影响他们考试水平的发挥；第二，在流入地中考政策能够带动人口流动，促进地区经济发展。（见图7–19）

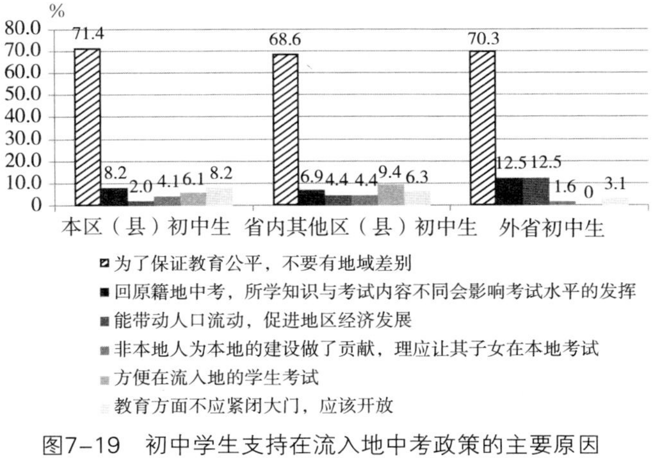

图7–19 初中学生支持在流入地中考政策的主要原因

支持在流入地高考政策的学生中有65.0%的外省高中生、74.6%的省内其他区（县）高中生以及77.1%的本区（县）高中生将保证教育公平作为他们支持在流入地高考政策的原因。除此之外，还有15.0%的外省高中生、11.3%的省内其他区（县）高中生以及12.0%的本区（县）高中生认为如果让非本地学生“回原籍地高考，所学知识与考试内容不同会影响考试水平的发挥”。（见图7-20）

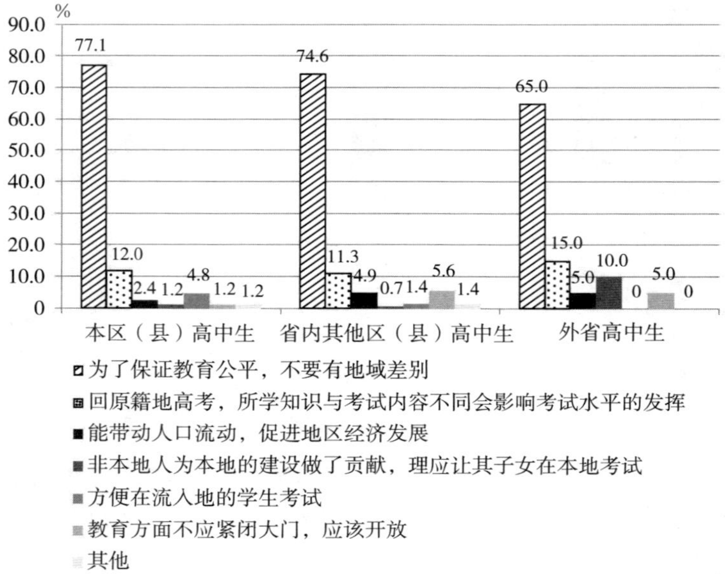

图7-20　高中学生支持在流入地高考政策的主要原因

（三）政策实施效果与评价

1. 近一半随迁子女已经满足高考报名的全部条件要求

根据湖北省关于随迁子女在当地参加高考的条件要求，随迁子女只要满足当地三年学籍、家长有合法稳定职业、有合法稳定住所（含租赁）等条件就可以在当地参加高考。从调查情况来看，有近一半的随迁子女已满足全部条件。其中有81.8%的随迁子女表示已满足当地学籍证明的条件，有63.6%的随迁子女满足当地连续就读年限的条件，有47.6%的随迁子女满足家长有合法稳定职业的条件，有61.9%的随迁子女满足有稳定住所的条件。但还有相当比例的随迁子女对于是否满足具体条件不太清楚，有47.6%的随迁子女不清楚是否满足家长有合法稳定职业的条件。未满足的条件主要是家长有合法稳定职业（4.8%）和稳定住所（4.8%），没有随迁子女未满足当地学籍证明和连续就读年限的条件。（见图7-21）

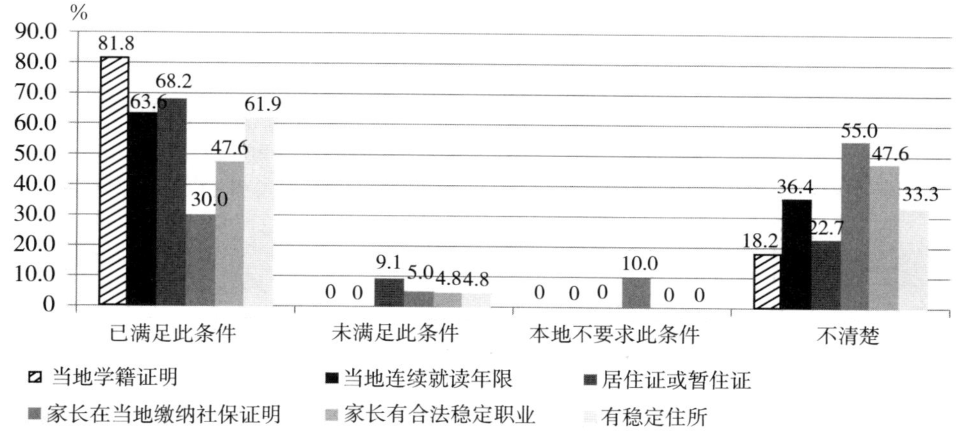

图7-21　随迁子女关于高考准入条件的满足情况

2. 各利益群体认为准入条件应与学生自身条件相关

对于在流入地高考的准入条件设置合理性方面，相当一部分学生、家长和教师都把当地学籍证明放在首位，将当地连续就读年限放在第二位，将有当地居住证或暂住证放在第三位。家长在当地缴纳社保证明这一条件在这三类群体中均被视为最不合理的准入条件。

58.9%的高中学生、56.1%的高中学生家长和46.7%的高中教师赞同将当地学籍证明设置为随迁子女参加在流入地升学考试的第一位合理的准入条件。36.8%的高中学生、41.7%的高中学生家长和32.9%的高中教师赞同将当地连续就读年限设置为第二位合理的准入条件。35.2%的高中学生、31.4%的高中学生家长和34.6%的高中教师赞同将有当地居住证或暂住证设置为第三位合理的准入条件。仅有1%的高中学生、1.5%的高中学生家长和2.2%的高中教师赞同将家长在当地缴纳社保的证明设置为第一位合理的准入条件。将家长在当地有合法稳定职业、有稳定住所设置为在流入地升学考试的准入条件的支持率也较低。（见图7-22、图7-23、图7-24）

可见，在学生、家长和教师看来，在流入地升学考试的准入条件应当与学生自身的条件相关，而不是家长的条件或家庭的背景。

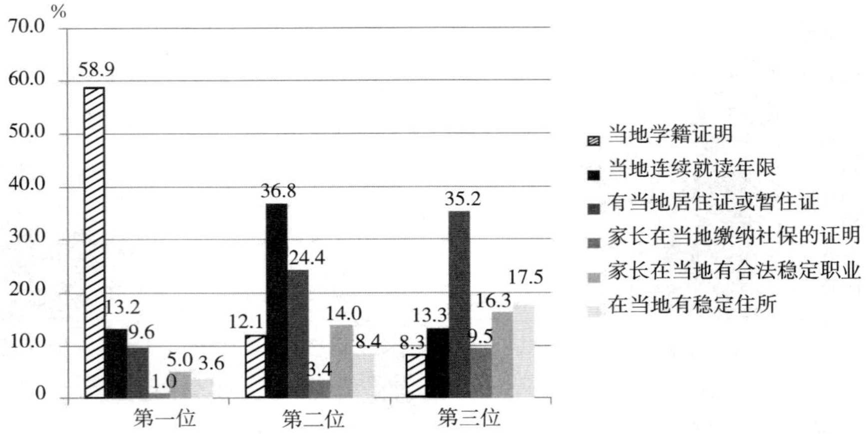

图7-22 高中学生对于随迁子女在流入地高考准入条件合理性的排序

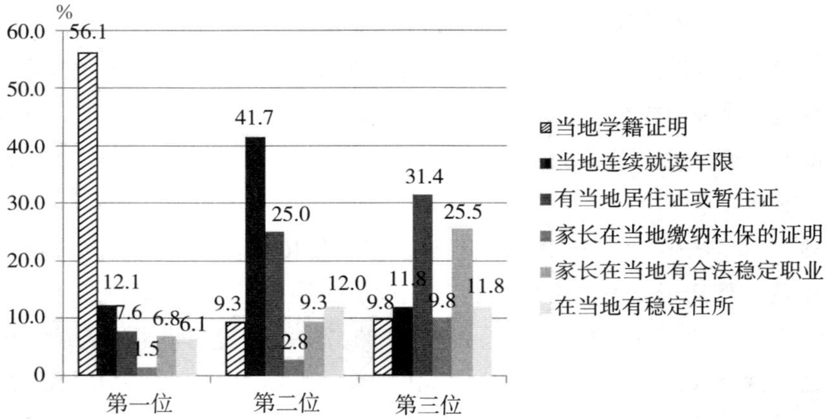

图7-23 高中学生家长对于随迁子女在流入地高考准入条件合理性的排序

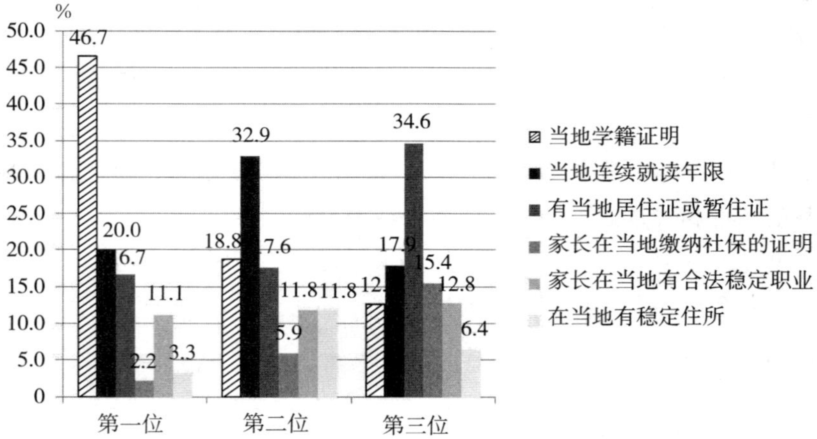

图7-24 高中教师对于随迁子女在流入地高考准入条件合理性的排序

3. 在流入地升学考试政策对随迁子女的升学打算有明显影响

允许在流入地中考后，打算“在本地上学”的外省初中生比例大幅上升，打算“回原籍地上学”的外省初中生比例大幅下降。允许在流入地中考后，打算“在本地上学”的外省初中生的比例从31.1%上升到83.8%，升高了52.7个百分点；打算“回原籍地上学”的外省初中生比例从43.2%降低到2.7%，下降了40.5个百分点；打算“去其他地区上学”的外省初中生的比例从12.2%降低到1.4%，下降了10.8个百分点。（见图7–25）

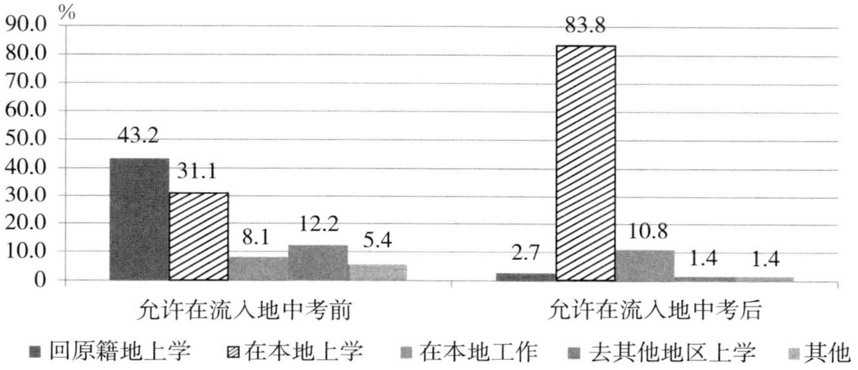

图7–25 外省初中生在允许在流入地中考前后的出路选择

允许在流入地高考后，打算“在本地参加高考”的外省高中生比例大幅上升。允许在流入地高考后，打算“在本地参加高考”的外省高中生比例从25.0%上升到73.9%，上升了近50个百分点；打算“回原籍地参加高考”的外省高中生比例从41.7%下降到零，减少了40多个百分点；打算“毕业后直接工作，不参加高考”的外省高中生比例从12.5%降低到8.7%，下降了近4个百分点；打算“转到政策条件宽松的地区上学并在那参加高考”的外省高中生比例从12.5%下降到8.7%，下降了近4个百分点。（见图7–26）

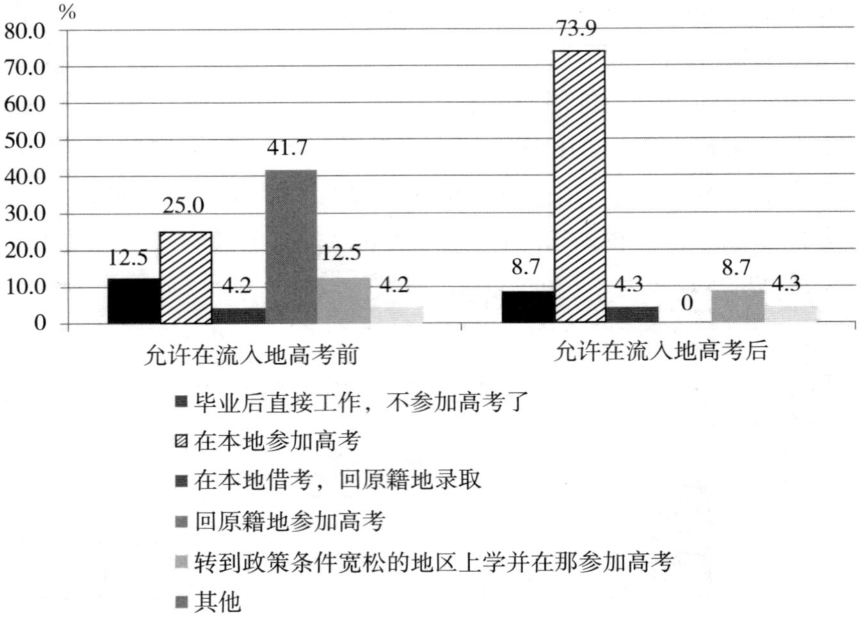

图7-26　外省高中生在允许在流入地高考前后的出路选择

4. 在流入地中考政策对于随迁子女报考学校的类型影响不大

在流入地中考政策实施后，外省初中生打算上高中的比例从77.6%降低到75%，打算上中职的比例从14.5%升高到17.1%。可能是因为部分外省初中生误以为在流入地中考只允许报考中职，所以一些原本打算回原籍地上高中的外省初中生打算在流入地上中职。因此，选择上高中的比例下降，选择上中职的比例提高。允许在流入地中考前后，外省初中生打算“不上学了，直接工作”的比例从5.3%降低到3.9%，减少了1.4个百分点。（见图7-27）

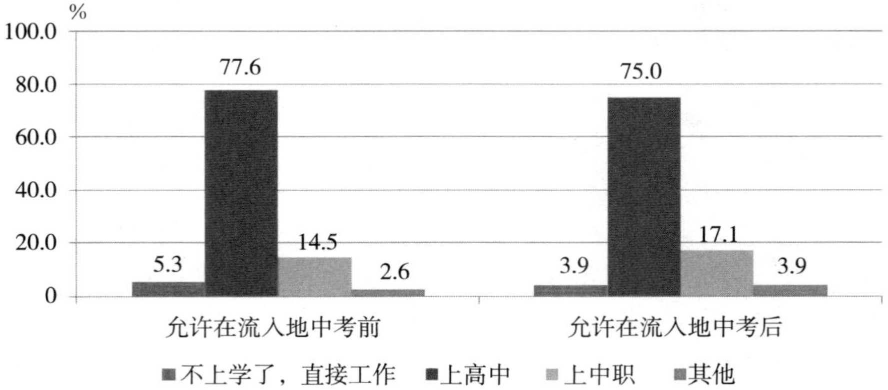

图7-27　外省初中生在允许在流入地中考前后的升学打算

5. 在流入地升学考试政策有效提高了随迁子女的学习积极性

在流入地中考政策实施后，46.2%的外省初中学生、40%的外省初中学生家长以及38.3%的初中教师均认为随迁子女的学习态度变得比较积极。也有32.1%的外省初中学生、24.0%的外省初中学生家长以及39.4%的初中教师认为随迁子女的学习态度没有变化。相较于外省学生和家长，教师认为在流入地中考政策对于随迁子女学习态度的影响较小。（见图7–28）

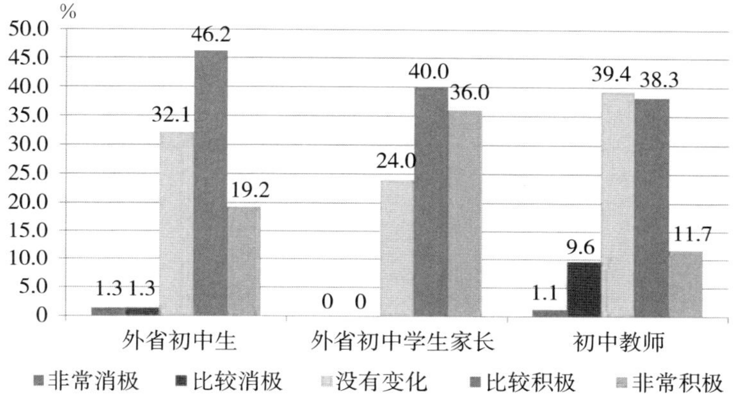

图7–28　在流入地中考政策实施后随迁子女的学习态度变化情况

57%的高中教师和24.1%的外省高中生认为在流入地高考政策出台后，随迁子女的学习态度没有变化。认为在流入地高考政策提高了自己学习积极性的外省高中生约占一半，其中认为自己学习态度变得“非常积极”的外省高中生占20.7%，认为变得“比较积极”的占31%。29.1%的高中教师认为，在流入地高考政策实施后，随迁子女的学习态度变得比较积极。（见图7–29）

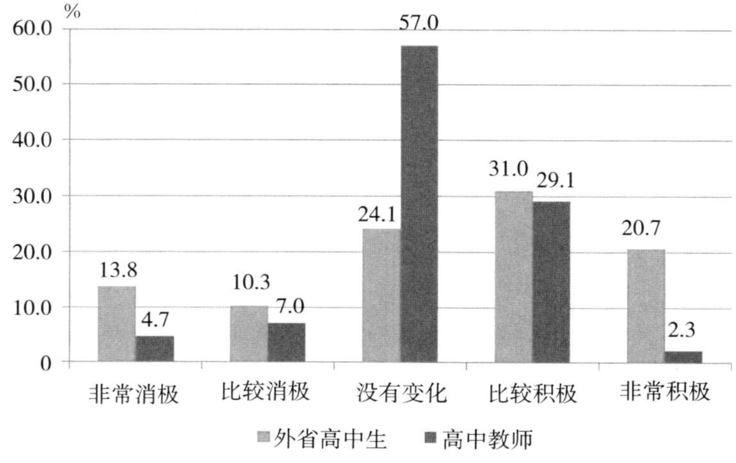

图7–29　在流入地高考政策实施后随迁子女的学习态度变化情况

6. 在流入地升学考试政策对随迁子女学习成绩有一定积极影响

在流入地中考政策实施后，41.8%的外省初中生和42.7%的初中教师认为随迁子女的学习成绩没有变化，38.0%的外省初中生和38.5%的初中教师认为政策对随迁子女的学习成绩有比较积极的影响，17.7%的外省初中生认为政策对自己的学习成绩产生了非常积极的影响，有11.5%的初中教师认为该政策对随迁子女的成绩产生了比较消极的影响。（见图7-30）

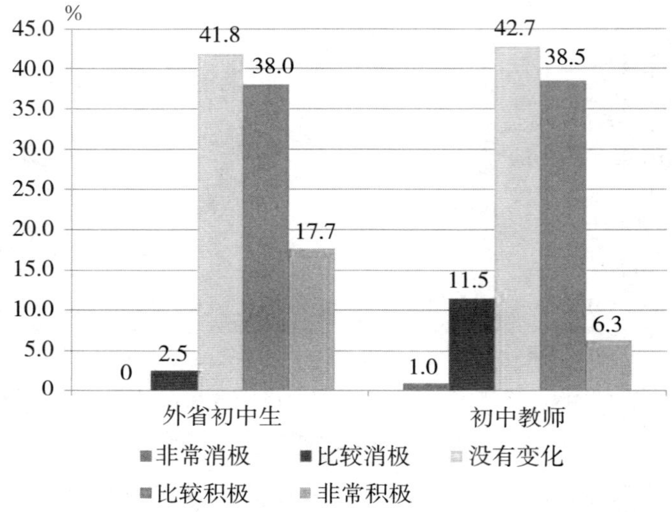

图7-30　在流入地中考政策对随迁子女学习成绩的影响情况

在流入地高考政策实施后，35.7%的外省高中生和52.9%的高中教师认为随迁子女的学习成绩没有变化，有32.1%的外省高中生和34.1%的高中教师认为随迁子女的学习成绩有所提高，14.3%的外省高中生认为自己的学习成绩有明显提高。（见图7-31）

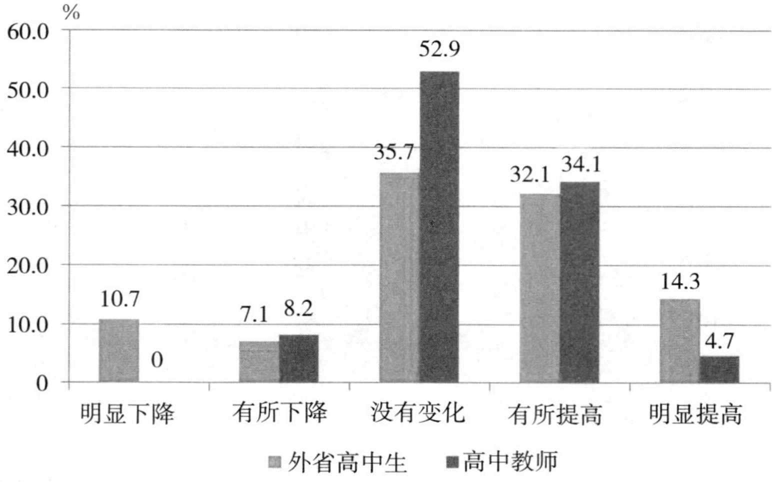

图7-31　在流入地高考政策对随迁子女学习成绩的影响情况

7. 在流入地升学考试政策的实施对随迁子女的心理产生一定积极影响

有24.4%的外省初中生认为在流入地中考政策实施后，自己的心理状态变得非常积极，37.2%的外省初中生和46.3%的初中教师认为随迁子女的心理状态变得比较积极，35.9%的外省初中生和36.8%的初中教师认为随迁子女的心理没有变化。（见图7–32）

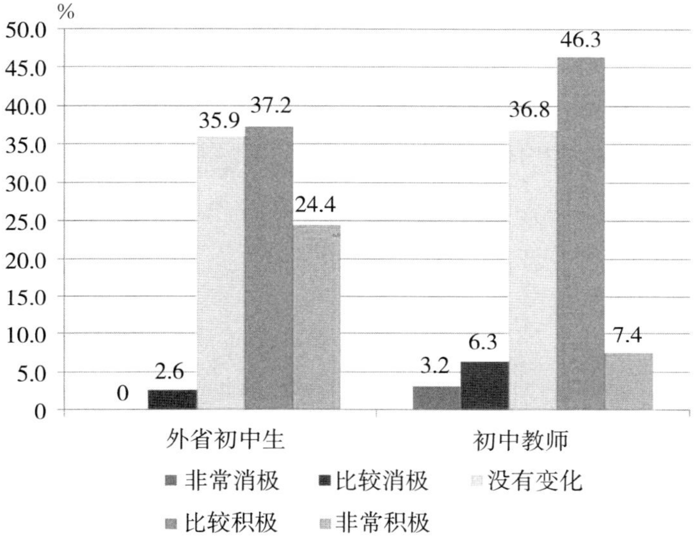

图7–32　在流入地中考政策实施后随迁子女的心理变化

54.8%的高中教师和34.5%的外省高中生认为在流入地高考政策实施后，随迁子女的心理状态变得比较积极，41.4%的外省高中生和34.5%的高中教师认为随迁子女的心理状态没有变化。（见图7–33）

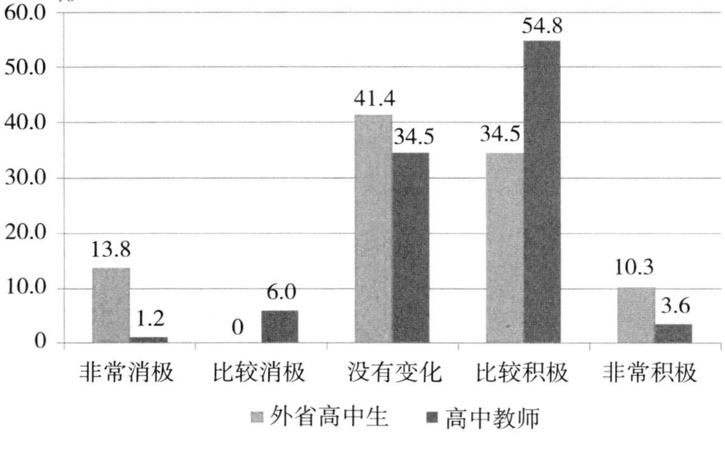

图7–33　在流入地高考政策实施后随迁子女的心理变化

8. 在流入地升学考试政策对随迁子女与本地学生的关系有一定积极影响

外省初中生中认为在流入地升学考试政策实施后随迁子女与本地学生关系融洽程度有所提高的比例最高，本区（县）初中生和初中教师中认为关系融洽程度没有变化的比例最高。超过70%的外省初中生认为在流入地中考政策实施后随迁子女与本地学生的关系融洽程度有提高，72.2%的初中教师和45.5%的本区（县）初中生认为关系融洽程度没有变化。有37.3%的本区（县）初中生和15.5%的初中教师认为关系融洽程度有所提高。认为关系融洽程度明显提高的在本区（县）初中生中仅占5.5%，在初中教师中仅占6.2%，而在外省初中生中占到29.1%。外省初中生认为关系融洽程度有所提高的比例最高，占43%。（见图7–34）

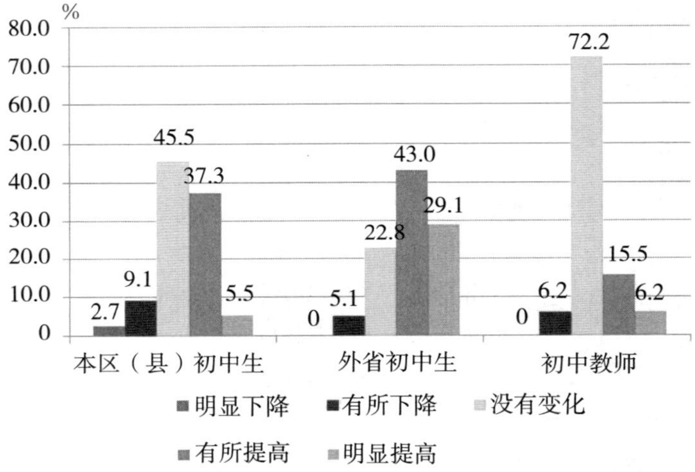

图7–34　政策实施后随迁子女与本地初中生关系融洽程度的变化

50.0%的外省高中生认为在流入地高考政策实施后随迁子女与本地学生的关系融洽程度有提高，65.1%的高中教师和45.7%的本区（县）高中生认为关系融洽程度没有变化。认为关系融洽程度有所提高的学生中，本区（县）高中生比例（31.2%）高于外省高中生比例（28.6%）。外省高中生各有21.4%的学生认为融洽程度明显提高和没有变化。（见图7–35）

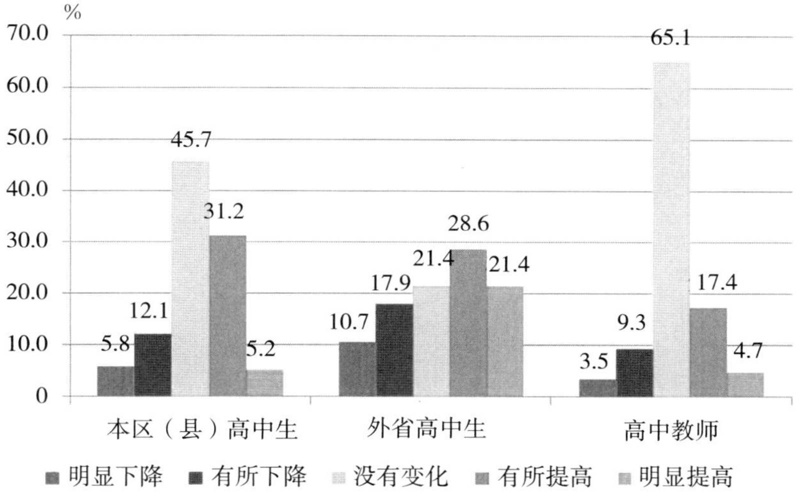

图7-35　政策实施后随迁子女与本地高中生关系融洽程度的变化

（四）政策期望状况

1. 一半以上的随迁子女认为在流入地升学考试政策能够落实

33.3%的本区（县）初中生、42.2%的省内其他区（县）初中生和39.5%的外省初中生认为在流入地中考政策比较容易落实，38.7%的本区（县）初中生、32.1%的省内其他区（县）初中生和34.2%的外省初中生认为实施前景一般，还有24.3%的本区（县）初中生、11.0%的省内其他区（县）初中生和14.5%的外省初中生认为落实难度较大。（见图7-36）

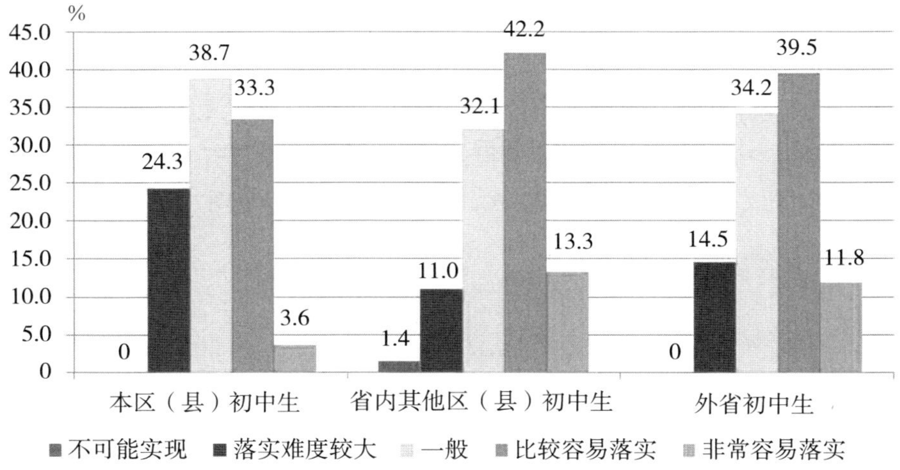

图7-36　初中学生对在流入地中考政策实施前景的看法

55.2%的外省高中生认为在流入地高考政策比较容易落实，20.7%的外省高中生认为落实前景一般，也有13.8%的外省高中生认为在流入地高考政策不可能实现。约一半（48.9%）的本区（县）高中生认为在流入地高考政策落实前景一般。本省高中生认为在流入地高考政策落实难度较大的比例超过20%。（见图7–37）

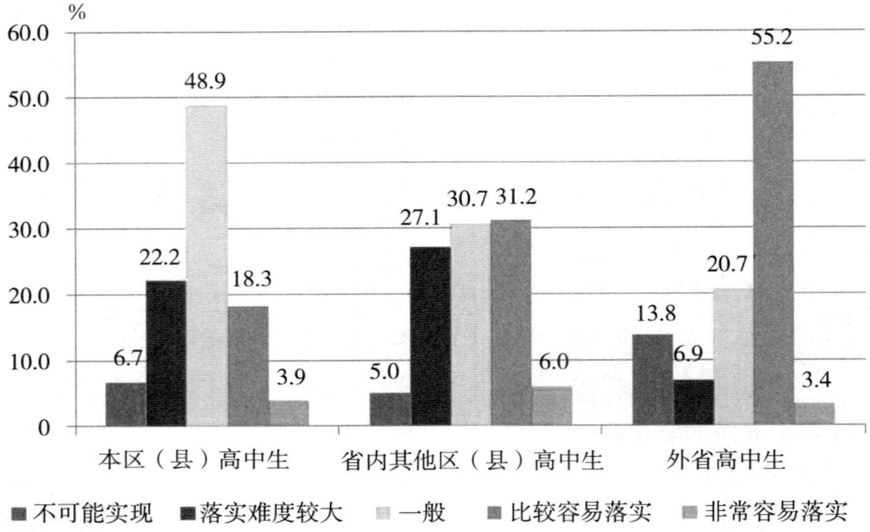

图7–37　高中学生对在流入地高考政策实施前景的看法

2. 本地学生和随迁子女学生均认为在流入地升学考试政策的准入条件应较为宽松

认为在流入地中考“应完全开放，不设置限制条件”的学生在外省初中生中占55.6%，在省内其他区（县）初中生中占45.3%，在本区（县）初中生中占34.8%；认为应该“设置比较宽松的准入条件方案，允许大部分人参加”的学生在外省初中生中占34.6%，在省内其他区（县）初中生中占49.3%，在本区（县）初中生中占47.0%；认为“应完全禁止”的比例很低，在外省初中生、省内其他区（县）初中生和本区（县）初中生中分别仅占1.2%、0.9%和3.5%。（见图7–38）

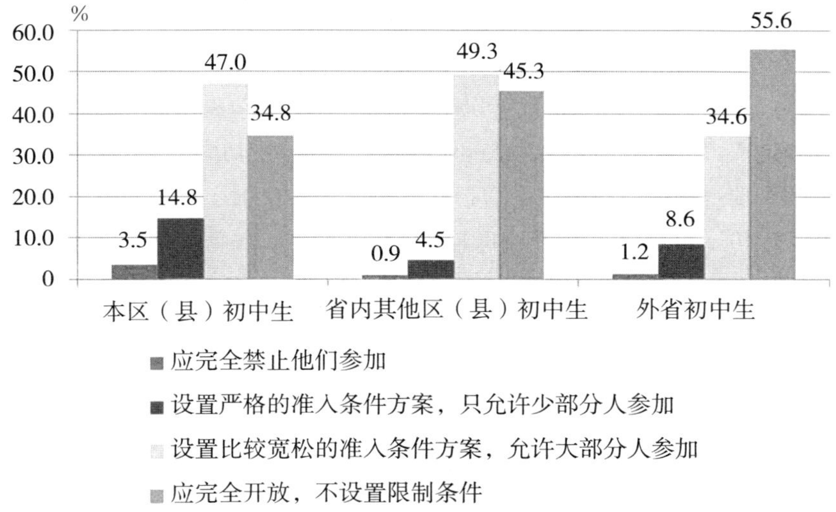

图7-38　初中学生对在流入地中考准入条件设置的意见

认为在流入地高考应该“设置比较宽松的准入条件方案，允许大部分人参加”的学生在外省高中生中占37.9%，在省内其他区（县）高中生中占53.2%，在本区（县）高中生中占50.3%；认为“应完全开放，不设置限制条件”的学生在外省高中生中占31.0%，在省内其他区（县）高中生中占23.6%，在本区（县）高中生中占13.3%；还有29.8%的本区（县）高中生认为应当“设置严格的准入条件方案，只允许少部分人参加”；13.8%的外省高中生、5.9%的省内其他区（县）高中生和6.6%的本区（县）高中生认为“应完全禁止”[1]。（见图7-39）

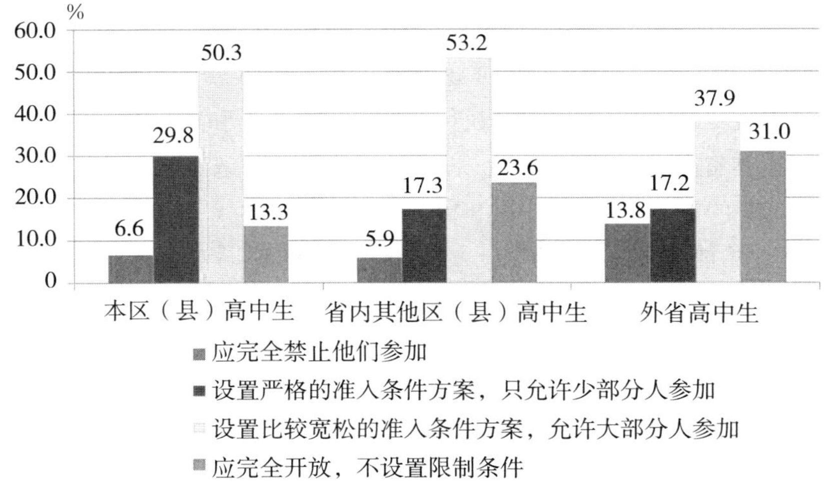

图7-39　高中学生对在流入地高考准入条件设置的意见

[1] 外省学生认为应当禁止在流入地高考的比例较高，可能与样本的数量太少进而产生偏差有关。

3. 不同学生群体对在流入地升学考试政策面临的挑战认识不一致

外省初中生认为在流入地中考政策面临的主要挑战是户籍制度难以突破（28.2%），高校招生录取指标难以平衡（25.4%），以及增加本地考生的竞争压力、与当地人口产生利益冲突（25.4%）；本区（县）初中生认为在流入地中考政策面临的主要挑战是高校招生录取指标难以平衡（32.4%），流动人口增加导致城市超负荷运转（29.7%），户籍制度难以突破（18.0%）；省内其他区（县）初中生与本区（县）初中生的看法基本一致。（见图7–40）

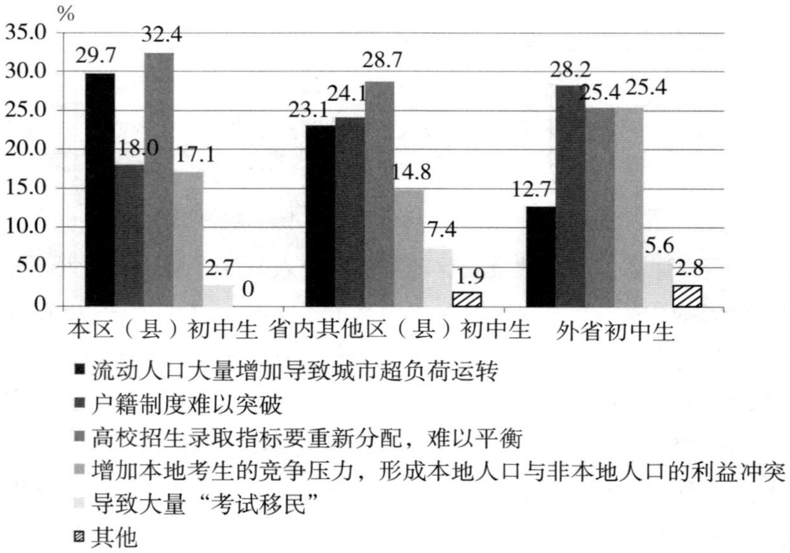

图7–40　初中学生认为在流入地中考政策面临的主要挑战

外省高中生认为在流入地高考政策面临的主要挑战是户籍制度难以突破（34.5%）、流动人口增加导致城市超负荷运转（31.0%）和高校招生指标难以平衡（20.7%）。本省高中生对这三大挑战方面的看法大体一致。然而，形成鲜明对比的是，有23.5%的本区（县）高中生和18.1%的省内其他区（县）高中生担心在流入地高考政策会增加本地考生的竞争压力，形成本地人口与非本地人口的利益冲突，而持这一观点的外省高中生为零。（见图7–41）

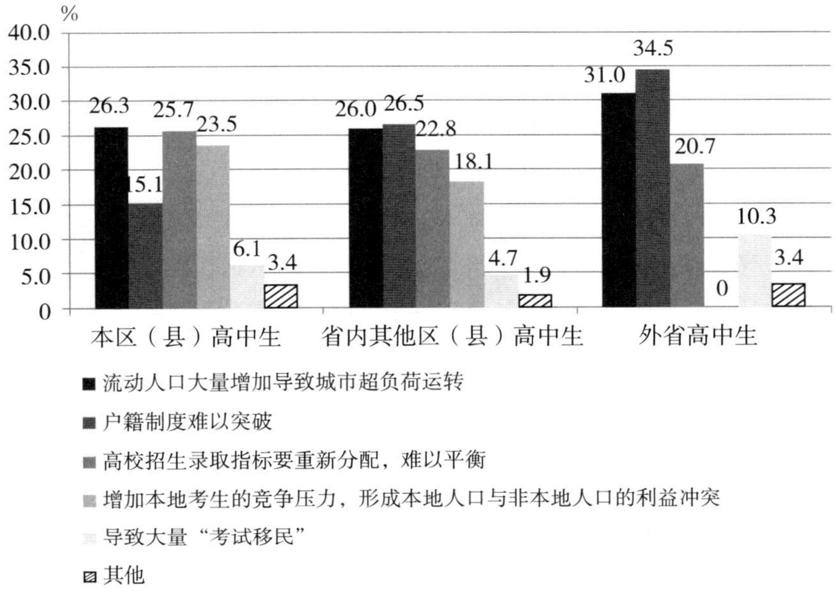

图7-41 高中学生认为在流入地高考政策面临的主要挑战

4. 在流入地升学考试给教师工作带来了一定挑战

31.0%的教师将“班级不好管理”放在困难的第一位，22.6%的教师将“工作量太大”放在第一位，15.5%的教师将“与随迁子女家长配合有困难”放在第一位。39.0%的教师将“与随迁子女家长配合有困难”放在第二位，24.7%的教师将“班级不好管理”放在第二位；30.4%的教师将“难以保证升学率”放在第三位，15.9%的教师将“教材衔接有困难”放在第三位。（见图7-42）

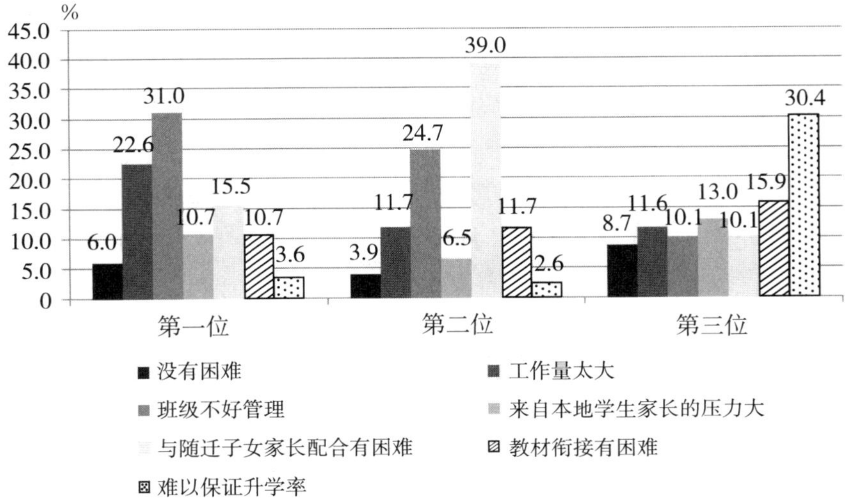

图7-42 在流入地高考政策的实施给教师工作带来的困难

四、分析讨论

（一）学生、家长和教师对随迁子女在流入地升学考试政策的知晓都不充分

调研发现，学校对在流入地升学考试政策进行过宣讲，但是，能够准确说出在流入地升学考试政策的出台时间和报考要求的学生、家长和教师的比例并不高。仅有53.8%的外省初中生和37.0%的外省高中生了解湖北省在流入地升学考试政策不限制报考学校的类型。各群体对于当地学籍证明、当地三年连续就读年限、家长有合法稳定职业、合法稳定住所这四项在流入地高考的准入条件也知晓不足。各群体对需要当地学籍证明和连续就读年限的知晓度较高，然而，仅有33.9%的高中学生、18.8%的高中学生家长和27.5%的高中教师了解必须满足家长有合法稳定职业的条件，仅有35.4%的高中学生、20.3%的高中学生家长和11.0%的高中教师了解必须满足合法稳定住所的条件。由于教师是学生和家长了解在流入地升学考试政策的重要信息源，教师对该政策的知晓情况会直接影响学生和家长对政策的知晓情况。

（二）随迁子女在武汉本地升学的意愿高

随迁子女表达了强烈的在武汉本地升学的愿望，打算在本地参加中考的外省初中生达到80.2%，打算在本地参加高考的外省高中生达到73.3%，主要原因有：第一，大部分随迁子女都是常年在武汉市居住的，已经习惯了当地的学习和生活环境；第二，回到原籍地升学会与父母分离，并且需要适应原籍地的教材和考试难度；第三，武汉市的大学多，有随迁子女的理想大学。本次调查发现，78.5%的外省初中生和93.3%的外省高中生已在武汉居住5年以上，他们已经融入武汉当地的生活环境，在流入地升学考试政策的出台为随迁子女在武汉本地升学提供了出路。允许在流入地升学后，打算在本地上学的外省随迁子女比例大幅上升：允许在流入地中考后，打算“在本地上学”的外省初中生比例从31.1%上升到83.8%，升高了52.7个百分点；允许在流入地高考后，打算“在本地参加高考”的外省高中生比例从25.0%上升到73.9%，上升了近50个百分点。

（三）随迁子女在武汉本地升学的准入条件相对较宽松

虽然大多数随迁子女认为在流入地升学的愿望尚未得到充分满足，但是从本次调查的数据来看，首先，武汉市的在流入地升学报考的准入条件较宽松，随迁子女

在武汉升学的意愿较容易实现。近一半的随迁子女已经满足在流入地升学考试所要求的全部条件（当地三年学籍、家长有合法稳定职业、合法稳定住所）。其次，随迁子女报考学校的类型不受在流入地升学考试政策的限制。相当一部分随迁子女有报考普通高中或普通高校的打算：47.5%的外省初中生准备报考高中，17.9%的外省高中生以报考普通高等学校为目标。由于湖北省的在流入地升学考试政策不限制报考学校的类型，因此这部分随迁子女的升学需求得到了很好的满足。

（四）政策得到了学生和家长的广泛支持

从流入地的类型来看，湖北省由于考生人数多、分数线高，因此，在流入地升学考试政策在武汉市的支持率较高，不论本地学生还是随迁子女，都认为应该支持随迁子女在武汉当地升学，以保障教育公平，反对之声寥寥无几，故在流入地升学考试政策的实施前景难度不大。在流入地中考政策得到了随迁子女家长的强烈支持。对在流入地中考表示“非常支持”的家长中外省家长的比例最高，达53.8%，表示“比较支持”的在外省家长中占34.6%；本区（县）家长意见以“无所谓”为主（48.1%），仅有8.6%表示“比较反对”和6.2%表示“强烈反对”。同样，对在流入地高考政策表示“非常支持”的学生中外省高中生占43.3%，本区（县）高中生占14.8%；表示“比较支持”的学生中外省高中生占23.3%，本区（县）高中生占32.2%；有44.8%的本区（县）高中生和23.3%的外省高中生表示“无所谓”；表示反对的比例在各类高中生中均不超过10%。

（五）政策的颁布对随迁子女的学习和心理产生了积极影响

在流入地升学考试政策的实施对随迁子女的学习积极性、学习成绩和心理状态均产生了一定程度的积极影响，也有利于随迁子女与本地学生的融合。认为在流入地高考政策提高了自己学习积极性的外省随迁子女占一半以上，其中，认为“非常积极”的外省高中生占20.7%，认为“比较积极”的占31.0%。29.1%的高中教师认为，在流入地高考政策实施后，随迁子女的学习态度比较积极。32.1%的外省高中生和34.1%的高中教师认为在流入地高考政策实施后，随迁子女的学习成绩有所提高，14.3%的外省高中生认为自己的学习成绩有明显提高。54.8%的高中教师和34.5%的外省高中生认为在流入地高考政策实施后，随迁子女的心理状态变得比较积极。50.0%的外省高中生认为在流入地高考政策实施后随迁子女与本地学生的关系融洽程度有了提高。

（六）政策较容易落实，但也面临着挑战

由于在流入地升学考试政策在武汉当地的支持率较高，报考的条件较宽松，一半以上的随迁子女认为在流入地升学考试政策能够落实。33.3%的本区（县）初中生、42.2%的省内其他区（县）初中生和39.5%的外省初中生认为在流入地中考政策比较容易落实。55.2%的外省高中生认为在流入地高考政策比较容易落实。

但是，该政策也面临着一些挑战，外省高中生认为在流入地高考政策面临的主要挑战是户籍制度难以突破（34.5%）、流动人口增加导致城市超负荷运转（31.0%）和高校招生指标难以平衡（20.7%）。本省高中生在认可这三大挑战之外，有23.5%的本区（县）高中生和18.1%的省内其他区（县）高中生担心在流入地高考政策会增加本地考生的竞争压力，形成本地人口与非本地人口的利益冲突。除此之外，在流入地升学考试政策还为教师工作带来了一定的挑战，31.0%的教师担心“班级不好管理”，39.0%的教师认为“与随迁子女家长配合有困难”，30.4%的教师认为“难以保证升学率”。

五、对策建议

（一）增加信息传播渠道，加大政策宣传力度

教育管理部门、学校还需进一步加强随迁子女在流入地升学考试政策的宣讲力度，拓宽传播渠道。首先，由于学生和家长主要通过教师知晓政策，因此应重点对教师进行在流入地升学考试政策的普及，不仅包括班主任老师，还包括任课老师。其次，由于涉及随迁子女的就学和升学打算，学校还应从低年级开始面向学生和教师加强对在流入地升学考试政策的宣讲，而不是到了升学的时候再进行政策普及。再次，还应当充分利用电视、报纸、网络等多种途径，面向家长对在流入地升学考试政策进行全方位的宣传，保证信息渠道的畅通和多元化。

（二）进一步消除不合理的准入条件，满足更多随迁子女的升学需求

虽然随迁子女在武汉参加升学考试的意愿很强烈，但是由于现有的升学考试准入条件涉及当地学籍、连续就读年限、家长有合法稳定职业和合法稳定住所这四个条件，有的家庭由于无法同时满足这四个条件而影响孩子升学，现有政策还无法满足所有随迁子女的升学需求。从现有准入条件来看，家长有合法稳定职业和合法稳定住所因与学生自身条件无关而获得较低的支持率，由于无法满足该条件的学生比例很低，该准入条件存在的价值和意义也不明显，因此，可逐渐去除该准入条件，

以满足更多随迁子女的升学需求。

（三）通过居住证制度辅助户籍制度，为随迁子女在流入地升学提供平等的机会

武汉市居住证制度的推行很大程度上推动了流动人口与本地人口的融合，然而，根据《武汉市居住证管理暂行办法》，持有居住证的武汉市民享有义务教育阶段儿童入学就读的权益，但暂时未明确保障流动人口随迁子女在中考、高考方面享有与本地户籍学生同等的权利，随迁子女在武汉参加升学考试的意愿也有待充分满足。由于获得居住证者在人口计生、社会保障等基本公共服务方面可与本地市民同等待遇，因此，应当逐步按照该制度给予随迁子女家庭以本地市民待遇，给予随迁子女在当地参加升学考试的资格，从而进一步推动流动人口本地化，通过居住证制度的实施逐步缩小城乡之别、内外之别，逐步将依附于户籍的公共服务优惠与户籍制度剥离。

（四）加强省级教育财政统筹力度，减少流入地地方财政的教育投入压力

流动人口随迁子女数量的日益增加必然会给当地政府带来财政压力，中考和高考准入条件的出现，从根本上在于教育资源的稀缺无法满足所有学生的教育需求。要让受教育者在各地都能享有平等的求学机会，应该加大省级财政对基础教育的统筹力度，同时加大中央财政转移支付，建立学费随学籍走的机制，减少流入地地方财政的教育投入压力，减轻城市负担，这也能促进流出地政府更重视本地的教育发展。

第八章　济南市随迁子女在流入地升学考试调研

一、调研背景

（一）济南市经济社会发展与流动人口基本状况

1. 经济社会发展基本状况

济南市是山东省省会，是山东省的政治经济和科技教育文化中心。截至2018年，济南市共辖历下、市中、槐荫、天桥、历城、长清、济阳、章丘等八区和平阴、商河两县。2014年年末，全市常住人口706.7万人，其中户籍人口621.6万人。[1]近年来，济南市紧紧围绕“加快科学发展，建设美丽泉城”的中心任务，按照稳中求进的工作总基调，凝心聚力，攻坚克难，全力做好稳增长、调结构、促改革、惠民生等各项工作，经济社会发展稳中有进、稳中向好。经济运行保持平稳增长态势，财政税收增长较快，物价总水平保持稳定，居民收入稳步提高。2014年，城市居民人均可支配收入38762.8元，比上年同期增长8.7%，城市居民人均消费性支出22980.7元，增长6.1%；农村居民人均纯收入14726.0元，增长11.2%，农村居民人均生活消费支出8581.4元，增长10.0%。就业形势基本稳定。全年新增城镇就业18.7万人，新增农村劳动力转移就业5.8万人。2014年年末城镇登记失业率2.24%，比上年末降低0.16个百分点。普通中小学在校学生71.31万人，学龄儿童入学率和小学毕业生升学率均为100%。[2]

2. 流动人口基本状况

根据济南市相关部门统计，截至2012年年底，济南市户籍总人口为606.6万人，其中，中心城区户籍人口为349.2万人，登记在册的流动人口为192万人，中心城区流动人口和户籍人口之比接近1∶1.5。[3]近年来济南市流动人口不断增加，非户籍

[1] 济南市统计局，国家统计局济南调查队．2014年济南市国民经济和社会发展统计公报［EB/OL］．［2015-04-22］．http：//www.jinan.gov.cn/art/2015/4/22/art_3503_1996729.html.

[2] 同［1］.

[3] 济南外来人口达192万，主城区外来人口占比近半［N/OL］．济南日报，2012-12-19．http：//news.iqilu.com/shandong/shandonggedi/20121219/1398181.shtml.

人口2014年已达280万人，随迁子女就学矛盾日益突出[1]。

从随迁子女数量的发展趋势看，未来济南市随迁子女数量将保持平稳增长的态势。根据济南市2000年以来流动人口的相关公开数据，建立济南市未来流动人口数量的Logistic预测模型为$y=\frac{k}{1+e^{-a\times(x-b)}}$，其中$x$表示年份，$y$表示流动人口数，$a,b,k$为三个特定参数。为避免自变量$x$与观测值在数量上相差过大，$x$取值的初始年份为1。运用Stata9统计软件可以求出该模型的a,b,k值，该模型可表示为$y=\frac{228.6573}{1+e^{-0.3119374\times(x-7.631512)}}$，均方根误差为9.101237，$R^2$=0.9976。回归方程统计检验达到显著水平（$p$<0.001），整体预测效果较好。

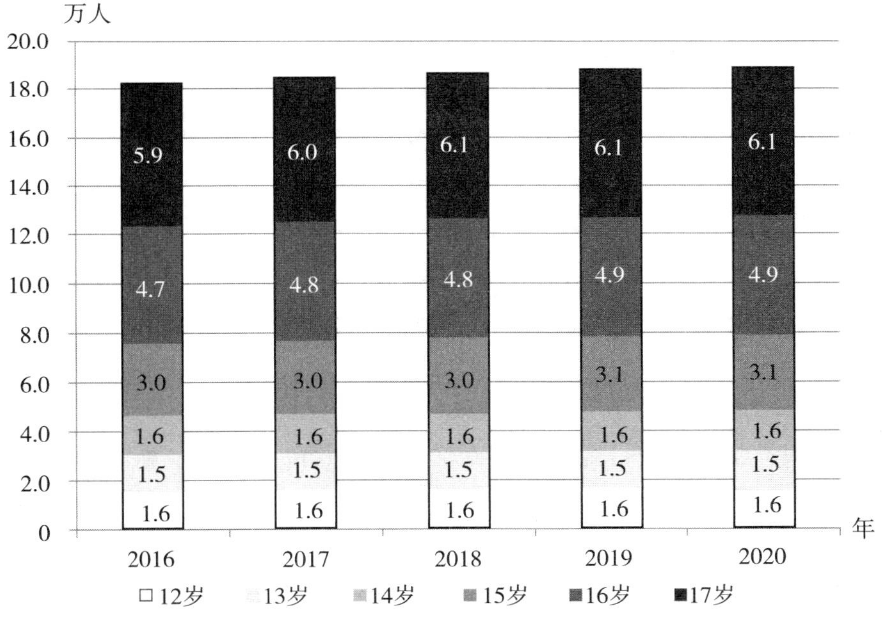

图8-1　济南市随迁子女数量变动趋势

流动人口年龄结构具有相对稳定的特点，据此可以推算未来流动人口随迁子女的数量。由于济南市流动人口年龄结构无数据可查，此处以2010年第六次全国人口普查山东省的流动人口年龄结构替代。如图8-1所示，济南市14岁初中毕业适龄随迁子女在2016～2020年将基本维持在1.6万人这一规模，17岁高中毕业适龄随迁子女2020年将提升到6.1万人。从整体上看，济南市流动人口随迁子女的数量将保持相对

[1] 陈东生：深化教育领域综合改革，推进教育公共服务均等化[EB/OL].[2014-03-06]. http://www.sdedu.gov.cn/sdjy/-wzft/566152/index.html.2014-03.

稳定。

（二）济南市随迁子女教育基本状况

1. 济南市随迁子女受教育现状

2011年，在济南接受义务教育的随迁子女总数是41471人，2012年增加为81389人，2013年为94275人，占城区学校在校生总数的32.13%[1]，随迁子女在济南市入学人数呈递增趋势。2013年济南市有82所随迁子女定点学校，在这些学校就读的随迁子女数量占全市随迁子女总数的48%，另外52%的随迁子女分散到全市各个学校。符合入学条件的流动人口随迁子女均能在济南市接受义务教育。[2]

2. 济南市随迁子女教育的经验与举措

（1）完善政策，保障工作顺利开展

保障随迁子女在流入地接受义务教育，既是教育公益性的内在要求，也是教育公平的体现。济南市积极贯彻国家的有关部署，先后制定并出台了《济南市流动人口子女就学入托管理办法》、《关于做好外来务工就业人员子女接受基础教育工作的意见》以及《关于设立济南市外来务工就业人员子女定点学校的决定》等文件，取消了随迁子女借读费，实现了随迁子女在就学方面与本地市民享受同等待遇。同时为方便随迁子女相对就近入学，济南市还采取在流动人口务工、居住密集区设立定点学校的办法，在满足随迁子女接受义务教育的同时，确保流动人口务工与照顾子女两不误。

（2）加大投入，加强定点学校建设

为加强定点学校建设，使随迁子女享受优质教育，在全市实施中小学标准化工程的基础上，济南市教育局设立专项资金，扶持定点学校发展。2007年至2012年，外来务工专项资金投入9748万元，年均增长49.73%，2013年投入达到3990万元。[3]大量的资金投入，为定点学校建设提供了坚实的物质保障。济南市外来务工人员子女定点学校在全市率先普及了科学探究室的建设，率先实现“班班通”，率先实现了省规范化学校图书配备标准。同时在录播教室建设、多媒体教学设备配备、师资培训、学校管理等方面，各级教育行政部门也给予外来务工人员随迁子女定点学校相应倾斜，基本满足了随迁子女对优质教育的迫切需求。

[1] 陈东生：深化教育领域综合改革，推进教育公共服务均等化［EB/OL］.［2014-03-06］. http：//www.sdedu.gov.cn/sdjy/-wzft/566152/index.html.2014-03.

[2] 尹萍，史春勇．“同城教育”让外来娃泉城圆梦［N］．济南日报，2013-11-27（04）.

[3] 同［2］.

（3）人文关怀，创设平等成长氛围

针对随迁子女流动性大、家庭学习环境不佳、知识技能掌握不系统等问题，济南市不断加强定点学校的文化建设，提升学校在学生教育、教师专业发展、教育环境建设等方面的管理水平。

一是建立机制，加强定点学校管理。定点学校针对随迁子女的基本特点，结合实际，突出特色，推出了一系列有效的教育教学管理措施，启动了随迁子女定点学校内涵提升工程，强化学校管理，提升育人水平，努力关注每一位学生的发展，使随迁子女接受更好的教育。

二是加强关爱，缩短随迁子女融入集体的时间。济南市根据随迁子女区域不同、习惯不同的特点，采取教师家访、召开家长会等形式，从思想、学习、生活上给随迁子女以更多关注和关心。同时，针对随迁子女学习基础较差、对济南陌生或不适应的情况，通过同学间的“手拉手、一帮一”等互助活动，增进学生之间的沟通与了解，使来自不同地区的孩子尽快适应环境，尽早融入集体。

三是以人为本，倡导平等。各定点学校以各种形式设立奖学金、助学金，帮助家庭经济困难的随迁子女完成学业，从思想、学习、生活上给予更多的关注和关心。在收费、奖励、评优、加入少先队与共青团以及参加校内外活动等方面，随迁子女与当地学生享受同等待遇，同样享受教育系统“爱心助学基金”的资助和政府设立的特困学生救助资金。

（4）多措并举，不断提升教育服务水平

鉴于现阶段的城乡差别，济南市各级教育行政部门针对外来务工就业人员子女的基本特点，结合实际，推出了一系列措施。在市级层面，2012年10月，济南市教育局在全市外来务工定点学校组织开展了“爱在校园——教育志愿者在行动”的活动；针对随迁子女放学后无人照管的实际情况，建立了“四点半学校”，通过招募教育志愿者，利用学校的教育教学设施，为学生提供帮助。[1]在县区层面，历下区要求定点学校严格采取混合编班、同班上课的形式实行无差别教育；市中区确定“使每一个外来务工就业人员子女都能得到和谐发展”的目标，建立动态学籍管理制度，实行“随来随建，随走随迁”的弹性学籍管理；槐荫区还专门设计了随迁子女学籍档案卡，实行特殊学籍管理办法，促使学校与随迁子女家庭积极联系，防止因流动性强等原因造成的学生辍学。

[1] 济南教育局实行多项举措让外来务工子女平等受教［EB/OL］.［2014-7-11］. http：//edu.iqilu.com/news/20140711/2061576.shtml.

3. 济南市随迁子女教育的问题与挑战

（1）就学证明材料办理困难

现有随迁子女入学政策在保障该群体就学方面发挥了有效作用，但办理程序中要求的随迁子女申请就学条件为“五证齐全”，即证明子女关系的户籍证明、务工证明、暂住证（居住证）、现居住（租住）地证明、原户籍所在地教育行政部门出具的同意外出接受义务教育的证明，这样就把许多不具备稳定工作及稳定居所的人群排除在外。有调查显示，因证件不全，不符合入学条件而需缴纳赞助费的随迁子女占11.0%，认为入学手续繁杂、办理起来比较困难的被调查者占82.0%，48.0%的被调查者提出希望能够就近入学。[1]

（2）定点学校接纳积极性不高

济南市设立随迁子女定点学校的做法在保证入学机会平等的同时，人为地划分了受教育者的身份，不利于真正意义上教育机会平等的实现。受经费、管理、社会等因素影响，学校在接收随迁子女就学方面存在畏难情绪。

（3）政府相关部门职责较模糊，难以形成工作合力

目前，教育部门直接承担就学保障责任，但发展改革部门、财政部门、公安部门等相关部门职责模糊，对这一复杂社会问题的解决缺乏统筹。这突出表现在，流动人口没有实际纳入城市社会事业发展计划，缺乏人数预测机制；定点学校容纳量有限，功能室挤占现象严重，师资短缺等。由于随迁子女就学需求难以预测，人口的频繁流动会造成不同时段不同区域就学需求的变化，一旦出现“井喷”现象，教育部门便难以应对。

（4）随迁子女流动性强，学籍管理难度较大

随迁子女流动性强，学生不打招呼就转回原籍的现象尤为突出，这不仅不利于学生的学业发展，也给学校的学籍管理造成困难，甚至造成孩子辍学失学。由于随迁子女流动性强，可能会花费学校和老师的很大精力，因此会对教师的工作积极性产生影响。

（三）济南市随迁子女义务教育后升学考试政策状况

1. 政策演进轨迹及政策主要内容

（1）济南市随迁子女在流入地中考政策演进与主要内容

1998年，《流动儿童少年就学暂行办法》规定流动儿童少年就学以流入地人

[1] 陈敏. 进城务工人员随迁子女义务教育权利保障问题研究［D］. 济南：山东师范大学，2013.

民政府为主、以公办中小学为主的政策要求。2002年济南市教育局、公安局联合出台《济南市流动人口子女就学入托管理办法》，规定“各级各类中小学具体承担流动人口子女接受义务教育的管理职责，不得拒收属于本校学区内的流动人口子女入学”。关于随迁子女完成义务教育后的升学考试政策，该办法明确规定：流动人口子女在济南市接受完九年义务教育的，发给相应的义务教育证书或证明，并可在该市参加中考，经考试录取后进入高中阶段学习；高中学校应为其就学提供方便，在收费项目和标准上与有本地户口的学生一样对待；流动人口子女在奖励、评优、申请加入少先队和共青团、参加校内外活动等方面，与正常入学的学生同等对待。

2003年，济南市人民政府办公厅印发《关于做好外来务工就业人员子女接受基础教育工作的意见》，要求各县（市、区）政府全面负责随迁子女接受基础教育的工作，各级教育行政部门和中小学要建立和完善工作制度，具体实施外来务工就业人员子女接受基础教育工作，确保随迁子女能够接受与当地居民子女同等条件的基础教育。该文件明确规定“允许外来务工就业人员子女在济参加中考，与当地居民子女享受同等待遇”。由此，济南市随迁子女在流入地中考政策正式确立。

济南市为贯彻国家和省教育行政部门改革中考制度的政策要求，于1998年起尝试在中考招生过程中试行指标生分配录取制度。指标生政策是国家保证教育起点公平，全面实施素质教育，推进教育均衡发展的重要措施。自1997年起，山东省教育厅为贯彻国家教委《关于当前积极推进中小学实施素质教育的若干意见》文件精神，先后下发了《关于改革中考招生制度的决定》《印发关于进一步完善中考招生制度的意见的通知》《关于进一步深化中考招生制度改革有关问题的通知》，要求“重点高中招生指标的大部或全部分配到县（市、区）、乡镇或初中，形成素质教育的导向机制，推动基础教育的综合改革”，“自1998年起，各地市要拿出重点高中招生计划60%左右的比例，分配到市内各区，由各区按在校生人数和评价结果分配到各初中学校。今后，此比例要逐年增加”。

2006年，济南市政府明确提出“公办学校要严格控制招收择校生。凡初中阶段择校生自2009年起不享受中考指标生和推荐生待遇”。2007年，济南市规定“自2007年起，小学阶段择校生在中考时同初中择校生一样一律不享受指标生和推荐生待遇”。随迁子女与本地户籍人口子女享受平等待遇。在济南市教育局每年发布的中小学招生工作意见中，高中阶段报名条件规定普通高中、职业中专、职业高中招生对象为合格初中毕业生（包括在济南市取得义务教育证书的外来务工人员子女）。

（2）济南市随迁子女在流入地高考政策简述

2012年12月，山东省出台《关于做好进城务工人员随迁子女接受义务教育后在当地参加升学考试工作的实施意见》，规定从2014年起，凡具有山东省高中段学校学籍并有完整学习经历的合格毕业生均可在山东省就地（所就学的高中段学校所在地）报名参加高考，并与当地考生享受同等的录取政策。山东省在流入地高考的准入条件仅为高中学籍、三年学习经历、合格毕业等三项。这一政策符合国家积极推进教育公平的政策导向，条件相对合理，有利于保障随迁子女在流入地平等参加高考的权利。尽管如此，山东省内的大城市在执行这一政策时压力较大，但济南市严格执行这一在流入地高考政策，没有增加其他在流入地高考的准入条件。

2. 政策实践状况

（1）全面落实随迁子女在流入地中考政策，推进义务教育学校均衡发展

济南市自2002年起允许随迁子女在济南参加中考，随迁子女参加中考的前提条件是在济南接受义务教育，取得相应的义务教育证书或证明。为保证随迁子女义务教育的实施，2003年11月，济南市教育局决定设立济南市随迁子女定点学校，方便随迁子女相对就近入学，在满足随迁子女接受义务教育的同时，确保流动人口务工与照顾子女两不误。首批定点学校9所，此后根据随迁子女实际需要逐年增加，2013年全市共有82所随迁子女定点学校，约占城区中小学总数的1/3。定点学校还将逐步增多，直到某一个阶段，全市所有学校都接收随迁子女，也就自然取消定点学校了。济南市教育局针对随迁子女特点，每年组织专门人员对定点学校管理、课程设置、德育工作以及专款使用等情况进行专项督导，确保随迁子女在济南市接受同城教育。在济南取得义务教育证书的学生，中考时与本地户籍的学生一样，故济南市在流入地中考政策已普遍落实。

2013年济南实行了义务教育阶段学区集中公示制度，并坚持小学全部划片招生、初中整体对口入学，坚持义务教育各学段择校生在普通高中录取时不享受指标生和推荐生待遇，使家长择校的意愿逐步降低，并规定义务教育阶段学校禁止收取择校费，进一步降低了学校招收择校生的利益驱动。济南市义务教育阶段的“择校热”得以有效控制，推进了义务教育学校的均衡发展。

（2）随迁子女在流入地高考政策顺利实施

2014年是山东省，也是济南市在流入地高考政策实施的第一年。从全省情况看，高考报名人数为558259人，比上一年增加24914人，非山东户籍考生报名数量达到9536人，居全国首位。济南市共有34869名考生参加高考，比上一年增加2040

人。[1] 以山东师范大学附属中学为例，2014年有近30名非山东户籍的学生参加高考。作为在流入地高考政策的受益者，许多考生和家长都支持山东省出台的在流入地高考政策。由于许多随迁子女都是从小学起就在济南接受教育，他们认为在济南参加高考顺理成章。当然，也有部分考生选择回原籍地参加高考，因为山东省录取分数高，竞争压力大。总之，在流入地高考政策确实增加了学生高考的选择，彰显了对学生的人性关怀。

二、研究设计与过程

（一）调研实施

1. 调研任务

2014年4月，课题组针对随迁子女在流入地参加升学考试（以下简称“在流入地考试”）问题对随迁子女数量较大的济南市A区开展调研。由于济南市民办学校较少，所以选择的4所学校均为公办学校，且就读的随迁子女较多，能够满足调研要求。课题组人员分组对调研学校的学生、教师和家长开展问卷调查，并对调研学校的部分学生、家长、校长和教师做进一步的访谈。

2. 样本的选取

本调研采用整群抽样的方式，为了不影响学校的正常教学秩序，由学校安排专门负责的老师根据本方案要求发放并回收问卷。在每所学校均与学校负责人以及抽取的教师、学生、家长进行现场访谈，有2名教育教学管理部门负责人、4名学校负责人、20名教师、40名学生家长、40名学生接受了访谈。

3. 样本描述

调研问卷的发放与回收情况见表8–1。

表8–1　调研问卷的发放与回收

调研对象	发放问卷数量（份）	有效问卷数量（份）	有效问卷回收率（%）
初中学生	480	315	65.6
高中学生	480	406	84.6
初中学生家长	240	228	95.0
高中学生家长	240	190	79.2
初中教师	120	87	72.5
高中教师	120	100	83.3

[1] 冯瑜，史春勇. 济南34869名学子赶考[N]. 济南日报，2014–06–08（A1）.

（1）初中学生问卷

发放问卷480份，回收有效问卷315份，有效问卷回收率65.6%。其中，有效问卷中随迁子女学生有194名，比例为61.6%。

（2）高中学生问卷

发放问卷480份，回收有效问卷406份，有效问卷回收率84.6%。其中，有效问卷中随迁子女学生有254名，比例为62.6%。

（3）初中学生家长问卷

发放问卷240份，回收有效问卷228份，有效问卷回收率95.0%。其中，有效问卷中随迁子女家长有129名，比例为56.6%。

（4）高中学生家长问卷

发放问卷240份，回收有效问卷190份，有效问卷回收率79.2%。其中，有效问卷中随迁子女家长有111名，比例为58.4%。

（5）初中教师问卷

发放问卷120份，回收有效问卷87份，有效问卷回收率72.5%。

（6）高中教师问卷

发放问卷120份，回收有效问卷100份，有效问卷回收率83.3%。

（二）数据处理

问卷回收后，按照统一的编码手册和录入要求将所有数据输入计算机，经过核实、整理后的数据采用SPSS16.0软件进行数据处理和相关统计分析。

三、研究发现

（一）政策知晓状况

1. 相关利益群体对随迁子女在流入地升学考试政策的知晓度不高

济南市遵循山东省在流入地考试的方案，从2014年开始允许随迁子女在济南参加高考，但对这一实施时间，知道的高中学生和家长不多，但知道的家长比学生多一些，近六成的学生和近五成的家长表示“不清楚”，具体数据见表8–2。

表8–2　对在流入地高考政策实施时间的了解

	选择正确（%）	不清楚（%）
高中学生	17.6	59.7
高中学生家长	30.8	47.8

高中教师负有对学生升学进行指导的责任，但教师对允许随迁子女在济南市参加高考的2014年这个时间点也并不是很清楚，只有四成的教师选择了“2014年”，有四成的教师错误选择“不允许报考”，具体数据见图8-2。

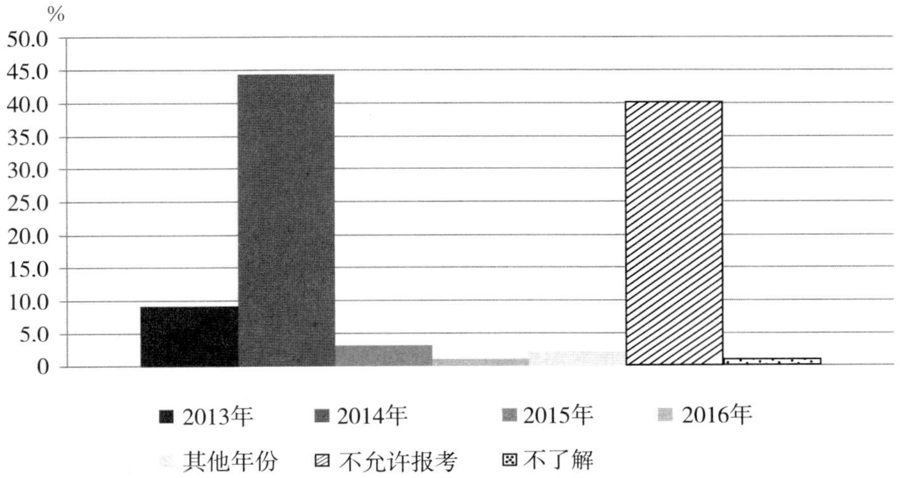

图8-2　所在城市从哪一年开始允许随迁子女在当地参加高考

初中学生对所在城市是否允许随迁子女报考本地职业学校或高中并不是很了解，超过三成的学生直接选择“不知道”，具体数据见图8-3。

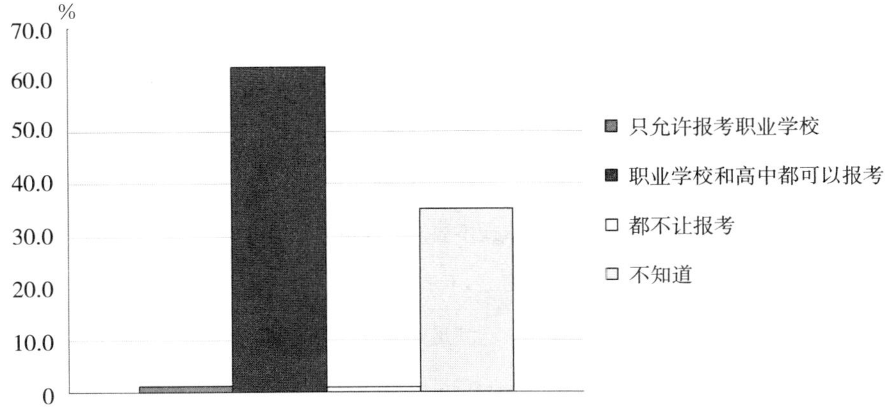

图8-3　所在城市允许随迁子女中考报考哪种类型的学校

高中学生对所在城市允许随迁子女高考报考学校的类型更不清楚，超过一半的学生直接选择“不知道”，具体数据见图8-4。

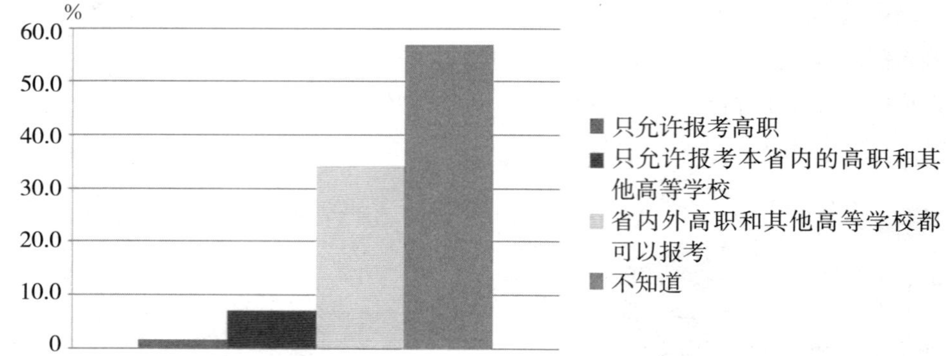

图8-4　所在城市允许随迁子女高考报考哪种类型的学校

非本地户籍的初中学生对自己是否符合在本地参加中考的条件并不了解。实际上，在济南市接受义务教育，取得义务教育证书或证明即可在济南市参加中考。要取得济南市义务教育学籍，并不需要家长的社保证明，甚至也不需要家长有稳定的职业，居住证或暂住证是最重要的条件。学生的回答见表8-3。

表8-3　非本地户籍初中学生对自己是否符合在本地参加中考条件的回答

		百分比（%）
本地学籍证明	已满足此条件	76.4
	未满足此条件	6.2
	本地不要求此条件	0.6
	不清楚	16.9
本地连续就学年限	已满足此条件	72.1
	未满足此条件	5.6
	本地不要求此条件	1.7
	不清楚	20.7
居住证或暂住证	已满足此条件	88.2
	未满足此条件	1.7
	本地不要求此条件	1.7
	不清楚	8.4

续表

		百分比（%）
家长社保证明	已满足此条件	58.4
	未满足此条件	12.4
	本地不要求此条件	2.2
	不清楚	27.0
家长有合法稳定职业	已满足此条件	76.7
	未满足此条件	8.5
	本地不要求此条件	2.8
	不清楚	11.9
有稳定住所	已满足此条件	75.6
	未满足此条件	10.8
	本地不要求此条件	4.0
	不清楚	9.7

非本地户籍高中学生对自己是否符合在本地参加高考的条件有一定的了解。济南市在流入地高考的条件有高中学籍、三年学习经历、合格毕业，不需要家长社保证明，甚至也不需要家长有合法稳定的职业，与三个准入条件相关的是居住证或暂住证。学生的回答见表8–4。

表8–4　非本地户籍高中学生对自己是否符合在本地参加高考条件的回答

		百分比（%）
本地学籍证明	已满足此条件	76.9
	未满足此条件	4.5
	本地不要求此条件	1.4
	不清楚	17.2
本地连续就学年限	已满足此条件	70.1
	未满足此条件	5.0
	本地不要求此条件	1.4
	不清楚	23.5
居住证或暂住证	已满足此条件	78.3
	未满足此条件	3.2
	本地不要求此条件	2.3
	不清楚	16.3

续表

		百分比（%）
家长社保证明	已满足此条件	45.8
	未满足此条件	8.8
	本地不要求此条件	3.7
	不清楚	41.7
家长有合法稳定职业	已满足此条件	67.9
	未满足此条件	6.4
	本地不要求此条件	1.8
	不清楚	23.9
有稳定住所	已满足此条件	70.2
	未满足此条件	7.8
	本地不要求此条件	2.8
	不清楚	19.3

2. 相关利益群体获知在流入地升学考试政策的渠道以电视和学校为主

学生和家长获知随迁子女在流入地升学考试政策信息的渠道比较广泛，学校、老师并不是他们获知在流入地考试信息的最主要渠道，电视是高中学生以及家长获知政策信息的首要渠道，只有初中学生选择学校和老师为获知政策信息的首要渠道。此外，还有部分学生和家长表示从没有听说过该政策。具体数据见表8–5、表8–6、表8–7、表8–8。

表8–5 初中学生关于在流入地升学考试政策信息获取渠道的回答

选项	百分比（%）
从没听说过	11.8
电视	17.2
报纸	9.2
网络	14.3
广播	1.0
学校和老师	29.0
同学和朋友	2.5
家长	13.7
其他	1.3

表8-6　高中学生关于在流入地升学考试政策信息获取渠道的回答

选项	百分比（%）
从没听说过	14.4
电视	25.6
报纸	11.5
网络	14.4
广播	0.7
学校和老师	24.6
同学和朋友	3.1
家长	4.3
其他	1.4

表8-7　初中学生家长关于在流入地升学考试政策信息获取渠道的回答

选项	百分比（%）
从没听说过	10.0
电视	26.6
报纸	14.8
网络	12.2
广播	2.2
学校和老师	17.9
同事和朋友	8.3
孩子回家说的	1.3
其他	6.7

表8-8　高中学生家长关于在流入地升学考试政策信息获取渠道的回答

选项	百分比（%）
从没听说过	7.4
电视	39.9
报纸	23.4
网络	9.0
广播	0.5
学校和老师	7.4
同事和朋友	5.9
孩子回家说的	4.3
其他	2.2

访谈发现，大部分本地学生对在流入地考试政策不了解，外地学生大多是从父母处听说，但内容并不准确。以上数据可以解释为什么相关利益群体尤其是学生与家长对在流入地升学考试政策虽然关心但不清楚具体内容：学校、老师不重视，没有向学生、家长进行政策解说，家长从其他渠道获知的政策信息准确度不高。

（二）政策接纳状况与选择意愿分析

1. 相关利益群体支持在流入地升学考试政策

不论是学生、家长，还是教师，对在流入地升学考试政策支持的比例远远大于反对的比例，说明在流入地升学考试政策在济南得到各个利益群体的支持，不过需要注意的是，学生和家长对在流入地升学考试政策的支持度均高于教师。具体数据见表8–9。

表8–9　各群体对在流入地升学考试政策的态度

群体类别	支持的比例（%）	反对的比例（%）
初中学生	64.0	8.6
高中学生	（65.7）	（9.6）
初中学生家长	62.7（64.8）	7.9（9.6）
高中学生家长	（63.2）	（18.1）
初中教师	55.2（51.7）	13.7（13.8）
高中教师	50.0（50.5）	13.3（14.4）

注：括号中的数据是该群体对在流入地高考政策的态度

济南市的在流入地中考条件相对单一，只要在该市取得义务教育证书即可参加中考，在流入地高考的条件是高中学籍、三年学习经历和合格毕业，没有附加其他的条件，这样的政策规定得到学生、家长尤其是外地学生和家长的欢迎。因此，以学籍而不是以其他标准作为在流入地考试的准入条件是合理的，也是合适的。

部分本地学生和家长对在流入地考试政策还是有一些抵触情绪，毕竟这一政策的实施给本地学生带来更大的压力，但矛盾并不突出。访谈时，一些本地家长虽然认为在流入地升学考试政策会占据本地的生源名额，孩子的竞争压力大了，但仍然表示“这些外来务工的人员不容易，为这个城市做了巨大的贡献，这个政策对他们来说确实很好”。

2. 随迁子女和家长大多选择在流入地参加升学考试

调查显示，非本地户籍初中学生可以在流入地参加中考后，近八成的随迁子女学生选择在流入地上学，选择回原籍地上学的不足一成，具体数据见图8-5。

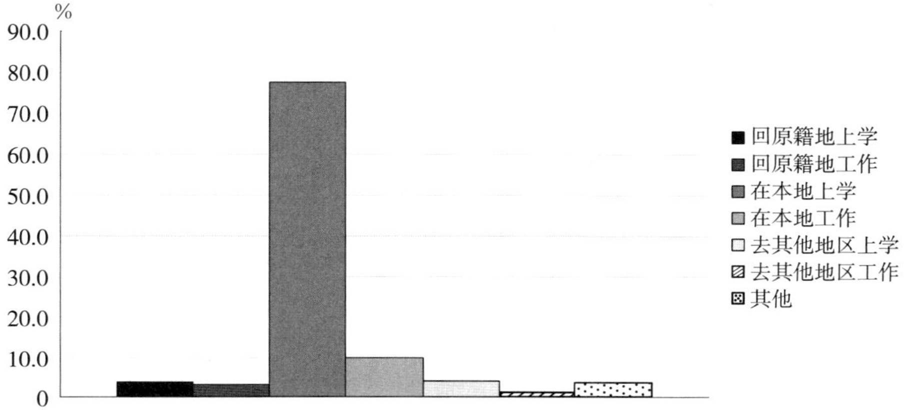

图8-5　允许非本地户籍学生在本地参加中考，你会选择哪些出路

非本地户籍初中学生如果不能在流入地参加中考，近四成的学生选择回原籍地上学，超过选择在本地上学的比例，具体数据见图8-6。

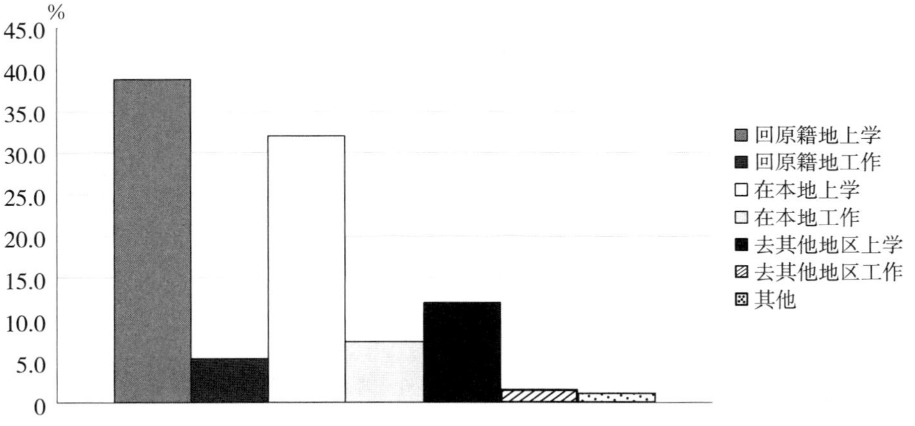

图8-6　如果不允许非本地户籍学生在本地参加中考，你会选择哪些出路

非本地户籍高中学生可以在流入地参加高考后，约七成五的学生选择在本地参加高考，选择回原籍地参加高考的只有1.3%，具体数据见图8-7。

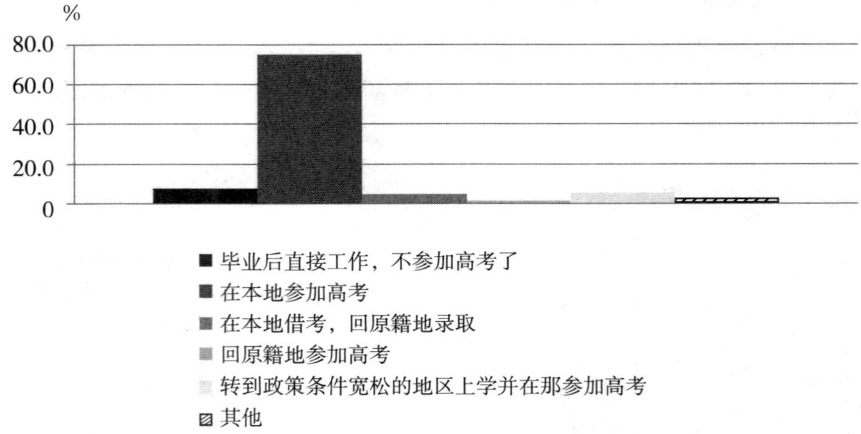

图8-7 允许非本地户籍学生在本地参加高考，你会选择哪些出路

非本地户籍高中学生如果不能在流入地参加高考，近四成的学生选择回原籍地参加高考，超过选择在本地参加高考的比例，而选择“毕业后直接工作，不参加高考了”的比例有明显提高，具体数据见图8-8。

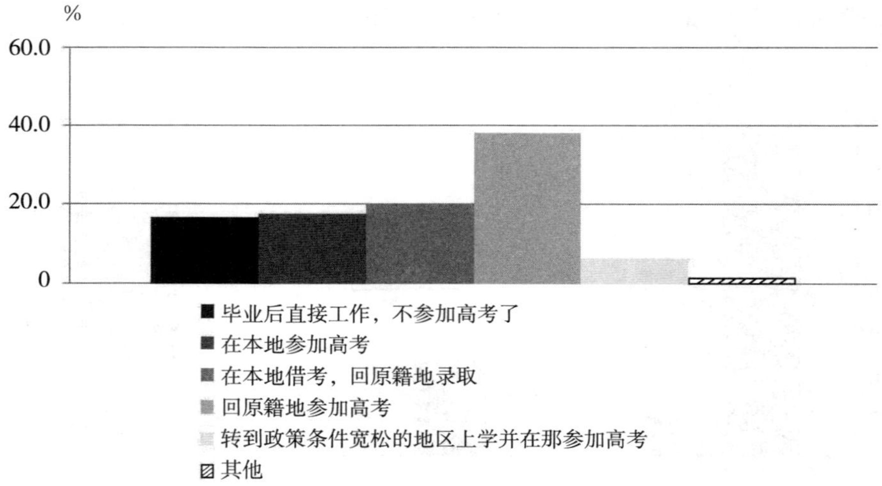

图8-8 如果不允许非本地户籍学生在本地参加高考，你会选择哪些出路

初中学生家长的选择与学生的选择一样，不论是在允许非本地户籍学生在流入地升学考试之前还是之后，大部分初中随迁子女家长都会让孩子继续上学，不过在允许非本地户籍学生在流入地升学考试后，更多的家长选择让孩子在本地上学。具体数据见图8-9、图8-10。

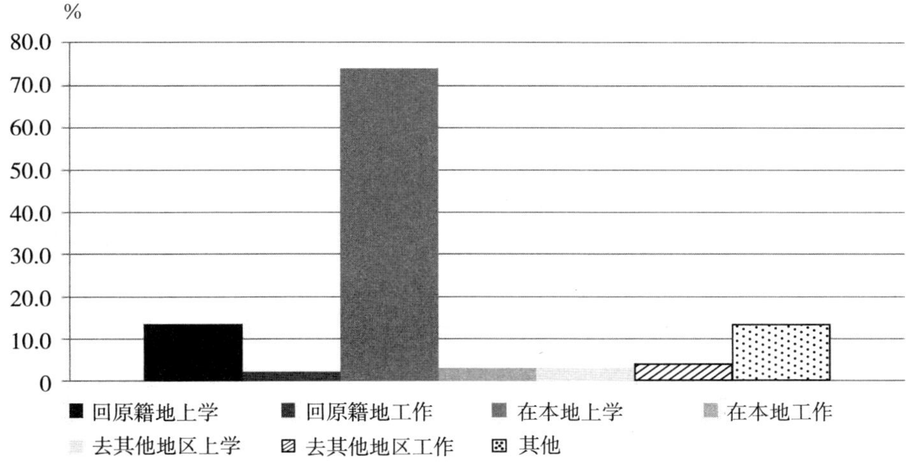

图8-9　允许随迁子女在流入地升学考试前，家长会让孩子初中毕业后做何选择

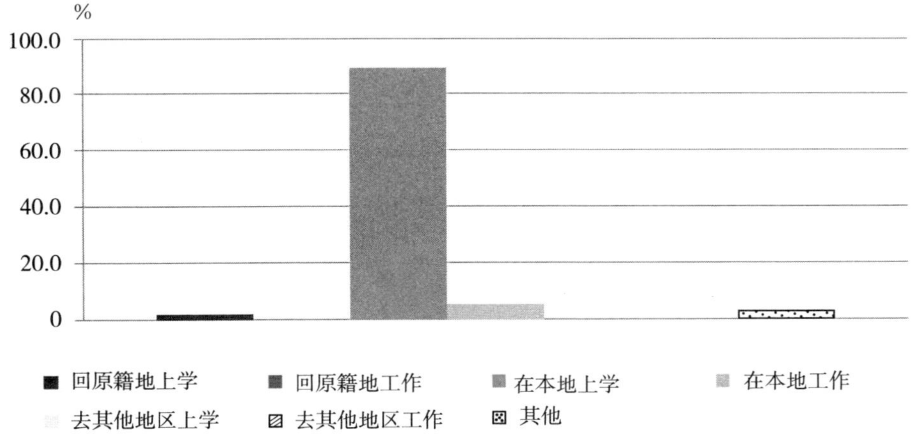

图8-10　允许随迁子女在流入地升学考试后，家长会让孩子初中毕业后做何选择

允许非本地户籍学生在流入地高考之前，约四成的高中学生家长会让孩子回原籍地参加高考，超过选择在本地参加高考的比例，而在允许非本地户籍学生在流入地高考之后，绝大多数家长选择让孩子在本地高考。具体数据见表8-10、表8-11。

表8-10　允许非本地户籍学生在流入地高考之前，家长会让孩子在哪参加高考

选项	百分比（%）
毕业后直接工作，不参加高考了	7.0
在本地参加高考	35.2
在本地借考，回原籍地录取	7.0
回原籍地参加高考	43.7
转到政策条件宽松的地区上学并在那参加高考	5.6
其他	1.4

表8-11　允许非本地户籍学生在流入地高考之后，家生会让孩子在哪参加高考

选项	百分比（%）
毕业后直接工作，不参加高考了	0
在本地参加高考	88.7
在本地借考，回原籍地录取	7.0
回原籍地参加高考	2.8
转到政策条件宽松的地区上学并在那参加高考	0
其他	1.4

（三）政策实施效果与评价

1. 在流入地考试政策对学生的发展与学业选择产生积极影响

在流入地考试政策体现了教育公平的要求，符合各利益群体的预期，因此政策推进顺利。访谈时，学校管理者普遍对这一政策持积极态度。两所初中学校的校长表示，在日常教育教学工作中，学校淡化本地和外地学生的区分，致力于融合本地学生与外地学生的关系。在流入地高考对高中学校的教育管理产生一定的影响，外地学生既可以选择在济南参加高考，也可以选择回原籍地参加高考。由于山东省高考竞争激烈，录取分数线较高，所以相当一部分外省籍的高中学生选择回原籍地参加高考，对学校的正常教育教学秩序有一定的影响。两所高中学校校长均表示，尊重学生高考的选择权，努力提升教育服务的水平。

问卷调查结果表明，各利益群体对在流入地考试政策对学生的影响的评价有所差异。高中教师更多地认为在流入地高考政策对随迁子女的学习态度、学习成绩以及心理变化没有影响，部分初中教师认为政策对随迁子女的学习态度有消极的影响，对学习成绩和心理变化有积极的影响。初中学生更多地认为在流入地考试政策

对自己的学习态度、学习成绩以及心理变化有积极的影响，而高中学生认为对学习态度有积极影响的比例最高，认为对学习成绩和心理变化没有影响的比例超过认为有积极影响的比例。具体数据见表8–12。

表8–12　在流入地升学考试政策对学生的影响

		积极（%）	无影响（%）	消极（%）
初中教师	对随迁子女学习态度的影响	27.6	42.5	29.8
	对随迁子女学习成绩的影响	47.1	35.3	17.6
	对随迁子女心理变化的影响	53.5	29.1	17.5
高中教师	对随迁子女学习态度的影响	23.4	64.3	12.2
	对随迁子女学习成绩的影响	24.2	66.3	9.5
	对随迁子女心理变化的影响	37.5	54.2	8.3
初中学生	对自己学习态度的影响	58.4	33.7	8.0
	对自己学习成绩的影响	47.3	44.3	8.4
	对自己心理变化的影响	58.6	35.9	5.5
高中学生	对自己学习态度的影响	46.4	42.0	11.5
	对自己学习成绩的影响	42.6	44.1	13.3
	对自己心理变化的影响	42.4	45.1	12.5

关于在流入地考试政策对学生学习积极性的影响，初中学生家长和高中学生家长大多认为孩子学习积极性有提高，具体数据见表8–13。

表8–13　允许非本地户籍学生在流入地升学考试后，孩子学习积极性的变化

	提高（%）	无变化（%）	下降（%）
初中学生家长	55.2	36.2	8.6
高中学生家长	51.2	32.8	16.0

问卷调查中，不论是学生还是家长，均认为允许非本地户籍学生在流入地升学考试后，本地学生与非本地学生关系的融洽程度没有影响，甚至有所提高，具体数据见表8–14。

表8–14　允许非本地户籍学生在流入地升学考试后，学生关系的融洽程度变化

	提高（%）	没有变化（%）	下降（%）
初中学生	52.3	35.7	12.0
高中学生	48.8	35.9	15.3
初中学生家长	47.9	45.7	6.4
高中学生家长	39.8	47.9	12.2

在流入地升学考试政策对学生的学业选择有积极的影响。不论是在允许非本地户籍学生在流入地升学考试前，还是在允许非本地户籍学生在流入地升学考试后，绝大多数初中学生都想上高中，知道可以在流入地中考后，选择上高中的比例有所提高，不再有人选择“不上学了，直接工作”。具体数据见图8-11、图8-12。

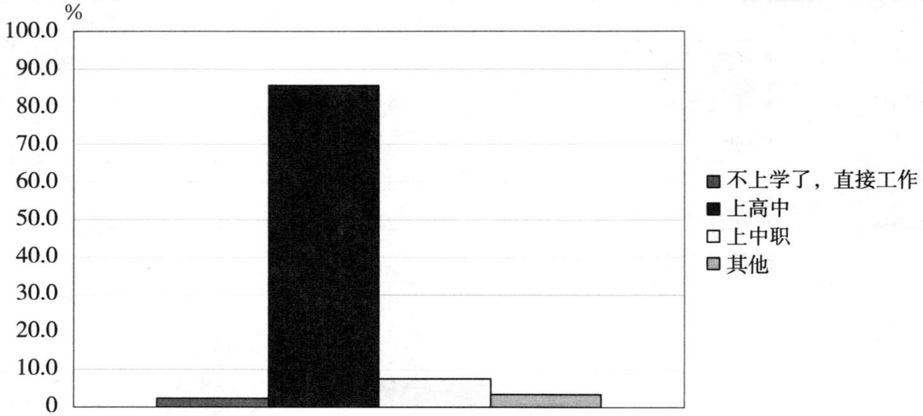

图8-11　允许在流入地升学考试前，你初中毕业后想上什么学校

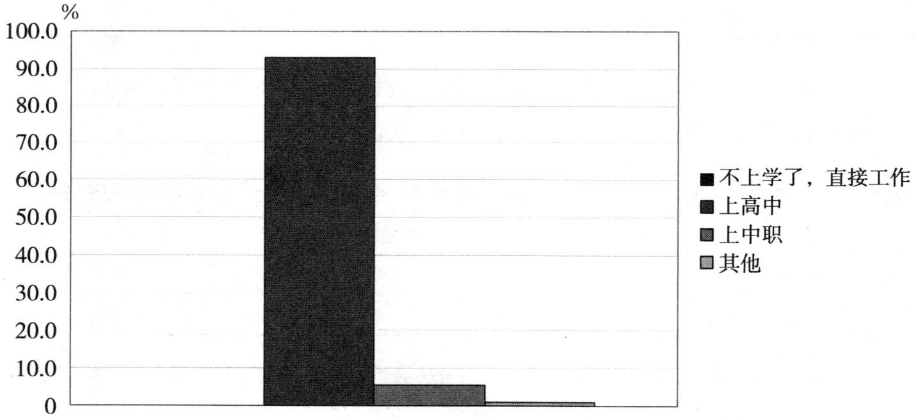

图8-12　允许在流入地升学考试后，你初中毕业后想上什么学校

不论是在允许非本地户籍学生在流入地升学考试前，还是在允许非本地户籍学生在流入地升学考试后，约九成的高中学生都想参加高考，只是知道可以在流入地高考后，超过八成的学生选择在本地参加高考，选择“毕业后直接工作，不参加高考了”的比例有所降低。具体数据见图8-13、图8-14。

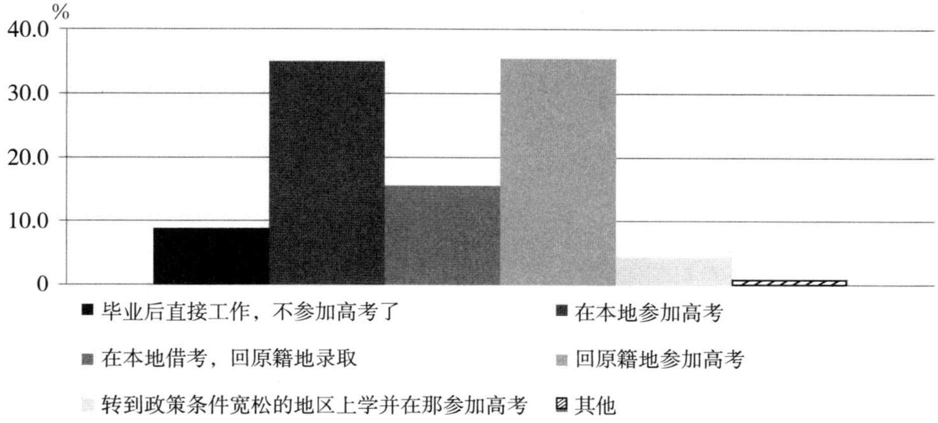

图8–13　允许非本地户籍学生在流入地高考之前，你会在哪里参加高考

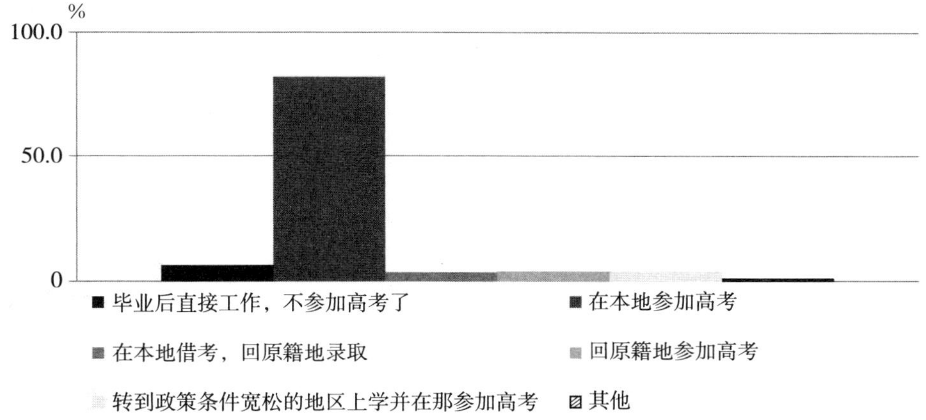

图8–14　允许非本地户籍学生在流入地高考之后，你会在哪里参加高考

2. 济南市在流入地升学考试政策的条件设置得比较适当

济南市在流入地中考条件相对单一，只要在济南市取得义务教育证书的都可在当地参加中考；高考的条件有3个——高中学籍、三年学习经历和合格毕业，没有附加其他的条件。这样的条件设置符合相关利益群体的政策预期。问卷调查中，关于随迁子女在流入地考试政策所设定条件的合理性，各利益群体均优先选择“本地学籍证明”，并且，高中段各利益群体比初中段各利益群体更认同学籍证明的合理性。具体数据见表8–15。

表8–15　各群体认为随迁子女在流入地考试政策所设定条件合理性的比例

类别	本地学籍证明（%）
初中学生	57.2
高中学生	60.5
初中教师	39.5
高中教师	52.0
初中学生家长	50.0
高中学生家长	61.7

当然，并不是所有随迁子女都符合济南市在流入地考试的条件，部分家长认为当地学生学籍证明也很难取得。在访谈时，部分随迁子女家长表示，由于工作流动性大，平时忙于工作，子女就读学校变动频繁导致学籍取得困难。但从教育发展和学生成长的角度来说，取得学籍应是学生升学考试的基本条件，学生入学时，学校要把相关学籍管理政策向家长说明，并帮助学生办理入学手续，以取得当地学籍。

3. 学生和家长对在流入地考试政策实施情况比较满意

初中学生对在流入地中考政策给予积极的评价，超过五成的初中学生认为这一政策满足了随迁子女的升学需求，具体数据见图8–15。

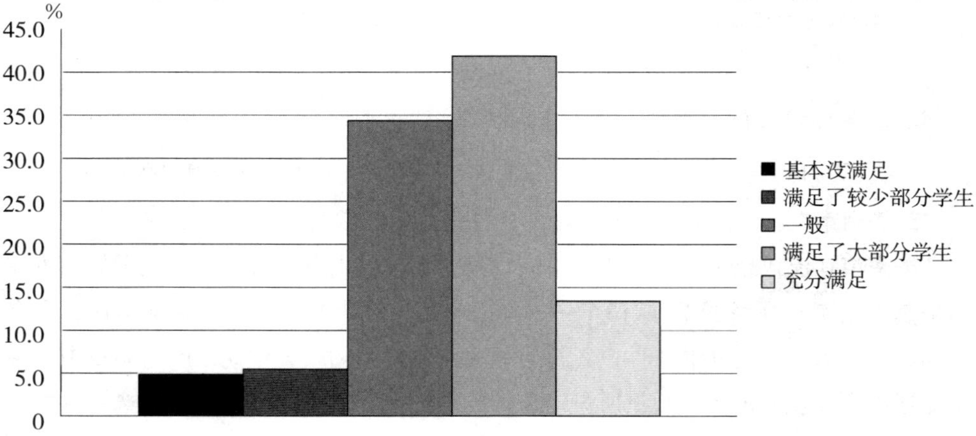

图8–15　在流入地中考的政策是否满足了随迁子女的升学考试需求

高中学生对在流入地高考政策给予较为积极的评价，近五成的高中学生认为这一政策满足了随迁子女的升学需求，具体数据见图8–16。

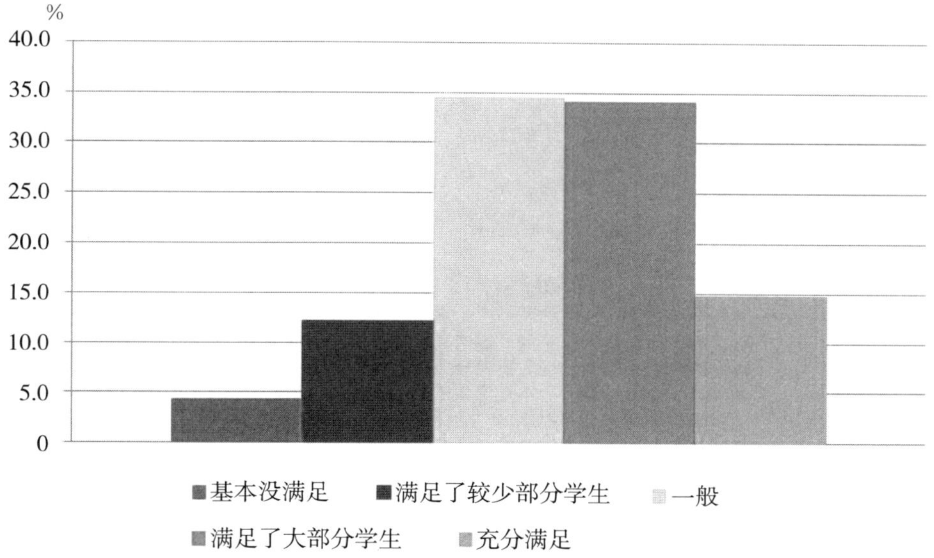

图8-16 在流入地高考的政策是否满足了随迁子女的升学考试需求

关于在流入地升学考试政策的实施情况，超过五成的初中学生家长和超过四成的高中学生家长表示满意，选择不满意的均不足13%，见表8-16。

表8-16 您对在流入地升学考试政策的实施情况满意吗

选项	初中学生家长（%）	高中学生家长（%）
不满意	2.7	4.3
不太满意	4.9	8.6
一般	40.3	43.3
比较满意	25.7	24.1
非常满意	26.5	19.8

4. 相关利益群体担心在流入地考试政策的实施会导致大量“高考移民”出现

在随迁子女在流入地考试政策推行和实施的过程中，初中学生、高中学生、初中学生家长和高中学生家长都担心会“出现大量钻政策空子的‘高考移民’”，按担心程度由高到低排序为高中学生、初中学生家长、初中学生、高中学生家长。

近五成的高中学生担心“出现大量钻政策空子的‘高考移民’”，具体数据见图8-17。

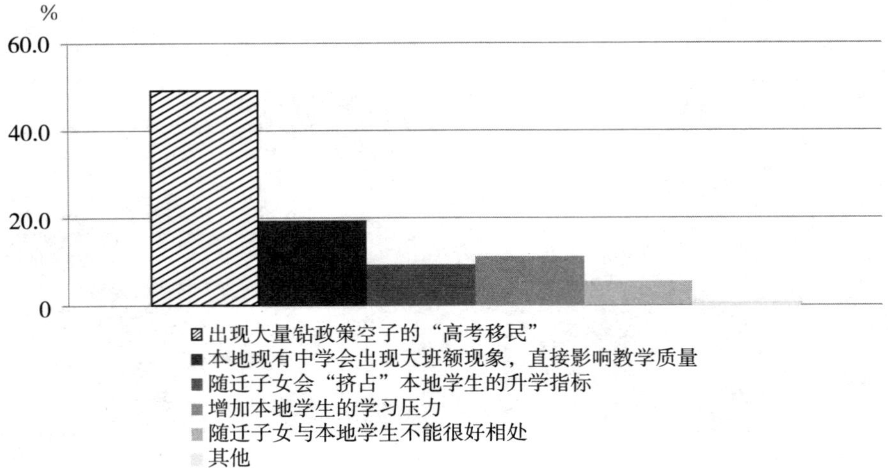

图8-17　在在流入地考试政策推行和实施的过程中，高中学生主要担心的问题

在随迁子女在流入地考试政策推行和实施的过程中，约四成五的初中学生家长担心“出现大量钻政策空子的‘高考移民’”，具体数据见图8-18。

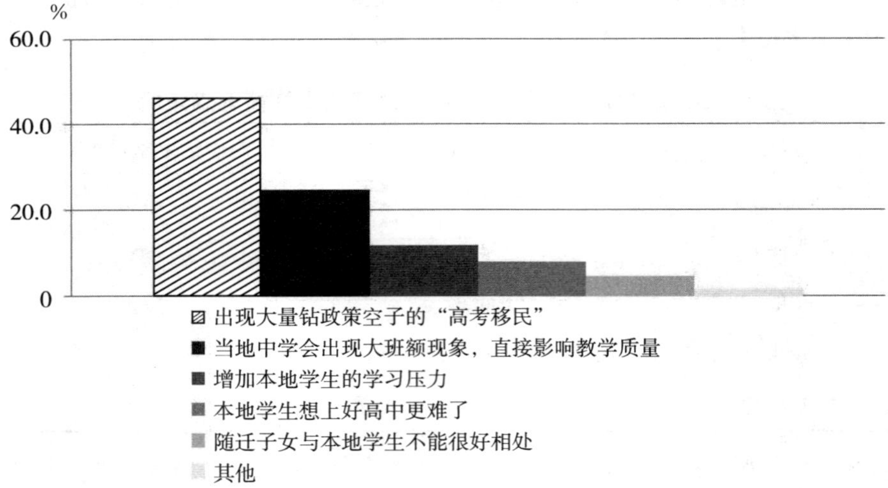

图8-18　在在流入地考试政策推行和实施的过程中，初中学生家长主要担心的问题

近四成的初中学生担心“出现大量钻政策空子的‘高考移民’”，具体数据见表8-17。

表8-17　在在流入地考试政策推行和实施的过程中，初中学生主要担心的问题

	频次	百分比（%）
出现大量钻政策空子的“高考移民”	123	42.3
当地中学会出现大班额现象，直接影响教学质量	97	33.3
随迁子女会“挤占”本地孩子的升学指标	21	7.2
增加本地学生的学习压力	30	10.3
随迁子女与本地学生不能很好相处	18	6.2
其他	2	0.7

在在流入地考试政策推行和实施的过程中，本地的高中学生家长主要担心会“出现大量钻政策空子的‘高考移民’”，其次是“当地中学会出现大班额现象，直接影响教学质量”，具体数据见图8-19。

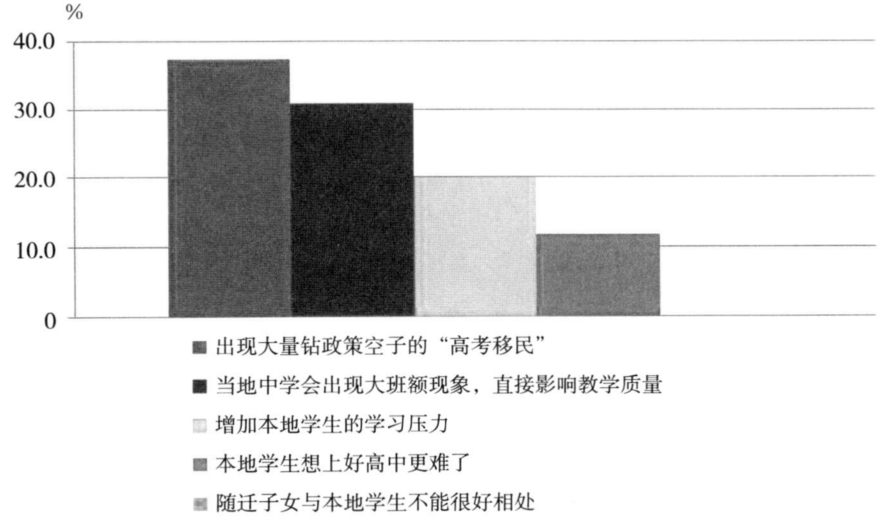

图8-19　在在流入地考试政策推行和实施的过程中，高中学生家长主要担心的问题

5. 在流入地考试政策实施对初中教师工作的影响大于对高中教师工作的影响

问卷调查显示，允许随迁子女在流入地参加升学考试政策实施后，大部分初中教师认为该政策的实施增加了自己的工作量，具体表现为每周的备课时间增加、课时有所增加、课外辅导和管理学生的时间增加以及班额增加。具体数据见图8-20、表8-18、图8-21、图8-22。

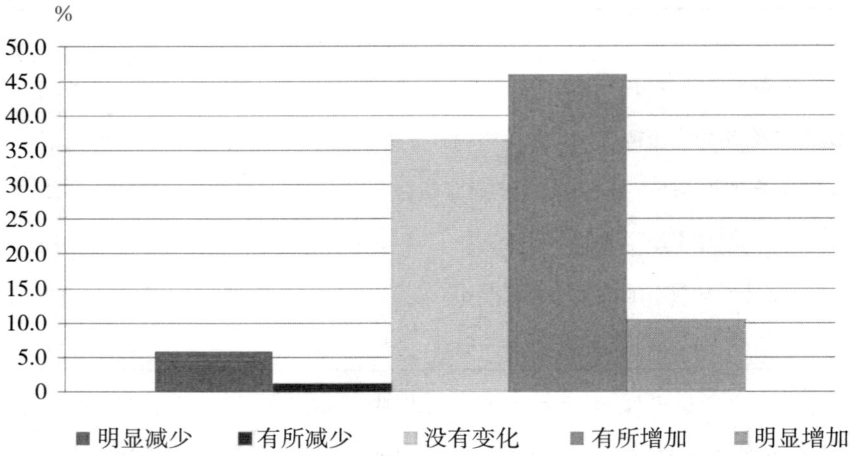

图8-20　在流入地升学考试政策实施后，初中教师每周的备课时间变化

表8-18　在流入地升学考试政策实施后，初中教师每周的课时数变化

选项	频次	百分比（%）
明显减少	0	0
有所减少	0	0
没有变化	48	57.1
有所增加	26	31.0
明显增加	10	11.9

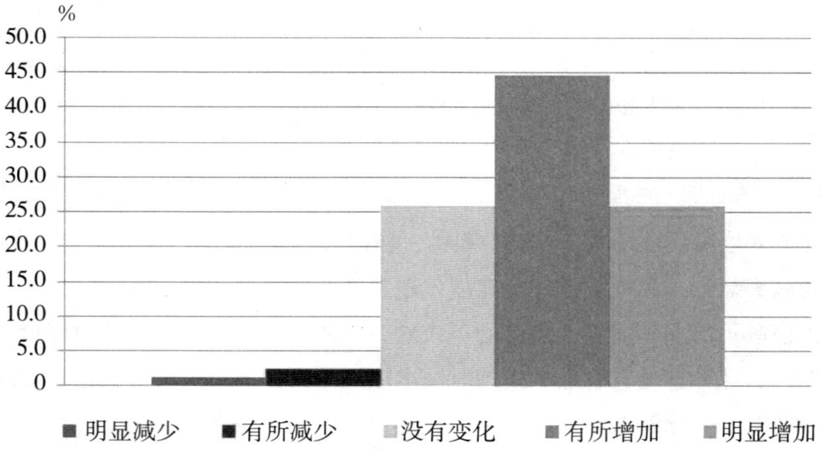

图8-21　在流入地升学考试政策实施后，初中教师课外辅导和管理学生的时间变化

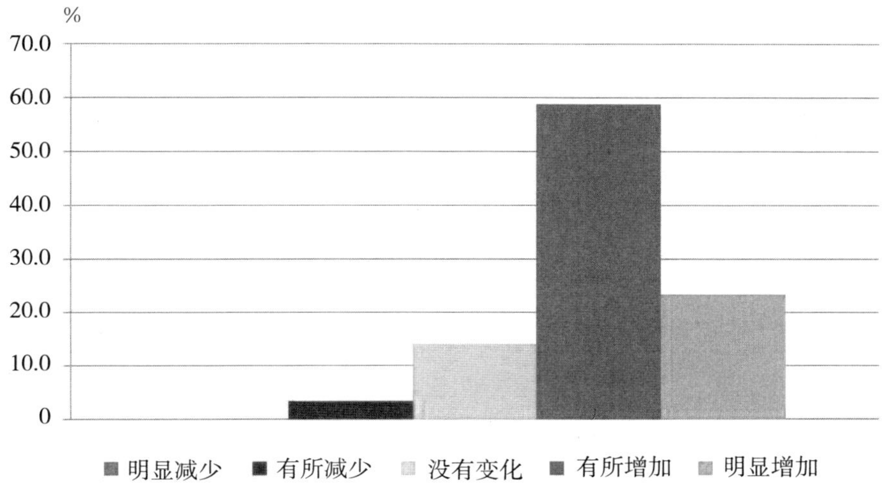

图8-22　在流入地升学考试政策实施后，初中教师所在班级的班额变化

在流入地升学考试政策实施后，初中教师认为该政策给工作带来的主要困难是“班级不好管理”“与随迁子女家长配合有困难”“工作量太大”，具体数据见图8-23。

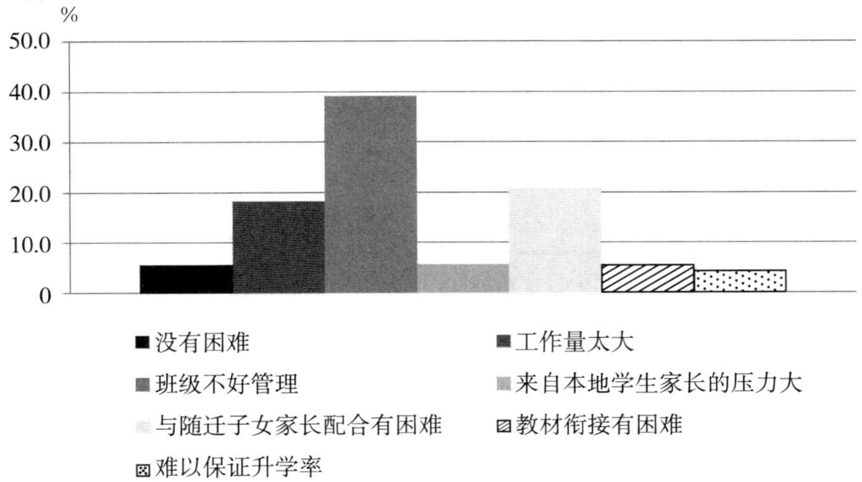

图8-23　在流入地升学考试政策给初中教师工作带来的困难

在流入地升学考试政策实施后，大部分高中教师认为自己每周的备课时间、每周的课时数、课外辅导和管理学生的时间都没有变化，认为工作时间增加的教师比例大于认为工作时间减少的教师比例，具体数据见表8-19、表8-20、表8-21。

表8–19　在流入地升学考试政策实施后，高中教师每周的备课时间变化

选项	百分比（%）
明显减少	0
有所减少	3.1
没有变化	79.2
有所增加	16.7
明显增加	1.0

表8–20　在流入地升学考试政策实施后，高中教师每周的课时数变化

选项	百分比（%）
明显减少	0
有所减少	1.1
没有变化	83.2
有所增加	13.7
明显增加	2.1

表8–21　在流入地升学考试政策实施后，高中教师课外辅导和管理学生的时间变化

选项	百分比（%）
明显减少	0
有所减少	5.2
没有变化	71.1
有所增加	18.6
明显增加	5.2

约四成的高中教师认为自己所在班级的班额增加了，认为减少的仅有4.1%，具体数据见表8–22。

表8–22　在流入地升学考试政策实施后，高中教师所在班级的班额变化

选项	百分比（%）
明显减少	0
有所减少	4.1
没有变化	55.7
有所增加	35.1
明显增加	5.2

调查显示，关于在流入地升学考试政策的实施给工作带来什么困难，高中教师选择最多的是“没有困难”，其次是“班级不好管理”“工作量太大”“与随迁子女家长配合有困难”等，具体数据见图8–24。

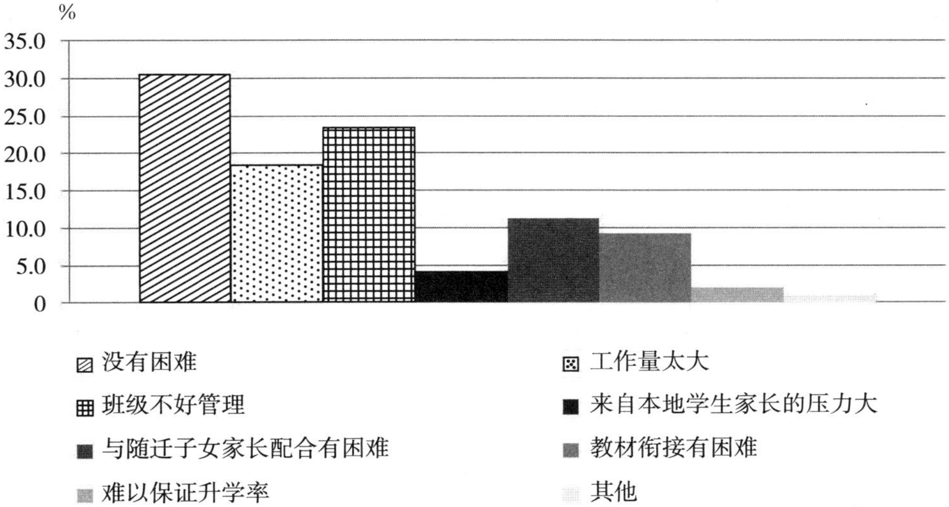

图8–24　在流入地升学考试政策给高中教师工作带来的困难

（四）政策期望状况与改进建议

1. 学生对在流入地升学考试政策实施前景比较乐观

学生对在流入地升学考试政策实施的前景比较乐观，不论是初中学生，还是高中学生，乐观者的比例均超过不乐观者的比例，具体数据见表8–23。

表8–23　学生对在流入地升学考试政策实施前景的看法

	乐观（%）	不乐观（%）
初中学生	50.5	12.3
高中学生	45.1	22.7

2. 相关利益群体倾向于设置宽松的准入条件

关于在流入地升学考试政策最应对哪些群体开放，初中学生和高中学生都选择比较开放的态度，只不过两者比较，初中学生的态度更为开放，除年龄因素外，高中学生面临的高考压力更大，或许是一个原因。具体数据见表8–24。

表8–24　你认为在流入地升学考试最应对哪些人群开放

选项	初中学生的选择（%）	高中学生的选择（%）
不管任何群体，都应该对其开放	44.6	35.9
长期居住在本地的外来劳动者的子女	26.3	38.6

各利益群体对随迁子女在流入地参加升学考试倾向于设置宽松的准入条件，比较而言，按宽松程度由高到低排序为初中学生、初中学生家长、高中学生、高中学生家长。初中学生较多赞成在流入地中考应对任何群体都开放，具体数据见表8–25。

表8–25　在流入地中考，初中学生认为最应对哪些人群开放

选项	频次	百分比（%）
任何非本地户籍的群体，都不对其开放	30	9.6
不管任何群体，都应该对其开放	139	44.6
长期居住在本地的外来劳动者的子女	82	26.3
家庭经济条件较好的考生	14	4.5
学习努力、成绩优异的考生	44	14.1
其他	3	1.0

高中学生倾向于设置比较宽松的准入条件，允许大部分随迁子女在流入地参加高考，具体数据见表8–26。

表8–26　高中学生对随迁子女在流入地参加高考的准入条件设置的选择

选项	频次	百分比（%）
应完全禁止随迁子女参加	17	4.1
设置严格的准入条件，只允许少部分人参加	93	22.5
设置比较宽松的准入条件，允许大部分人参加	192	46.5
应完全开放，不设置限制条件	111	26.9

初中学生家长和高中学生家长均倾向于设置比较宽松的准入条件，允许非本地户籍学生在流入地参加高考，初中学生家长要求完全开放的比例超过高中学生家长的比例，具体数据见表8–27。

表8–27　家长对在流入地参加高考的准入条件设置的选择

选项	初中学生家长（%）	高中学生家长（%）
不允许所有非本地户籍学生在当地高考	4.5	5.3
设置严格的准入条件，只允许少部分人参加	16.5	24.6
设置比较宽松的准入条件，允许大部分人参加	30.4	46.6
应完全开放，不设置任何限制条件	48.7	23.5

3. 学生有较高的教育预期，让孩子接受更好的教育是家长流动的主要动机

受传统文化的影响，学生有较高的教育预期，初中学生教育预期的理想色彩更浓，而高中学生则开始考虑将来选择什么学校的现实问题。

问卷调查结果显示，初中学生打算未来读到研究生程度的最多，其中61.2%的初中学生希望接受大学本科以上的教育。高中学生在教育预期方面比初中学生现实得多，有四成学生选择“看情况”，说明对未来的打算不明确，在有明确教育预期的学生中，希望接受大学本科以上教育的有44.9%。具体数据见表8–28。

表8–28　学生的教育期望

选项	初中学生（%）	高中学生（%）
初中	1.0	/
高中	4.8	0.8
中专	2.2	0.6
大学专科	5.1	10.0
大学本科	27.4	33.7
研究生	33.8	11.2
看情况	24.8	40.1
不知道	1.0	3.6

不论是初中学生家长，还是高中学生家长，选择举家迁来济南，很重要的一个原因是孩子的教育。63.1%的初中学生家长表示是为了孩子更好地接受教育。高中学生家长来济南的原因，主要是“为了孩子更好地接受教育”和“为了找到更挣钱的工作”。具体数据见表8–29。

表8–29　家长来济南的原因

选项	初中学生家长（%）	高中学生家长（%）
为了找到更挣钱的工作	24.2	43.7
为了孩子更好地接受教育	63.1	45.1
结婚过来的	1.1	1.4
单位工作调动	8.4	8.5
其他	3.2	1.3

4. 学生认为在流入地升学考试政策未来面对的挑战不是“高考移民”

关于未来在流入地中考政策面临的挑战，初中学生的选择比较分散，选择最多的是“增加本地考生的竞争压力，引发本地户籍人口与非本地户籍人口的利益冲

突”和“流动人口大量增加导致城市超负荷运转”；高中学生的选择同样比较分散，选择最多的是“高校招生录取指标要重新分配，难以平衡”和“流动人口大量增加导致城市超负荷运转”。具体数据见表8-30。

表8-30 学生认为未来在流入地升学考试政策要取得突破，面临的最主要挑战

选项	初中学生（%）	高中学生（%）
流动人口大量增加导致城市超负荷运转	25.0	24.6
户籍制度难以突破	22.7	18.8
高校招生录取指标要重新分配，难以平衡	24.0	28.5
增加本地考生的竞争压力，引发本地户籍人口与非本地户籍人口的利益冲突	25.0	21.7
导致大量“高考移民”	3.2	5.4
其他	0	1.0

四、分析讨论

通过问卷调查、访谈发现，济南市在流入地升学考试政策的推进比较顺利，本地学生与外地学生、本地学生家长与外地学生家长这两大利益群体的矛盾相对温和，政府与学校管理者的态度比较积极。

（一）政府部门积极出台相关的政策措施

早在2002年4月，济南市就制定了《济南市流动人口子女就学入托管理办法》。按规定，流动人口在济南市接受完九年义务教育的，可发给相应的义务教育证书或证明，经考试录取后进入高中阶段学校学习，收费项目和标准与济南市常住户口的学生一样。2003年，济南市又先后出台了《关于做好外来务工就业人员子女接受基础教育工作的意见》《关于设立济南市外来务工就业人员子女定点学校的决定》等文件，取消随迁子女借读费，在就学方面与本地市民享受同等待遇。

2013年，为全面落实十八大“办好人民满意的教育”的要求，济南市人民政府办公厅根据《山东省人民政府办公厅关于推进县域义务教育均衡发展的意见》以及省、市中长期教育改革和发展规划纲要（2011—2020年）等文件精神，制定了《济南市人民政府办公厅关于推进县（市）区域义务教育均衡发展的实施意见》，明确了县（区）义务教育均衡发展的时间表和政策措施，规定“按照政府负责、公办为主的原则，确保符合条件的外来务工人员子女主要由公办学校吸纳，与当地学生同等享有义务教育权利，并逐步做到就近入学”。

为更好地服务外来人员，济南市外来务工政务大厅设立“子女教育”窗口，统一处理流动人口随迁子女就学诉求。

（二）学校努力促进本地学生与外地学生的融合

2003年11月，济南市教育局决定设立济南市外来务工就业人员子女定点学校，方便随迁子女相对就近入学。首批定点学校9所，之后根据随迁子女的实际需要逐年增加，2013年全市共有82所随迁子女定点学校，约占城区中小学总数的1/3。针对随迁子女流动性大、家庭环境不佳、学习知识不系统等问题，实施内涵提升发展战略，加强对定点学校学生教育、教师队伍、教学质量等方面的管理，用制度规范引导定点学校的办学行为。

各定点学校严格采取混合编班、同班上课的形式实行无差别教育。市中区确定“使每一个外来务工就业人员子女都能得到和谐发展”的目标，建立动态学籍管理制度，实行“随来随建，随走随迁”的弹性学籍管理。槐荫区专门设计了随迁子女学籍档案卡，实行特殊学籍管理办法，促使学校与随迁子女家庭积极联系，防止因流动性强等原因造成学生辍学。访谈中，学校管理者均表示，在日常教育教学中，一方面淡化本地学生与外地学生的概念，对学生一视同仁，在收费、奖励、评优、加入少先队和共青团、参加校内外活动等方面，外地学生与本地学生享受同等待遇，同样享受教育系统“爱心助学基金”的资助和政府设立的特困学生救助资金；另一方面，对存在困难的学生尤其是外地学生，在思想、学习、生活上给予更多的关注和关心。

各定点学校针对部分外地学生基础差、小学未学英语及对济南陌生或不适应等情况，发挥少先队和共青团的作用，通过“手拉手、一帮一”等互助活动，增进孩子之间的了解与沟通，增进感情，加强交流，使来自各地的孩子尽快适应环境，尽早融入当地的学习生活。

2012年10月，济南市在外来务工定点学校组织开展“爱在校园——教育志愿者在行动”活动，设立“四点半学校”，为放学后无人照管的学生提供志愿服务，构建和谐教育，弘扬志愿者精神，帮助学生健康快乐成长。

（三）济南在流入地升学考试的焦点是指标生问题

为贯彻国家和省教育行政部门改革中考制度的文件要求，济南市于1998年起尝试在中考招生过程中试行指标生分配录取制度，于是济南市中考时就产生了四类不同的考生：指标生、统招生、择校生和推荐生。济南市各普通高中的招生计划有两大类：一是统招计划，二是择校计划。指标生的分配原则：以市区初中各校应届毕业生人数为分配基数，将优质高中学校计划内招生份额中的部分名额按相应比例以指标分配的形式直接分配至各初中学校。小学升初中时以直升的身份入读初中，并在中考时各科成绩均达到B级的学生，中考时可享受指标生名额。指标生可以简单地理解为定向招生，是指部分普通高中拿出部分招生计划分配到一定范围的学校，指标生名额统一公示。指标生由市教育局统一分配，其目的是促进教育平等化，使各初中学校的学生都有机会上示范性高中。各高中所划定的指标生录取分数线要低于统招分数线，于是会出现同等分数的学生就读不同高中，甚至分数低的学生就读示范性高中的现象。以2013年为例，各示范性高中指标生分数线与统招生分数线相差均超过100分，其中山东省实验中学指标生分数线393分，统招生分数线535分，两者相差142分。因此，如何分配指标、划定指标生分数线，就涉及平衡教育公平与教育质量的问题。

五、对策建议

（一）完善随迁子女在流入地升学考试政策

基本公共服务均等化是指政府通过制定相关基本公共服务最低标准，确保不同地区、不同群体的公民享有机会均等、结果大体相等、具有自由选择权的基本公共服务。教育公共服务均等化是基本公共服务的重要内容。所谓教育公共服务均等化是指基础教育中的各级各类学校在办学经费投入、学校布局、硬件设施、师资调配、办学水平和教育质量等方面大体上处于一个比较均衡的状态，与基础教育的公共性、普及性、基础性相适应，使每一位受教育者得以公正地拥有接受教育的机会。[1]

政府是教育公共服务均等化的责任主体。政府一方面要积极履行职责，合理配置教育资源，缩小城乡之间、学校之间的办学差距，加强对薄弱学校的改造，采取合理措施，积极推动优质教育资源向农村、基层流动；另一方面要积极保障各类群体的子女享受平等的教育公共服务，其中努力解决外来务工人员子女有学上、上好学的问题，这是推进教育公共服务均等化的重要内容。济南市在一定时间段实施的

［1］李忠华. 城乡基础教育均等化的政府责任机制［J］. 人民论坛，2011（23）：182-183.

外来务工就业人员子女定点学校政策，有相当的合理性，保障了随迁子女的就学权利，但难以保证随迁子女享有与本地子女同等的教育质量。因此，下一步，济南市应继续消除户籍限制，推进义务教育就近入学，使所有学校都能接受符合条件的学生（包括随迁子女）就读，使所有的学龄儿童上好学，享有平等的优质教育。

（二）发挥升学考试政策的导向作用，促进校际均衡发展

义务教育学校是实现学生个体教育和发展机会均等最主要的场所，从某种程度上说，城乡之间、区域之间的教育不均衡，最基本、最直观的表现形式就是学校之间的差异，最直接的表现就是“择校热”。济南市为消除择校，均衡义务教育学校发展，实施了中考指标生政策。指标生的分配，更看重学生和学校的综合素质，促使更多的初中学校提高教育质量，缩小初中学校的差距，实现教育均衡发展。

（三）寻求教育公平与教育质量的平衡

促进公平已成为国家基本教育政策，教育质量是教育改革发展的核心任务，教育公平与教育质量是教育发展的双重目标。在教育实践中，教育公平与教育质量并不是时时统一的，保证了教育公平，有可能会降低教育质量。在流入地升学考试政策也面临教育公平与教育质量的平衡问题，济南市中考政策中的指标生侧重于维护教育公平，有利于促进义务教育学校的均衡发展，但对普通高中而言，指标生并不能保证优质生源，因此在中考改革中需要寻找公平与质量的平衡点。

第九章　合肥市随迁子女在流入地升学考试调研

一、调研背景

（一）合肥市经济社会发展与流动人口基本状况

1. 经济社会发展基本状况

合肥市是安徽省政治、经济、文化、信息、金融和商贸中心，也是全国重要的科研教育基地。

2014年年末全市常住人口769.6万人，比上年增加8.5万人。城镇化率69.1%，比上年末提高1.3个百分点。年末户籍人口712.81万人，比上年增加1.31万人，其中市区户籍人口245.37万人，增加11.54万人。[1]

2014年合肥市生产总值（GDP）5157.97亿元，按可比价格计算，比上年增长10.0%。其中，第一产业增加值257.63亿元，增长4.8%；第二产业增加值2872.01亿元，增长11.4%；第三产业（服务业）增加值2028.33亿元，增长8.5%。按常住人口计算，人均GDP为67394元，比上年增加5839元，人均GDP折合美元首次超过1万美元，达到10971美元[2]。

2. 流动人口基本状况

（1）合肥市流动人口增长迅速

2008年，合肥市流动人口已超70万人。[3]第六次全国人口普查的数据显示，合肥市常住人口746万人，其中市区常住人口457万人，流动人口127.9万人[4]。截至2011年7月底，合肥市共登记流动人口120.63万人[5]。

[1] 合肥市统计局，国家统计局合肥调查队. 合肥市2014年国民经济和社会发展统计公报［N］. 合肥日报，2015-03-27（A07）.

[2] 同［1］.

[3] 郭如琦. 合肥流动人口逾70万：多部门探索如何做好服务和管理工作［N］. 江淮晨报，2008-10-10（A02）.

[4] 谷薇薇. 开放的合肥拥抱新市民［N］. 合肥晚报，2014-04-30（B02）.

[5] 李晓军，刘长洪，文波. 政协调研报告建议社居委自治：市政协召开常委会，审议通过三项社管创新调研报告［N/OL］. 合肥晚报，2011-11-11［2015-06-11］. http：//epaper.hf365.com/hfwb/html/2011-11/11/content_493147.htm.

截至2014年4月，合肥市流动人口的数量达到158万人，合肥“新市民”呈迅速增长的态势[1]。合肥市市区净流入常住人口124.5万人，外地人口流入呈增加之势[2]。

2015年数据显示，合肥市由市外（户籍在省外和省内其他市）流入的常住人口达230.85万人，流出到市外162.55万人，净流入68.3万人，这其中有九成以上的人口是15～64岁[3]。

（2）未来合肥市随迁子女数量将保持平稳增长的趋势

从合肥市流动人口随迁子女的数量变动趋势看，未来合肥市的随迁子女规模将保持平稳增长的态势。合肥市公开的流动人口相关数据信息为相关流动人口预测提供了基础数据，通过合肥市流动人口的数量变动来推算随迁子女数量，具有较强的可行性和科学性。

根据合肥市2005年以来流动人口的数据，运用Logistic曲线建立合肥市未来流动人口数量的预测模型为$y=\frac{k}{1+e^{-a\times(x-b)}}$，其中$x$表示年份，$y$表示流动人口数，$a,b,k$为三个特定参数。为避免自变量$x$与观测值在数量上相差过大，$x$取值的初始年份为1。运用Stata9统计软件可以求出该模型的a,b,k值，该模型可表示为$y=\frac{240.345}{1+e^{-1.311955\times(x-3.862495)}}$，均方根误差为8.995995，$R^2$=0.9986。回归方程统计检验达到显著水平（$p<0.001$），整体预测效果较好。

由于缺乏合肥市流动人口的年龄结构信息，考虑到流动人口的年龄结构相对稳定，此处以2010年第六次全国人口普查的流动人口年龄结构对合肥市流动人口随迁子女的数量进行推算。如图9-1所示，合肥市14岁初中毕业适龄随迁子女在2016～2020年将基本维持在1.3万人至1.7万人这一范围，17岁高中毕业适龄随迁子女在2020年将逐步提升到5.2万人。从整体上看，合肥市流动人口随迁子女的数量将保持平稳增长的势头。

[1] 谷薇薇．开放的合肥拥抱新市民[N]．合肥晚报，2014-04-30（B02）．

[2] 合肥市统计局．2014年合肥市县级常住人口调查主要数据公报[EB/OL]．（2015-04-08）[2015-06-11]．http：//tjj.hefei.gov.cn/n7216006/n9376603/n9377619/n9377684/38715264.html.

[3] 刘晓明，郭娟娟．合肥市统计局发布第六次人口普查数据[N/OL]．新安晚报，2011-06-15．http：//www.ahnw.gov.cn/2006nwkx/html/201106/{9507C703-A0AC-4CA5-B774-B28EB048257C}.shtml.

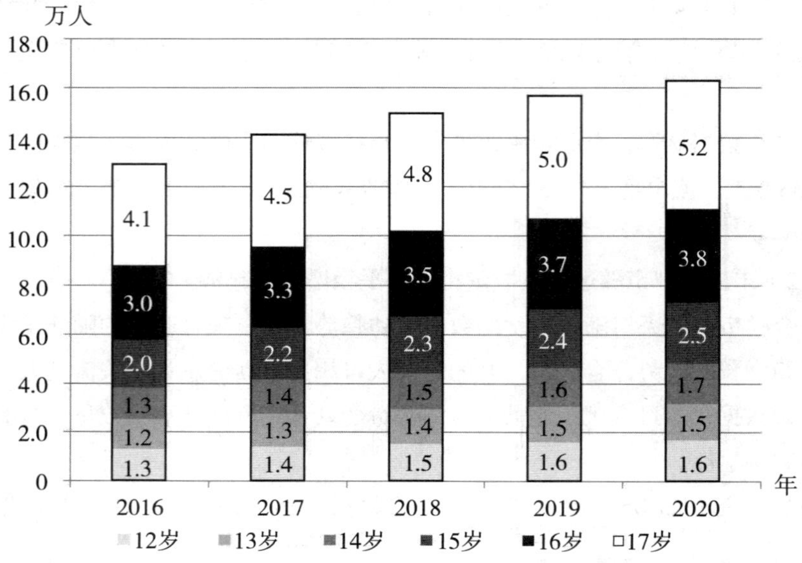

图9-1　合肥市随迁子女数量变动趋势

（二）合肥市随迁子女教育基本状况

1. 合肥市随迁子女受教育现状

截至“十一五”末，合肥市全市进城务工人员随迁子女定点学校达115所，数量占全省定点学校的五分之一，在市区就读的随迁子女人数近3.5万，占市区义务教育阶段中小学在校生总数的15.26%，市区进城务工人员随迁子女义务教育就学矛盾基本解决[1]。

2015年合肥市区进城务工人员随迁子女定点学校新增12所。瑶海区新增2所定点学校，新增学位200人，至此，该区随迁子女定点学校共计22所，其中小学15所，中学7所，占区属学校一半以上。庐阳区有2所中学、17所小学招收随迁子女。包河区定点学校达到25所，其中小学19所，初中6所，比2014年增加1所定点小学。蜀山区则新增3所定点学校，随迁子女定点学校总量增加到30所，包括20所小学和10所初中。在三大开发区，高新区新增1所定点学校，定点学校达到6所；合肥经开区定点学校达22所，比2014年增加3所；新站区新增了2所定点学校，净增135个学

[1] 政协合肥市委员会. 对市政协十二届四次会议第92号提案的答复［EB/OL］.（2011-09-01）［2015-06-11］. http：//szx.hefei.gov.cn/298/300/201109/t20110901_1631012.html.

位，随迁子女定点学校总数达到8所。[1]

2. 合肥市随迁子女教育的举措与经验

（1）以政策文件规范随迁子女入学

2005年4月，合肥市人民政府办公厅转发了合肥市教育局《关于做好在合肥市区务工就业农民子女义务教育工作的意见（试行）》，明确要求各级政府及有关部门要积极承担随迁子女义务教育工作的职责，将随迁子女就学工作纳入全市普及九年义务教育工作范畴和列为重要工作内容。

2006年，《合肥市人民政府关于做好农民工工作的实施意见》要求各级政府将农民工子女义务教育纳入城镇教育发展规划和财政经费预算，并按照实际在校人数拨付学校公用经费。

2008年7月，合肥市教育局适时下发了《关于进一步简化来合肥市区务工就业农民随迁子女义务教育入学条件的通知》，进一步放宽入学条件，简化入学手续。

2010年4月，合肥市教育局下发《转发省教育厅关于进一步保障进城务工农民随迁子女义务教育的通知》，进一步要求为符合条件的进城务工人员随迁子女做到五个“百分之百”，即百分之百有学上，百分之百上公办学校，百分之百享受同城待遇，百分之百与本市户籍考生录取省市示范高中同等标准，百分之百可录取到合肥市高中阶段学校就读。

2015年5月7日，合肥市教育局发布《关于合肥市2015年义务教育招生入学工作的指导意见》，规定进城务工人员随迁子女入学由其父母或其他法定监护人在规定的时间内，携带在合肥市的暂住证或居住证（持证居住满1年）、经商营业执照或合法的劳动合同、户口簿和身份证（升初中的学生，报名时还须提供经过学校盖章的学籍表），统一到暂住证或居住证所在的市、县（区）教育主管部门指定的地点办理材料审核、报名登记手续，并由市、县（区）教育主管部门统筹安排到相对就近的定点学校就读。随迁子女可在定点学校就学并享受与当地居民子女同等的义务教育入学政策。

（2）以定点学校和同城待遇推动随迁子女平等接受教育

合肥市义务教育招生入学工作坚持市、县（区）为主和“就近、免试”原则，实行“单校划片”“两个一致”招生入学办法。

逐年增加定点学校。按照义务教育属地管理的原则，合肥市采取“定点学校接

[1] 王一斌，束芳．今年合肥市区随迁子女定点学校新增12所［EB/OL］．（2015-06-05）［2015-06-11］．http：//ah.anhuinews.com/system/2015/06/05/006824994.shtml.

收、相对就近入学”的办法逐步解决随迁子女义务教育就学问题。从2005年9月开始，合肥市将市区32所公办中小学作为随迁子女定点学校，2006年定点学校增加到44所，2007年增加到70所。2010年，合肥市随迁子女定点学校增加至115所（小学73所，初中42所），全市有3.5万名随迁子女就读，基本解决了市区随迁子女义务教育就学问题。

推行同城待遇。从2005年开始，合肥市对入学后的随迁子女全部实行统一管理、统一编班、统一教学、统一安排活动的“四统一”。每有随迁子女入学进班，各定点学校班主任和分管校长都主动了解学生的家庭情况，对学生的现状做出分析，有针对性地安排适当的心理辅导；同时，学校积极开展活动，让他们能尽快融入新的环境中。2008年，按照合肥市教育局“一十百千万”活动的要求，各定点学校班主任或授课教师主动走进随迁子女家庭，进行家访，主动与随迁子女谈心，并将该活动形成制度。无论是在定点学校就读还是就近分散在其他学校就读的随迁子女，和当地学生没有任何差别：他们可以报考合肥市的省示范高中，可以加入少先队、共青团，可以凭着自己的爱好和特长参加学校的社团、兴趣小组、运动队、志愿者服务队等，可以参加全国、全省、全市和全县（区）体育、艺术、科技创新等各种竞赛，可以被评为市、县（区）和学校“三好学生”“优秀少先队员”“优秀共青团员”“优秀学生干部”等，可以享受奖学金，可以担任校少先大队、团委、学生会的负责人。定点学校与其他学校一样同时承担学区内居民子女就学任务。

根据2015年通过的《合肥市新型城镇化试点实施方案》，到2020年，合肥将逐步取消进城务工人员随迁子女定点学校，实行所有学生义务教育阶段“一样就读、一样升学、一样免费”。鼓励采取名校办分校、名校托管、名校捆绑等办学模式，促进义务教育均衡发展。完善随迁子女在流入地中考等招生考试制度，为随迁子女在流入地参加升学考试提供便利。将随迁子女教育纳入财政保障，在义务教育阶段，按照本市户籍学生同等标准为随迁子女拨付生均公用经费，学前教育阶段的随迁子女享有同城幼儿入园待遇。[1]

3. 合肥市随迁子女教育面临的问题与挑战

（1）随迁子女数量难以精准预测导致难以将随迁子女全面纳入地方规划

影响流动人口变动的因素极其复杂多样，且作用方式不确定。关于流动人口的

[1] 王靓．随迁子女上学将告别“定点”：合肥将进一步放宽城区落户条件［N］．江淮晨报，2015-09-23（A06）．

预测还没有一个如同人口预测那样成熟、稳定的模型，准确预测随迁子女的变动趋势，尤其是准确预测一个城市随迁子女的具体数量是十分困难的。这导致地方教育部门在规划并配置教育资源的过程中难以将所有随迁子女全面纳入地方规划，不能针对随迁子女群体做出最恰当的资源配置，造成教育资源配置效率相对较低，加剧了教育资源，尤其是普通高中教育资源的供求失衡。

（2）“三证”齐全要求严格

2008年，合肥市教育局进一步放宽入学条件，实行“三证”制度，进城务工流动人口随迁子女入学须提供“一年及以上经商或务工证明，一年及以上暂住证明，户口簿（身份证）”。现实中，一些进城务工人员从事的工作流动性大，工期短，很多单位不与务工者签订劳动合同，这就阻碍了进城务工人员子女在合肥上学。

（三）合肥市随迁子女义务教育后升学考试政策状况

1. 政策演进轨迹及政策主要内容

2000年7月，《关于合肥市29中开办义务教育初中阶段外地户口暂住合肥经商办厂务工子女初中教学班的可行性报告》获得安徽省教育厅批准，合肥市29中开始实施针对流动人口子女的两项优惠政策：

第一，初一年级新生可由学校统一到合肥市教育局办理初中学籍手续。

第二，在29中就读的初中毕业生可由学校统一到合肥市中招办报名，报考市属普通高中。

2000年8月23日，合肥市向社会发出招生通知，合肥市中考试点工作开始实施，到2003年中考时，留在合肥市报考的28名随迁子女中有12人达到高中录取分数线。

2003年合肥市发布《普通高中招生工作实施办法》，规定自2003年开始，允许随迁子女报考市级示范高中。2007年，随迁子女可报考范围扩至省示范高中。

2008年3月出台的《安徽省普通初级中学学籍管理办法（试行）》，对随迁子女中考政策做出了明确规定：“进城务工就业农民及其他流动人员子女，可以在流入地就读学校报名并在流入地参加考试录取，也可以按本人意愿回户籍所在地报名参加考试录取。同时在外省接受并完成义务教育的安徽学生自愿回安徽省报考升学的，原则上回户籍所在地报名参加考试录取。”

《安徽省关于2008年初中毕业学业考试和高中阶段招生工作有关问题的通知》规定，“进城务工就业农民及其他流动人员子女在流入地就读学校报名并在流入地参加考试录取，也可按本人意愿回户籍所在地报名参加考试录取”。

2012年，《安徽省人民政府办公厅转发省教育厅等部门关于进城务工人员随迁子女接受义务教育后参加升学考试工作暂行意见的通知》（皖政办〔2012〕65号）规定“由各市结合实际情况统筹制定中考相关政策，省政府教育行政部门负责审核”，“户籍、学籍均在我省的考生，可自行选择在户籍地报考或在学籍所在地报考……不具有我省户籍的随迁子女，在我省具有高中阶段3年完整学籍并有相应学习经历，可在学籍地参加高考”，“随迁子女参加高考的相关政策自2013年开始实行”。

2. 政策实践状况

在具体实践中，随迁子女要在合肥市参加中考，需要考生本人及其家长提供3项材料：在合肥市经商或务工证明，居住1年及以上的暂住证，户口簿（身份证）。

2012年12月31日发布的《安徽省人民政府办公厅转发省教育厅等部门关于进城务工人员随迁子女接受义务教育后参加升学考试工作暂行意见的通知》规定，“不具有我省户籍的随迁子女，在我省具有高中阶段3年完整学籍并有相应学习经历，可在学籍地参加高考”。

2013年，安徽省有261名跨省流动随迁子女获得在流入地高考资格。[1]

2014年在安徽省参加高考的在流入地考生有705人。[2]

自2014年12月10日起正式施行的《合肥市居住证管理办法》规定，“拟在本市居住6个月以上，有固定住所、合法稳定职业或者连续就读，年满16周岁的流动人口，可以按照本办法规定向居住地公安派出所或者受理机构申领居住证”。流动人员持居住证与子女身份证明可以按照就近入学的原则向居住地县级人民政府或者开发区管委会教育部门确定的学校申请入学，学校接收确有困难的，应当提请所在地县级人民政府或者开发区管委会教育部门统筹安排入学。

[1] 郭少峰. 全国4500异地高考生上考场［N/OL］. 新京报，2013-06-07. http：//www.bjnews.com.cn/feature/2013/06/07/267420.html.

[2] 安徽2014年高考考生在流入地考生有705人［EB/OL］.（2014-05-26）［2015-06-11］. http：//edu.163.com/14/0526/18/9T6LNM7N00294MBA.htm.

二、研究设计与过程

（一）调研实施

1. 调研任务

2014年5月，课题组针对随迁子女在流入地义务教育后的升学考试问题对合肥市B区、L区和F县等随迁子女较多的中学开展调研，其中初中2所（公办学校、民办学校各1所）、高中3所（2所公办学校、1所民办学校），分别选取区教委主管领导及调研学校学生、家长、教师、校长作为调查对象进行访谈与问卷调研。

课题组人员分别对各区教委主管领导、调研学校校长进行了访谈，并在调研学校组织了学生、家长、教师座谈会。学生问卷是在调研人员的指导下，由学生现场填写并回收；家长问卷由学生填好问卷编号后带回家让其家长填写，次日由班主任统一收齐交至学校，由学校统一交到指定地点；教师问卷由随机选取的教师自行填写后统一回收。

2. 样本的选取

考虑到调查费用以及调查实施的便利性，本项目采用整群抽样的方式，将每类调研对象总体中各单位归并成若干个互不交叉、互不重复的群，然后以群为抽样单位抽取样本。步骤如下：

（1）确定分群的标准。根据各地学校随迁子女数量的情况，此处以班级作为分群的标准。

（2）总体（N）分成若干个互不重叠的部分，每个部分为一群。

（3）根据各样本量，确定抽取的群数。

（4）采用简单随机抽样方法，从群中抽取确定的群数。

3. 样本信息

本次调查共取得有效初中学生问卷569份，初中学生家长问卷255份，初中教师问卷114份，高中学生问卷474份，高中学生家长问卷256份，高中教师问卷79份。

（二）数据处理

问卷回收后，由专门人员按照统一的编码手册和录入说明录入数据，经过核实、整理后的数据采用SPSS19软件包进行数据处理和相关统计分析。

三、研究发现

（一）政策知晓状况

1. 大部分学生对随迁子女在流入地升学考试政策的具体内容缺乏准确了解

无论是初中学生，还是高中学生，大部分学生对在流入地升学考试政策仅限于知道有政策出台，对政策的具体内容缺乏基本了解。

（1）极少数高中学生能正确判断当地升学考试政策设置的具体准入条件

从调研数据来看，高中学生对具体准入条件的判断正确率仅为2%（见图9-2）。

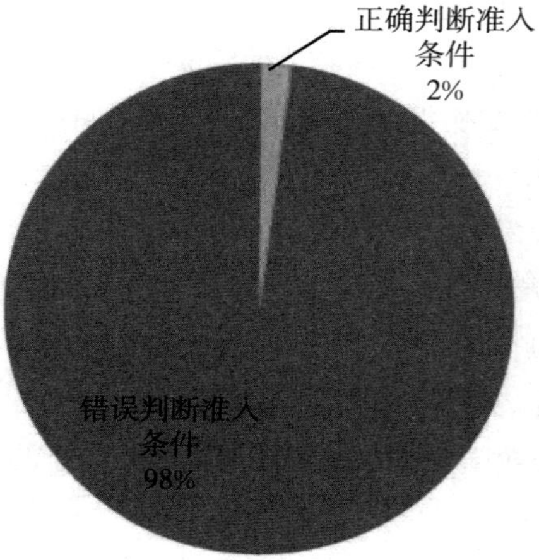

图9-2　高中学生对准入条件的判断情况

（2）四成左右的初中学生和三成左右的高中学生能正确判断允许报考的学校类型

从调研的具体数据来看，在初中学生中，本县学生、省内跨县流动学生和跨省流动学生对允许随迁子女中考报考的学校类型的判断正确率分别为40%、51.8%、41.8%（见图9-3）。

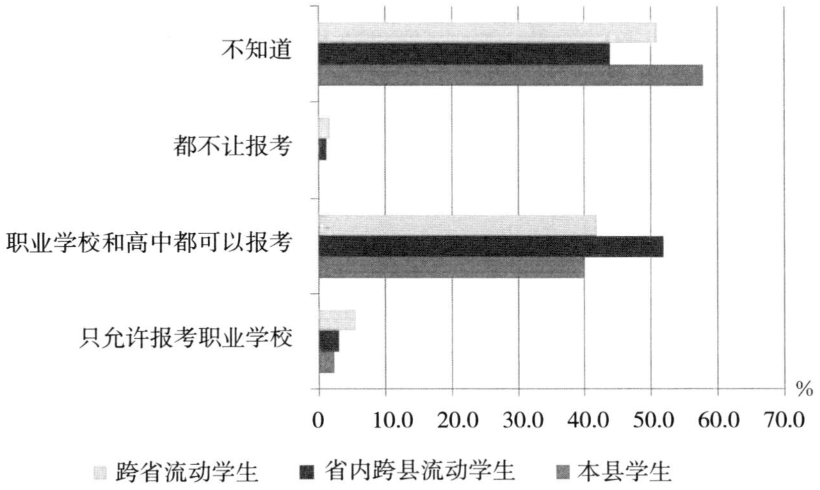

图9-3　初中学生对在流入地中考允许报考的学校类型的知晓情况

在高中学生中，本县学生、省内跨县流动学生和跨省流动学生对允许随迁子女高考报考的学校类型的判断正确率分别为20.1%、30.2%、36.8%（见图9-4）。

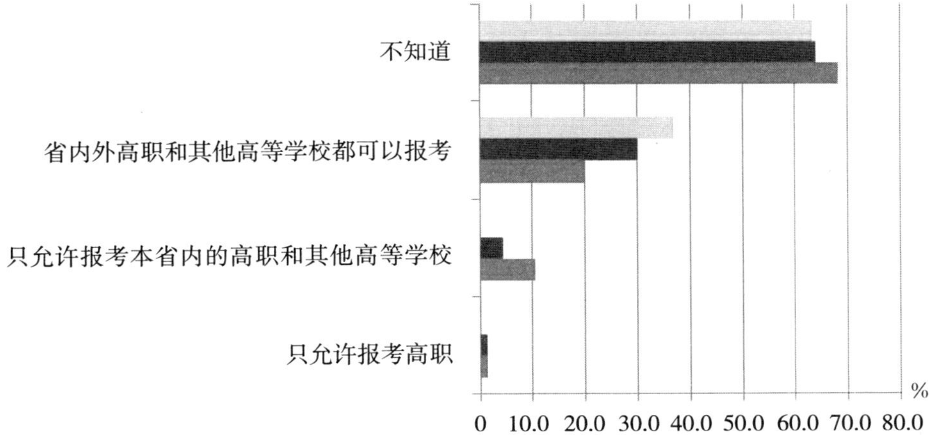

图9-4　高中学生对在流入地高考允许报考的学校类型的知晓情况

（3）仅有两成左右的高中学生能正确判断在流入地升学考试政策的实施年份

合肥市在2013年开始实施随迁子女在当地参加高考政策方案。在高中学生中，本县学生、省内跨县流动学生和跨省流动学生对政策实施年份判断的正确率分别为11.2%、8.7%、21.1%（见图9-5）。

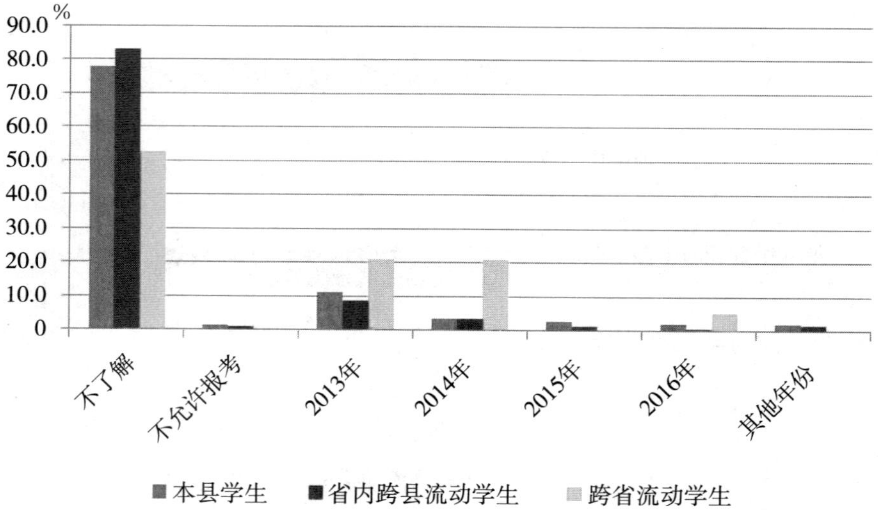

图9-5　高中学生对政策实施年份的知晓情况

2. 人际交往是随迁子女获取在流入地升学考试政策信息的主要渠道

（1）学校和老师是学生了解政策的主要信息来源

在初中学生中，有35.9%的本县学生、42.9%的省内跨县流动学生和37.9%的跨省流动学生通过学校和老师了解在流入地升学考试政策（见图9-6）。

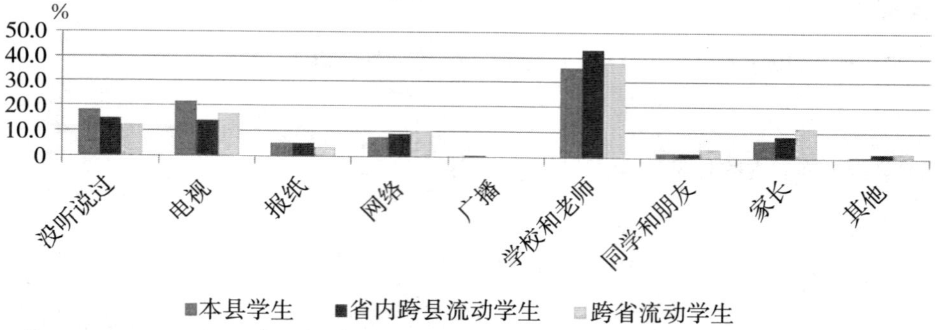

图9-6　初中学生了解在流入地升学考试政策的渠道

在高中学生中，本县学生、省内跨县流动学生、跨省流动学生通过学校和老师了解政策信息的比例分别为29.2%、26.4%、34.3%（见图9-7）。

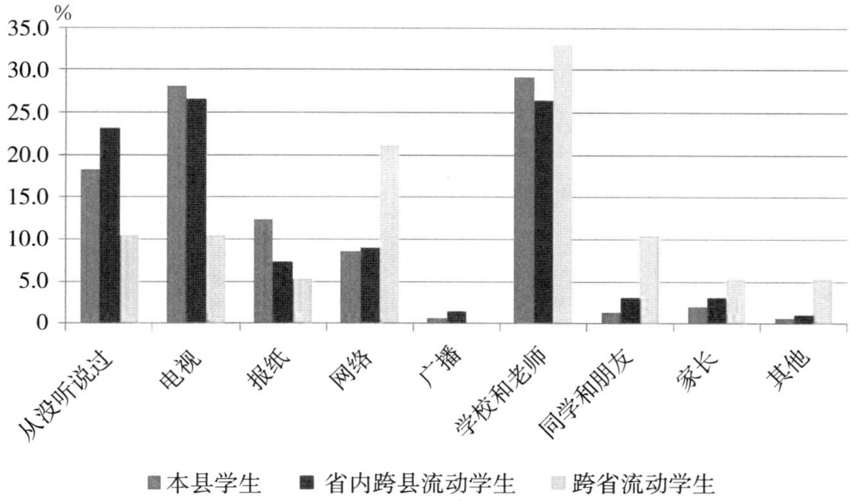

图9–7　高中学生了解在流入地升学考试政策的渠道

如图9–7所示，对于高中学生而言，电视、网络、报纸、广播等媒介在在流入地升学考试政策传播中的比例依次减弱。

（2）电视、学校和老师是家长了解政策的主要渠道

对于初中学生家长而言，电视、报纸、学校和老师是了解在流入地升学考试政策的主要渠道（见图9–8）。

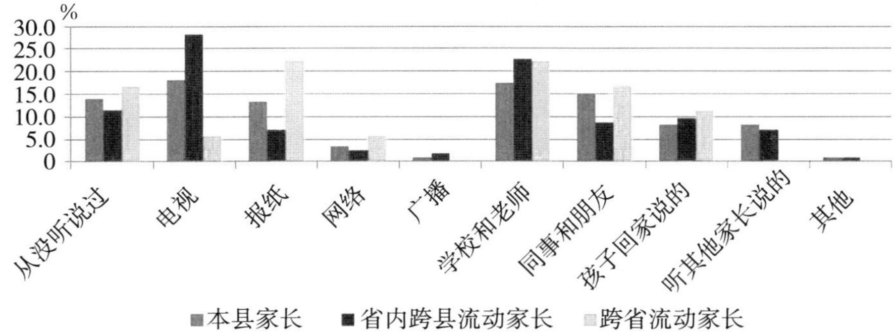

图9–8　初中学生家长了解在流入地升学考试政策的渠道

对于高中学生家长而言，电视是他们了解在流入地升学考试政策的主要渠道。此外，对于省内跨县流动家长、跨省流动家长而言，报纸、网络、学校和老师是他们了解在流入地升学考试政策的主要渠道。（见图9–9）

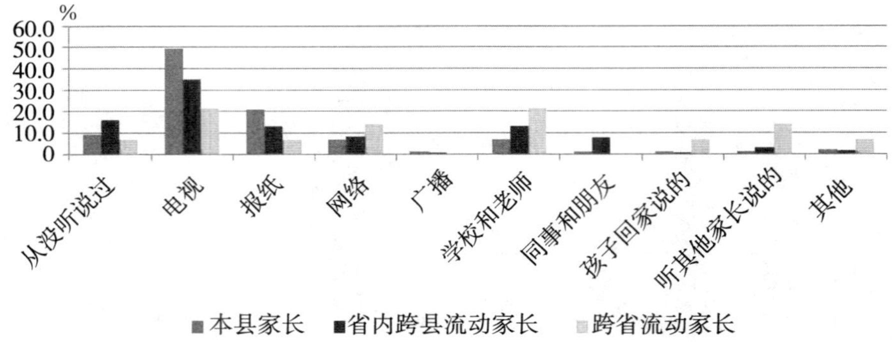

图9-9　高中学生家长了解在流入地升学考试政策的渠道

（二）政策接纳状况与选择意愿分析

1. 在流入地参加高中阶段教育正成为随迁子女教育选择的基本意愿

义务教育已不能满足随迁子女对教育的需求，大部分随迁子女希望初中毕业后能够接受更高阶段的教育。从数据上看，58.2%的初中省内跨县流动学生和51.8%的初中跨省流动学生明确希望能接受义务教育后教育；对于高中省内跨县流动学生和高中跨省流动学生，明确希望毕业后能接受更高阶段教育的比例分别是60.7%、62.1%。

表9-1　随迁子女关于未来的教育选择

学生类别	初中	高中	中专	专科	本科	研究生	看情况	不知道
初中省内跨县流动学生	0.5%	7.1%	3.0%	3.4%	25.2%	19.5%	37.6%	3.7%
初中跨省流动学生	1.4%	5.8%	4.4%	5.0%	19.0%	17.6%	41.9%	4.9%
高中省内跨县流动学生	/	0.4%	0.1%	2.9%	30.5%	27.3%	36.4%	2.4%
高中跨省流动学生	/	0.9%	0.9%	5.0%	34.0%	23.1%	33.9%	2.2%

2. 少数当地家长对随迁子女在流入地升学考试政策持反对意见

在在流入地升学考试政策所涉及的相关利益群体中，无论本地家长还是外地家长，对该政策的支持度均比较高，认为该政策的颁布实施符合教育公平的理念，仅有少数被调查对象持反对意见。

在初中学生家长中，本县家长、省内跨县流动家长和跨省流动家长对在流入地升学考试持反对态度的比例依次为5.8%、3.5%、0（见图9-10）。

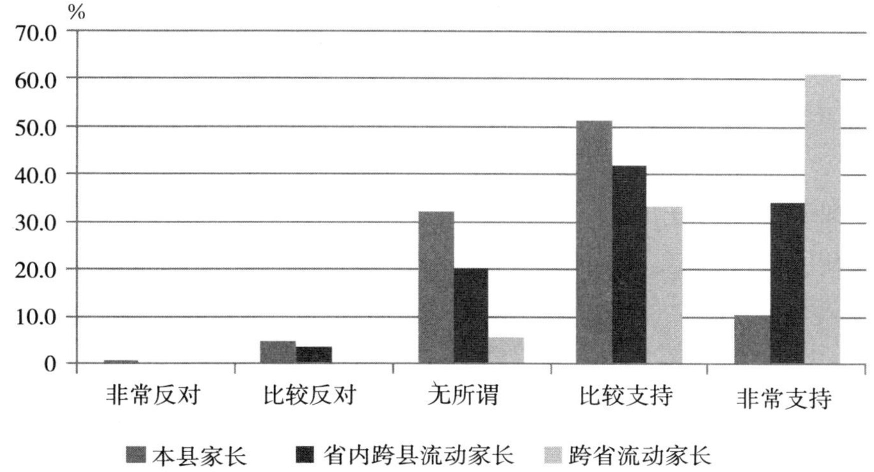

图9-10　初中学生家长对在流入地升学考试政策的态度

在高中学生家长中，本县家长、省内跨县流动家长和跨省流动家长对在流入地升学考试政策持反对态度的比例依次为20.0%、4.7%、0（见图9-11）。在对在流入地升学考试政策的态度方面，高中学生家长中持反对态度的比例略高于初中学生家长。

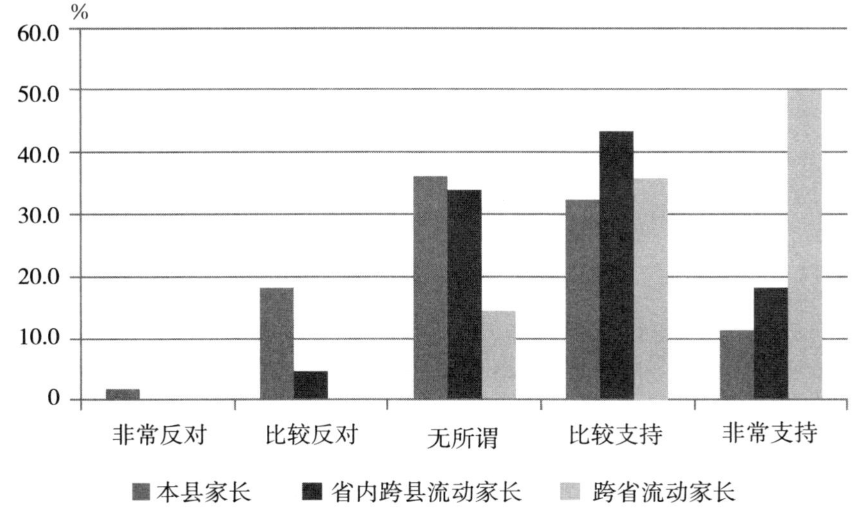

图9-11　高中学生家长对在流入地升学考试政策的态度

3. 职业教育对随迁子女的吸引力较低

职业教育作为初中毕业继续学习的一条通道，对随迁子女的吸引力偏低。在初中学生中，本县学生、省内跨县流动学生和跨省流动学生选择未来上中职的比例分别为12.2%、10.2%、12.9%（见图9-12），职业教育未能有效增加随迁子女义务教育后的选择机会。

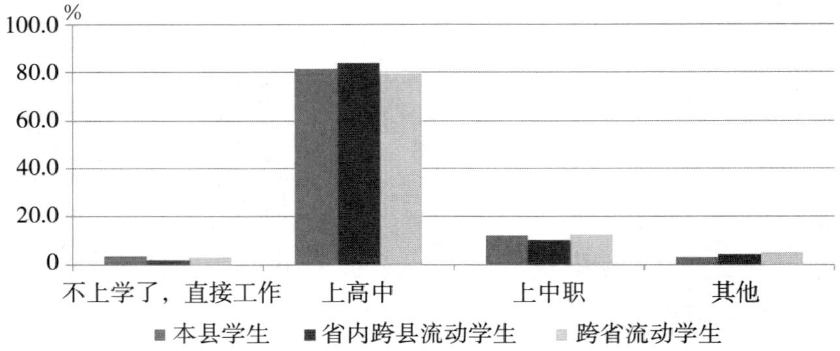

图9-12　初中学生对未来发展的选择

（三）政策实施效果与评价

1. 在流入地升学考试政策对随迁子女的影响整体上较为正面

（1）政策的出台没有影响随迁子女与本地学生的关系

从调研数据来看，在流入地升学考试政策的实施并没有使随迁子女与本地学生的关系融洽度发生明显的下降。在初中学生中，本县学生、省内跨县流动学生和跨省流动学生认为同学关系融洽度提高的比例分别为47.1%、62.3%、69.0%（见图9-13）；在高中学生中，这一比例分别为35.3%、49.2%、60.4%（见图9-14）。

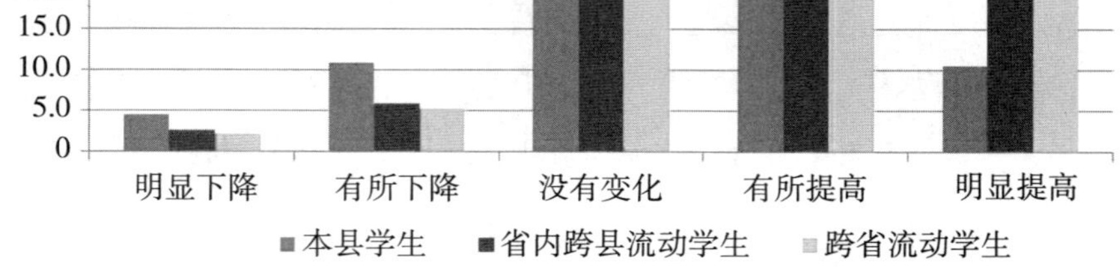

图9-13　政策颁布后初中随迁子女与本地学生关系融洽度的变化

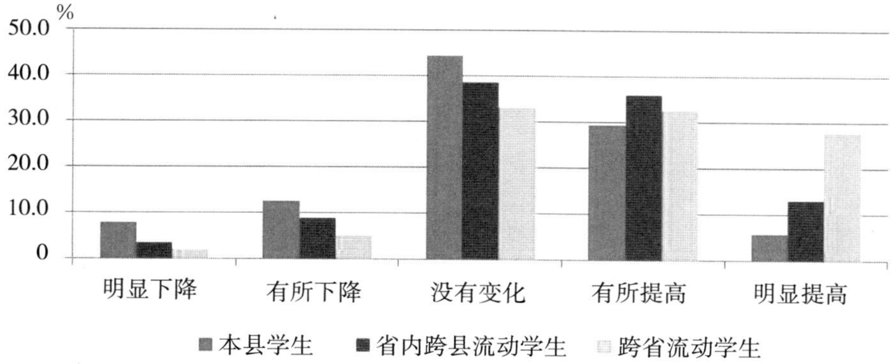

图9-14　政策颁布后高中随迁子女与本地学生关系融洽度的变化

（2）政策的出台未对大部分学生的学习态度产生消极影响

在初中学生中，本县学生、省内跨县流动学生和跨省流动学生认为政策出台后学习态度变得消极的比例分别为8.4%、6.9%、4.2%（见图9-15）；在高中学生中，这一比例分别为14.4%、7.9%、4.2%（见图9-16）。在流入地考试政策的颁布对学生学习态度的影响整体上较为积极。

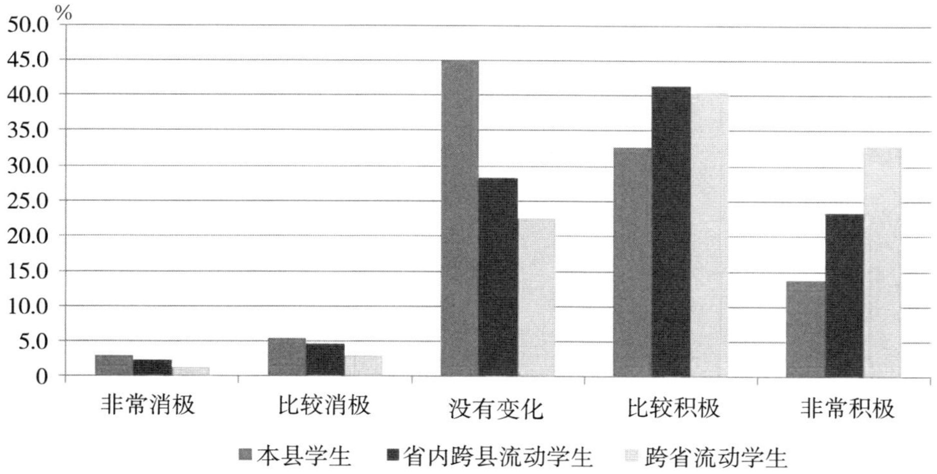

图9-15　政策颁布后初中学生学习态度的变化

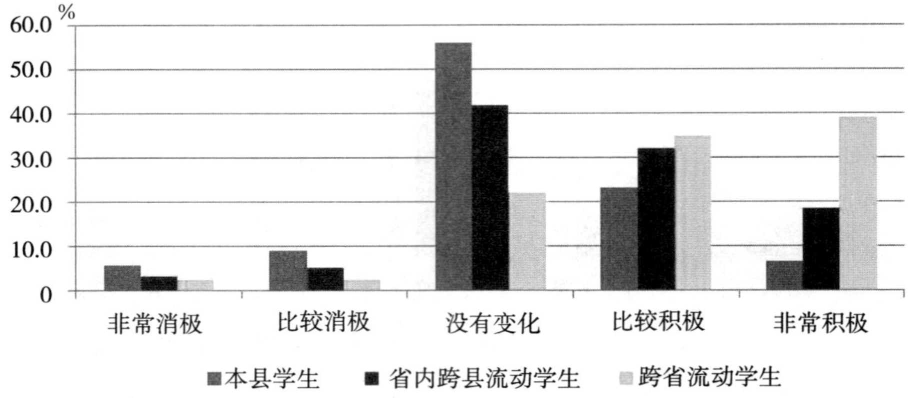

图9-16　政策颁布后高中学生学习态度的变化

（3）政策的颁布对学生的学习成绩的影响整体上较为积极

在初中学生中，本县学生、省内跨县流动学生和跨省流动学生认为政策的颁布对学习成绩产生了积极的影响的比例分别为37.5%、53.3%、61.9%（见图9-17）；在高中学生中，这一比例分别为24.4%、41.8%、67.3%（见图9-18）。

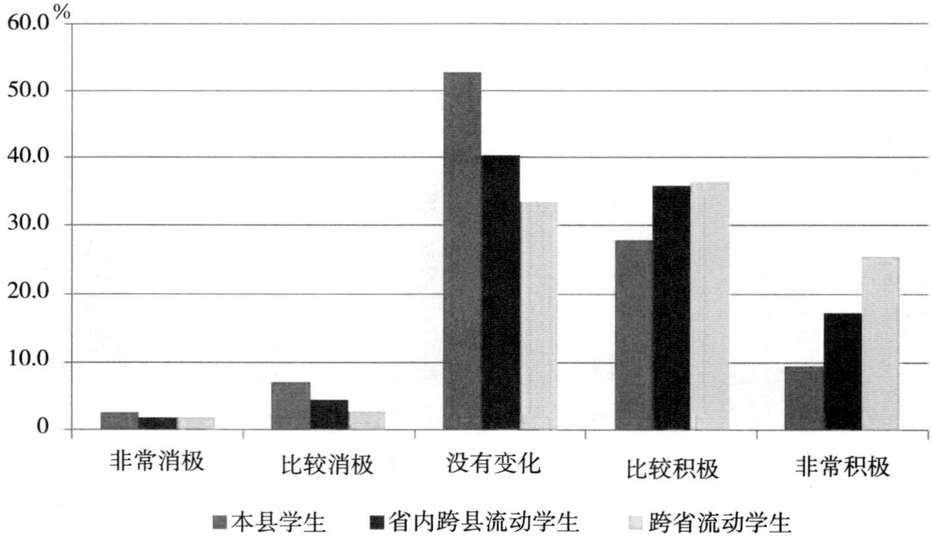

图9-17　政策的颁布对初中学生学习成绩的影响

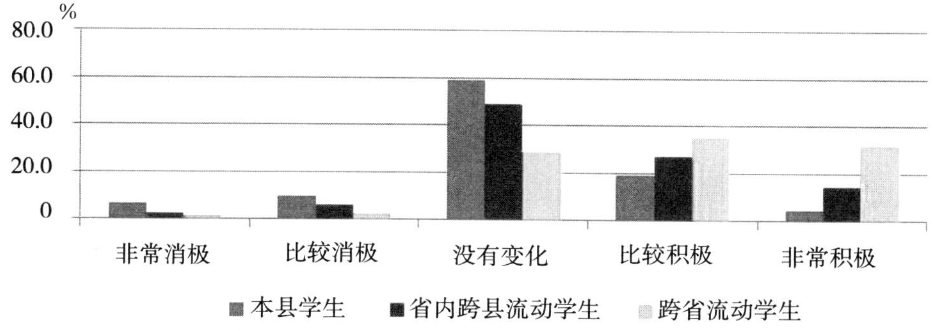

图9-18　政策的颁布对高中学生学习成绩的影响

（4）政策的出台并未冲击学生的心理情绪

允许随迁子女在流入地参加升学考试后，无论是初中学生还是高中学生，其心理情绪整体上变动不大。在初中学生中，本县学生、省内跨县流动学生和跨省流动学生认为政策的出台使得心理情绪变消极的比例分别为10.1%、5.0%、3.1%（见图9-19）；在高中学生中，这一比例分别为15.7%、7.3%、2.1%（见图9-20）。

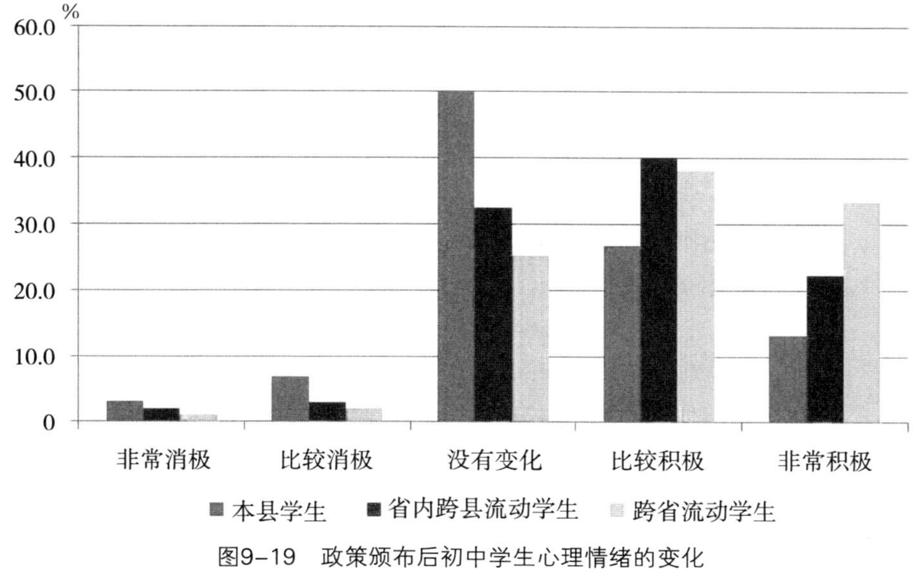

图9-19　政策颁布后初中学生心理情绪的变化

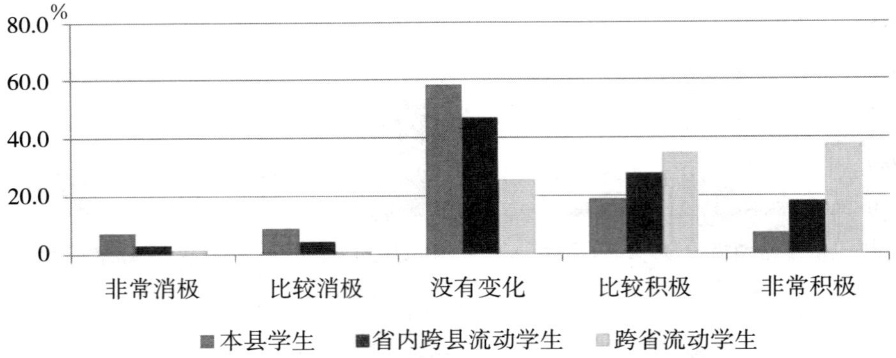

图9-20　政策颁布后高中学生心理情绪的变化

2. 不同群体对各项准入条件合理性的评价差异较大

在各项准入条件中，设置学籍作为必要的准入条件得到了最多的认可。在其他各项准入条件中，社会保险的认可比例最低。具体来看，在初中学生中，本县学生、省内跨县流动学生和跨省流动学生对学籍这一条件的认可比例分别为55.7%、54.7%、44.4%（见图9-21）。

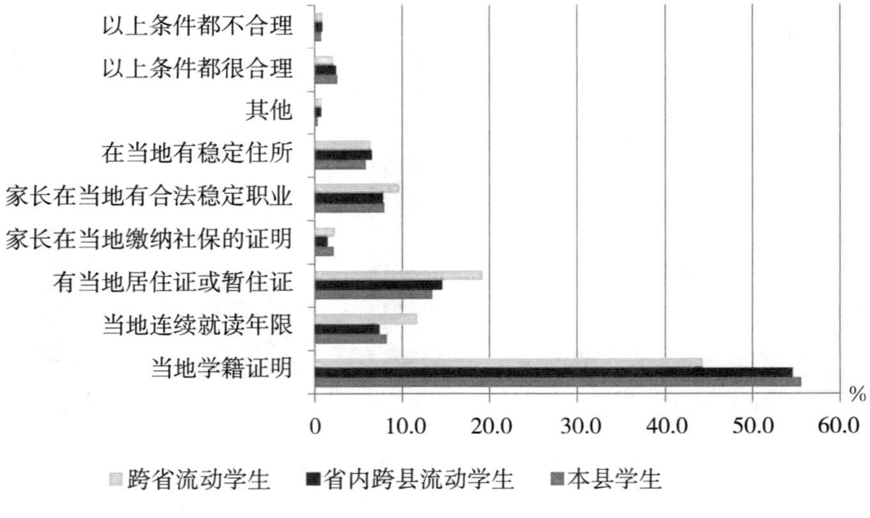

图9-21　初中学生对各项准入条件合理性的看法

在高中学生中，本县学生、省内跨县流动学生和跨省流动学生认可将学籍作为合理的准入条件的比例分别为52.1%、57.6%、49.6%（见图9-22），其他准入条件得到的认可均较低。

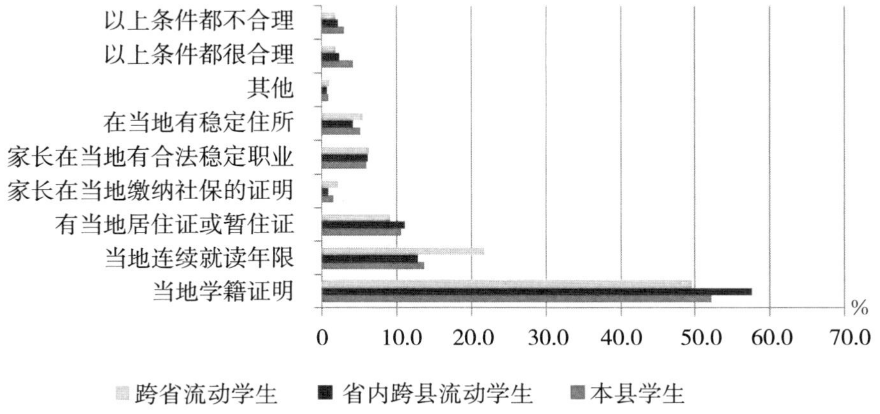

图9-22　高中学生对各项准入条件合理性的评价

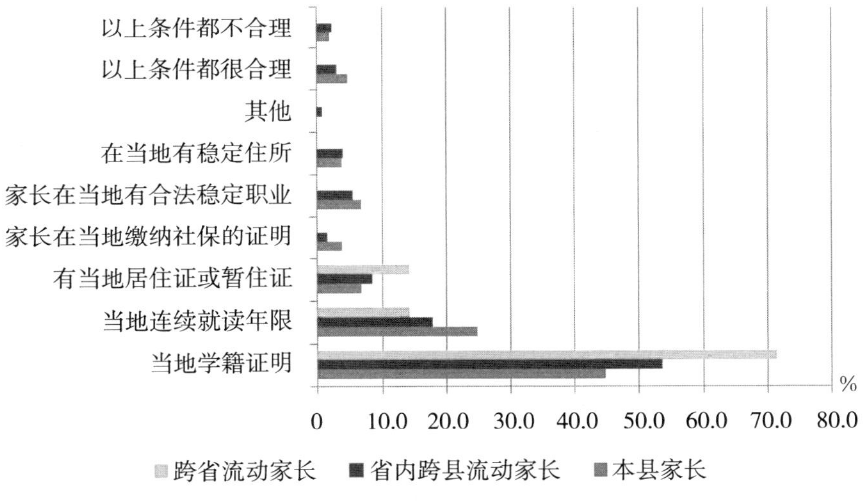

图9-23　高中学生家长对各项准入条件合理性的评价

在高中学生家长中，学籍、就读年限、居住证或暂住证作为准入条件的认可比例较高。本县家长、省内跨县流动家长、跨省流动家长认可将学籍作为最合理的准入条件的比例分别为44.80%、53.50%、71.40%，认可将连续就读年限作为最合理的准入条件的比例分别为24.80%、17.80% 、14.30%，认可将居住证或暂住证作为最合理的准入条件的比例分别为6.70%、8.50%、14.30%。（见图9-23）

3. 家长对随迁子女在流入地升学考试政策实施状况的满意度一般

整体上，高中学生家长对在流入地升学考试政策实施的满意情况评价较为一般。在高中学生家长中，跨省流动家长对在流入地升学考试政策的实施持“比较满意”和“非常满意”态度的比例均高于省内跨县流动家长、本县家长，省内跨县流动家长和本县家长对在流入地升学考试政策实施情况的评价为“一般”的比例均高于“不满意”“不太满意”“比较满意”“非常满意”。（见图9-24）

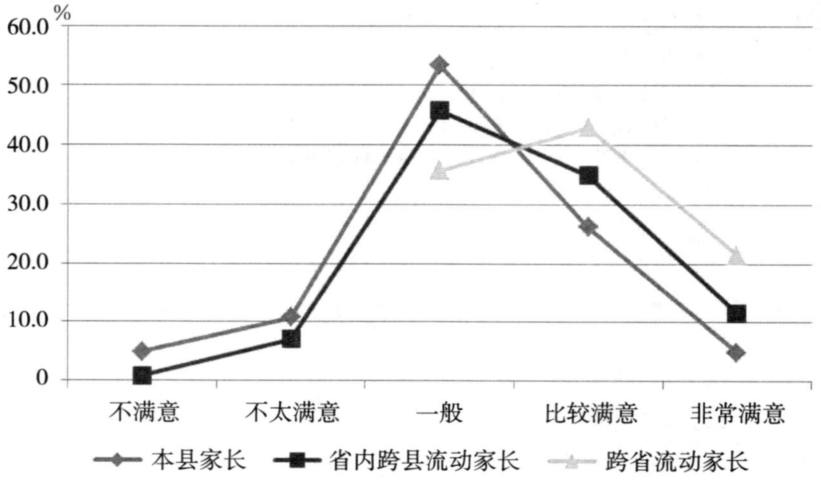

图9-24 高中学生家长对在流入地升学考试政策实施的满意情况

4. 高中学生对在流入地升学考试政策的实施前景较为乐观

整体上，大部分高中学生对在流入地升学考试政策实施前景比较乐观，认为“比较容易落实”“非常容易落实”的比例要高于“落实难度较大” “不可能实现”的比例。（见图9-25）

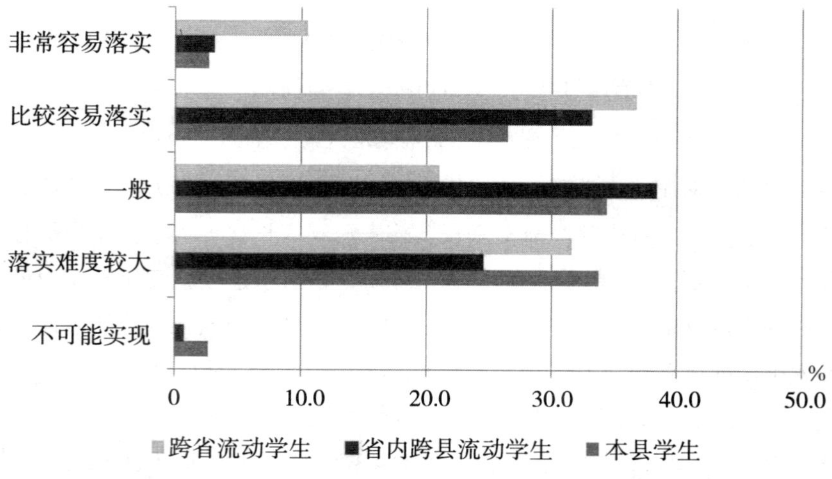

图9-25 高中学生对在流入地升学考试政策实施前景的判断

（四）政策期望状况与改进建议

1. 大部分高中学生家长主张放宽准入条件

大部分高中学生家长主张放宽准入条件。具体来看，本县家长中，有45.6%希望设置比较宽松的准入条件，16.5%认为应不设置任何条件；省内跨县流动家长中，53.9%认为应设置比较宽松的准入条件，28.1%认为应不设置任何条件；跨省流动家长中，28.6%认为应设置比较宽松的准入条件，50.0%认为应不设置任何条件。（见图9–26）

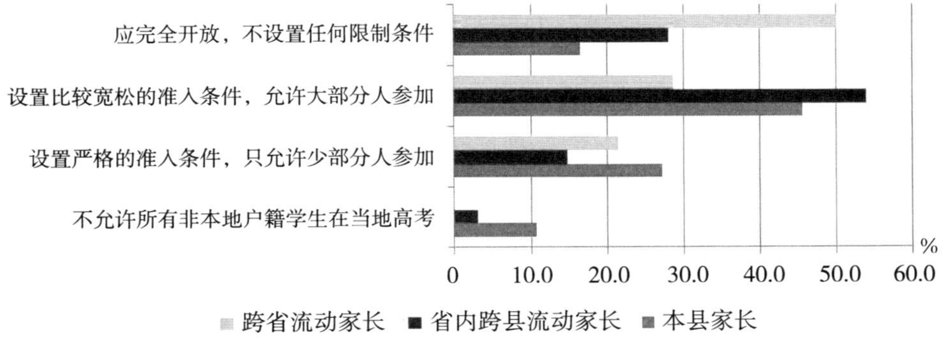

图9–26　高中学生家长对准入条件设置的看法

2. 本地高中学生与流动高中学生对于“最应对哪些人群开放”这一问题的看法存在差异

58.9%的本县高中学生认为在流入地升学考试最应对长期居住在本地的外来劳动者的子女开放，省内跨县流动学生持相同看法的比例为50.9%。在跨省流动学生中，57.9%认为应对任何群体都开放。（见图9–27）

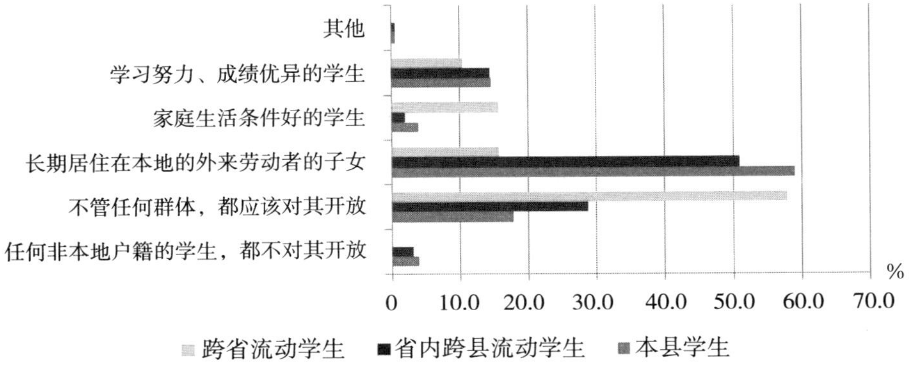

图9–27　高中学生对在流入地升学考试最应对哪些人群开放的看法

四、分析讨论

（一）随迁子女在流入地升学考试政策的宣传效果有待提高

学生了解政策的途径相对单一，主要信息来源是学校和老师，随迁子女和本地学生对该项政策的了解状况在一定程度上取决于其所在学校对该政策的宣传状况。学校对在流入地升学考试政策的宣讲大多采取纸面资料与家长会相结合的方式，宣讲对象以毕业班学生及家长为主，尚缺乏对随迁子女进行政策解读的个别指导。学校和教师在结合政策对随迁子女的学业选择、报考升学等进行引导和帮助方面的作用有待加强。

相比之下，家长了解政策的途径相对丰富，除通过学校的宣讲了解外，电视、报纸、网络等社会媒介也是他们了解此项政策的主要途径。无论是随迁子女学生还是家长，他们对政策准入条件的具体要求、自身是否满足条件、申请需要哪些材料及如何办理等方面了解不足。

（二）随迁子女接受更高阶段教育的期待未得到充分重视

随迁子女是在流入地升学考试政策的主体，有关部门在制定相关政策时需要充分考虑随迁子女家庭的需求，需要对随迁子女在流入地的基本情况进行系统了解，了解他们对普通高中和职业学校的需求倾向，及时准确地把握他们对高等教育的需求信息，以便为制定合理的在流入地升学考试政策做出科学决策。

（三）准入条件设置未充分考虑舆论倾向

在流入地升学考试政策的准入条件规定存在着某些“一刀切”与简单化的现象，未系统考察影响随迁子女参加在流入地升学考试意愿及相关政策的舆情，缺乏对影响随迁子女参加在流入地升学考试意愿的各种个人因素、家庭因素和社会因素的深入分析，针对性相对较弱，影响了政策的实施效果。准入条件的设计需要充分考虑随迁子女的需求与现实实际，使得政策既符合随迁子女家庭的教育需要，又能保证城市高中阶段教育资源的合理配置和有序供给。

（四）职业教育未充分发挥对随迁子女的分流作用

当前合肥市的职业教育资源相对丰富，对随迁子女具有一定的接纳能力。由于职业教育自身的特点及客观环境影响，社会对职业教育的认可度偏低，职业院校毕业生的待遇相对于普通高校毕业生偏低，用人单位对学历的重视程度仍高于实际操作能力，以及在校学习的知识、技能还不能适应就业的需要，导致职业学校对随迁子女的吸引力不足。

五、对策建议

（一）发挥各种媒体的作用，提升政策知晓度

充分利用传统媒体以及新媒体的力量，通过开设电话热线、网络专栏、微博和微信平台等形式，提供与在流入地升学考试政策相关的宣传与咨询服务，及时为随迁子女及家长提供最新的资讯，并解答他们遇到的问题。

（二）满足随迁子女接受更高阶段教育的需求

高度重视随迁子女接受更高阶段教育的强烈意愿，在客观调查随迁子女教育需求信息的前提下，根据舆情变化积极应对随迁子女的教育需求。建立让随迁子女家庭直接参与相关规章制度制定的决策机制，确保各方群众的教育知情权、参与权、表达权和监督权。科学预测当地随迁子女规模的未来变动趋势，对高中教育资源进行有效规划并进行合理配置。

（三）依据客观条件与舆情，科学、适当地放宽准入条件

在保障流入地教育资源有序供给的前提下，让利益相关者直接参与到规章制度制定的决策机制中，以在流入地考试政策主体——随迁子女自身的条件为基础设计准入条件，以学籍和连续就读年限作为基础条件。根据舆情民意，依据流入地的教育资源供给能力科学论证准入条件设置，系统评估不同准入条件的影响力度，明确准入条件的优先顺序，精确衡量方案设置的预期效果，在高中教育资源供需矛盾并不突出的时期，鼓励削减或取消社会保险、稳定职业等非必要条件。

（四）打造职业教育贯通式培养“立交桥”，增加随迁子女的教育选择机会

打造中等职业教育、高等职业教育和本科层次职业教育贯通式培养“立交桥”，开发城市职业教育资源，建立流动人口子女职业教育发展体系，增加随迁子女义务教育后的选择机会，为随迁子女继续学习拓宽通道。

第十章 贵阳市随迁子女在流入地升学考试调研

一、调研背景

（一）贵阳市经济社会发展与流动人口基本状况

1. 贵阳市经济社会发展基本状况

贵阳市是贵州省的省会，位于中国西南云贵高原东部，是我国西南地区重要的中心城市之一，是贵州省的政治、经济、文化、科教、交通中心，也是西南地区重要的交通通信枢纽、工业基地及商贸旅游服务中心。

云岩区和南明区集中了贵阳市大量优质的教育、卫生、交通方面的资源，同时还有大量的企事业机关以及大公司在此办公。云岩区和南明区的原住人口搬离较少，外来人口涌入是造成人口密度大的一个重要原因。

2014年贵阳市全年实现生产总值2497.27亿元，比上年增长13.9%。分产业来看，第一产业增加值108.02亿元，比上年增长6.6%；第二产业增加值976.59亿元，比上年增长13.9%；第三产业增加值1412.66亿元，比上年增长14.3%。人均生产总值55018元，比上年增长12.6%。[1]

第三产业比重继续提高。2014年，全市第一产业、第二产业和第三产业增加值占地区生产总值的比重分别为4.3%、39.1%和56.6%（见图10-1），与2013年相比，第一产业、第三产业比重分别提高0.4个百分点和1.2个百分点，第二产业比重下降1.6个百分点。

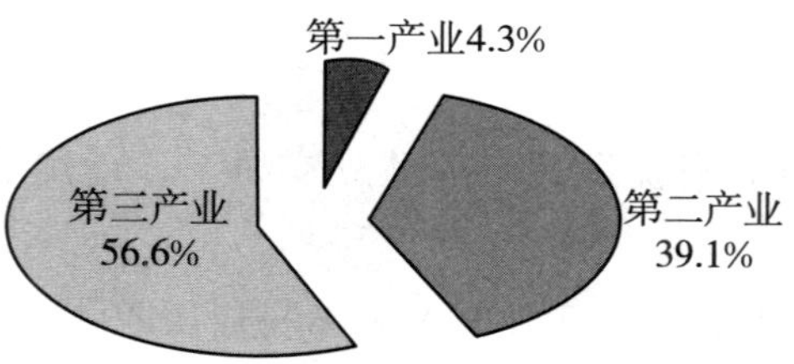

图10-1　2014年贵阳市三大产业增加值占GDP比重

[1] 贵阳市统计局，国家统计局贵阳调查队．2014年贵阳市国民经济和社会发展统计公报［EB/OL］.（2015-04-09）［2015-04-10］. http：//tjj.gygov.gov.cn/c8024/20150410/i667453.html.

总体上来讲，现阶段贵阳市处于改革开放以来经济社会发展最好最快、城乡面貌变化最大的时期，为实现生态文明城市战略目标、全面建设小康社会奠定了坚实基础，社会经济发展保持强劲良好的势头。

2. 流动人口基本状况

截至2010年7月，贵阳市流动人口数量为90.8万人（见图10–2）。2011年全市有10.5万名流动人口参加城镇职工基本养老保险。截至2014年1月，贵阳市共有流动人口120万人（见图10–2），其中近80%是15～60岁的人员[1]。与全国相比，贵阳市流动人口数量不算多，但由于城市容量不大，流动人口又主要集聚于云岩区和南明区，因此关于流动人口的居住、就业、就医、子女教育、社会保障等管理压力较大。

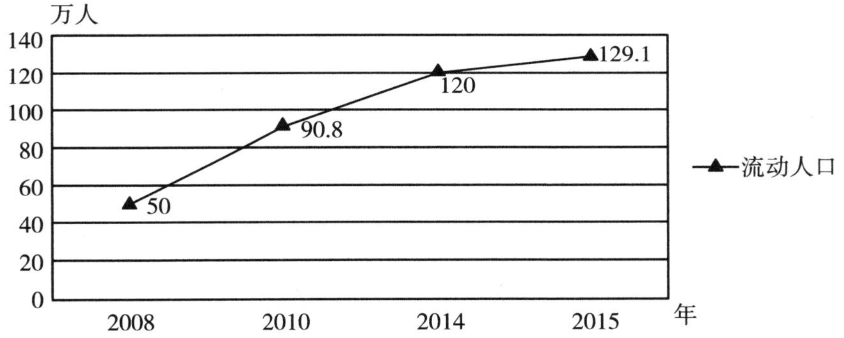

图10–2　贵阳市流动人口规模及变化状况

从贵阳市随迁子女的变动趋势来看，随迁子女的数量将保持小幅平稳增长的势头。根据现有公开资料，对贵阳市2001年以来流动人口的数据进行收集处理，建立贵阳市未来流动人口数量的Logistic曲线拟合模型，模型可表达为 $y=\frac{k}{1+e^{-a\times(x-b)}}$ ，其中x表示年份，y表示流动人口数，a, b, k为三个特定参数。为避免自变量x与观测值在数量上相差过大，x取值的初始年份为1。运用Stata9统计软件可以求出该模型的a, b, k值，该模型可表示为 $y=\frac{400.7182}{1+e^{-0.139022\times(x-19.57)}}$，均方根误差为3.984166，$R^2$=0.9986。回归方程统计检验达到显著水平（$p<0.001$），整体预测效果较好。

[1] 刘丹. 流动人口　贵阳现有120万 [N]. 贵州商报，2014-03-11（A9）.

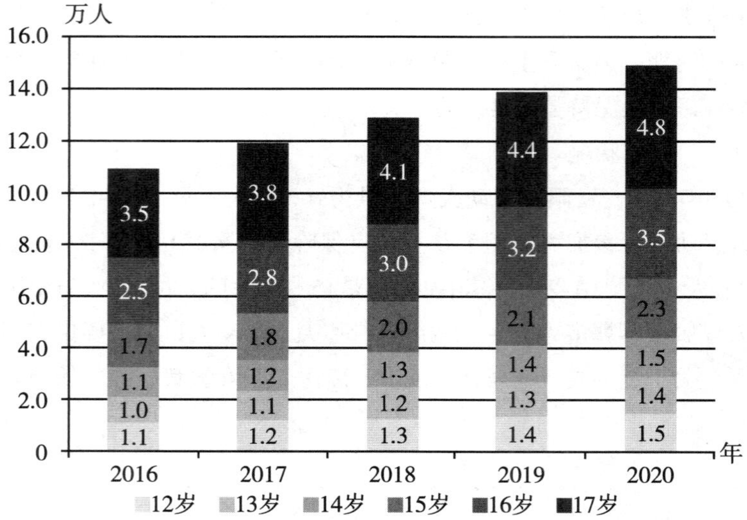

图10-3 贵阳市随迁子女数量变动趋势

由于缺乏贵阳市流动人口的年龄结构，考虑到流动人口的年龄结构相对稳定，故根据2010年第六次全国人口普查的流动人口年龄结构，推测出贵阳市流动人口随迁子女的数量。如图10-3所示，贵阳市14岁初中毕业适龄随迁子女在2016年至2020年将基本维持在1.1万人至1.5万人这一规模，17岁高中毕业适龄随迁子女在2020年将提升到4.8万人。从整体上看，贵阳市流动人口随迁子女的数量将保持平稳增长的势头。

（二）贵阳市随迁子女教育基本状况

1. 贵阳市随迁子女受教育现状

贵阳市按照“公办为主、民办为辅、公开平等、就近入学、先公后民、顺序安排、基本保障”原则，由县（区）级教育行政部门负责流动人口的义务教育工作。流动人口在同一居住地连续居住并依法缴纳社会保险费满三年，有固定住所、稳定职业，遵守计划生育政策，依法纳税的，其随迁子女需要接受义务教育，根据居住证办理先后顺序，安排在公办学校就读，公办学校学位资源不足时，就近安排在受政府委托的民办学校就读。政府为学生免费提供教科书及学杂费减免补贴，并按学生人数为学校提供生均公用经费；在贵阳市连续就读并完成九年义务教育，需升入高中就读的学生，享受本市户籍人口同等待遇。

截至2014年3月，贵阳市共为17.82万流动人口随迁子女提供义务教育，其中在公办学校就读的有9.62万人，占流动人口随迁子女就读总数的54%。

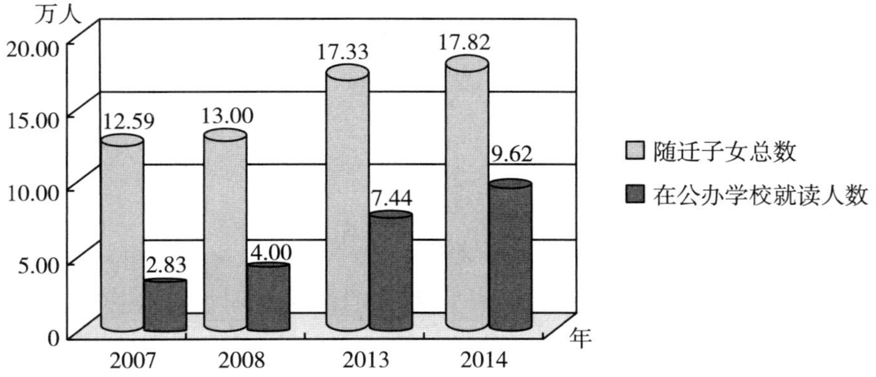

图10-4　义务教育阶段随迁子女总数及在公办学校就读的人数

2007年、2008年、2013年、2014年四个年份随迁子女就读公办学校的比例分别为23.3%、30.7%、43.0%、54.0%。2007～2014年，随迁子女增长5.23万人，年平均增长0.7万人，年平均增长率为14.3%。2014年义务教育阶段随迁子女数量为17.82万人。

2. 贵阳市随迁子女教育的经验与举措

（1）建立财政补贴民办学校的贵阳模式

2007年，贵阳市财政对民办学校按接纳的随迁子女的实际情况给予学杂费补助，每人一年补助200元，其中100元用于抵学杂费，另100元用于改善办学条件、教师培训等。2009年，贵阳市政府为在民办学校就读的义务教育阶段学生免费提供教科书，从公办学校中为民办学校选派教学副校长，并公开选拔特岗教师进行支教，工资由财政支付。贵阳市对随迁子女义务教育的财政支持政策被称为"贵阳模式"。

2014年，贵阳市级财政共投入4000万元：投入1140万元为在民办学校就读的9万余名学生提供免费教科书；投入560万元，为200所承担流动人口子女义务教育工作的民办学校提供生均公用经费补助；投入1900万元，在全市民办学校流动人口子女和教师9.5万余人中开展"送温暖"活动；投入400万元用于民办学校消除安全隐患和改善办学条件[1]。

（2）制定随迁子女教育均等化服务政策

2013年，贵阳市规定凡属在同一居住地连续居住并依法缴纳社会保险费满三年，有固定住所、稳定职业，遵守计划生育政策，依法纳税的流动人口，其随迁子

[1] 贵阳市教育局. 贵阳市2014年教育工作情况报告［EB/OL］（2015-02-03）. http：//www.gygov.gov.cn/c136/20150213/i646598. html.

女在义务教育上，将根据居住证办理先后顺序，安排在公办学校就读，公办学校学位资源不足时，就近安排在受政府委托的民办学校就读。

此外，政府将为学生免费提供教科书及学杂费减免补贴，并按学生人数为学校提供生均公用经费；在贵阳市连续就读并完成九年义务教育，需升入高中阶段就读的随迁子女，享受本市户籍人口同等待遇。

（3）实施积分入户的户籍管理制度改革

2013年，贵阳市开始实施积分入户管理办法，实施范围是贵阳市各区（市、县），当年共有106名流动人口落户贵阳。2014年，由于政策调整，贵阳市暂停流动人口积分入户工作。2015年6月18日，《贵阳市流动人口积分入户管理暂行办法（修订）》出台，实施范围仅限南明区和云岩区。该办法规定，在南明区、云岩区合法稳定就业并有合法稳定住所（含租赁）三年（含）以上，同时参加城镇社会保险五年（含）以上的人员，可以直接在南明区、云岩区申请登记常住户口（非农业），不需要再参加积分入户。

（4）为民办学校接纳随迁子女就学出台优惠政策

2011年，《贵州省人民政府关于促进民办教育大发展的意见》出台，民办学校可以在全国范围内招生，政府放宽对转入民办学校学生的学籍办理等。而公办示范性高中不允许跨地（州）招生，通过民办优质学校为社会提供选择服务。民办学校从省外引进的教师在户口迁移、子女入学升学、职称评定、评优等方面均与公办学校教师一视同仁。在民办学校连续工作20年，符合考核合格等条件，可以享受和公办学校同级教师的退休待遇。支持民办学校为教师修建公租房，出台公办民办学校教师相互流动政策，甚至由政府派出公办学校教师到民办学校任教。这类举措对解决民办学校教师紧缺和稳定民办学校的教师队伍起到了重要的作用。

（5）加大对随迁子女较多的公办学校教师的考核要求

贵阳市教育局在教师评定职称时，要求随迁子女较多的学校教师的教学成绩要超过平均分的10%，这有利于激发教师关注随迁子女学习质量的热情。

（6）加大考核民办学校的力度

针对民办学校教学资源紧缺，教学设施比较落后，教师流动性大的现象，贵阳市也出台了考核政策。贵阳市采用“两头控制”的办法对这些民办学校进行考核，从优到劣分为金牌、绿牌、黄牌、淘汰牌。所谓的“两头控制”是指两个指标：其一，随迁子女学生必须达到在校学生的60%以上；其二，班级总人数不得超过66人。

通过调研，贵阳市现阶段采取的政策措施总体上符合国务院办公厅《关于做好进城务工人员随迁子女接受义务教育后在当地参加升学考试工作的意见》的要求，有利于贵阳市随迁子女在流入地升学考试。

3. 贵阳市随迁子女教育的问题与挑战

（1）经费存在较大缺口

随着流动人口的不断大量涌入，贵阳市公共资源承受能力难以满足流动人口日益增长的需求。随迁子女教育经费基本由贵阳市政府承担，中央和省政府只按照小学160元／生、初中215元／生的标准承担学生的杂费，其余杂费和教育事业费（教师工资、校舍建设与维修、设施设备等）完全由贵阳市政府承担。这对流动人口较多的贵阳来说存在较大压力，特别是两城区（南明区、云岩区）义务教育阶段的随迁子女人数已经超过了两区本地户籍学生人数。

（2）新建小区所在学校就学压力大

随着城市化进程加快，新建小区迅速增加。达不到配建标准的小区未配建学校，达到配建标准的小区，配建学校与实际需求存在一定差距，且学校未明确为公办，出现不能满足业主子女就读公办学校的需求，因此更没有多余的学额解决随迁子女入学问题。

（3）公共资源配置与流动人口日益增长的需求的矛盾突出

贵阳市在流动人口服务管理方面做了大量的工作，也取得了一定的成绩。如今，贵阳市合理规划和配置公共资源，以功能布局引导人口分布，在棚户区改造、新区建设中提升改造公共服务设施，引导老城区教育优质公共服务资源向新城区转移，但促进功能性项目向新区配置是一项很大的挑战。同时，如何在优化流动人口结构上下功夫，以产业布局优化人口结构，出台更优惠更有吸引力的政策，吸引符合地区发展规划，具有更高文化知识和技能的流动人口是另外一种挑战。

（4）解决随迁子女教育问题与“以公办学校为主”要求还有一定差距

2014年3月，流动人口随迁子女在公办学校就读比例为54%。虽然贵阳市政府努力加大公办学校接收的力度，但限于接纳能力，公办学校接纳随迁子女的比例不到60%，没有做到“以公办学校为主”的要求。随迁子女很多就读于民办学校，政府对民办学校及学生普遍提供财政补助，补助经费主要由市政府统筹。“贵阳模式”已经在很大程度上得到了社会的认可，但是如何更有效、全面地进一步实施“两为主”政策将是贵阳市相关部门亟待解决的一个问题。

（三）贵阳市随迁子女义务教育后升学考试政策状况

1. 贵阳市在流入地中考政策

（1）政策前置

贵阳市的中高考政策与小学入学条件是相关的。现在，只要符合小学起始年级入学条件，中高考即可享受贵阳市同城待遇。

从2013年起，根据《关于印发〈贵阳市推进流动人口基本公共服务均等化实施细则（试行）〉的通知》文件，在贵阳市连续就读并完成九年义务教育，需在贵阳市升入高中阶段就读的非贵阳市户籍学生，可在就读区域招生部门报名并享受本区域户籍人口同等待遇。

（2）报考条件

学生报名时应向招生部门提供在贵阳市连续就读并完成九年义务教育的相关印证材料（小学学籍材料、小学义务教育证明、初中学籍材料和初中三年学校就读证明材料等）。

（3）报考类型

非贵阳市户籍未读满九年义务教育的学生，未返回户籍所在地参加中考，要在贵阳市就读普通高中的，只能选择报考示范性高中学校择校生、五年制专科学校、一般高中学校及中等职业类学校。

（4）政策延续状况

贵阳市的随迁子女中考政策体现出延续性和可操作性。政策延续对比情况见表10–1：

表10–1　贵阳市随迁子女中考政策延续对比表

政策年限	政策内容	限制条件	可报考学校	备注
2012年以前	在贵阳市学校就读但户口不在就读学校所属区、县（市）的考生，在就读学校属于借读生，只能选报示范性高中学校择校生、五年制专科学校、一般高中学校及中等职业类学校	户口在不在就读学校所属区、县（市）	示范性高中学校择校生、五年制专科学校、一般高中学校及中等职业类学校	区别在于是否是示范性高中学校择校生
	非贵阳市户籍随迁子女在贵阳市连续就读并完成九年义务教育，需在贵阳市升入高中阶段就读的学生，在就读区域招生部门报名并享受本区域户籍人口同等待遇	在贵阳市是否连续就读并完成九年义务教育	享受同城待遇	

续表

政策年限	政策内容	限制条件	可报考学校	备注
2013年起（非贵阳市户籍随迁子女）	学生报名时应向招生部门提供在贵阳市连续就读并完成九年义务教育的相关印证材料（小学学籍材料、小学义务教育证明、初中学籍材料和初中三年学校就读证明材料等） 非贵阳市户籍未读满九年义务教育的学生，未返回户籍所在地参加中考，要在贵阳市就读普通高中的，只能选择报考示范性高中学校择校生、五年制专科学校、一般高中学校及中等职业类学校		未读满九年义务教育只能选择报考示范性高中学校择校生、五年制专科学校、一般高中学校及中等职业类学校	区别在于是否是示范性高中学校择校生
2013年起（贵阳市户籍随迁子女）	贵阳市户籍跨区域就读考生报考高中阶段学校。有贵阳市户籍（南明区、云岩区、观山湖区及原小河区"三区一地"除外）跨区域就读的学生，具备就读区域学校三年正式学籍（提供相关证明材料）可在就读区域报名中考并享受该区域中考招生政策，也可回户籍所在地区报名中考，并享受户籍所在地区中考招生政策 有贵阳市户籍（"三区一地"除外）跨区域就读未满三年学籍的学生，未返回户籍所在地参加中考，要在贵阳市跨区域就读普通高中的，只能选择报考示范性高中学校择校生、五年制专科学校、一般高中学校及中等职业类学校	是否具备就读区域学校三年正式学籍	具备三年正式学籍的享受同城待遇 不具备三年正式学籍的只能选择报考示范性高中学校择校生、五年制专科学校、一般高中学校及中等职业类学校	区别在于是否是示范性高中学校择校生

2. 贵阳市在流入地高考政策

（1）2013年颁布的贵州随迁子女在流入地高考政策

随迁子女取得贵州省初中毕业证书，高中阶段在贵州省连续就读三年，有贵州省高中阶段三年完整学籍，考生高考报名前，其父亲（或母亲）在贵州省居住，有合法稳定住所、合法稳定职业，持有贵州省居住证（或暂住证）和在贵州省连续缴纳社会保险三年以上（含三年）者，可在贵州参加高考。

（2）报考条件

报考考生须提供父亲（或母亲）的居民户口簿、居民身份证、居住证（或暂住证）、住房证明（房屋使用权证明或购房合同、房屋租赁合同等）、务工证明、社保证明，考生的居民身份证、初中毕业证、贵州省高中阶段学生学籍登记表、普通高中学生学业水平考试成绩。

符合报名条件的随迁子女，2014年开始可在贵州参加高考。

不符合报名条件的随迁子女，非贵州户籍的应回其户籍所在地参加高考报名；户籍已迁入贵州的，可将户籍迁回原所在地参加高考报名，也可申请在贵州省报考第三批次本科院校和高职专科学校。

（3）随迁子女高考政策延续状况

表10–2　贵阳市随迁子女高考延续政策对比表

政策年限	政策内容	限制条件	可报考学校	备注
2007～2012年	其父或母为外来务工人员（须提供在贵州省三年以上的暂住证明），本人在贵州省有三年常住户籍，高一至高三在贵州省连续就读，并有贵州省高中三年学籍	考生是否有贵州三年户籍、学籍，父或母是否有在贵州省三年以上的暂住证明	符合条件的考生正常报考 不符合报考条件的考生，其户籍在高考报名前已转迁贵州省的，可报考省内外本科独立院校和专科（高职）院校	区别在于是否能报第一、第二批次本科院校
2013年起	随迁子女取得贵州省初中毕业证书，高中阶段在贵州省连续就读三年，有贵州省高中阶段三年完整学籍，考生高考报名前，其父亲（或母亲）在贵州省居住，有合法稳定住所、合法稳定职业，持有贵州省居住证（或暂住证）和在贵州省连续缴纳社会保险三年以上（含三年）者，可在贵州参加高考	考生是否有贵州三年完整学籍及初中毕业证 考生父亲（或母亲）在贵州省是否有合法稳定的住所、职业，是否持有贵州省居住证（或暂住证）和在贵州省连续缴纳社会保险三年以上（含三年）	符合条件正常报考 不符合报名条件的随迁子女，非贵州户籍的应回其户籍所在地参加高考报名；户籍已迁入贵州的，可将户籍迁回原所在地参加高考报名，也可申请在贵州省报考第三批次本科院校和高职专科学校	区别在于是否在贵州参考以及能否报第一、第二批次本科院校

3. 在贵阳市实际参加中高考的随迁子女人数比例逐年增加

将贵阳市教育局及Z区招生办和基教处提供的2011年中考报名与招生（即2014年高中毕业学生）数据与2014年高考报名数据做对比分析，见表10–3。

表10–3 贵阳市2011年在流入地中考学生数据与2014年高考报名数据对比

2011年中考（招生办）	2011年秋季高中录取（基教处）	2014年高考报名（招生办）
其中，外省随迁子女总数1667人	其中，外省随迁子女总数1365人	其中，外省随迁子女总数1163人

2011年贵阳市中考外省随迁子女人数为1667人，占参加中考考生人数的3.1%，其中1365人被高中录取，录取率为81.9%；2014年高考报名的外省随迁子女人数为1163人，占参加高考考生的3.4%，外省随迁子女符合贵州高考政策的比例为85.2%。

表10–4 Z区2011年在流入地中考学生数据与2014年高考报名数据对比

2011年中考（招生办）	2011年秋季高中录取（基教处）	2014年高考报名（招生办）
Z区九年级中考报名总数3371人	高一年级2328人	Z区高考报名总数2786人
其中，外省随迁子女总数59人	其中，外省随迁子女总数68人	其中，外省随迁子女总数58人

2011年，Z区外省随迁子女占参加中考考生人数的1.8%，有68名外省随迁子女被高中录取。2014年高考报名的外省随迁子女人数为58人，外省随迁子女占参加高考考生人数的2.1%，外省随迁子女符合贵州高考政策的比例为85.3%。

二、研究设计与过程

（一）调研实施

1. 样本选取

2014年4月7～10日，课题组在贵阳市实施调研。样本主要选取贵阳市四所学校（公办学校——贵阳市示范性第A中学和贵阳市第B中学，民办学校——Z区C中学、D中学）进行抽样调查，按照课题组对样本量的要求分别对这两类学校的学生、学生家长、教师以及校长以问卷及结构性访谈的形式进行调研。

2. 样本描述

调研组在贵阳市发放高中学生问卷560份，回收有效问卷532份，有效回收率为95.0%；发放高中教师问卷120份，回收有效问卷105份，有效回收率为87.5%；发放高中学生家长问卷240余份，回收有效问卷145份，有效回收率为60.4%。

调研组在贵阳市发放初中学生问卷560份，回收有效问卷539份，有效回收率为96.3%；发放初中学生家长问卷240份，回收有效问卷207份，有效回收率为86.3%。

调研组通过座谈、小组访谈和个别访谈等方式，分别对Z区、贵阳市的教育局行政领导以及学校校长、教师、学生及其家长进行访谈。同时，调研组收集地方招生政策文件、学校发展规划等文本资料。通过调研，课题组对随迁子女在贵阳市高考状况有了较全面、深刻的认识。

（二）数据处理

问卷回收后，由专门人员按照统一的编码手册和录入说明录入数据，经过核实、整理后的数据采取SPSS17.0软件包进行数据处理和相关统计分析。

三、研究发现

（一）政策知晓状况

1. 相关利益群体对随迁子女在流入地升学考试政策的准入条件的知晓度不高

（1）相关利益群体对随迁子女在贵阳市参加中考政策的准入条件缺乏了解

在初中学生中，有79.0%的学生知道必须满足本地学籍证明（小学、初中）条件，46.3%的学生知道必须满足连续就读年限（小学义务教育证明、初中学校就读证明）条件。中考不需要家长社保证明，可仍有39.8%的学生表示需要满足此条件。

在初中学生家长中，68.5%的家长知道需要当地学籍证明，7.5%的家长知道需要当地连续就学年限，8.9%的家长知道需要居住证或暂住证，0.9%的家长知道需要家长有合法稳定职业，1.4%的家长知道需要家长有稳定住所，8.0%的家长表示不清楚。

在初中教师中，77.5%的教师知道需要当地学籍证明，61.0%的教师知道需要当地连续就学年限，43.8%的教师知道需要居住证或暂住证，37.5%的教师知道需要家长有合法稳定职业，70.0%的教师知道家长有稳定住所，7.0%的教师表示不清楚。

（2）相关利益群体对随迁子女在贵阳市参加高考政策的准入条件缺乏了解

随迁子女在当地参加高考必须满足本地学籍证明、本地连续就学年限、居住证或暂住证、家长社保证明、家长有合法稳定职业、家长有稳定住所等六项条件，但学生及家长对此的知晓度均不高，教师对此的知晓度稍高一些。在这六项条件中，相关利益群体对家长社保证明这一条件的知晓度最低，而该条件正是将很多考生拒之门外的主要原因。仅有22.4%的高中学生知道这一条件，50.5%的高中学生表示不清楚，只有26.2%的高中学生家长和26.4%的高中教师知道这一条件。

2. 相关利益群体对政策实施时间了解不足

在被调查的高中教师中，对于贵州从2014年开始允许外省随迁子女在流入地参加高考的政策，68.9%的人不了解，只有8.7%的人知道。知道这一政策的高中学生家长仅占10.3%，不清楚的占60.0%。在高中学生中，75.6%的人不了解这一政策，只有5.7%的人知道该政策。

3. 高中学生对允许随迁子女报考的学校类型的知晓度不高

对在流入地高考政策允许报考的学校类型，43.3%的高中学生不知道，48.9%的高中学生知道可以报考省内外高职和其他高等学校。

4. 家长、学生获取政策信息的渠道单一

初中学生在获取随迁子女在流入地中考政策信息方面，50.3%的人是通过学校和老师获知的，15.0%的人是通过电视获知的，10.8%的人是通过网络获知的，从没听说的人占7.8%。在初中学生家长中，31.5%的人是通过学校和老师获知的，19.2%的人是通过电视获知的，8.0%的人是通过网络获知的，8.5%的人通过报纸获知的，12.7%的人是听孩子回家说的，从没听说的人占7.5%。

高中学生在获取随迁子女在流入地高考政策信息方面，45.5%的人是通过学校和老师获知的，17.0%的人是通过电视获知的，从没听说的人占12.9%。在高中学生家长中，9.0%的人是从学校和老师处获知的，31.9%的人是通过电视获知的，11.7%的人是通过网络获知的，21.4%的人是通过报纸获知的，从没听说的人占8.3%。

虽然学生家长获取信息的渠道比较多元，但也存在盲区。通过家长座谈发现，初中学生家长对中考政策的条件比较了解；高中学生家长对政策的知晓度明显低于初中学生家长，对新政策缺乏全面了解，特别是对在贵州省连续缴纳社会保险三年以上（含三年）的条件了解不透。

（二）政策接纳状况与选择意愿分析

1. 政府强力推进，相关利益群体大多支持随迁子女在流入地升学考试政策

流动人口推动了贵阳市经济的发展，加快了城镇化建设的步伐。贵阳市从维护社会公平的角度加快中高考改革，借以保障考生合法权益。

通过对贵阳市教育局基教处的访谈获知，贵阳市的优质教育资源主要集中在贵阳市的中心三城区，由于贵州省大力推进城镇一体化，因此需要大量的人才和劳动力，这在一定程度上造成周边区（县）的学生大量涌入，造成教学资源紧张。贵阳市已经出台了相关的政策应对，用高中教育拉动九年义务教育，即在中考的政策上采用了分流政策，只有满足了在贵阳市连续接受九年义务教育条件的学生才可以享受同城待遇，不满足条件的学生只能选择成为示范性高中择校生，或于一般普通高中和中职就读。目前贵阳市中学、小学的教学资源尚能满足当前的就学需求，而比较困难的是学前教育。

贵阳市对2012年国务院出台的随迁子女在流入地入学的政策落实得比较到位，并且只需要满足学籍条件，所以实施起来也比较容易操作。对于教师、家长和学生，通过访谈了解到，各方从社会和谐角度看待这件事情，对政策大多持欢迎态度。问卷数据分析也显示教师、家长和学生对此政策大多持支持态度：76.2%的初中学生家长、62.9%的初中教师、83.0%的初中学生对此政策持支持态度；64.9%的高中学生家长、74.1%的高中教师、76.6%的高中学生对此政策持支持态度。

贵阳市当地学生及家长对随迁子女在贵阳参加中高考的政策总体上是认同的，但也有少许反对声音，这表明针对这一问题在一定层面上是有矛盾的。贵阳籍高中学生家长和学生对此政策的排斥度高于初中家长和学生。

通过访谈发现，关于随迁子女在流入地参加中高考，很多初中本地户籍学生觉得可以理解，他们认为父母都是为了自己的孩子好，希望自己的孩子能接受好的教育。也有本地家长表示，对流动人口及其子女不存在排斥心理，流动人口也是城市建设的主力，应该享受这种待遇，但随迁子女的到来可能会对升学录取指标产生挤压，这对本地户籍的学生造成一定压力。

2. 随迁子女义务教育后在贵阳市继续升学的意愿强烈

通过访谈发现，随迁子女及其家长大多数希望完成义务教育后学生能在贵阳市继续就读高中。贵阳市某示范性A高中的随迁子女普遍希望不用回原籍参加高考，其一是觉得环境的改变会对自己的心理造成很大的影响进而影响学习成绩，其二是认为每个地方的教材版本不一样，教材改变也许会造成学习成绩的下滑，其三是最重要的，高考前与父母两地分离，情感无处寄托。

通过问卷调查发现，在流入地升学考试政策颁布后，随迁子女及其家长中，86.6%的初中学生家长、76.6%的初中学生表示愿意留在贵阳市继续上学，84.2%的高中学生家长、83.0%的高中学生表示愿意留在贵阳市参加高考。

可见，允许随迁子女在贵阳市参加中高考，符合大多数随迁子女及其家长的升学意愿。

3. 随迁子女在现有政策背景下的升学选择更趋向于优质、高端的教育

2014年以前，随迁子女在高考时只能报第三批本科院校及职业大专，在得知贵阳市在流入地升学考试政策的具体内容后，学生及家长对未来接受大学本科教育更加向往了。高中学生相对于其家长来说，对未来的选择更加理性，选择高职的多一些，这与高职培养符合市场需求的技能型人才密切相关。

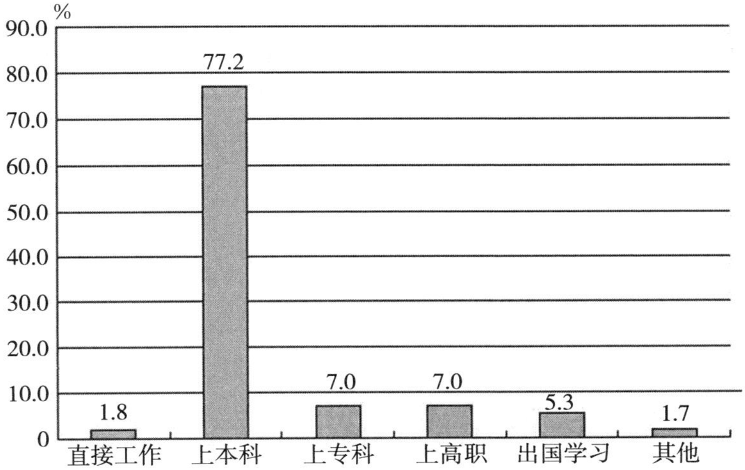

图10-5　高中随迁子女家长对子女报考学校的选择

（三）政策实施效果与评价

很多人担心，允许随迁子女在贵阳市参加升学考试后，随迁子女分享了贵阳市有限的教育资源，会造成贵阳籍学生及其家长和随迁子女及其家长关系不融洽，本地学生的心理会变得消极，本地学生的学习成绩会下降。调研数据表明这些担忧是没有必要的。

1. 政策对本地学生与随迁子女、本地家长与随迁子女家长的关系没有负面影响

群体间个体的人际关系是社会和谐的基础，从家长、教师、学生的问卷数据来看，允许随迁子女在贵阳市参加中高考后，贵阳籍学生与随迁子女之间、贵阳籍家长与随迁子女家长之间关系融洽程度在总体平稳的基础上有较为明显的提高，一部分虽有所下降，但所占比例小于10%。

2. 政策让半数以上随迁子女变得开朗

学生问卷结果显示，多数随迁子女认为在流入地升学考试政策的颁布对其心理情绪产生了积极的影响，55.8%的初中随迁子女和50.5%的高中随迁子女认为政策出

台后自己变得更积极、更开朗。

3. 政策对学生学习成绩的提高起到一定的促进作用

从统计数据来看，55.6%的初中学生、40.2%的高中学生的学业成绩有所提高，但同时也有部分随迁子女，如12.8%的高中随迁子女、10.5%的初中随迁子女学业成绩有所下降。

4. 政策满足了大多数随迁子女的升学需求

随迁子女在贵阳市参加升学考试的政策满足了广大随迁子女对升学的需求，65.8%的初中随迁子女、56.6%的高中随迁子女感到自身的升学需求获得了满足。

5. 政策对学生的学业选择没有太大影响

初中随迁子女在知道政策前，72.4%的人选择上高中，19.2%的人选择上中职；在知道政策后，79.0%的人选择上高中，15.8%的人选择上中职。而随迁子女家长在知道政策前，83.2%的人选择让孩子上高中，10.1%的人选择让孩子上中职；在知道政策后，94.1%的人选择让孩子上高中，5.9%的选择让孩子上中职。学生、家长在知道政策后对上高中的需求有所增加。

高中随迁子女家长在知道政策前，68.4%的人选择让孩子上大学本科，10.5%的人选择让孩子出国学习，7.0%的人选择让孩子上高职；在知道政策后，77.2%的人选择让孩子上大学本科，5.3%的人选择让孩子出国学习，7.0%的人选择让孩子上高职。可见，知道政策后高中随迁子女家长对上大学本科的需求略有增加，对出国学习的需求略有下降。

6. 允许随迁子女在贵阳市参加升学考试的政策对随迁子女未来发展选择的影响

允许随迁子女在贵阳市参加升学考试的政策对初中随迁子女未来发展的选择的影响不大，对高中随迁子女未来发展的选择的影响较大，99.0%的高中随迁子女选择在贵阳市参加高考。

表10–5　初中学生及其家长知道贵阳市在流入地升学考试政策前后对未来发展的选择

选择	比例（%）			
	初中学生家长		初中学生	
	政策之前	政策之后	政策之前	政策之后
不上学了，直接工作	5.9	0	3.8	1.4
上高中	83.2	94.1	72.4	79.0
上中职	10.1	5.9	19.2	15.8
其他	0.8	0	4.6	3.8

表10-6 高中随迁子女知道贵阳市在流入地升学考试政策前后对未来发展的选择

选择	比例（%）	
	政策之前	政策之后
毕业后直接工作，不参加高考了	7.7	0.2
在贵阳参加高考	11.1	99.0
在本地借考，回原籍地录取	21.4	0.4
回原籍地参加高考	36.4	0.4
转到政策条件宽松的地区上学并在那高考	8.8	0
其他	14.6	0

（四）政策实施的问题与改进建议

1. 贵阳市随迁子女在流入地升学考试亟待解决的问题与挑战分析

贵阳市的初高中随迁子女规模逐年变大，数量逐年增加，增加比例大约是在校生的2%～3%。随迁子女入学严重“挤占”了城区教育资源，贵阳市公办初中大班额比例达70%以上。另外，约有46%的随迁子女在民办学校入学。目前，学校经费比较紧缺，特别是师资匮乏，教师工作量增加，控辍保学难度增加。突出的问题表现在以下几个方面：

（1）“考试移民”和大班额影响教学质量成为本地学生和家长普遍担心的问题

通过调查本地学生和家长发现，无论是中考还是高考，“考试移民”带来的教育不公平和大班额影响教学质量是在流入地升学考试政策颁布后他们普遍担心的问题。同时，本地高中学生家长更担心升学指标被随迁子女“挤占”，而本地初中学生及家长更担心新政策的实施会增加学生的升学压力。

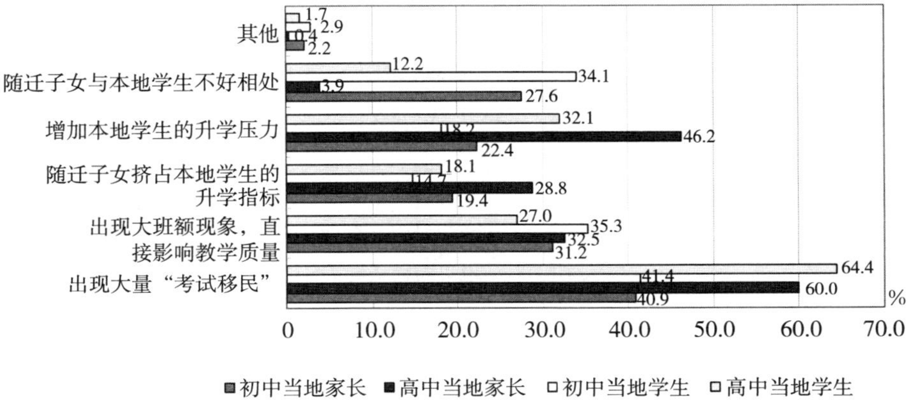

图10-6 贵阳市本地学生和家长担心在流入地升学考试政策实施后会出现的问题

（2）教材衔接困难是随迁子女回原籍地参加升学考试面临的主要问题

由于贵阳市在流入地高考实行有条件准入政策，仍有相当一部分随迁子女因不符合条件而不得不回原籍地参加升学考试。对于这些随迁子女的家长而言，他们最担心的是孩子回去之后教材、考试内容和贵阳市不一致而引起衔接困难，存在这种顾虑的初中和高中随迁子女家长分别占55.0%、47.5%。除此之外，孩子不适应家乡的教学方式和生活习惯，回去之后孩子没人照顾等，也是随迁子女家长比较担心的问题。

（3）与随迁子女家长配合困难、班级不好管理是政策实施后教师面临的主要困难

允许随迁子女在贵阳市参加升学考试后，由于会有更多的随迁子女在贵阳市接受初中和高中教育，因此会给教师的教学带来一定困难。教师问卷调查结果表明，高中教师中认为政策实施后与随迁子女家长配合困难的占32.0%，初中教师中认为政策实施后面临班级不好管理问题的占32.1%。

（4）家长对政策的准入条件和报考类型限制存在异议

家长问卷和访谈的结果显示，在问及目前贵阳市实施的在流入地升学考试政策存在的问题时，随迁子女家长不满意的地方集中反映在现有方案的准入条件、报考学校类型的限制以及政策的制定和实施缺乏广泛征求意见。

在被调查的所有初中学生家长中，对贵阳市在流入地中考政策准入条件设置不满意的占30.2%，而在高中随迁子女家长中，认为在流入地高考不应该限制报考学校类型的占26.2%。此外，政策的制定与实施尚缺乏更为广泛的意见征集，对此不满意的初中学生家长占21.0%。

2. 随迁子女在流入地升学考试政策实施改进意见

贵阳市的民办学校承担着随迁子女义务教育后续教育的主要任务，由于民办学校的教学设施比较落后，教学资源比较短缺，教师流动性比较大，因此，建议贵阳市政府继续加大对民办教育的扶持，促进民办教育均衡发展，使随迁子女有学上，有好学上。要逐步放开在流入地升学考试的限制，使越来越多符合政策要求的随迁子女能够在贵阳市正常参加中高考。另外，贵阳市政府在设定限制性条件时应该对随迁子女进行实地调查，如对于随迁子女父母缴纳社保的年限应该酌情考虑。

四、分析讨论

（一）本地家长表示担忧，认为设置一定准入条件是必要的

贵州省部分地区交通不便、相对闭塞，经济、政治和文化方面与其他经济发达省份相比存在较大差距，同时贵州省的教育水平、录取率、分数线等与其他省份相比也存在较大差距。由于贵州省高考的录取分数线偏低，对教育发达地区的部分考生产生一定吸引力，容易产生“考试移民”现象。“考试移民”现象实质是教育资源配置不均衡引起的。

目前，贵州省随迁子女高考政策对贵州籍考生有保护作用，如果一开始就完全放开在流入地高考，就会由于录取分数线较低而使大量考生涌向贵州省，这必然会造成混乱。同时，本地家长担心的“考试移民”及大班额现象增加本地学生的学习压力等问题不无道理。因此，随迁子女在流入地中高考政策有必要设置一定的准入条件。

（二）随迁子女家长进城不完全是为子女接受优质教育，逐步放开是可行的

贵阳市随迁子女在流入地考试政策出台后，很多人担心为了让孩子接受更好的教育，会有大量流动人口涌入城市，使得当地财政、教育不堪重负。但人口流动总体上需要一定的基本条件，比如居住条件、收入，这样才能保证自己和孩子能在城市生活下来。对大多数流动人口而言，生活是第一位。

此外，随迁子女流动数量主要取决于贵阳市经济发展状况，而非在流入地中考高考政策。由于贵阳市在流入地升学考试政策继续执行卡住小学入口关的政策，加之受住房、家庭经济条件以及父母工作等多重因素的限制，流动人口并不会出现井喷式增加的现象。解决好已经在贵阳市读书的随迁子女在流入地升学考试的问题，矛盾就可以得到极大缓解，后续问题可通过逐步放开限制条件加以解决。

（三）相关利益群体对政策缺乏深入了解

自贵阳市在流入地升学考试政策颁布以来，相关利益群体通过不同的途径和方式知晓该政策，但对政策的具体内容、实施方案和报考需要办理的证明材料了解得不够全面。

由于学生了解政策的主要途径是学校和班主任，因此随迁子女和本地学生对该项政策的了解情况在一定程度上取决于其所在学校对该政策的宣讲是否准确、到位。学校对在流入地升学考试政策的宣讲大多采取一次性召集毕业班学生及家长的

方式，缺乏对随迁子女进行相关政策解读的个别指导，学校和教师在结合政策对随迁子女学业选择、报考升学等方面的引导和帮助作用有待加强。

相比之下，家长了解政策的途径趋于多元，电视、报纸、网络、贵阳报考服务热线等是他们了解此项政策的主要途径。通过调研发现，无论是随迁子女学生还是家长，他们对政策实施时间、准入条件的具体要求、是否满足条件、申请需要哪些材料及如何办理等方面了解不足，这也使得一部分随迁子女因对政策了解不透而失去报考的机会。

（四）政策制定的过程缺乏民众的参与

通过对家长关于政策满意度的调查发现，“政策的制定没有广泛征求大家意见”“证明材料造假较多”“资格审查没有做好监督”等均是让家长对政策感到不满意的主要原因。这项政策涉及广大民众的切身利益，所以在制定、完善政策过程中应动员广大民众积极参与。

（五）政策的准入条件使得实施现状与需求尚存在较大差距

在流入地升学考试政策设定一定的准入条件是为了防止“考试移民”。如对学生的限制，需要学生在当地接受完整的义务教育或者有3年高中就读的学籍；对家长的限制，需要有合法稳定的职业、住所，社保缴纳记录。然而，贵阳市的中考需要从小学一年级开始的学籍，高考需要初中毕业证，也就意味着需要从初中一年级开始的学籍，两项考试的时间限制都太长了。另外，高考需要随迁子女家长连续缴纳三年社保的记录，这也是很难跨越的“门槛”。

调研发现，高中学生群体对随迁子女在贵阳市升学考试政策准入条件合理程度的认同依次是当地学籍证明、当地连续就读年限、有当地居住证或暂住证、家长有稳定住所、家长有稳定工作，唯独对家长在贵阳市缴纳社保证明不太认同。随迁子女迫切需要自己能与当地户籍学生享有同等的考试和录取的权利，但由于尚存在诸多限制和要求，目前政策的实施现状与随迁子女家庭的需求和预期都存在较大差距。

就目前贵阳市政策的实施状况来看，仅有少数随迁子女能符合所有限制条件，其中随迁子女家长连续缴纳社会保险的年限要求最难满足，相当一部分流动人口因从事建筑、运输等流动性较强的工作或从事个体生意而无法顺利缴纳社保。

（六）各类信息的沟通滞后影响工作效率

由于新政策的实施，学校的工作量明显加大，学校既要随时关注教育部门的政策变动，又要及时通知教师并告知家长落实各项手续。由于学生流动比较大，教育主管部门的要求也比较多，学校收集材料比较困难，导致政策真正实施起来难度比较大。因此，应建立健全相关职能部门，专人负责，强化信息的交流和传递，使考生信息能够在多部门共享。

（七）多数随迁子女仍面临回原籍地考试的困境

由于贵阳市的在流入地考试方案并没有完全向随迁子女放开，多数想报考示范性高中、重点高校的随迁子女因不符合条件而面临抉择的困境：一方面，在贵阳市不允许报考；另一方面，回原籍地会遇到教材衔接困难、学习和生活不适应、无人照顾等一系列难题。

因此，随迁子女返回原籍地考试的困境亟须在流入地升学考试政策不断完善的过程中予以妥善解决，尽可能避免随迁子女因难以满足政策条件而返回原籍进而因在原籍地遇到各种困难而丧失求学发展机会。

五、对策建议

（一）以流动人口积分入户管理制度改革推进政策的落实

由于诸多因素的掣肘，高考仍难与户籍剥离开来。一些随迁子女学前、小学、初中、高中都在贵阳市接受教育，却在高考来临时回到原籍。从如今各地高中课改、自主命题的角度而言，学生在流入地学习却回原籍地考试，必定出现“水土不服”的现象。因此，贵阳市在流入地高考问题最终的解决途径在于将流动人口户籍纳入贵阳市新市民计划统一管理。

在流动人口户籍改革方面，2013年贵阳市出台了《流动人口积分入户管理暂行办法》，共有106名符合政策的流动人口成为贵阳市新市民。但2014年贵阳市因政策调整冻结了这一政策。2015年6月18日，贵阳市修改出台了《贵阳市流动人口积分入户管理暂行办法（修订）》，新办法的实施范围从全市（含下属区、县、市）缩小到南明区和云岩区。申请积分入户的流动人口采取个人自愿申请方式，符合条件的可参与积分，流动人口具体积分超过260分的，可申请积分入户（非农业户籍）排名。贵阳市这项改革的推进应建立相应的监督制度和诚信机制，以保证改革的顺利进行，避免再出现停滞现象，也应以积分入户管理改革为突破口，将随迁子女纳入贵阳市教育发展规划。

（二）加快推进民办学校教育资源均衡化发展

贵阳市的民办学校承担着贵阳市义务教育阶段相当份量的教育任务，尽管贵阳市政府在一定程度上支持贵阳市民办教育的发展，但有限的经费对民办学校均衡化发展来说仍是杯水车薪。要大力支持民办学校发展，应在政策、经费、硬件建设、师资建设等层面加大支持力度，促进民办学校均衡发展。

同时，不断提高随迁子女接受的义务教育水平，以公办学校接收为主，增强公办中小学接纳能力。在高中阶段出资购买民办学校学额，为随迁子女完成高中学业打下基础。

（三）探索高职院校自主招生的可行途径

鉴于贵州省设置了较高的高考准入条件，在流入地高考的放开程度只能是有限的，很多随迁子女无法享有在贵阳市参加高考的机会，因而一大部分考生返回原籍地参加高考。这就造成贵州省一些地方院校尤其是职业学院招生不足，如果开放这些地方学院招收或提前招收在贵阳市不符合在流入地高考政策的考生，既能给广大考生更多的选择，又能充分利用贵州省地方院校的教育资源。目前国家通过深化考试招生制度的改革，打通了从中等职业教育到专科、本科甚至到研究生的上升通道，同时还要引导一批普通的本科高校向应用技术类型的高校转型。因此，贵州省地方高职院校招收或提前自主招收贵阳市不符合在流入地升学考试政策条件的随迁子女具有现实意义。

（四）加强随迁子女学籍管理

调研中初高中随迁子女家长对在流入地中高考政策都持欢迎态度，但对需要提供的证明材料如学籍、就读证明的办理过程感到不满意，表示感受不到信息时代办公的高效性。目前，中小学生的电子学籍已经全国联网，每一个学生的中小学电子学籍档案，包括入学、转学、借读、休学、升级、毕业、考试、奖惩等基本信息，网上都有完整记录。贵阳市教育局应充分利用这一资源平台，掌握随迁子女动态，减少家长开具文本证明的困难，同时也要完善随迁子女综合素质评价，建立健全随迁子女成长档案，为随迁子女义务教育后学习做好衔接及为随迁子女回原籍地考试做好服务。

（五）扩大传统媒体宣传途径，使民众厘清政策限制条件

2014年是贵州省流动人口随迁子女在流入地高考政策正式实施的第一年，教师、学生、家长对政策具体内容、限制条件、报考证明材料、具体执行过程的了解并不尽如人意。贵阳市招生考试管理中心对外咨询服务热线周六、周日无人值守，学生放学时间也无人在岗解答，学生与家长不能在假日一同咨询，因此传统媒体如电视以及学校的宣传仍是学生与家长获取政策信息的主要渠道。

应继续加强传统媒体以及学校的宣传，特别是学校要加强对家长、学生的宣传，组织学生及家长宣传会，分发宣传单，安排专人讲解、答疑。调整招生考试管理中心对外咨询服务热线工作时间，周六、周日及学生放学时间要有人值班。对随迁子女在流入地高考的宣传要结合优秀务工人员或经营业主的优秀事迹展开，传递正能量，增加社会的接受度。

（六）提高教育承载能力，逐步放开高考限制条件

在流入地高考不仅仅是一项教育改革，还涉及地方发展、资源分配、人口管理、公共服务等诸多方面，是一项综合改革。庞大的人口规模与城市资源环境、公共服务有限的供给及保障能力之间的紧张关系突出，贵阳市的公办基础教育承载力趋近饱和。如果在现有政策、指标环境下全面放开在流入地高考，过多的外来人员子女势必“过度分享”贵阳户籍学生的教育资源，还会引发“教育福利拉动型”人口增长，从而导致贵阳市基础教育阶段“入园难”或“入学难”问题长期存在。因此，一定程度的政策准入条件是必要的，在流入地高考政策的放开应稳步推进。随着贵阳市社会经济的发展，贵阳市正在着力实现医疗卫生服务、计划生育服务、就业创业服务、住房保障、社会保障、户籍政策、基本权利保障服务、参与社会管理、基本教育均等化。同时，贵阳市的学生、家长、教师以及其他民众对外来务工人员的社会贡献的认知在加深，逐步放开在流入地高考限制条件是可行的，如先取消社保限制再取消初中毕业证的限制。

第十一章　深圳市随迁子女在流入地升学考试调研

一、调研背景

（一）深圳市经济社会发展与流动人口基本状况

1. 经济社会发展基本状况

深圳市是我国改革开放的窗口和新兴移民城市，地处广东省南部，毗邻香港。深圳市于1979年建市，1980年成立经济特区，1981年升格为副省级市，1988年被国务院列为计划单列市，自2010年7月1日起，深圳经济特区范围延伸到全市。2014年，全市生产总值（GDP）达16001.98亿元，继续居于内地大中城市第四位；全年全市人均GDP达到14.95万元，按2014年平均汇率折算为24336美元，居国内副省级以上城市首位。[1]

2. 流动人口基本状况

建市后，深圳市外来人口增长迅速，呈现出以下几个特点：

（1）非户籍人口与户籍人口数量相差悬殊。据深圳市统计局数据显示，2014年年末，深圳常住人口1077.89万人，其中户籍人口332.21万人，占常住人口比重30.8%；非户籍人口745.68万人，占常住人口比重69.2%。流动人口与户籍人口比例为2.24：1。[2]

（2）流动人口主要分布在宝安区、龙岗区、龙华新区。2014年，这三个区的非户籍人口均在100万人以上，分别为231.52万人、155.03万人和126.95万人，占深圳市非户籍人口的比例分别为31.1%、20.8%和17.0%。[3]

（3）未成年流动人口比例高。据资料显示，2013年，广东省未成年流动人口

[1] 深圳市统计局. 2014年深圳经济运行情况[EB/OL].（2015-02-28）. http：//www.sztj.gov.cn/xxgk/zfxxgkml/tjsj/tjfx/201502/t20150228_2820587.htm.

[2] 深圳市统计局发布深圳市2014年国民经济和社会发展统计公报[EB/OL].（2015-04-22）[2015-07-25]. http：//cnews.chinadaily.com.cn/2015-04/22/content 20507871.htm.

[3] 同[2].

最多的是深圳市，占全省0～17岁流动人口的22.3%，深圳市未成年流动人口占同龄人口的比例超过60%[1]。

（4）呈现出“整体文化水平较低、农村户口较多”的人口特点。有资料表明，在全部外来人口中，大专以上文化程度人员只占4.5%，高中和中专、中技人员占21.5%，初中及其以下人员占74.0%。流动人口中原籍为农村户口的占88.2%，从事的一般是一些体力劳动或技术含量不高的行业[2]。

（5）随迁子女将保持平稳增长态势

深圳市历年发布的深圳市卫生和人口计划生育事业发展情况简报及深圳市国民经济和社会发展统计公报对流动人口进行了统计，这为相关流动人口预测提供了基础数据。通过对流动人口的数量变动来推算随迁子女数量，具有较强的可行性和科学性。下面将主要运用Logistic曲线拟合预测对深圳流动人口随迁子女的数量进行预测。

根据深圳市2006年以来流动人口的数据，建立未来流动人口数量的预测模型为 $y=\frac{k}{1+e^{-a\times(x-b)}}$，其中$x$表示年份，$y$表示流动人口数，$a$，$b$，$k$为三个特定参数。为避免自变量$x$与观测值在数量上相差过大，$x$取值的初始年份为1。运用Stata9统计软件可以求出该模型的a，b，k值，该模型可表示为$y=\frac{799.0049}{1+e^{-0.2618347\times(x-3.868766)}}$，均方根误差为46.14651，$R2$=0.9959。回归方程统计检验达到显著水平（$p<0.001$），整体预测效果较好。

由于缺乏深圳市流动人口的年龄结构信息，考虑到流动人口的年龄结构相对稳定，此处以2010年第六次全国人口普查的流动人口年龄结构对深圳市流动人口随迁子女的数量进行推算。如图11-1所示，深圳市14岁初中毕业适龄随迁子女在2016～2020年将基本维持在1.9万人这一规模，17岁高中毕业适龄随迁子女在2020年将提升到48万人。从整体上看，深圳市流动人口随迁子女的数量将保持平稳增长的势头。

[1] 刘倩．深圳东莞未成年人中流动人口占比超60%［N］．南方都市报，2014-09-08（SA01）．

[2] 于天，周保军．人口潮：深圳不可承受之重［EB/OL］．http：//www.szjczz.com/index.php?option=com_content&task=showcontent&id=834&Itemid=11.

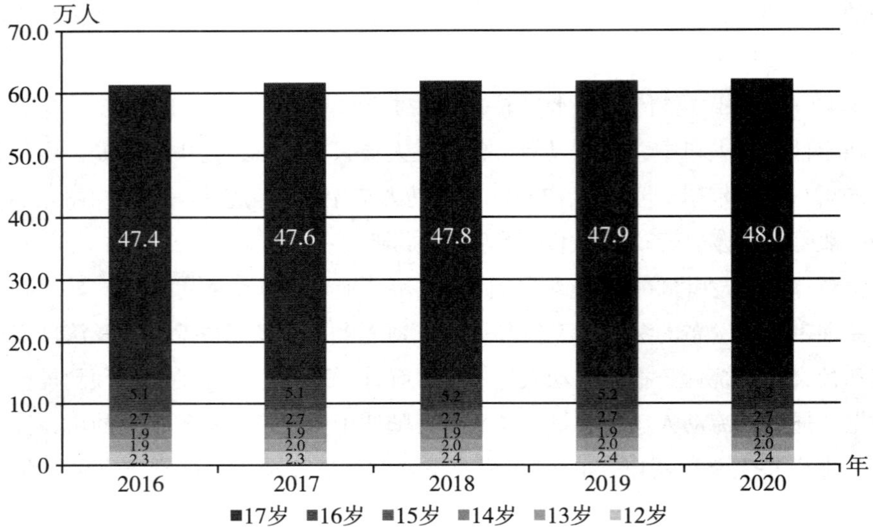

图11－1　深圳市随迁子女数量变动趋势

（二）深圳市随迁子女教育基本状况

1. 深圳市随迁子女受教育现状

多年来，深圳市非本地户籍学生规模较大，占在校生总数比例高，约为70%。如2012年秋季，深圳市义务教育阶段学校在校生共93.5万人，其中本地户籍学生25万人，非本地户籍学生68.5万人，非本地户籍学生占在校生总数的73.3%，是本地户籍学生的2.7倍[1]。

2. 深圳市随迁子女教育的经验与举措

多年来，深圳市高度重视随迁子女教育和参加升学考试的工作。为了满足随迁子女在当地参加中考和接受高中阶段教育的需求，深圳市大力加强高中学校建设。2008～2012年，深圳市每年都将增加公办普高学位列为市政府民生实事或者部门公共服务白皮书项目，五年来共增加公办普高学位2.8万个。深圳市在解决随迁子女教育和升学考试问题上，呈现出以下几个特点：

（1）解决随迁子女教育问题的工作起步早。与其他随迁子女净流入数量较大的同类城市相比，深圳市较早准备和解决随迁子女教育问题。早在2005年，深圳市就出台了深圳市政府“1+5”文件，即《深圳市关于加强和完善人口管理工作的若干意见》及五个配套文件《深圳市户籍迁入若干规定（试行）》《深圳市暂住人

[1] 孙颖. 非深户随迁子女在深中考政策不变［N］. 南方日报，2013-04-04.

口证件和居住管理办法（试行）》《深圳市流动人口计划生育工作管理办法（试行）》《深圳市暂住人员就业管理办法（试行）》《深圳市暂住人口子女接受义务教育管理办法（试行）》，着手解决深圳市随迁子女的教育问题。文件规定，凡6～15周岁，有学习能力，父、母在深圳连续居住1年以上，且能提供以下材料的非深圳户籍儿童，可申请在深圳接受义务教育：（1）适龄儿童出生证，由公安部门出具的适龄儿童及其父母的原籍户口簿，深圳居住证或暂住证；（2）适龄儿童父母在深圳市的有效房产证明和购房合同，或由当地街道办事处房屋租赁管理所提供的租房合同登记、备案材料；（3）适龄儿童父母持有深圳市劳动保障部门出具的就业和社会保障证明，或者本市工商部门核发的营业执照副本等证明；（4）适龄儿童父母现居住地街道办事处计划生育工作机构出具的计划生育证明材料；（5）适龄儿童原户籍地乡（镇）以上教育管理部门开具的就学联系函，或学校开具的转学证明。多年来，凡是符合在深圳市接受义务教育条件的随迁子女，均可在深圳市报名参加中考。深圳市公办普高、民办普高、中职学校也按照文件精神制定学校招生计划，按计划招收非本地户籍考生。

（2）注重随迁子女在当地参加中高考政策的宣传。多年来，深圳市高度重视随迁子女在当地参加中高考政策的宣传工作，积极营造良好的舆论宣传氛围。学校经常通过采取发宣传单、召开班会和家长会等形式，及时向学生和家长宣传随迁子女在当地参加中考、高考的政策文件精神。

（3）充分运用现代化技术手段。2008年，深圳市下发《关于印发深圳市义务教育就近入学管理办法的通知》（深府办〔2008〕130号）文件，要求全市义务教育公办学校统一实行网上招生。2013年，深圳市中考中招管理系统和深圳市社会工作委员会“织网工程”基础数据库已实现联网，并初步实现了中考报名资格网上审核，最大限度地方便了考生和家长。同时，深圳市为了转变教育管理方式，构建服务型政府，成立了教育事务和学生资助中心，并在该中心设立教育事务服务窗口，专门办理包括学籍异动事务、毕业证验核事务、奖助学金审核、资助政策咨询、教师信息事务、助学贷款审核等具体事务。

3. 深圳市随迁子女教育的问题与挑战

广东省是全国进城务工人员流入的第一大省。随着政府对流动人口限制政策的逐步放宽，农民工进城务工的自由度随之提高，外来务工人员数量也大幅增加。这一特征在经济发达的深圳市尤为明显，也给深圳市解决随迁子女教育和在当地参加升学考试造成了相当大的困难和压力。

（1）随迁子女众多，教育资源承载能力不足。由于流动人员及其子女大量流入深圳市，打破了深圳市原本就不太均衡的教育资源分配格局。要保证深圳籍学生和外地随迁子女的就学，必须新增许多学校，而新增各类学校所需的土地、师资、投入等，是深圳市难以承受的。特别是随着高中阶段教育的普及，深圳市本地高考生源增长速度也持续加大，这给深圳市高考和教育资源造成了双重压力。

（2）优质高中教育资源不足，教育机会缺失公平。随着深圳市进城务工人员随迁子女对高中教育资源的需求量不断增大，直接导致高中教育资源跟不上（或者说与实际需求相比相对不足）。从深圳市政府制定的关于随迁子女高中教育的相关政策来看，虽然在一定程度上平衡了各方的利益，但针对随迁子女在本地接受高中教育提出了一些附加条件，仅允许一部分随迁子女在深圳市接受职业教育。

（3）非本地户籍学生入读公办学校的比例偏低。2010～2015年，深圳市高度重视和保障随迁子女接受教育的权利，全市义务教育阶段70%以上的学位、55%以上的公办学校学位提供给非本地户籍学生[1]。

（4）现有优质高校特别是高水平大学在广东的招生指标较少，难以满足高考生源激增的需要。广东省的高考考生人数较多，每年的高校招生计划，特别是本科和高水平大学的招生计划相对不足的情况突出。在调查中，许多学生家长反映，若全面放开随迁子女在粤参加高考，高考报考人数将会大幅度增加，优质高校特别是高水平大学在粤招生计划偏少的矛盾将会更加突出。

（三）深圳市随迁子女义务教育后升学考试政策状况

1. 政策演进轨迹及政策主要内容

（1）深圳市中考政策主要内容

深圳市随迁子女的中考政策始于2004年的《关于2004年深圳市高中阶段学校招生考试工作的意见》，该文件规定随迁子女只能报考“非市属且非省市区重点的公办普高、民办高中、职业高中、部省属（含外省及跨市）普通中专和五年制大专班、技工学校、成人中专普通班”。2005年，深圳市下发“1+5”文件。《关于2005年深圳市高中阶段学校招生考试工作的意见》中规定，“凡符合义务教育就读条件的，可以在深圳市报名参加中考，按照深圳市当年高中阶段学校招生计划所列户籍类型，报考相应的公办普高、民办普高和中职学校。但报名时学生须交验以下

[1] 肖意，杨丽萍，石义胜，等.“四个全面”的生动实践——市第五次党代会以来深圳经济特区改革发展纪实[N]. 深圳特区报，2015-05-20（A01）.

证明材料：（1）父母在深连续居住1年以上，由公安部门出具的学生本人及其父母的原籍户口簿、在深居住证或暂住证；（2）父母在本市的有效房产证明和购房合同，或由当地街道办事处房屋租赁管理所提供的租房合同登记、备案材料；（3）父母持有本市劳动保障部门出具的就业和社会保障证明，或者本市工商部门核发的营业执照副本等证明；（4）父母现居住地街道办事处计划生育工作机构出具的计划生育证明材料”。2012年，深圳市规定不符合上述条件，但具有深圳市初三学籍的随迁子女，可参加中职学校自主招生，也可以在深圳市参加中考，但仅限于参加民办普高自主招生，或回户籍地就读高中。2013年，深圳市继续执行2012年的政策。2014年，深圳市政府办公厅出台《深圳市2014—2016年非本市户籍就业人员随迁子女接受义务教育后在我市参加中考的工作方案》（深府办函〔2014〕1号），明确了2014～2016年非本地户籍就业人员随迁子女在深圳市参加中考的政策。该方案规定：①2014～2015年，继续实行过渡期政策。②2016年，非本地户籍就业人员在深圳市具有合法稳定职业、合法稳定住所（含租赁），连续持有深圳市有效居住证满3年，在深圳市缴纳社会保险累计满3年，其随迁子女符合深圳市义务教育就读条件并在深圳市具有3年完整初中学籍，可以在深圳市报名参加中考，按照深圳市当年高中阶段学校招生计划所列户籍类型，报考相应的公办普高、民办普高和中职学校；具有深圳市3年完整初中学籍但不符合上述其他条件的随迁子女，可以在深圳市参加中职学校自主招生，也可以在深圳市参加中考，但仅限于参加深圳市民办普高自主招生，或回户籍地就读高中。③2017年后，随迁子女在深圳市参加中考的条件，根据深圳市高中阶段学校学位供给情况和随迁子女在深圳市参加中考需求，按照供需基本平衡的原则，另行制定政策。

（2）深圳市高考政策主要内容

深圳市随迁子女的高考政策是根据《国务院办公厅转发教育部等部门关于做好进城务工人员随迁子女接受义务教育后在当地参加升学考试工作意见的通知》（国办发〔2012〕46号）要求制定的。2012年12月29日，广东省人民政府办公厅印发了《广东省人民政府办公厅转发省教育厅等部门关于做好进城务工人员随迁子女接受义务教育后在我省参加升学考试工作意见的通知》（粤府办〔2012〕137号）文件，就做好随迁子女接受义务教育后在广东省参加升学考试工作提出要求。该文件提出要“因地制宜推进随迁子女参加中考工作”和“积极稳妥推进随迁子女参加高考工作”。2013年11月27日，广东省教育厅、广东省发展和改革委员会、广东省公安厅、广东省人力资源和社会保障厅、广东省住房和城乡建设厅联合下发了《进城务工人员随迁子女在广东省参加高校招生考试实施办法（试行）》，进一步明确了随迁子女在广东省参加高校招生考试工作的具体办法。该实施办法规定："按照《关于开展农民工积分制入户城镇工作的指导意见》（粤府办〔2010〕32号）、《关于做好高技能人才入户城镇工作意见的通知》（粤府办〔2012〕66号）的要求，在异地务工人员、高技能人才及其随迁子女在我省取得入户的，随迁子女不受入户年限、就学年限等限制，2013年起可在我省报名参加高考"；"随迁子女在我省就读中等职业学校（简称中职学校，含技工学校，下同），并同时符合以下条件的，2014年起可在我省报名参加高等职业学院招收中职学校毕业生招生考试（即'3+专业技能课程证书'考试和高职院校对口自主招生考试）：（1）父亲或母亲在我省具有合法稳定职业；（2）父亲或母亲在我省具有合法稳定住所；（3）父亲或母亲持有我省居住证，有效期截至当年高考报名规定时间，已连续3年以上（含3年）；（4）父亲或母亲在我省依法参加社会保险缴费累计3年以上（含3年）；（5）随迁子女具有我省中职学校3年完整学籍"；"随迁子女在我省就读普通高中，并同时符合以下条件的，2016年起可在我省报名参加高考：（1）父亲或母亲在我省具有合法稳定职业；（2）父亲或母亲在我省具有合法稳定住所；（3）父亲或母亲持有我省居住证，有效期截至当年高考报名规定时间，已连续3年以上（含3年）；（4）父亲或母亲在我省依法参加社会保险缴费累计3年以上（含3年）；（5）随迁子女在我省参加中考；（6）随迁子女在父亲或母亲就业所在地市具有高中阶段学校3年完整学籍"；"对其他不符合以上条件的进城务工人员随迁子女，经户籍所在地省级招生办公室同意，2014年起可在我省借考"。深圳市随迁子女在流入地升学考试方案核心内容可概括为表11-1。

表11-1 深圳市随迁子女在流入地升学考试方案的准入条件和要求

	学籍证明	连续就读年限	稳定住所	稳定职业	居住证明	连续缴纳社保年限	报考学校限制
在流入地中考	√	3年	√	√	3年	3年	公办普高、民办普高和中职学校
在流入地高考	√	3年	√	√	3年	3年	仅能报考高等职业学校
高考借考	√	/	√	√	√	/	/
成人高考、自学考试、网络教育及开放大学	/	/	/	/	√	/	/

备注："√"表示需要满足该条件，"/"表示方案中未涉及该条件。

2. 政策实践状况

（1）随迁子女在流入地中考政策的实施状况

深圳市的非户籍人口庞大，制定随迁子女中考政策准入条件本应高于广东省，但深圳市出于责任感而制定的中考方案，设置的准入条件较宽松。2013年4月，《深圳市2013年非本市户籍就业人员随迁子女参加中考方案》发布。根据这一方案，2013年，凡已在深圳市初三年级就读且具有就读学校学籍的随迁子女，符合“1+5文件”规定的义务教育就读条件的，可以在深圳市报名参加中考。但在2014年以后，随迁子女在深圳市参加中考的条件，将根据深圳城市资源特别是教育资源承载能力，非深圳市户籍就业人员在深圳市的合法稳定职业、合法稳定住所（含租赁）和按照国家规定参加社会保险年限，以及随迁子女在深圳市连续就学年限等情况研究确定。但该方案明确强调，“各普通高中学校必须严格执行我市中考报名政策，不得擅自招收不符合中考报名条件的学生。对高中学校违规招收的学生，招生部门不予办理录取手续，学籍管理部门不予确认学籍”。这一规定的严格执行，造成了约2万名初三学生失去在深圳中考的资格。[1] 2014年，深圳市为了缓解这一矛盾，提高了公办普高招生人数，以让不同类型、不同层次初中学校的考生享有更为均等的入读优质普高的机会。同时，为了进一步加强普通教育和职业教育、中等教育与高等教育的沟通衔接，完善学生学习和就业的“立交桥”，增强学生发展的选择性，深圳市开始开展综合高中改革试验。该试验让综合高中毕业生兼具普通高中和职业高中的优势，有直接就业、参加普通高考、参加高职类高考以及出国留学等多种路径可供学生灵活选择，促进了中职学校的吸引力，也减轻普通高中的学位压力。

（2）随迁子女在流入地高考政策的实施状况

2013年11月，广东省教育厅发布符合条件的外省籍随迁子女可报高职类考试的相关规定，出台了在流入地高考“三步走”的方案，具有合法稳定职业、合法稳定住所、连续3年以上持有广东省居住证、按国家规定在广东省参加社会保险连续3年以上的流动人口，其随迁子女具有广东省高中阶段3年完整学籍的，自2016年起才可以在广东报名高考。从2014年起，在广东省就读中等职业学校的随迁子女，可报名参加高等职业学院招收中职学校毕业生的招生考试。

广东省出台的在流入地高考政策给深圳市的基础教育造成了更大的学位压力。

[1] 唐洁，孙妍. 深圳收紧异地中考报名条件　2万考生失中考资格 [EB/OL]. [2013-04-19]. http://edu.sina.com.cn/zhongkao/2013-04-19/1457377859.shtml.

为了应对这一问题，深圳市及时实施了“公办学校学位扩充工程”，计划在2013年新改扩建中小学18所，新增公办学位1.85万个。这18所学校中，有17所是小学、初中，新增义务教育阶段公办学位1.7万个。同时，深圳市还推进第七高级中学、第八高级中学、第九高级中学、深圳大学附属中学高中部、盐田高级中学等5所新校建设的立项工作。[1]

二、研究设计与过程

（一）调研实施

1. 调研任务

2014年5月，调研组一行5人赴深圳市就进城务工人员随迁子女教育问题进行调研。调查对象包括深圳市A区的教育行政部门领导，4所中学的校长、教师、学生和部分学生家长。调研组人员在调研学校组织了学生、家长、教师座谈会。学生问卷的填写是在调研人员的指导下，由学生现场填写并回收；家长问卷由学生填好问卷编号后带回家让家长填写，次日由班主任统一收齐交至学校，由学校统一交至指定地点；教师问卷由随机选取的教师自行填写后统一回收。

2. 样本的选取

本次调研抽取了随迁子女较多的4所学校，其中公办学校2所，民办学校2所。

3. 样本描述

（1）学生问卷

在被调查的677名初中学生中，除缺失值外，随迁子女220人，本地学生423人。在被调查的430名高中学生中，除缺失值外，随迁子女51人，本地学生372人。初中、高中学生样本的基本信息见表11–2和表11–3。

表11–2　初中学生样本描述

项目		学生总体		随迁子女		本地学生	
		频数	百分比（%）	频数	百分比（%）	频数	百分比（%）
性别	男	331	51.5	107	48.6	224	53.0
	女	312	48.5	113	51.4	199	47.0
	合计	643	100.0	220	100.0	423	100.0
	缺失	34					

［1］陈广琳. 异地高考政策出台，深圳学位压力突出［N］. 深圳商报，2013–01–15（A06）.

续表

项目		学生总体		随迁子女		本地学生	
		频数	百分比（%）	频数	百分比（%）	频数	百分比（%）
户口性质	农业	319	55.4	140	69.7	179	47.7
	非农业	257	44.6	61	30.3	196	52.3
	合计	576	100.0	201	100.0	375	100.0
	缺失	101					

表11-3　高中学生样本描述

项目		学生总体		随迁子女		本地学生	
		频数	百分比（%）	频数	百分比（%）	频数	百分比（%）
性别	男	241	57.0	31	60.8	210	56.5
	女	182	43.0	20	39.2	162	43.5
	合计	423	100.0	51	100.0	372	100.0
	缺失	7					
户口性质	农业	234	58.5	28	53.8	206	59.2
	非农业	166	41.5	24	46.2	142	40.8
	合计	400	100.0	52	100.0	348	100.0
	缺失	30					

（2）家长问卷

在被调查的228位初中学生家长中，除缺失值外，随迁子女家长62人，本地学生家长159人，分别占28.1%、71.9%；在被调查的274位高中学生家长中，除缺失值外，随迁子女家长118人，本地学生家长151人，分别占43.9%、56.1%。

（3）教师问卷

初中和高中教师样本的基本信息见表11-4和表11-5。

表11-4　初中教师样本描述

项目		总体	
		频数	百分比（%）
性别	男	19	37.3
	女	32	62.7
	合计	51	100.0
	缺失	49	
年龄	平均值	40.57（岁）	

续表

项目		总体	
		频数	百分比（%）
教龄	平均值	17.38（年）	
最终学历	大专以下	2	3.1
	大专	9	14.1
	本科	50	78.1
	硕士	3	4.7
	合计	64	100.0
	缺失	36	
是否有教师资格证	是	63	98.4
	否	1	1.6
	合计	64	100.0
	缺失	36	
是否为班主任	是	31	53.4
	否	27	46.6
	合计	58	100.0
	缺失	42	
技术职称	中学高级	13	20.0
	中学一级	23	35.4
	中学二级	16	24.6
	中学三级	2	3.1
	未评定	11	16.9
	合计	65	100.0
	缺失	35	

表11–5　高中教师样本描述

项目		总体	
		频数	百分比（%）
性别	男	25	48.1
	女	27	51.9
	合计	52	100.0
	缺失	2	

续表

项目		总体	
		频数	百分比（%）
年龄	平均值	32.25（岁）	
教龄	平均值	10.09（年）	
最终学历	大专	1	1.9
	本科	41	77.4
	硕士	10	18.8
	博士	1	1.9
	合计	53	100.0
	缺失	1	
是否有教师资格证	是	53	100.0
	否	0	0
	合计	53	100.0
	缺失	1	
是否为班主任	是	25	47.2
	否	28	52.8
	合计	53	100.0
	缺失	1	
技术职称	中学高级	5	9.3
	中学一级	20	37.0
	中学二级	23	42.6
	未评定	6	11.1
	合计	54	100.0
	缺失	0	

（二）数据处理

问卷回收后，由专门人员按照统一的编码手册和录入说明录入数据，经过核实、整理后的数据采取SPSS11.0软件包进行数据处理和相关统计分析。

三、研究发现

（一）政策知晓状况

1. 政策知晓率较高

在被调查的学生和家长中，绝大多数的调查对象都知晓在流入地高考政策，初中学生、高中学生、初中学生家长、高中学生家长中没听说过在流入地升学考试政策的比例较低，分别为11.7%、14.3%、5.9%、10.1%（见图11–2和图11–3）。

2. 不同群体了解政策的信息来源各有差异

学校和老师是学生了解政策信息的重要途径，而家长还通过电视、报纸、网络等媒介得到这一信息（见图11–2和图11–3）。这说明深圳市政府、学校比较重视在流入地升学考试政策的宣传工作，且通过网络、电视等各种媒介进行宣传，宣传富有成效。

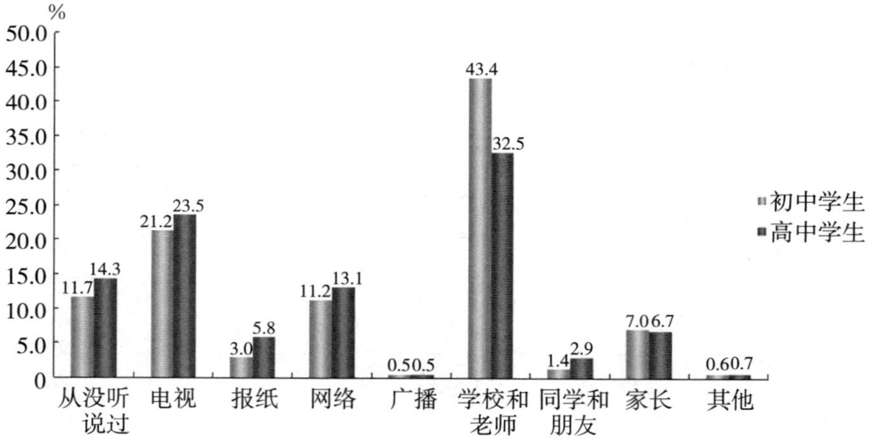

图11–2　学生了解在流入地升学考试政策的途径

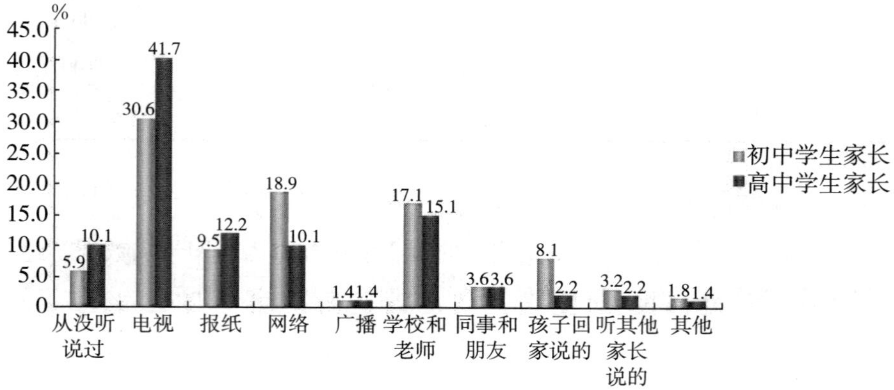

图11–3　家长了解在流入地升学考试政策的途径

（二）政策接纳状况与选择意愿分析

1. 对政策的总体接纳程度较高

调查发现，深圳市作为开放程度较高的城市，在流入地升学考试政策的实施已被大家充分理解、接纳和支持，仅有少数被调查对象明确表示反对。初中学生、初中教师、初中学生家长对随迁子女在深圳市中考持反对态度的比例依次为9.5%、20.6%、12.2%（见图11–4）；高中学生、高中教师、高中学生家长对随迁子女在深圳市高考持反对态度的比例依次为8.3%、5.6%、16.7%（见图11–5）。

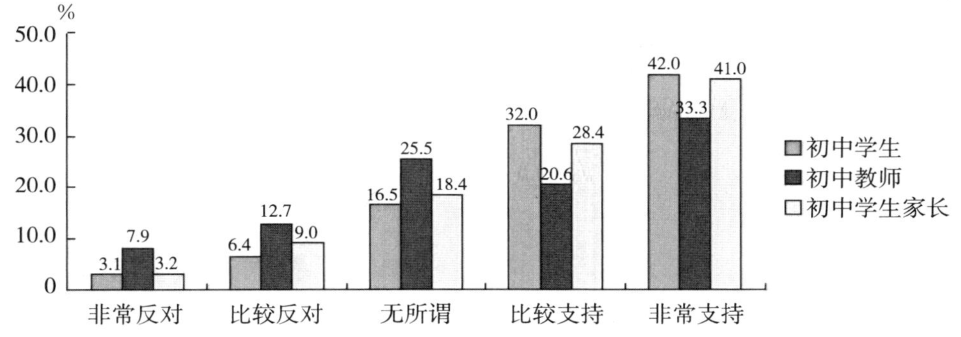

图11–4　不同群体对随迁子女在流入地中考的态度

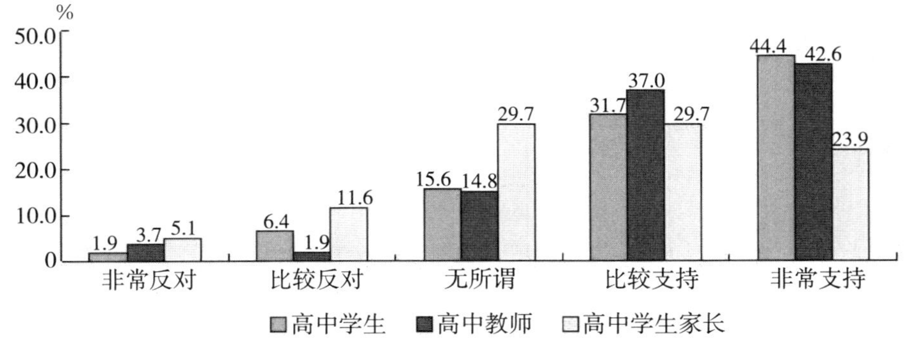

图11–5　不同群体对随迁子女在流入地高考的态度

2. 不同利益群体对政策的认可态度分析

（1）随迁子女与本地学生对在流入地升学考试政策的支持度没有太大差异

初中随迁子女学生对在流入地中考持支持态度的比例为84.6%，而本地学生为68.4%，初中随迁子女学生与本地学生对允许随迁子女在深圳市参加中考的态度没有太大差异（见图11–6）。高中随迁子女学生对在流入地高考持支持态度的比例为75.0%，而本地学生为85.1%，高中随迁子女学生与本地学生对允许随迁子女在深圳市参加高考的态度也没有太大差异（见图11–7）。

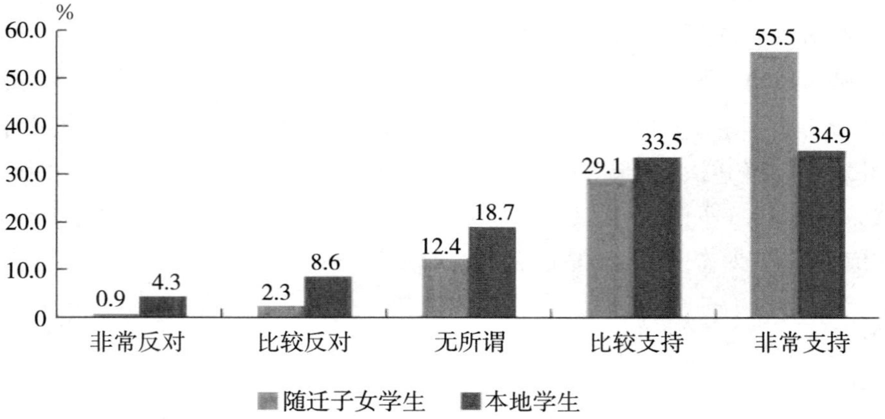

图11-6　初中学生对在流入地中考的态度

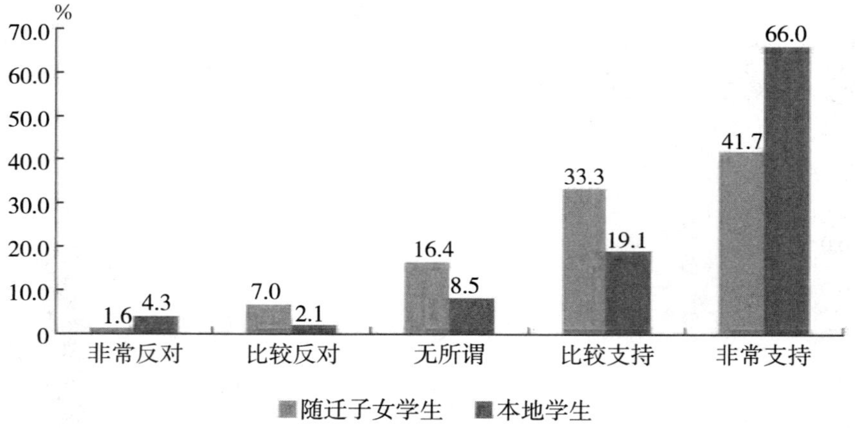

图11-7　高中学生对在流入地高考的态度

（2）随迁子女家长对政策的支持度比本地家长高

初中随迁子女家长对在流入地中考持支持态度的比例为95.3%，而本地家长的这一比例为59.1%，初中随迁子女家长对深圳市在流入地中考政策的认可度明显高于本地家长（见图11-8）。高中随迁子女家长对在流入地高考持支持态度的比例为91.6%，而本地家长为50.0%，高中随迁子女家长对深圳市在流入地高考政策的认可度也明显高于本地家长（见图11-9）。可见，随迁子女家长对在流入地升学考试政策的支持呼声更高，而持反对态度的以本地家长居多。

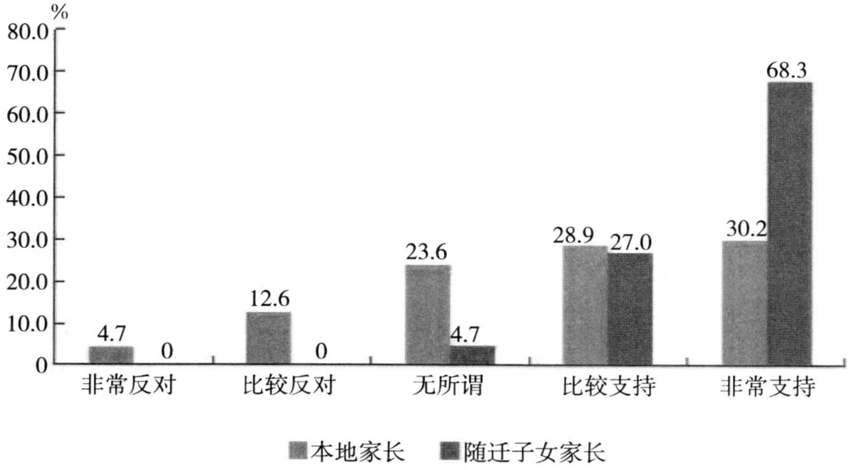

图11-8　初中学生家长对在流入地中考的态度

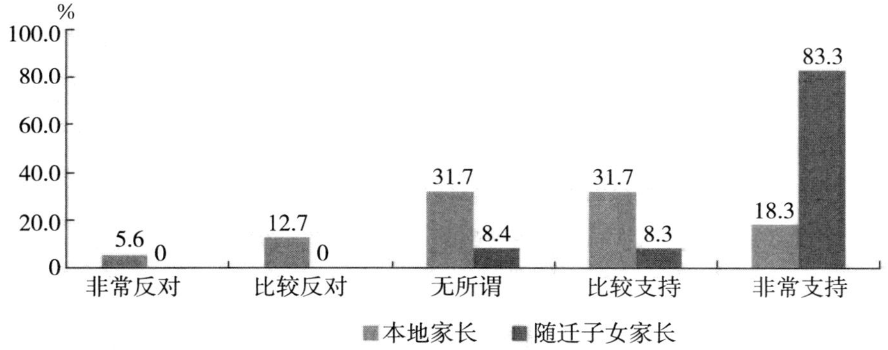

图11-9　高中学生家长对在流入地高考的态度

（3）多数随迁子女倾向于留在本地参加中高考，报考职业学校的意愿不强

关于未来在哪参加中高考的选择，在被调查的随迁子女中，超过半数的学生表示愿意毕业后留在深圳市参加升学考试，65.0%的初中学生愿意在深圳市参加中考，67.3%的高中学生愿意在深圳市参加高考，同时有25.6%的初中学生和23.1%的高中学生表示要看情况和条件再定，而愿意回原籍地参加升学考试的随迁子女仅占少数，具体见图11-10和图11-11。

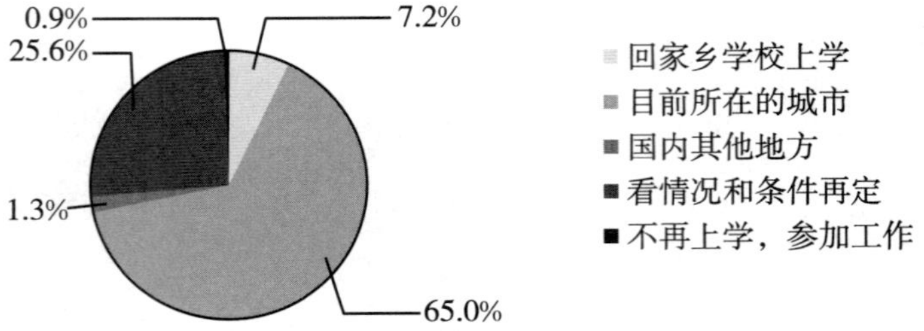

图11-10　初中随迁子女关于在哪参加中考的选择意愿

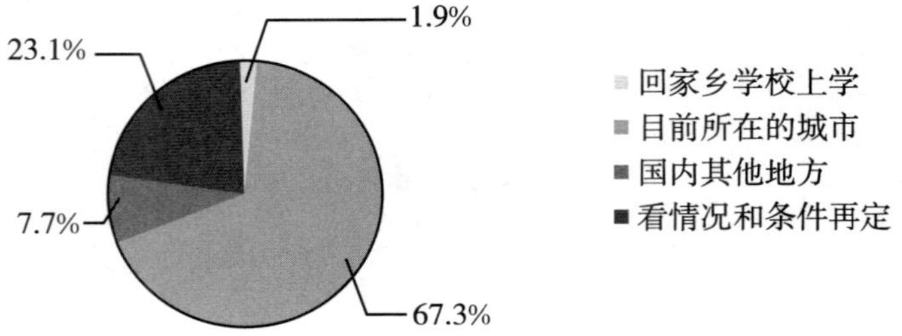

图11-11　高中随迁子女关于在哪参加高考的选择意愿

在报考学校类型的选择上，随迁子女愿意上职业学校的比例较低，初中毕业后愿意上职业学校的比例为4.2%，高中毕业后愿意上职业学校的比例为2.0%（见图11-12）。目前深圳市的在流入地升学考试政策，无论是中考还是高考，首先放开招生的学校多数为职业学校，很难满足随迁子女在学校选择方面的需求。

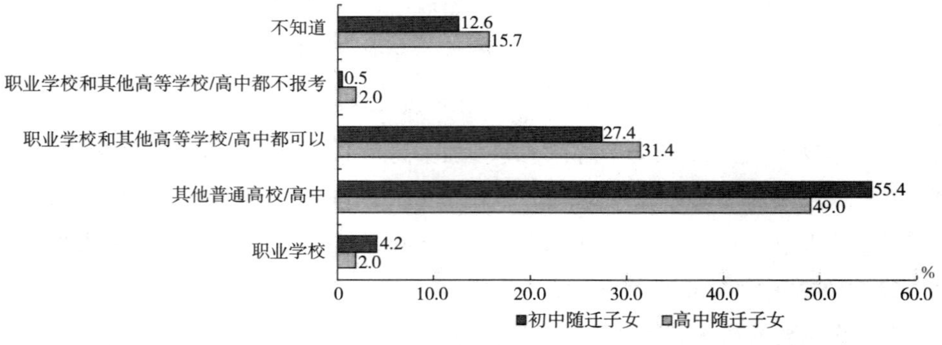

图11-12　随迁子女毕业后报考学校类型的选择意向

（4）符合政策条件的随迁子女仅占少数，多数家长期待政策条件能够更加宽松

深圳市出台的在流入地升学考试方案规定了学籍证明、连续就读年限、居住证明、家长缴纳社保证明、家长合法稳定职业、家长合法稳定住所等6个准入条件，只有同时满足以上所有条件才能按要求申请在当地参加升学考试。校长和教师访谈结果表明，目前符合在流入地升学考试政策条件的随迁子女仅占少数。同时，学生

问卷调查结果显示，在被调查的初中随迁子女学生中，认为自己符合在流入地中考条件的仅占7.8%；在被调查的高中随迁子女学生中，认为自己符合在流入地高考条件的仅占15.8%。

进一步调查随迁子女家长对在流入地升学考试政策准入条件的期待，发现超过半数的家长期待在流入地升学考试政策能够设置较为宽松的条件，其中高中随迁子女家长的比例为58.3%，初中随迁子女家长的比例为57.4%，此外，较多人期待在流入地考试政策能够全面放开，不设置准入条件（见图11-13）。

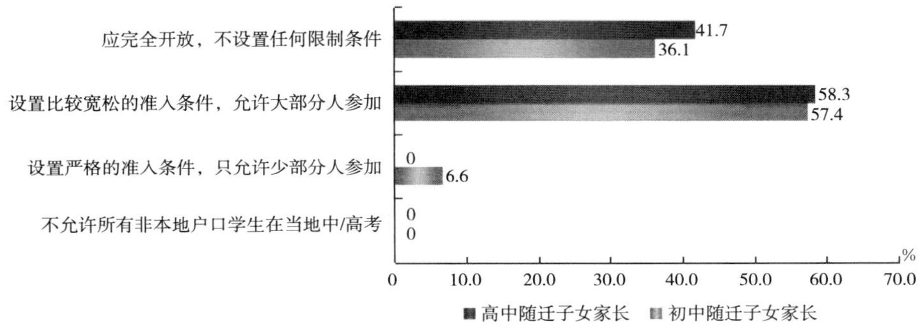

图11-13　随迁子女家长对政策准入条件的期待

（5）多数家长认可学籍证明和居住证明条件，但对家长缴纳社保证明条件认可度不高

在调查准入条件合理性时发现，初中随迁子女和家长认为在流入地中考政策最为合理的条件为学籍证明和居住证明，其次是连续就读年限和家长合法稳定职业（见图11-14）。高中随迁子女和家长认为在流入地高考政策最为合理的条件为当地学籍证明和连续就读年限，其次是居住证明、家长合法稳定职业和稳定住所，认为家长缴纳社保证明合理性最低（见图11-15）。

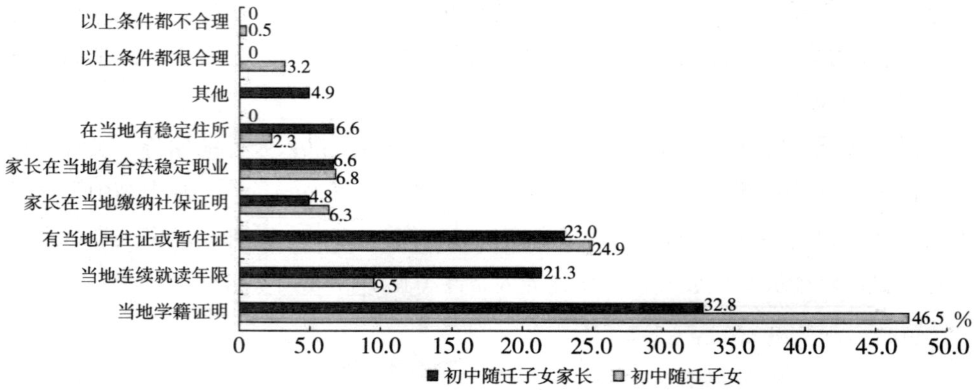

图11-14　初中随迁子女和家长对政策准入条件的合理性评价

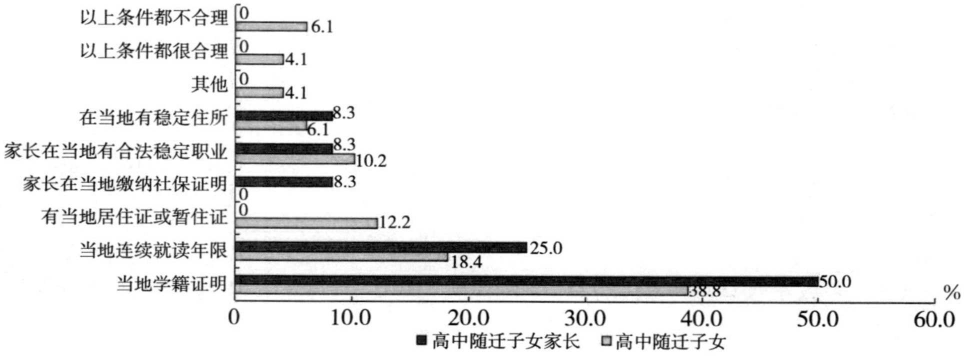

图11-15　高中随迁子女和家长对政策准入条件的合理性评价

（三）政策实施效果与评价

1. 政策的出台对随迁子女与本地学生的关系影响不大

教师问卷调查结果表明，深圳市在流入地升学考试政策的颁布与实施，对随迁子女与本地学生的关系影响不大。认为同学关系没有变化的初中教师和高中教师分别占78.5%和68.5%，有部分教师认为政策的出台有利于学生关系的改善，促进学生团结。（见图11–16）

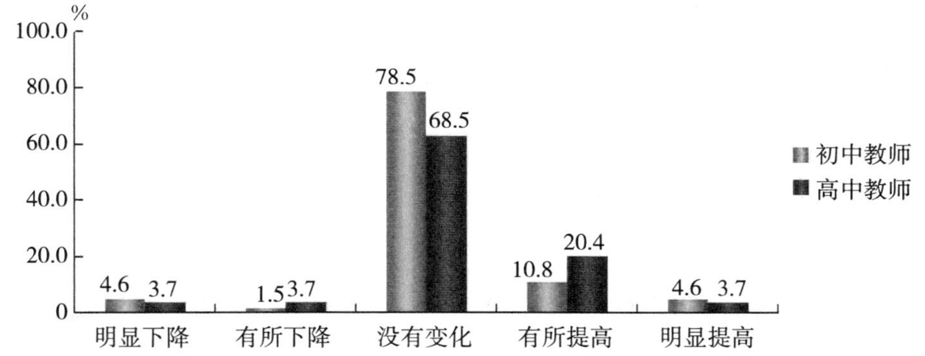

图11-16　教师认为在流入地升学考试政策颁布后随迁子女与本地学生关系融洽度的变化

2. 政策的出台对随迁子女的学习态度与学习成绩产生积极影响

通过调查发现，在流入地考试政策的颁布对多数初中、高中随迁子女的学习态度和学习成绩均产生较为积极的影响。认为政策出台后学习态度更加积极的初中和高中随迁子女分别占75.1%和72.3%（见图11-17），认为政策出台后对学习成绩产生积极影响的初中和高中随迁子女分别占66.3%和70.3%（见图11-18）。

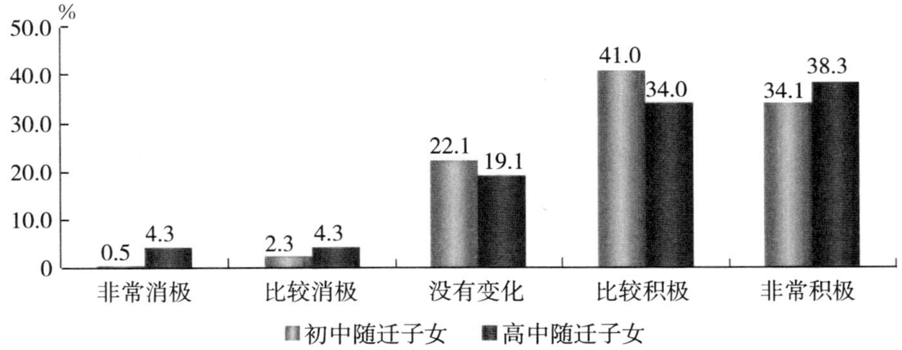

图11-17　在流入地升学考试政策颁布后，随迁子女学习态度的变化

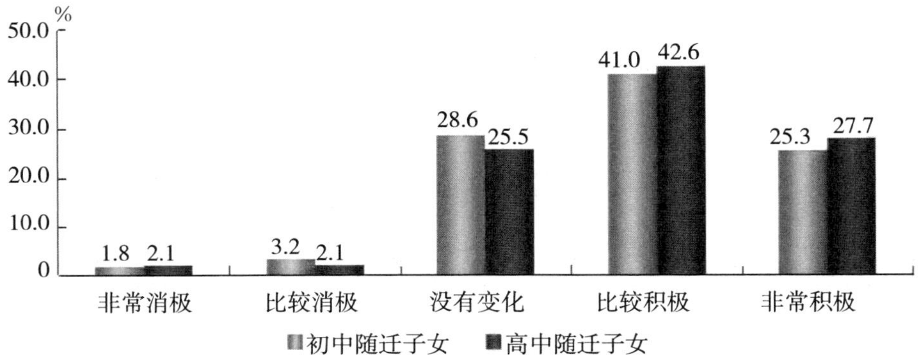

图11-18　在流入地升学考试政策颁布后，随迁子女学习成绩的变化

3. 政策的出台对随迁子女的心理情绪产生积极影响

学生问卷结果显示，多数随迁子女认为在流入地升学考试政策的颁布对其心理情绪产生了积极的影响，71.6%的初中随迁子女和77.1%的高中随迁子女认为政策出台后自己的心理情绪变得更积极，性格更开朗。（见图11-19）

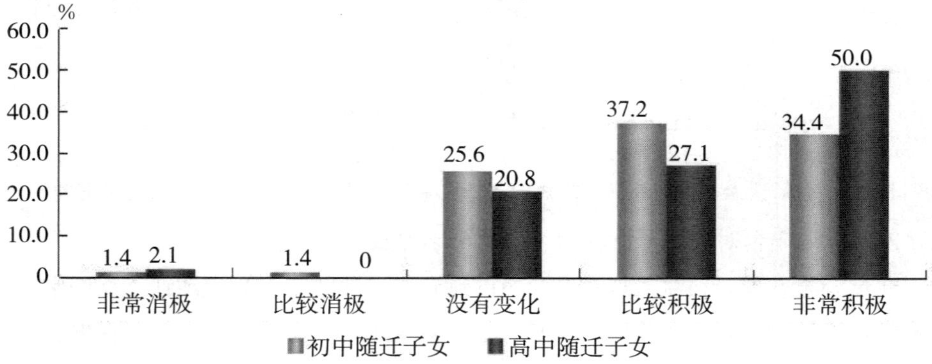

图11-19　在流入地升学考试政策颁布后，随迁子女心理情绪的变化

（四）政策实施的问题与挑战

1. 出现大量“考试移民”成为本地学生和家长普遍担心的问题

通过调查本地学生和家长发现，无论是中考还是高考，出现大量“考试移民”是在流入地升学考试政策颁布后他们普遍担心的问题。同时，学生及家长更担心新政策的实施会导致大量外地学生涌入而影响教学质量。（见图11-20）

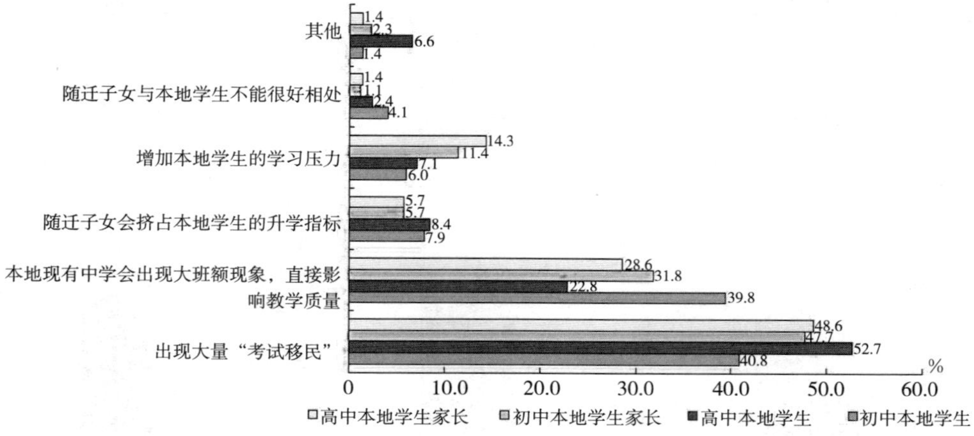

图11-20　本地学生和家长担心政策实施后会出现的问题

2. 是否有政策保障回原籍的随迁子女能顺利参加中高考，是随迁子女回原籍地参加升学考试面临的主要问题

深圳市目前出台的政策属于过渡方案，仍有相当一部分随迁子女因不符合条件不得不选择回原籍地参加升学考试。对于这些随迁子女家长而言，他们最担心的是，回去之后政策是否允许孩子在原籍地参加中高考，存在这种顾虑的初中和高中随迁子女家长分别占61.0%和58.3%。除此之外，各地教材、考试内容不一致而引起的衔接困难问题及当地教育质量如何也是家长比较担心的问题。（见图11-21）

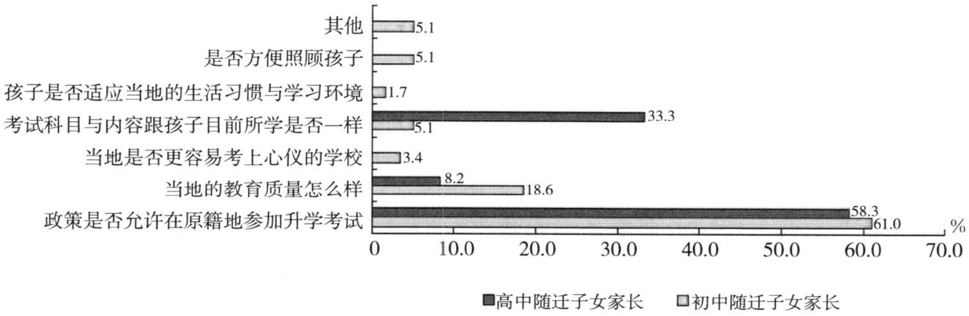

图11-21　如果只能回原籍地参加中高考，随迁子女家长担心的问题

3. 工作量大、班级不好管理、教材衔接困难是新政策实施后教师面临的主要困难

允许随迁子女在流入地参加升学考试后，由于会有更多的随迁子女在深圳市接受初中和高中教育，因此将会给教师的教学带来一定困难。教师问卷调查结果表明，初中教师和高中教师中认为政策实施后工作量增大的比例为21.5%和20.8%，认为班级不好管理的比例为18.5%和20.8%。初中教师中认为教材衔接困难的比例为21.5%，认为同随迁子女家长配合有困难的比例为18.5%。（见图11-22）

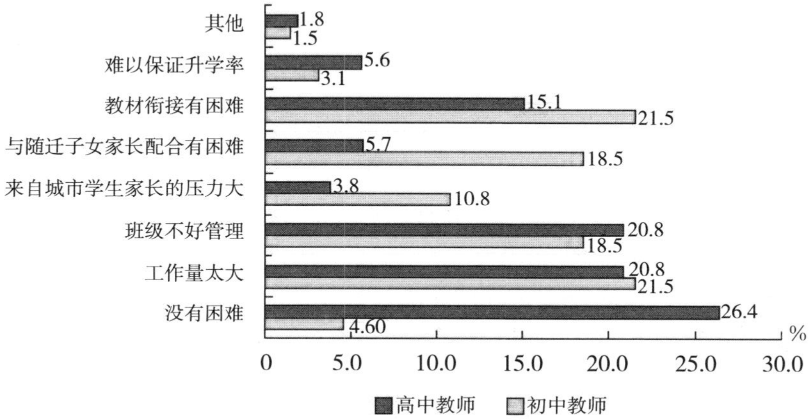

图11-22　政策实施后，教师面临的困难

4. 随迁子女家长对政策规定的报考条件、报考类型限制及政策制定过程存在较多不满

家长问卷和访谈的结果显示，在问及目前深圳市颁布实施的在流入地升学考试政策存在的问题时，随迁子女家长不满意的地方集中反映在现有方案的准入条件、报考学校类型的限制和政策制定的公开性。在被调查的初中随迁子女家长中，对深圳市在流入地中考政策准入条件设置不满意的最多，占36.1%，其次是报考学校类型的限制，占18.0%，再次是政策制定过程的公开性，占13.1%。高中随迁子女家长对报考学校类型的限制最为不满意，占33.3%，其次是对深圳市在流入地高考政策制定过程的公开性及所规定的准入条件不满意。

四、分析讨论

（一）深圳市政策准入条件相对宽松，但仍无法全面满足大众需求

与其他一线城市相比，深圳市在流入地升学考试政策的准入条件相对比较宽松。如深圳市执行的广东省在流入地高考政策，只要随迁子女能够满足“父亲或母亲在我省具有合法稳定职业证明，即提供广东省就业失业登记证、劳动合同、工商企业登记证等其中一项有效证明材料”，“父亲或母亲在我省具有合法稳定住所证明，即提供房地产权证、购房合同、房屋征收（拆迁）补偿协议、房屋租赁合同、房屋租赁登记备案证明等其中一项有效证明材料”，“父亲或母亲在我省累计缴费3年以上（含3年）的职工基本养老保险和基本医疗保险证明材料”，“父亲或母亲的广东省居住证（在深圳市报考的提交深圳市居住证）”，“随迁子女在我省参加中考及在父亲或母亲就业所在地市的高中阶段学校3年完整学籍的有关证明”等五项条件，就能够在深圳市参加高考。但随着“两为主”政策的贯彻落实，随迁子女更加期待自己能与当地户籍学生享有同等的考试和录取权利，而不是有条件开放或部分学校开放。显然在目前情况下，这一愿望是无法完全实现的，因为毕竟深圳市的教学资源和教学设施是有限的，深圳市政府会首先考虑本市居民的就学情况，如果没有任何限制条件，那么对深圳市的本地高考考生也是不公平的。

（二）借考形式的可操作性面临诸多质疑

广东省以2013年、2014年、2016年为三个时间节点，分步骤分层次解决外来务工人员随迁子女在广东高考的问题。到2016年，外来务工人员符合稳定工作、稳定住所等多个条件者，其子女在广东参加中考并在父母就业所在城市具有高中阶段3

年完整学籍的可参加高考，其他不符合条件的可以在广东借考，但需回原籍地录取。借考制度的推出，是广东省在流入地高考的一大亮点，但其可操作性却受到各方质疑。因为目前我国高考实行分省命题，教材、试题不尽相同，不同省份的分数无法进行换算。因此，借考制度提出的“本地高考，在流入地录取”的承诺，很难得以有效实现，甚至会让部分考生产生放弃努力学习或放弃升学的念头。

（三）优质教育资源的承载能力是利益相关群体关注的焦点

从问卷调查结果和访谈情况来看，学生家长、教育行政领导、教师等各个群体，都认为深圳市需要有更多的优质教育资源，包括期望高校（特别是优质高校）录取率的增加、优质普通高中学位的增加和优质职业学校的大力发展。大多数当地学生的家长对深圳全面放开在流入地中考和高考政策表示可以理解，甚至认为这是时代发展的必然，也是深圳市得以持续发展的保障。但是，当地学生家长中也有对政策实施会造成当地学生指标被“挤占”的担忧。

五、对策建议

（一）加强政策制定事项的事前公开度

调查发现，深圳市比较重视在流入地升学考试政策的宣传力度，及时设立电话热线、网络专栏等，提供与在流入地升学考试政策相关的咨询服务，及时为随迁子女及家长解答问题，促进了良好舆论导向的形成。但也有许多调查对象反映，在流入地升学考试政策出台之前，自己并未知情或没有相关渠道获得信息。要保证在流入地升学考试政策的公平，首先要努力建立完善的公众意见表达机制，让利益相关者有充分表达自身利益需求的合法渠道和参与政策设计的平台。因此，政策制定者在政策制定之前，要通过网络、报刊、电视、微信等传播手段，将政策涉及的相关内容告知各方利益相关者。在政策出台后，也要及时征求相关利益群体的意见，并及时做出修正或调整。

（二）破冰户籍制度，设定公平准入条件

深圳市外来常住人口众多，只有少数人能加入深圳户籍，这从客观上也加剧了深圳市随迁子女在流入地中高考的严峻性。作为改革前沿的先锋城市，深圳市能否在全国率先进行户籍改革，放宽入籍准入条件，以减少外来人口的数量，关系到能否减轻随迁子女在流入地升学考试的压力。

（三）做好预测与规划工作，培育优质教育资源

深圳市教育部门要会同有关部门，及时做好在流入地升学考试政策实施后学生数量变化的预测和评估，科学地做好教育资源调整和配置方案。同时，采取多项措施，提供和培育更多的优质教育资源，特别是要办好中职教育，以减轻普通高中的入学压力。这可以从三方面着手：一是加大中职教育的改革力度，不断提高其办学水平，以培养出高素质和具有较强就业竞争力的学生；二是提高中职教育学生的补贴力度，以吸引更多进城务工人员子女报考中职院校；三是积极发动社会力量捐资助学和多渠道筹集资金，设立中职教育专项助学基金，对品学兼优和经济困难的中职学生进行资助或补助。

（四）改革高考招生分配方式，推进省际录取率相对公平

要全面解决在流入地高考存在的诸多问题，仅靠某一个省是不行的，需要全国一盘棋，做好顶层设计工作。国家应改革现行高考招生分配方式，建立以学籍而非户籍为依据的高考管理机制，并依据各省实际的报考人数确定和分配各省的高校招生指标，促进录取比例的相对公平，此举将有效缓解随迁子女与当地户籍考生因“争夺”录取名额而引发的冲突。

第十二章 宁波市随迁子女在流入地升学考试调研

一、调研背景

（一）宁波市经济社会发展与流动人口基本状况

1. 经济社会发展基本状况

宁波，简称为甬，地处东南沿海，位于中国大陆海岸线中段，长江三角洲南翼。

宁波是长江三角洲南翼经济中心和化工基地，中国华东地区的工商业城市，也是浙江省经济中心之一。宁波开埠以来，工商业一直是宁波的一大名片。特别是改革开放以来，宁波经济持续快速发展，显示出巨大的活力和潜力，成为国内经济最活跃的区域之一。

2. 流动人口基本状况

宁波市作为我国沿海开放城市，近年来，随着经济的快速发展，宁波市流动人口持续快速增长。宁波市流动人口以浙江省外流动人口为主，主要分布在民营企业发达的农村。

（1）流动人口迅速增长

2001年到2012年，宁波市流动人口年均增长33.91万人。2010年、2011年、2012年，宁波市登记的流动人口分别为404.38万人、429.04万人和475.05万人。流动人口与户籍人口的数量之比也从2001年的18.78：100提高到2012年的82.23：100。[1]

（2）流动人口以省外流入为主，且在农村聚集

宁波市流动人口以省外流入为主，比例高达91%。外省流动人口主要来自安徽、四川、江西等省，占外省流动人口总数的50%以上。外来流动人口来宁波后，并不集中在城市，而是大量分布在民营企业发达的农村，有些区（县）流动人口已与当地人口持平，甚至多于当地人口。流动人口文化程度总体不高，初中及以下文

[1] 沈莉萍，褚小翠．宁波2012年暂住人口达475.05万人 九成多来自省外［EB/OL］．［2013-03-13］．http：//news. cnnb. com. cn/system/2013/03/13/007656566-01. shtml.

化程度的占70%以上。流动人口大多以亲缘、地缘、业缘为纽带，城乡接合部成为流动人口集聚区。[1]

（3）随迁子女规模将保持相对稳定态势

从数量变动趋势来看，未来宁波市的随迁子女规模将保持相对稳定的态势。宁波市流动人口统计工作进行较早，为相关流动人口预测提供了基础数据。通过对宁波市流动人口的数量变动来推算随迁子女数量，具有较强的可行性和科学性。

根据宁波市2000年以来流动人口的数据，运用Logistic曲线建立的宁波市未来流动人口数量预测模型为$y=\frac{k}{1+e^{-a\times(x-b)}}$，其中$x$表示年份，$y$表示流动人口数，$a, b, k$为三个特定参数。为避免自变量$x$与观测值在数量上相差过大，$x$取值的初始年份为1。运用Stata9统计软件可以求出该模型的a, b, k值，该模型可表示为$y=\frac{495.819}{1+e^{-0.3197473\times(x-6.257222)}}$，均方根误差为38.99457，$R^2$=0.9914。回归方程统计检验达到显著水平（$p < 0.001$），整体预测效果较好。

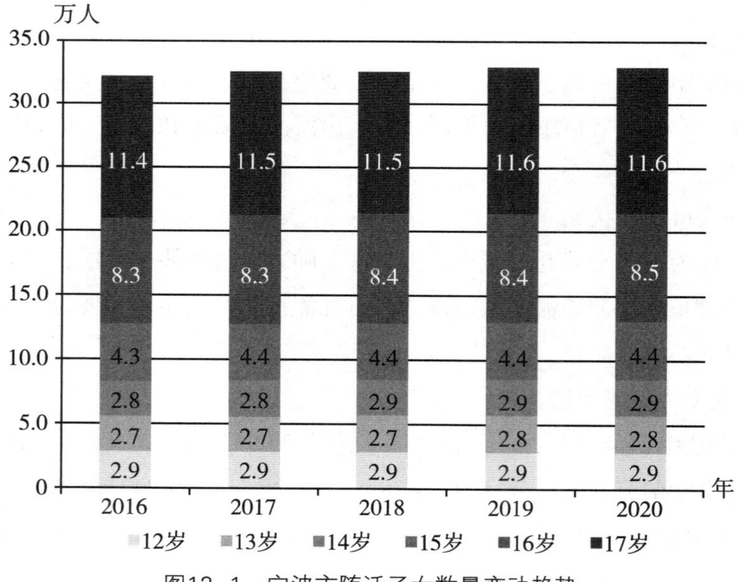

图12-1 宁波市随迁子女数量变动趋势

由于缺乏宁波市流动人口的年龄结构信息，考虑到流动人口的年龄结构相对稳定，此处以2010年第六次全国人口普查的流动人口年龄结构对宁波市流动人口随迁子女的数量进行推算。如图12-1所示，宁波市14岁初中毕业适龄随迁子女在

[1] 沈莉萍，褚小翠. 宁波2012年暂住人口达475.05万人 九成多来自省外［EB/OL］.［2013-03-13］. http://news.cnnb.com.cn/system/2013/03/13/007656566-01.shtml.

2016～2020年将基本保持在2.8万～2.9万人这一规模；17岁高中毕业适龄随迁子女在2020年将提升到11.6万人。从整体上看，宁波市流动人口随迁子女的数量将保持相对稳定。

（二）宁波市随迁子女教育基本状况

1. 宁波市随迁子女教育现状

宁波市高度重视随迁子女教育问题。宁波市城市文化包容性强，近年来，经济高速发展，特别是以信息技术为引导的新兴技术产业获得了高速发展，也吸引了大量的高学历、高素质人才。以义务教育为例，2015年，宁波市随迁子女在宁波接受义务教育的人数为26.43万人，占全市义务教育阶段学生总数的39.31%，其中81.31%的随迁子女是在公办学校就读，其余18%左右的学生是在民办公助类学校学习。宁波市兴办了大量民办公助类学校来接收随迁子女，仅有不到1%的学生在私人兴办的民办学校学习。

2. 宁波市随迁子女教育的经验与举措

宁波市高度重视随迁子女教育工作，进入新世纪以来，出台了大量的政策，投入了大量人力、物力、财力以保障随迁子女在宁波接受好的教育。宁波市在统筹解决外来务工人员子女的教育问题上，坚持公办学校接纳为主、民办学校接纳为辅的原则，并适当扩大政府购买公共服务范围，提高接收外来务工人员子女的学校的办学水平和质量，确保随迁子女入好学、读好书。

（1）以公办为主、民办为辅，统筹解决

宁波市2014年随迁子女入学严格执行国家、浙江省有关政策，采取以公办学校为主、民办学校为辅的入学政策。

宁波市各地结合本地经济社会发展需要、流动人口预期教育要求和教育资源可承载能力，根据浙江省省委、省政府关于完善和创新流动人口管理服务的精神，按照《浙江省教育厅关于完善政策规定切实做好进城务工人员随迁子女教育工作的意见》要求，将进城务工人员持有浙江省居住证作为其随迁子女入学的基本条件，积极制定与本地居住证积分管理制度相配套的随迁子女入学政策和措施。2014年作为过渡，延续2013年外来务工人员随迁子女入学政策，即2014年秋季入学（小学一年级、初中一年级）条件仍要求随迁子女父母或其他法定监护人在宁波市有合法稳定职业、合法稳定住所（含租赁）和按照国家规定参加社会保险年限（原则上参加1年及以上的社会保险）等，符合条件的随迁子女由居住地（以居住证或临时居住证或暂住证为准）所在县（市、区）教育行政部门统筹安排入学。在随迁子女入学人数集中、教育资源配置不足的情况下，由居住地教育行政部门按照居住地与工作地、社会保险在同一区域，居住地与工作地、社会保险不在同一区域的条件采取一定的顺序进行先后录取，具体办法由各县（市、区）自行制定。科学进行规划，各地应将符合规定条件的随迁子女入学工作全面纳入当地经济社会发展规划和财政保障范畴。超前预测经济社会发展和人口变化，坚持以常住人口作为主要依据，编制中小学校布局和建设规划，合理配置教育资源。统筹安排随迁子女入学政策，各地应根据区域内教育资源配置情况，统筹安排符合条件的随迁子女进入义务教育阶段学校就读，公办学校接收随迁子女义务教育有困难的，可采取向有资质的民办学校以购买服务的方式加以安排。

（2）兴办民办公助类学校，提高随迁子女受教育质量

由于流动人口子女数量众多，根据相关规定，有很多随迁子女不符合条件，于是宁波市在流动人口子女教育上一个突出的举措就是兴办民办公助类学校。民办公助类学校由政府投资助学，学校与公办学校差别不大，用以解决流动人口子女入学难等问题，并以属地（一般以镇、乡、街道为单位）为主，采取属地接收政策，原则上不可以跨属地入学。

（3）规范随迁子女入学条件与程序

宁波市重视随迁子女工作，并且专门出台了相关政策规范随迁子女入学条件与程序。以随迁子女人数众多的宁波市Y区为例，2014年1月，Y区人民政府专门出台了《关于规范有序做好2014年外来务工人员子女就学工作意见》，就如何做好随迁子女就学工作出台专门意见。

①规定入学条件

2014年，随迁子女需要在Y区入读小学（初中）一年级的，其父母或其他法定监护人应同时具备以下7项条件：第1项，在Y区有稳定职业（指与Y区用人单位签订了劳动合同，或取得工商营业执照，或在Y区专业从事农业种养业）；第2项，在Y区依法缴纳基本养老保险或外来工社会保险（截至2014年4月30日，已连续按月缴纳1年及以上，且延续到查验日仍然在参保，补缴无效）；第3项，在Y区取得浙江省临时居住证1年及以上；第4项，在Y区具有相对固定住所（有效的租房证明或居住证明）；第5项，子女在户籍所在地无监护条件；第6项，无违反计划生育政策；第7项，有原籍地户口簿。

②规范就学程序

随迁子女符合就学条件的，须在规定时间内，即在2014年4月30日前，具体时间由各镇（乡、街道）教辅室通知，由其父母（或法定监护人）持相关证明材料向

暂住地所在镇（乡、街道）教辅室提出申请，经有关部门联合验证核实后，对符合就学条件的随迁子女，由教辅室根据本地教育资源分布情况进行统筹安排，并由教辅室开具入学通知书。验证时，发现使用假证的，一律取消其子女入学资格。

（4）专项经费支持民办公助类学校

宁波市每年都有专项经费支持民办公助类学校发展，为随迁子女教育提供较为充足的经费保障，从而保证了接收随迁子女的学校的正常运作与发展。以Y区为例，2014年，Y区补贴30所民办公助类学校共计219余万元，困难学生补助金额共计530余万元，为校园增添设备共计1297余万元。

（5）随迁子女免费入学就读，并建立资助体系

为让广大随迁子女有书读、读好书，宁波市建立了以公办学校接纳为主、流动人口子女学校接纳为辅的就学保障机制。宁波市本级和各县（市、区）政府设立了随迁子女义务教育专项经费，对符合条件的所有外来务工人员随迁子女，与本地学生一样，免除借读费、学杂费、课本费和作业本费。据统计，仅2011～2012学年第一学期，各县（市、区）义务教育阶段就免除外来务工人员随迁子女学杂费、课本费、作业本费共计6324.8万元[1]。以宁波市Y区为例，在公办学校就读的随迁子女享受本地学生免费政策，免除了学费、课本费、作业本费、军训费、教辅材料费等，按照当年小学、初中生均教育事业费分别为11295元和18575元，生均公用经费分别为4626元和9180元的标准，合计小学32592人、初中9776人，投入小学5.19亿元、初中2.71亿元，总计7.9亿元；对民办公助学校，Y区每年安排免学费资金1600万元；对民办学校，承担教师社会保险部分补助、工资补助等，每年投入约1000万元；粗略估算年投入超过8.2亿元。

在加大财政扶持的同时，宁波市还通过公派校长和支教教师，加强随迁子女学校管理和教学力量，将随迁子女学校督导评估、教育教学业务统一纳入教育行政部门管理范围。此外，宁波市还通过财政拨款、企业捐资、慈善机构出资、本地学生与随迁子女“生生结对”“手拉手”等多种途径，建立针对随迁子女的多元帮困助学资助体系。宁波市慈善总会每年出资50多万元，对1000余名随迁子女学生，给予初中生每人500元，小学生每人400元的补助。慈溪、奉化、余姚等地发动企业捐资，建立外来务工人员随迁子女奖学、助学基金。

[1] 宁波：各级政府设立随迁子女义务教育专项经费［EB/OL］.（2013-07-29）［2015-09-28］. http://www.jyb.cn/basc/xw/201307/t20130729_546479.html.

（6）部分区（县）试点积分制管理

2015年，宁波市B区试点流动人口积分制管理，并与随迁子女接受教育挂钩。对于户籍不在B区，已办理浙江省临时居住证，在B区连续工作1年以上（含1年），符合B区计生政策，有相对固定住所并与用人单位建立劳动关系的人员或工商经营户，由本人申请，经区相关职能部门核实，并经区流动人口服务管理办公室核准，纳入B区流动人口积分制管理范围。对于积分累计达到一定分值的流动人口，并符合一定条件，其子女可在其产权房屋所在地或工作地申请入读义务教育所段学校。B区流动人口积分制管理计分标准由三部分组成，即基础分、附加分、扣减分，其中基础分指标包括基本分、个人素质、工作情况、居住情况、计划生育、计划免疫、登记管理等7项内容，附加分指标包括急需人才、专利创新、表彰奖励、慈善公益、投资纳税、参政议政等6项内容，扣减分指标包括从事被淘汰行业、个人信用不良记录、违法犯罪、违规经营和违章搭建等5项内容。

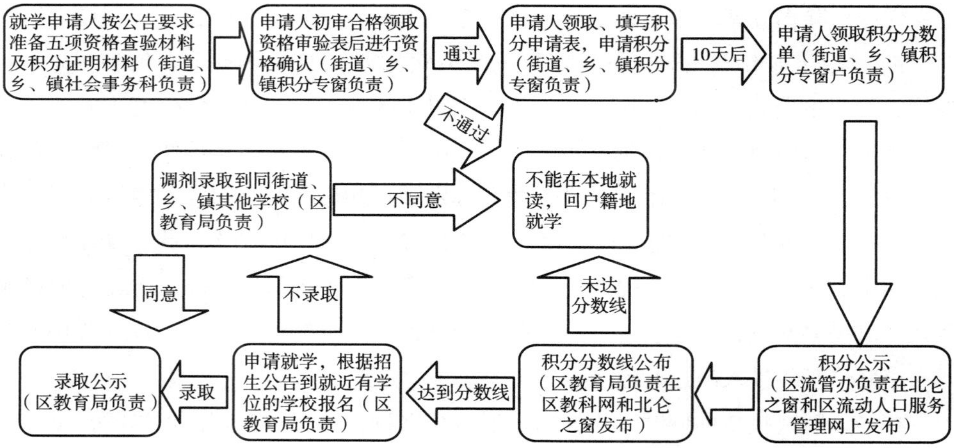

图12-2　宁波市B区积分入学流程示意图[1]

3. 宁波市随迁子女教育的问题与挑战

（1）教育资源日趋紧张，难以满足随迁子女教育需求

宁波市流动人口众多，随迁子女数量大增，给当地政府和教育部门带来了巨大压力。以宁波市Y区为例，截至2013年，在Y区就读的义务教育阶段随迁子女已达64400人，占全区义务教育阶段学生总数的58.4%，占全市随迁子女的22%。并且，近5年来以年均新增2400人的速度在增长，相当于每年需新增60个班级，也就是说

[1] B区2015年度积分入学公告［EB/OL］.（2015-02-03）［2015-09-28］. http：//www.bl.gov.cn/doc/zffw/zwdt/ztzl/ldrkgl/tzgg/403448.shtml.

每年需新建2所一定规模的学校来满足随迁子女上学需求。不仅如此，除了要新建学校，还需要配备相关老师、设备、管理等，相关的经费配套更是难以计算，导致区财政压力很大。初步估算，财政每年仅在随迁子女就学这一项的投入就在8亿元以上。

（2）随迁子女分布相对集中，难以控制增长势头与化解入学困难

宁波市流动人口随迁子女数量众多，而且势头不易控制，随迁子女相对集中，化解入学问题的难度大。以宁波市Y区为例，从统计看，2015年，地处中心城区及近郊的8个镇（乡、街道）接纳的随迁子女均在3000人以上，达到39715人，占随迁子女总数的61.7%，一些近郊乡镇甚至超过5000人。这种不均衡分布，加剧了近郊镇（乡、街道）的“就学难”现象。2015年，Y区实施了社保地入学政策，把在Y区缴纳一年以上社保作为义务教育阶段接纳就读的必要条件，以控制随迁子女就读人数过快增长的势头。从实施情况来看，2015年比2014年同期增长了1868人，该举措在一些乡镇取得了一定效果，但一些近郊乡镇形势依然严峻。

（3）随迁子女入学政策逐步趋于严格

由于随迁子女人口与本地子女人口数量相差悬殊，引起了宁波市地方政府与教育部门的高度重视，也激发了一些本地居民对教育问题的关注、热议。宁波市各县（市、区）面对随迁子女激增的现状，采取更为严格的随迁子女入学政策是大势所趋。如，宁波市B区公布了《2014年B区义务教育段外来务工人员子女就学公告》和《2014年B区义务教育段就学资格查验办法解读》，规定从2014年起，该区将每年对义务教育所有年级段随迁子女就学资格进行查验。其中，新生（小学一年级、初中一年级）查验内容和Y区基本一致，且明确规定补缴无效，老生（2014年秋季就读小学二至六年级和初中二至三年级）查验养老保险和计生证明，查验不合格和未接受查验的，均不接受就读。其他区（县）也采取了类似的严控政策。

（4）随迁子女在流入地升学考试政策开放，对中考及高中教育产生影响

在在流入地高考政策出台前，按宁波有关中考政策，随迁子女在宁波参加中考，只允许报考中职学校，故成绩优秀的随迁子女多选择在初二结束或是初三转学回原籍地准备中考。实行在流入地升学考试后，这些学生很有可能会选择留在宁波参加中考，报考普通高中。有教育界人士分析认为，这些外地学生对宁波本地中考生可能会形成一定竞争。有校长认为，在流入地升学考试政策开放后，短期内影响不会太大，但是如果不统筹考虑三年生源数量以及做出详细测算，则会对高中学校规模扩大与招生造成影响，而且随着随迁子女规模的扩大，相关的招生名额也要做到配套改革，否则会造成新的不公平，影响到本地学生的利益。

（三）宁波市随迁子女义务教育后升学考试政策状况

1. 政策演进轨迹及政策主要内容

（1）宁波市随迁子女中考政策演进轨迹及主要内容

2012年颁发的《国务院办公厅转发教育部等部门关于做好进城务工人员随迁子女接受义务教育后在当地参加升学考试工作意见的通知》（国办发〔2012〕46号）明确提出做好随迁子女升学考试工作的主要原则以及各地因地制宜开展此项工作的基本思路和指导方针，并要求各省、自治区、直辖市在2012年年底前出台关于此项工作的具体方案。浙江省高度重视此项工作，2012年，浙江省人民政府出台了《关于做好外省籍进城务工人员随迁子女接受义务教育后在我省参加升学考试工作的实施意见》等相关文件，积极做好外来务工人员随迁子女的升学考试工作。《关于做好外省籍进城务工人员随迁子女接受义务教育后在我省参加升学考试工作的实施意见》中规定："通过我省初中毕业生学业水平考试（中考）或符合我省流入地初中升高中条件，进入我省高中阶段学校学习，并具有完整的我省高中阶段连续学习经历和学籍的随迁子女，同时符合我省高考报名的其他条件的，从2013年起可在我省报名参加高考。"按照这一文件精神，宁波市人民政府2013年制定了《关于做好外来务工人员随迁子女在我市参加升学考试工作的实施意见（试行）》，并规定符合当地小学升初中条件，进入宁波市初中阶段学校学习，并具有完整的宁波市初中阶段连续学习经历和学籍，且其父（母）或法定监护人在宁波市有合法稳定职业、合法稳定住所（含租赁）和按照国家规定在近3年内参加1年及以上社会保险的随迁子女，同时符合宁波市中考报名的其他条件的，从2013年起可在宁波市初中就学地报名参加初中升高中的考试与录取。随迁子女在中考后参加高中段学校招生录取与宁波市户籍学生享受同等政策。

（2）宁波市随迁子女高考政策演进及主要内容

2010年，浙江省教育厅向教育部申报教育改革试点项目"高等学校招生考试制度改革试点"，把"探索外省籍务工人员子女在浙江省平等参加高考"作为重要内容，提出了随迁子女在浙江省参加高考的设想；随后又将其列为重点调研课题，开展系统的调研工作。2012年，浙江省教育局长会议明确提出"积极研究进城务工人员随迁子女接受义务教育后就地参加升学考试的有效办法和途径"的任务。宁波市随迁子女在流入地高考政策与浙江省规定相同。2012年《国务院办公厅转发教育部等部门关于做好进城务工人员随迁子女接受义务教育后在当地参加升学考试工作意见的通知》下发后，浙江省积极响应这一政策精神，于2013年年初发布了《关于做好外省籍进城务工人员随迁子女接受义务教育后在我省参加升学考试工作的实施意见》。该意见规定通过浙江省初中毕业生学业水平考试（中考）或符合浙江省流入地初中升高中条件，进入浙江省高中阶段学校学习，并具有完整的浙江省高中阶段连续学习经历和学籍的随迁子女，同时符合浙江省高考报名的其他条件的，从2013年起可在浙江省报名参加高考。随迁子女参加高校招生录取与浙江省户籍学生享受同等政策。2013年，宁波市人民政府办公厅印发《关于做好外来务工人员随迁子女在我市参加升学考试工作实施意见（试行）的通知》，执行浙江省政策文件，符合条件的考生可以在2013年在宁波市参加高考。

2. 政策实践状况

（1）随迁子女在流入地参加中考困难

随迁子女义务教育后在流入地参加中考的政策是由各市根据实际情况来制定的。宁波市的在流入地升学考试政策规定，具有完整的宁波市初中阶段连续学习经历和学籍，且其父（母）（或法定监护人）在宁波市有合法稳定职业、合法稳定住所（含租赁），按照国家规定在近3年内参加1年及以上社会保险的随迁子女可以参加在流入地中考。2013年是该政策实施的第一年，从实际执行情况来看，符合条件的随迁子女数量不多。2015年，宁波市随迁子女在流入地中考政策在原基础上进一步完善，要求报考宁波市高中段学校的外省籍务工人员随迁子女具有完整的宁波市初中阶段连续学习3年的经历和学籍，父（母）（或法定监护人）在宁波有合法稳定住所（含租赁）、合法稳定职业（需与用人单位签订劳动合同或在宁波开设企业、从事个体经营活动），父母一方近3年内有1年及以上社会保险证明。不符合报考宁波市高中段学校条件的学生，2015年仍可报考职业学校和技工院校。宁波市在流入地中考政策按照国务院以及浙江省规定，结合参加高考及义务教育政策相衔接的设计思路，从外省籍务工人员需要在当地有合法稳定职业、合法稳定住所和按照国家规定参加社会保险年限以及随迁子女在当地连续就学年限等四个方面加以考虑。按照现行发展教育的责任，基础教育的规划、布局、投入均由县（市、区）具体负责，而且从实际情况来看，宁波市各县（市、区）之间在外省籍人员数量、经济社会发展水平、产业结构布局和教育资源承载能力方面差异明显，接受外省籍务工人员随迁子女就地入学所面对的压力差异也很大。因此，从工作的实际出发来制定详细的细则具有可行性、科学性与必要性，有利于实现责任、义务、权利的统一，也有利于协调地方教育和经济发展，更有利于综合解决外省籍务工人员随迁子女和本省籍学生的读书问题。

由于政策具体细则由各县（市、区）规定，各县（市、区）在处理进城务工人员随迁子女态度上存在一定差异，因此在社会保险年限的规定上存在一定差异，更为重要的是一些县（市、区）规定社会保险必须在所在区域的街道或乡镇缴纳才有效，而且不可以补交。诸如此类的附加政策造成很多家长与学生不知情或者未充分了解政策内容。随着随迁子女数量的增多，宁波市各区（县）由于教育资源承载力受到极大考验而纷纷采取严格的随迁子女入学政策，这样会把一大批随迁子女阻挡在本地初中之外，也很难保证随迁子女的初中学习经历的完整性。此外，由于随迁子女义务教育入学政策每一年都在变化，从变化的整体趋势来看是趋向于更加严格，真正符合条件的随迁子女数量并不多。

（2）随迁子女在流入地参加高考的人数较少，政策对高职院校发展较为有利

2013年是浙江省首次施行在流入地高考政策。由于浙江省在流入地高考政策消息发布较晚，宁波市仅有91名随迁子女参加在流入地高考，其中29人参加普高统考统招，62人参加高职单考单招。2014年，宁波市参加在流入地高考的人数为390人，从地点来看，主要集中在宁波市区、慈溪市、B区和镇海区，宁波经贸学校、镇海职业教育中心学校、B区职高等学校报名人数相对较多。对于高职院校来说，推进在流入地高考是一件利大于弊的事：那些原来要回原籍地参加高考的学生可以留下来了，这对扩充生源是有好处的，从一定程度上保证了高职院校生源的充足。

二、研究设计与过程

（一）调研实施

1. 调研任务

2014年12月～2015年4月，课题组针对随迁子女在流入地义务教育后的升学考试问题对宁波市Y区随迁子女集中的4所中学（初中、高中各2所，其中公办学校2所，民办学校2所）开展调研。

2. 样本的选取

（1）调研学校的选取

调研组抽取随迁子女较多的4所中学进行调查，最终调研的学校样本为2所初中（1所公办学校，1所民办学校），2所高中（1所公办学校，1所民办学校）。

（2）学生样本的选取

覆盖从初一到高二的各个年级，选取的学生包含随迁子女和本地学生。

（3）家长样本的选取

选取部分填写问卷的学生的家长作为家长样本（包含随迁子女家长和本地家长），以便家长数据与学生数据之间的互相验证。

（4）教师样本的选取

在调研学校中，根据学校安排指定20～30名教师作为调查对象。

3. 样本描述

（1）高中样本信息

宁波市的调查共获得233份高中学生样本，226份高中学生家长样本和37份高中教师样本，各个群体的基本信息如下：

表12-1　高中学生样本基本信息

项目		有效百分比（%）	项目		有效百分比（%）
性别	男	41.2	学校类型	公办	48.7
	女	58.8		民办	51.3
	合计	100.0		合计	100.0
年级	预备班	1.5	户口性质	农业	39.6
	高一	26.3		非农业	60.4
	高二	40.9		合计	100.0
	高三	30.9	是否与父母同住	与父母都在本地	91.7
	复读班	0.4		只与父亲在本地	2.1
	合计	100.0		只与母亲在本地	3.4
				父母都在外地	2.8
				合计	100.0

表12-2　高中学生家长样本基本信息

项目		百分比（%）	项目		百分比（%）
与孩子关系	父亲	43.8	父母婚姻状况	初婚	92.0
	母亲	50.9		离婚	4.0
	爷爷奶奶（外公外婆）	1.3		丧偶	0.4
	亲戚	1.8		再婚	1.8
	其他熟人	2.2		其他	1.8
	合计	100.0		合计	100.0
家庭收入在居住地的水平	非常贫困	3.1	母亲受教育程度	没上过学	1.8
	中等偏下	13.0		小学	7.9
	中等水平	66.8		初中	33.5
	中等偏上	16.6		高中或中专	28.2
	非常富裕	0.4		大专	17.2
	合计	99.9		本科	10.6
				硕士	0.4
				博士	0.4
				合计	100.0

表12-3　高中教师样本基本信息

项目		百分比（%）	项目		百分比（%）
性别	男	43.2	是否为班主任	是	56.8
	女	56.8		否	43.2
	合计	100.0		合计	100.0
年龄	平均值	35.65（岁）	技术职称	中学高级	33.3
教龄	平均值	12.58（年）		中学一级	48.7
是否有教师资格证	是	100.0		中学二级	15.4
	否	0		未评定	2.6
	合计	100.0		合计	100.0

（2）初中样本信息

表12-4　初中学生样本基本信息

项目		百分比（%）
学校类型	公办学校	77.3
	民办学校	22.7
	合计	100.0
性别	男	55.7
	女	44.3
	合计	100.0
年级	初一	31.9
	初二	39.9
	初三	28.2
	合计	100.0
出生地	本区（县）	15.6
	本省的其他区（县）	2.7
	其他省（自治区、直辖市）	81.7
	合计	100.0
户口所在地	本区（县）	72.0
	本省的其他区（县）	20.0
	其他省（自治区、直辖市）	8.0
	合计	100.0
户口性质	农业	78.5
	非农业	21.5
	合计	100.0

表12-5　初中教师样本基本信息

项目		百分比（%）
性别	男	33.9
	女	66.1
	合计	100.0
年龄	平均值	35.55（岁）
教龄	平均值	12.38（年）
最终学历	大专以下	0
	大专	18.0
	本科	82.0
	硕士	0
	合计	100.0
是否有教师资格证	是	100.0
	否	0
	合计	100.0
是否为班主任	是	43.9
	否	56.1
	合计	100.0

表12-6　初中学生家长样本基本信息

项目		百分比（%）
与孩子关系	父亲	74.8
	母亲	24.4
	爷爷奶奶（外公外婆）	0.4
	亲戚	0.2
	其他熟人	0.2
	合计	100.0
父亲受教育程度	没上过学	1.9
	小学	26.4
	初中	57.5
	高中或中专	12.1
	大专	1.9
	本科	0.2
	硕士	0
	博士	0
	合计	100.0

续表

项目		百分比（%）
母亲受教育程度	没上过学	11.5
	小学	33.9
	初中	47.1
	高中或中专	6.7
	大专	0.6
	本科	0.2
	硕士	0
	博士	0
	合计	100.0
父母婚姻状况	初婚	86.8
	离婚	2.4
	丧偶	0.6
	再婚	3.7
	其他	6.5
	合计	100.0

（二）数据处理

问卷回收后，由专门人员按照统一的编码手册和录入说明录入数据，经过核实、整理后的数据采取SPSS22.0软件包进行数据处理和相关统计分析。

三、研究发现

（一）政策知晓状况

1. 随迁子女在流入地高考政策分析与解读

（1）多数学生和家长知晓政策，家长比学生更加了解，但两者都对政策细节缺乏深入了解

在流入地高考政策与学生、家长的利益息息相关。问卷调查显示，多数学生、家长知晓在流入地高考政策，但是也有20.9%的学生、14.1%的家长从没听说过在流入地高考政策。但在关于从哪一年开始可以参加在流入地高考的调查中，仅有17.4%的学生和16.6%的家长选择了正确选项“2013年”，超过80%的学生与家长都

不清楚从哪一年开始非本地户口学生可以在流入地高考。浙江省在流入地高考政策规定，从2013年起，外省籍进城务工人员随迁子女凡有完整的高中阶段连续学习经历并具有在浙江的高中学籍，可就地报名参加高考。可见本地学籍证明以及本地连续就学年限是随迁子女参加高考的必备条件，但在调查中有超六成的学生、家长选择本地学籍证明、本地连续就学年限为必须满足的条件，有五成左右的学生、家长将居住证或暂住证、家长社保证明、家长有合法稳定职业、家长有稳定住所作为必须满足的条件。在随迁子女在流入地高考报考的学校类型方面，浙江省在流入地高考政策中并无相关规定，即随迁子女可以报考省内外高职和其他高等学校。然而，在关于随迁子女高考允许报考的学校类型的调查中，60.2%的随迁子女表示不清楚，仅有27.0%的随迁子女选择了省内外高职和其他高等学校都可以报考。

（2）学生与家长在政策获知的途径方面有所差异，学校和老师是学生了解政策的主要渠道，网络是家长了解政策的主要渠道

学生与家长在知晓在流入地高考政策的主要渠道方面有所差异。其中，20.9%的学生是通过学校和老师得知的，学校和老师是学生获知政策信息的最主要途径，得知途径为电视和网络的占16.5%，报纸占14.3%。家长的得知途径中比例最大的是网络，为23.3%，其他比例超过10%的途径依次为报纸（22.9%）、广播（19.4%）、电视（14.1%）。

2. 中考政策分析

（1）绝大部分学生、家长知晓随迁子女在流入地中考政策，但对相关细节了解得不清楚

在问卷调查中，仅有3.8%的学生和家长选择“从没听说过”，可见，绝大部分学生、家长知晓在流入地中考政策。根据宁波市政府办公厅下发的《关于做好外来务工人员随迁子女在我市参加升学考试工作的实施意见（试行）》的精神，报考宁波市高中段学校的外省籍务工人员随迁子女需要满足以下三个条件：一是需符合宁波市流入地小学升初中条件，进入该市初中阶段学校学习，并具有完整的该市初中阶段连续学习经历和学籍；二是随迁子女的父（母）（或法定监护人）在宁波有合法稳定职业、合法稳定住所（含租赁），且近三年内至少要参加一年及以上的社会保险；三是符合宁波中考报名的其他条件。但问卷调查显示，对于这些必备的考试条件，仍有部分学生不太清楚，搞不清这些条件是否为必备条件。

（2）电视是学生获得在流入地中考政策信息的主要媒介，家长获取信息的途径较为多元

问卷调查发现，74.9%的学生是通过电视获知在流入地中考政策的；其次是通

过学校和老师，比重为17.5%；其他获取消息的途径所占比重较小。问卷调查发现，学校和老师是家长获取在流入地中考信息的最主要途径，所占比重为80.9%；电视和报纸也是家长获取在流入地中考政策信息的重要途径，所占比重分别为77.3%和74.6%。可见，家长获取在流入地中考政策信息的途径较为多元。

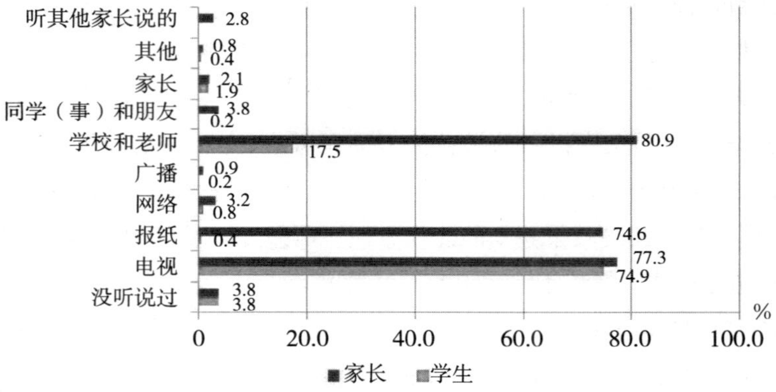

图12-3　学生、家长获取在流入地中考政策信息的途径

（二）政策接纳状况与选择意愿分析

1. 随迁子女在流入地高考政策接纳状况与选择意愿分析

（1）部分利益相关者对在流入地高考政策表示认可与支持

通过调查不同利益相关群体对在流入地高考政策的态度发现，40.9%的学生、45.3%的家长、28.9%的教师的态度是无所谓，26.5%的学生、22.7%的家长、39.5%的教师表示比较支持，20.4%的学生、12.4%的家长、28.9%的教师表示非常支持，仅5.7%的学生、5.8%的家长、2.6%的教师表示强烈反对。

（2）保证教育公平是部分利益相关者认同随迁子女在流入地参加高考的最主要原因

在问卷调查中，有66.7%的学生选择“为了保证教育公平，不要有地域差别”，有75.7%的教师选择了“符合教育公平的理念”。可见，保证教育公平是学生与教师认同随迁子女在流入地参加高考的最主要原因，但同时也有20.7%的教师认为会催生新的教育竞争。详见图12-4和图12-5。

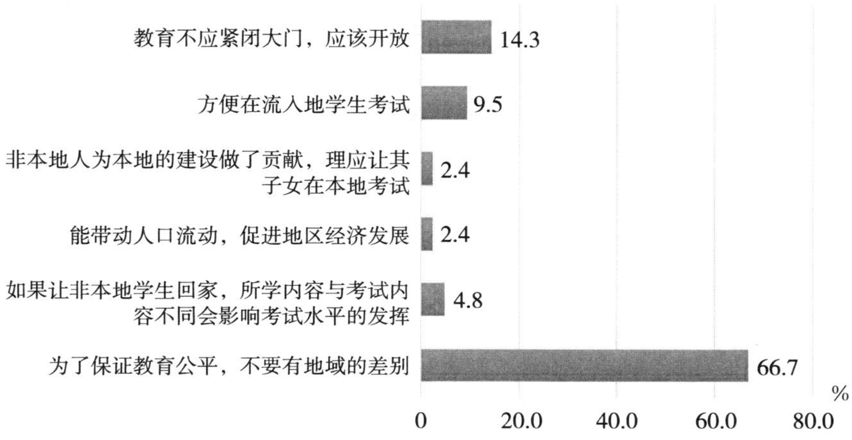

图12–4　学生认同随迁子女在流入地参加高考的原因

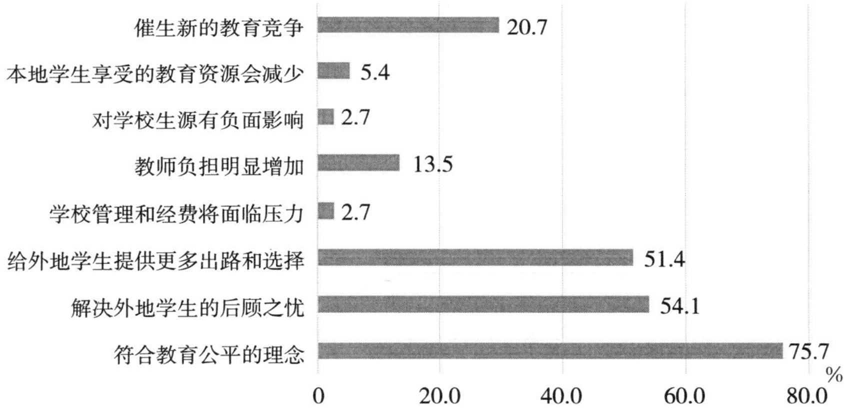

图12–5　教师对随迁子女在流入地参加高考的认识

（3）升入普通高等学校是学生与家长的共同心愿，政策出台前后这一共同心愿并无明显变化，家长最希望孩子在流入地参加高考

随迁子女在流入地参加高考政策出台前，在关于高中毕业后准备报考哪种类型的学校的问卷调查中，68.9%的学生选择报考普通高校（见图12–6），而且大部分学生会倾向于选择本科层次的学校，这在政策实施前后并无明显差异，其比重分别为81.8%、82.2%（见图12–7）。而在家长问卷调查中发现，绝大部分家长希望孩子在流入地参加高考，比重为93.1%（见图12–8）。

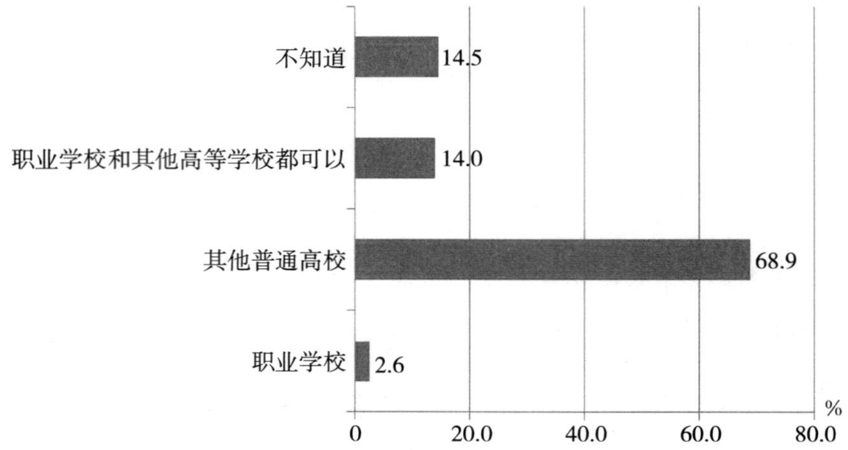

图12-6　高中学生毕业去向意向

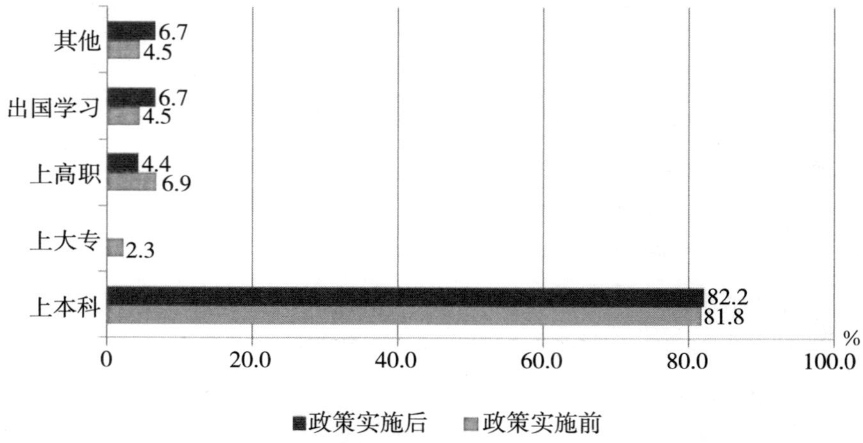

图12-7　高中学生准备报考的学校类型

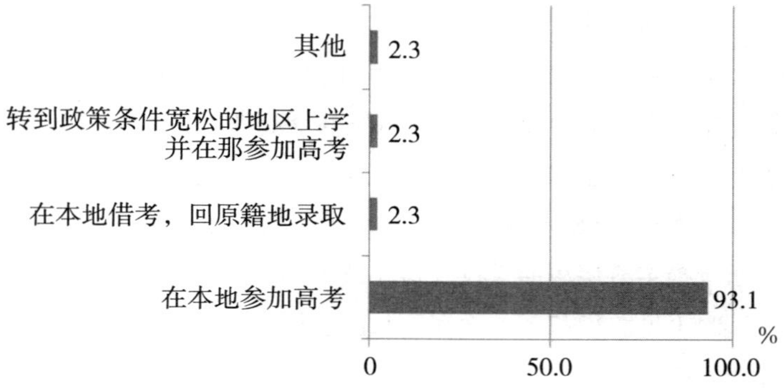

图12-8　政策实施后，家长希望孩子在哪参加高考

2. 在流入地中考政策接纳状况与选择意愿分析

（1）大部分利益相关者对在流入地中考政策非常支持，认为在流入地中考政策应设置较宽松的准入条件

问卷调查中，分别有80.7%的家长、80.2%的学生以及40.0%的教师非常支持随迁子女在流入地参加中考，分别有40.0%的教师、9.3%的学生以及6.8%的家长对此政策持比较支持的态度。可见，大部分利益相关者对随迁子女在流入地参加中考这一政策表示支持。在随迁子女在流入地参加中考政策的准入条件设置方面，79.8%的家长、77.7%的学生认为应该完全开放，不设置限制条件；12.1%的学生、10.1%的家长认为应设置比较宽松的准入条件，允许大部分人参加；仅9.6%的学生、8.0%的家长认为应设置严格的准入条件，只允许少部分人参加。可见，大部分家长和学生都认可设置较为宽松的准入条件。

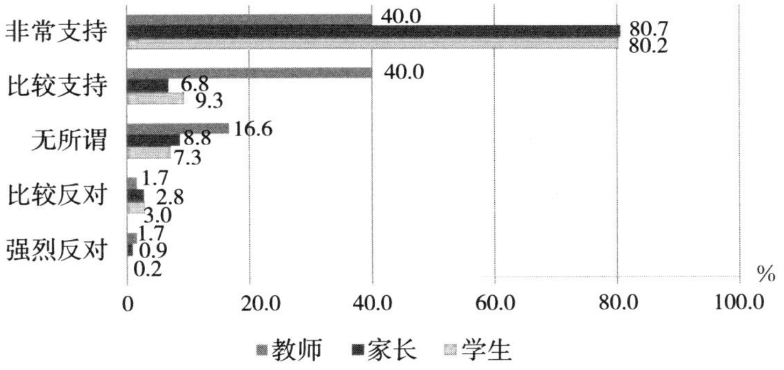

图12-9　不同利益相关者对在流入地中考政策的态度

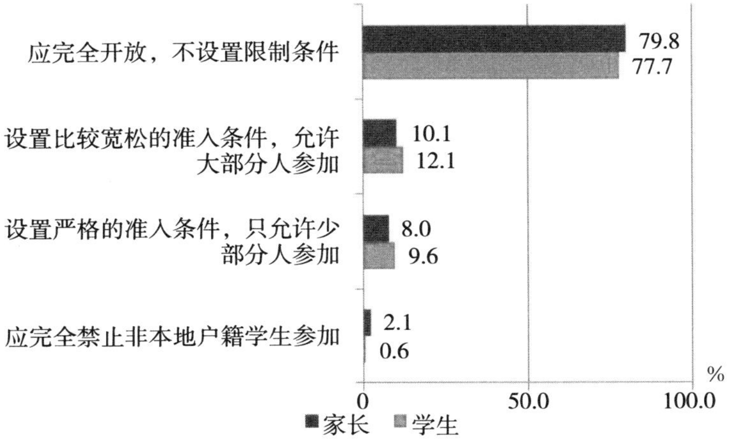

图12-10　家长、学生对在流入地中考政策准入条件的看法

（2）保证教育公平是学生支持在流入地中考政策的最主要原因

在“你对本地允许随迁子女在流入地参加中考的态度”的问卷调查中，80.2%的学生选择非常支持，9.3%的学生选择比较支持（见图12-11），可见大多数学生对在流入地中考政策持支持态度。持支持态度的最主要原因是保证教育公平，在问卷调查中有93.4%的学生选择了“为了保证教育公平，不要有地域的差别”（见图12-12）。

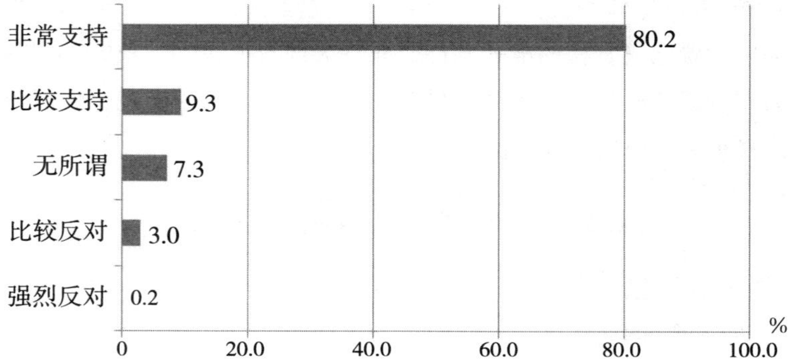

图12-11　学生对随迁子女在流入地中考政策的态度

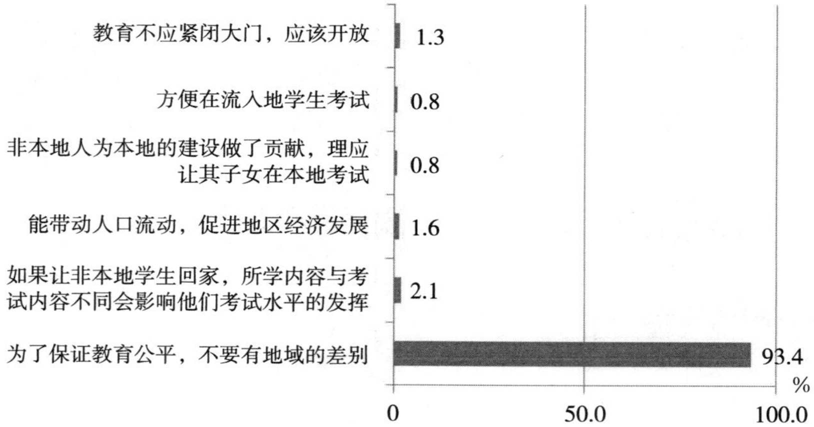

图12-12　学生支持随迁子女在流入地中考政策的原因

（三）政策实施效果与评价

1. 高考政策实施效果与评价

（1）政策的出台改变了部分随迁子女未来的学业选择，同时更倾向于在流入地参加高考

在流入地高考政策的出台对学生未来出路选择影响较大。在“现在本地城市不允许非本地孩子在本地参加高考，你会选择哪条出路”的问卷调查中，政策实施前，选择回原籍地参加高考的学生最多，占比31.5%，有25.9%的学生想在流入地参加高考。参加高考是大多数学生的选择，但依然有11.1%的学生选择毕业后直接工作，不参加高考了。允许在流入地高考后，在流入地参加高考是大多数学生的选择，比重为81.1%，选择毕业后直接工作的人数有所下降，比重为3.8%。在考试地点的选择上，允许在流入地高考后，大部分学生希望在流入地参加高考，比重为88.9%。

（2）政策的出台对学生学习积极性未有明显的负面影响

在学生的学习积极性方面，有66.7%的家长认为学生学习积极性没有变化，有48.0%的学生认为自己的学习积极性没有变化；有15.1%的家长、31.3%的学生认为学习积极性有所提高；有8.2%的家长、6.2%的学生认为学习积极性明显提高；仅有10.1%的家长以及14.5%的学生认为学习积极性下降了。

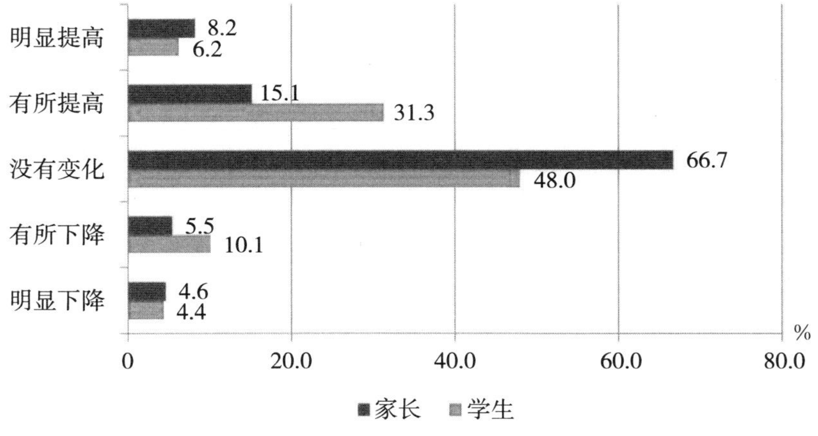

图12-13　学生及家长对学生学习积极性变化情况的评价

（3）政策出台后，多数随迁子女学习努力程度与学习成绩有所提升，心理总体情况比较乐观

在流入地参加升学考试政策实施后，在关于随迁子女学习努力程度的问卷调

查中，50.0%的随迁子女选择了“比以前努力了一些”，但也有36.8%的随迁子女选择“没有变化”（见图12–14）。在关于随迁子女学习成绩总体情况变化的问卷调查中，47.4%的教师选择了“有所提高”，但同时也有44.7%的教师选择了“没有变化”（见图12–15）。在关于随迁子女心理总体情况变化的问卷调查中，54.1%的教师选择了“比较开朗”，但也有37.8%的教师选择了“没有变化”（见图12–16）。可见，政策的出台对随迁子女学生产生了一定积极影响，但效果不明显。

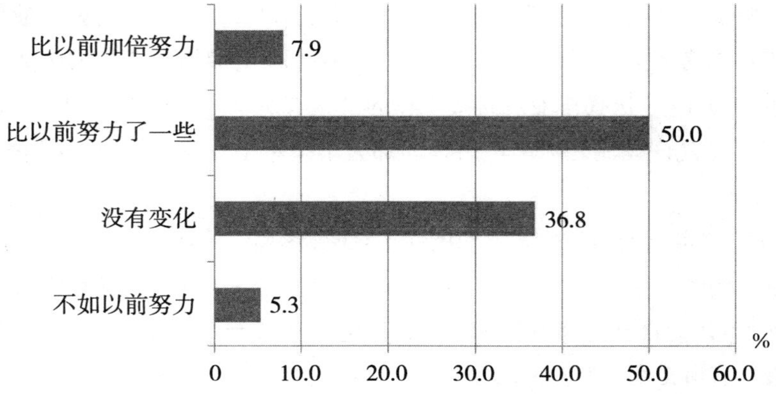

图12–14　随迁子女学习努力程度变化情况（随迁子女问卷）

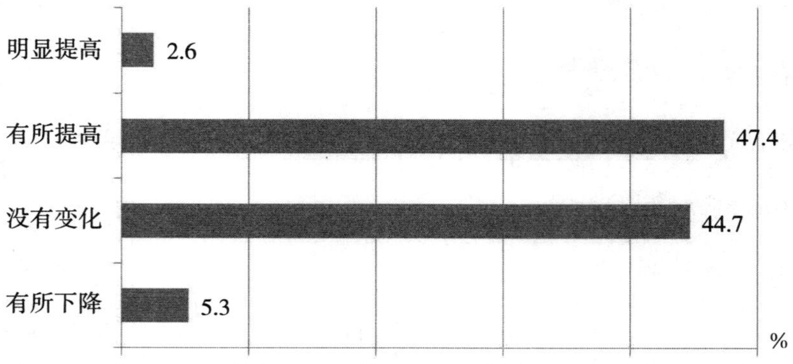

图12–15　随迁子女学习成绩变化情况（教师问卷）

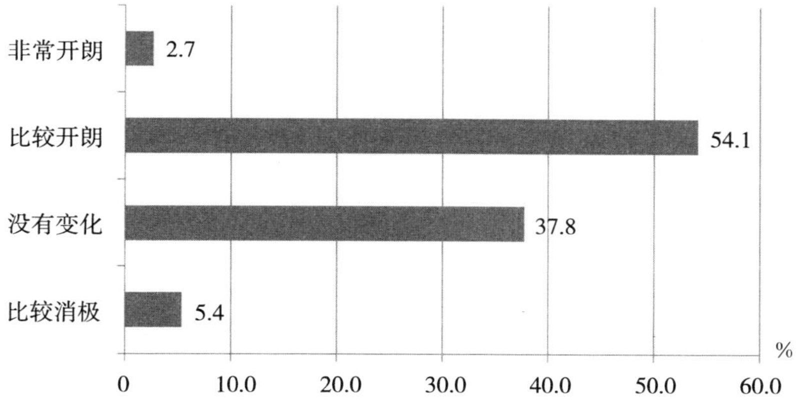

图12-16　随迁子女心理变化情况（教师问卷）

2. 中考政策实施效果与评价

（1）升入普通高中是绝大部分家长、学生的共同选择，政策实施前后差异不明显

无论是政策出台前还是政策出台后，学生在选择上高中这一点上没有明显差异：政策实施前，有95.6%的学生选择上高中，有98.2%的家长选择让子女上高中；政策实施后，有97.1%的学生选择上高中，有98.3%的家长选择让子女上高中。在流入地中考政策的实施对于学生选择上高中以及家长对子女的希望的刺激作用不明显。上高中是大多数学生的共同选择，政策实施前后并无明显差异，在流入地中考政策对学生选择上高中的影响不大。

（2）政策实施前后，学生选择上学地点呈现显著差异

在流入地中考政策实施之前，大部分学生不得不回原籍地上学，而在在流入地中考政策实施之后，大部分学生选择在流入地上学，这与家长的希望比较一致。问卷调查也显示无论是政策实施之前还是实施之后，大部分家长都希望学生在流入地上学，比重分别为86.2%、93.9%。在流入地中考政策的出台对家长希望学生在哪上学产生了一定影响。

（3）在流入地中考政策实施后，学生关系、心理、成绩方面未有明显变化

在“允许非本地户口学生在流入地中考，本地学生与非本地学生的关系融洽度有何变化”的问卷调查中，有82.1%的学生选择没有变化（见图12-17），可见政策的出台并未对本地户口与非本地户口学生间的关系产生多大影响。在问卷调查中，在流入地中考政策实施后，多数学生的学习态度、学习成绩以及心理等没有明显变

化（见图12-18）。

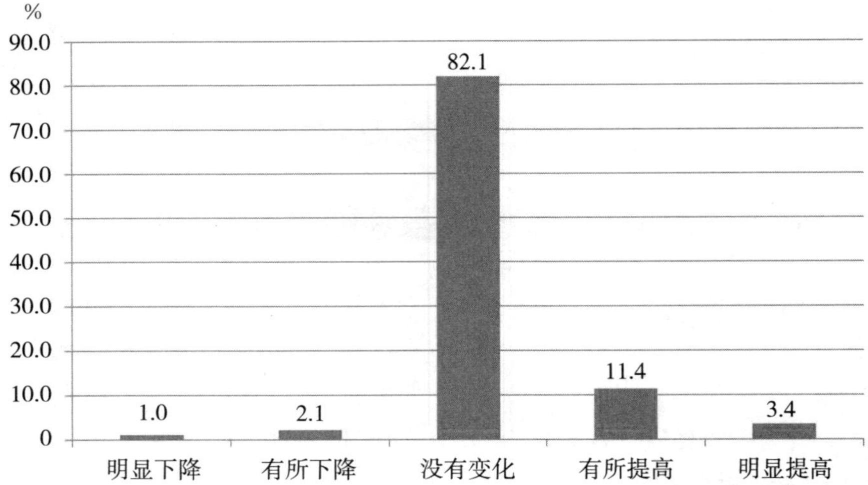

图12-17　在流入地中考政策实施后，本地学生与非本地学生的关系融洽度情况

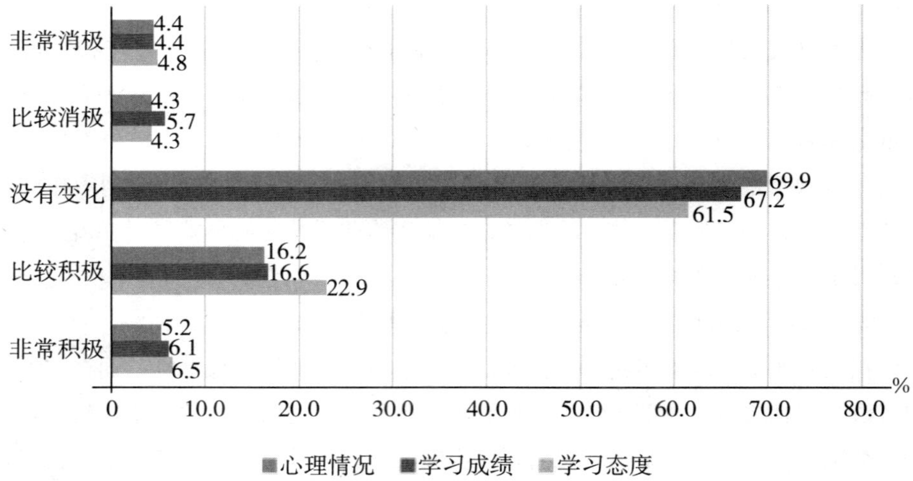

图12-18　在流入地中考政策实施后，学生的学习态度、学习成绩与心理变化情况

（四）政策期望状况与改进建议

1. 对在流入地高考政策的期望状况与改进建议

（1）钻政策空子、教学质量受影响是学生与家长最担心的问题

在“随迁子女在流入地考试政策推行和实施过程中最担心的问题”的问卷调查中，排在前两位的分别是“出现大量钻政策空子的‘高考移民’”“会出现大班额

现象，直接影响教学质量”。可见，学生与家长对“高考移民”现象以及教学质量问题非常关注，毕竟高考与每位学生与家长的利益息息相关。允许随迁子女在流入地参加高考是从教育公平的角度来考虑问题，但不能损害当地学生的利益，因此在政策制定的过程中必须充分考虑这一现实要求，统筹考虑，兼顾各方利益。

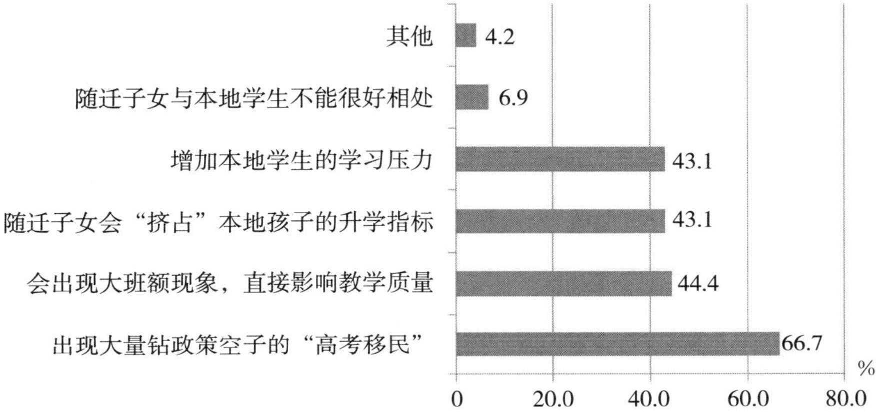

图12–19　学生最担心的随迁子女在流入地参加高考引起的问题

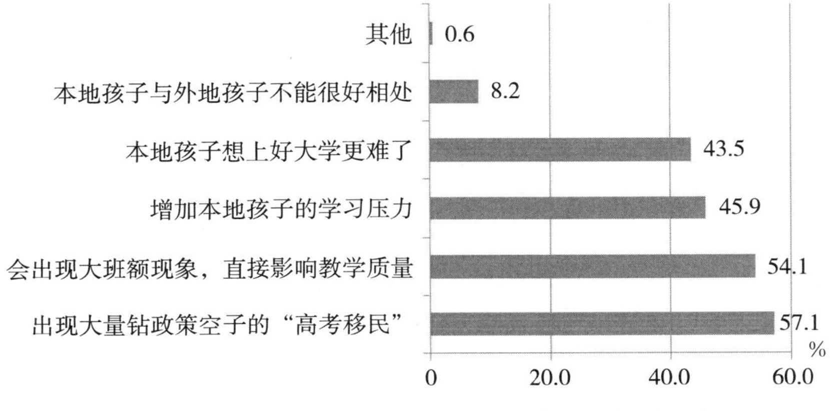

图12–20　家长最担心的随迁子女在流入地参加高考引起的问题

（2）随迁子女在流入地参加高考给教师带来了较为复杂的困难和问题

在流入地高考政策的实施势必会给教师带来一定困难。问卷调查发现，教师面临的最主要的困难是班级不好管理，教材衔接有困难，与随迁子女家长配合有困难，比重分别为48.5%、48.5%、45.5%。其余困难为来自本地家长的压力、工作量增大以及升学率的压力。可见，允许随迁子女在流入地参加高考这一政策的实施给教师带来的困难与问题是复杂和多元的。

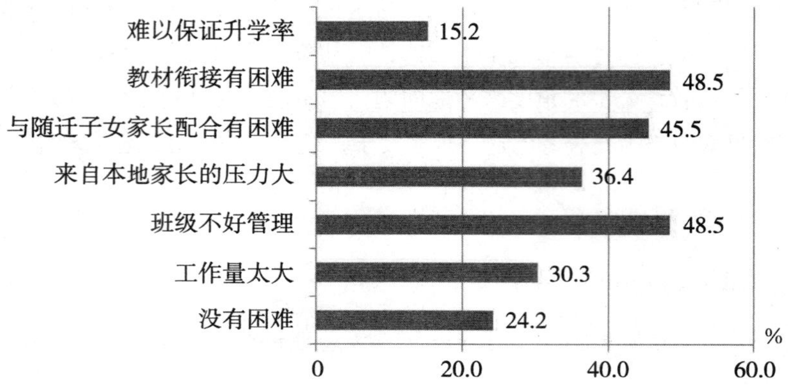

图12-21 在流入地高考政策实施后，教师面临的问题

（3）超半数被调查家长对允许随迁子女在流入地参加高考政策的实施满意情况为一般，最不满意的地方是证明材料造假多、审查不严格，以及政策制定没有广泛征求大家的意见

在“您对允许随迁子女在流入地参加高考政策的实施情况满意吗”的问卷调查中，60.7%的家长表示“一般”，16.1%的家长表示“比较满意”，9.8%的家长表示“非常满意”（见图12-22）。可见，只有不足三成的被调查家长对允许随迁子女在流入地参加高考政策的实施情况表示认可和满意。在“您对允许随迁子女在流入地参加高考政策有哪些不满意的地方”的问卷调查中，排在第一位的是“证明材料造假的很多，没有对资格审查做好监督”和“政策的制定和实施，没有广泛征求大家的意见”，比例都是46.5%（见图12-23）。

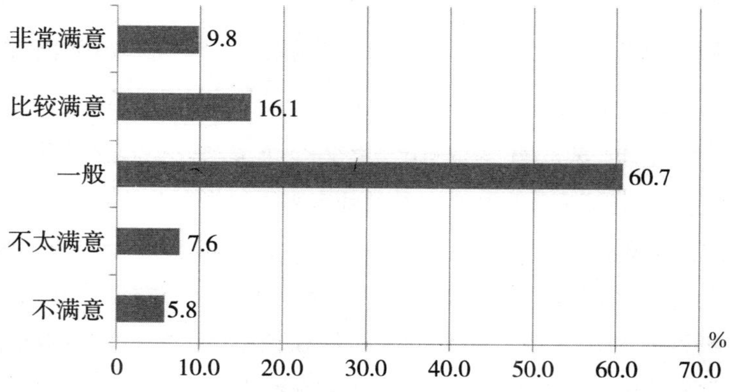

图12-22 家长对在流入地高考政策的满意情况

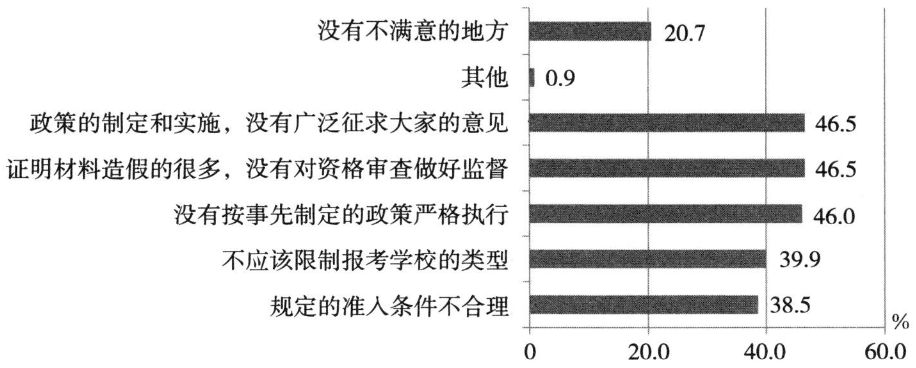

图12-23　家长对在流入地高考政策不满意的地方

（4）设置较宽松的准入条件，允许长期在流入地就学的随迁子女参加高考是学生和家长的共同心愿

在“你认为随迁子女在流入地参加高考的准入条件应如何设置”的问卷调查中，有52.6%的学生（见图12-24）、38.2%的家长（见图12-26）认为应设置较宽松的准入条件，允许大部分人参加。有41.9%的学生认为长期居住在本地的外来劳动者的子女是政策最应该开放的群体（见图12-25）。

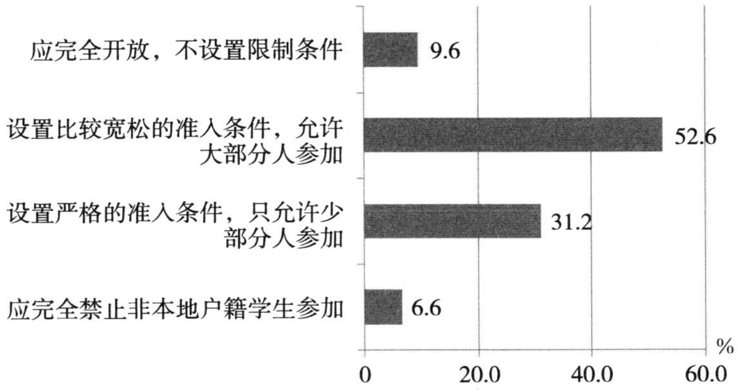

图12-24　学生认可的在流入地高考的准入条件

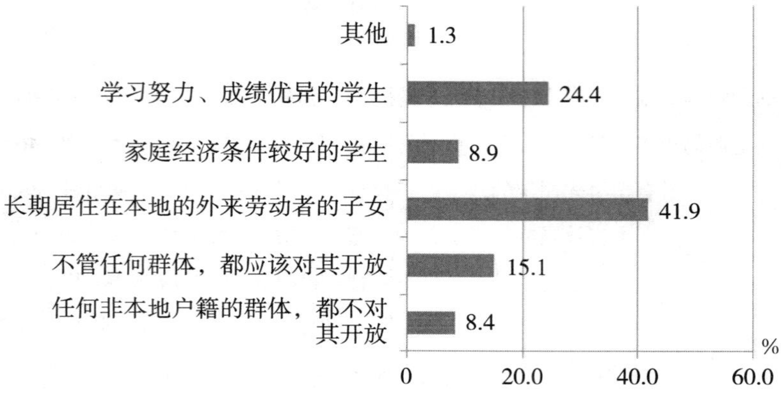

图12-25　在流入地高考，学生认为最应对哪些人群开放

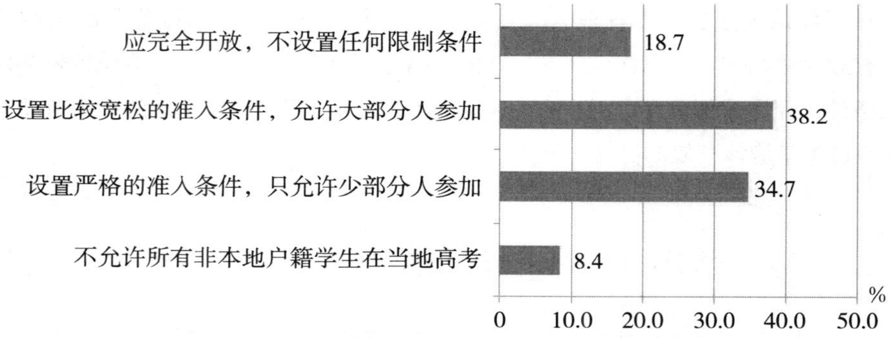

图12-26　家长认可的在流入地高考的准入条件

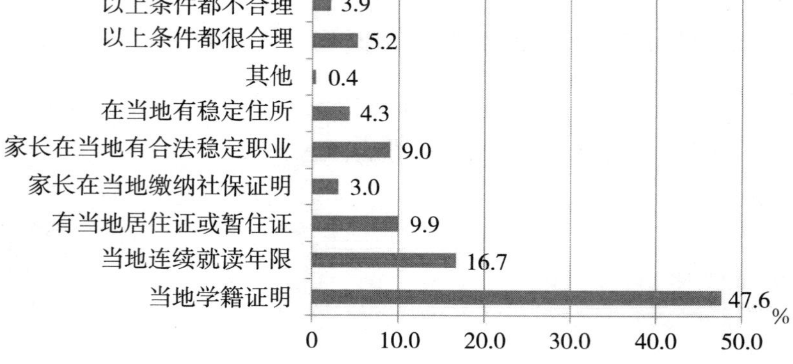

图12-27　教师认可的在流入地高考的准入条件

2. 对在流入地中考政策的期望状况与改进建议

（1）不同利益相关者对中考政策准入条件的认识存在一定差异，但差异不显著

在问卷调查中，学生对当地学籍证明、当地连续就读年限、有当地居住证或暂住证的认可度较高，比重分别为89.6%、81.4%、87.9%，但是对在当地有稳定住所、家长在当地有合法稳定职业、家长在当地缴纳社保证明等条件认可度不高，比重分别为11.7%、15.0%和11.0%。教师认为家长在当地有合法稳定职业、有居住证或暂住证及学生有当地学籍证明是前三位合理条件，比重分别为70.0%、56.7%、53.3%。家长方面，排在前三位的合理条件分别是当地居住证或暂住证、当地学籍证明和当地连续就读年限，比重分别为89.2%、87.7%和82.5%。可见，不同利益相关者对在流入地中考政策的准入条件的认可存在一定差异，但差异不显著。

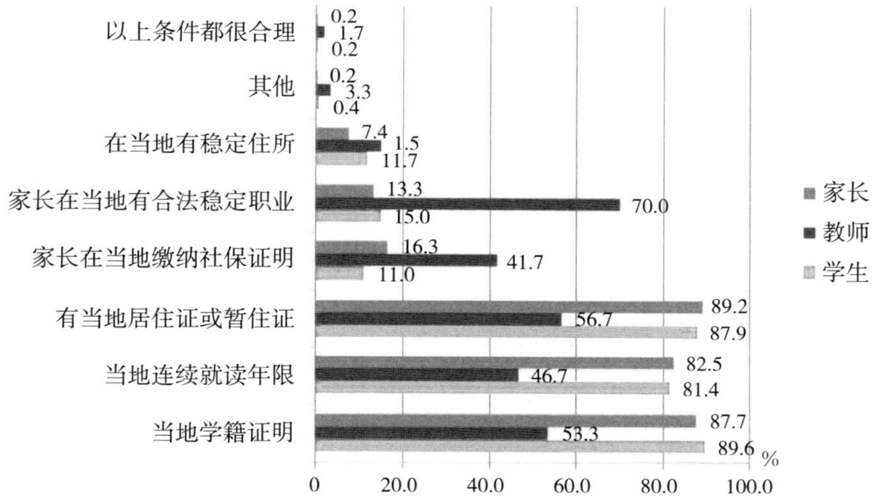

图12–28　不同利益相关者对在流入地中考准入条件的认可情况

（2）居住时间长的随迁子女是学生认为最应该开放的群体

在“在流入地中考，你认为最应对哪些人群开放”的问卷调查中，有77.9%的学生选择“长期居住在本地的外来劳动者的子女”，可见时间是学生考虑的首要因素。此外，有10.6%的学生选择“学习努力、成绩优异的学生”，有9.1%的学生选择“不管任何群体，都应该对其开放”。可见，部分学生希望成绩优异的学生在流入地考试，也认为不管任何群体，都应该对其开放。部分学生在具体群体条件上并没有过多要求。

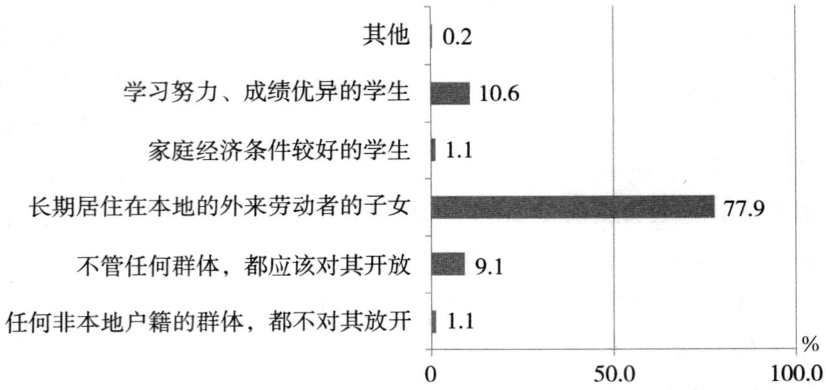

图12–29　学生对在流入地中考准入条件的认可情况

（3）在流入地中考政策实施后，教师的教学产生了一些变化，教师遇到了诸多困难

问卷调查发现，在流入地中考政策实施之后，教师认为备课时间有所增加的比重为31.1%，认为明显增加的比重为37.7%。在课外辅导与学生管理时间方面，认为有所增加的比重为20.0%。同时分别有55.0%、52.5%、27.9%的教师认为课外辅导与学生管理时间、周课时数、备课时间等没有变化（见图12–30）。可见，在流入地中考政策实施后，教师的教学产生了一定变化。在流入地中考政策实施后，教师遇到了一定困难。其中，与随迁子女家长配合困难、难以保证升学率、班级不好管理排在前三位，比重分别为80.0%、65.0%、48.3%，其余是教材衔接有困难和工作量大的问题，比重分别为38.3%、36.7%，在与本地学生家长配合方面的压力较小，比重仅为5.0%（见图12–31）。

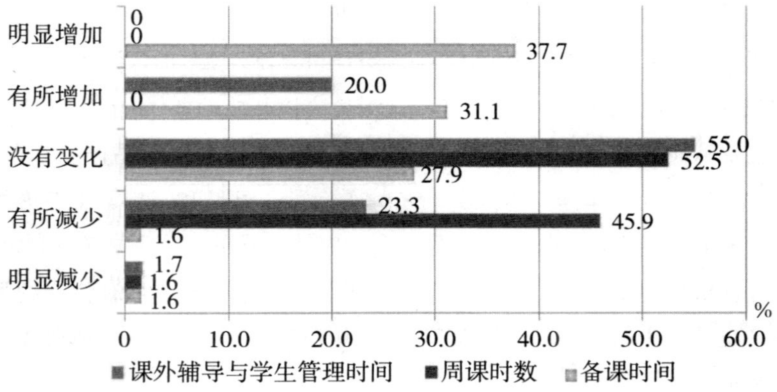

图12–30　在流入地中考政策实施后，教师教学的变化

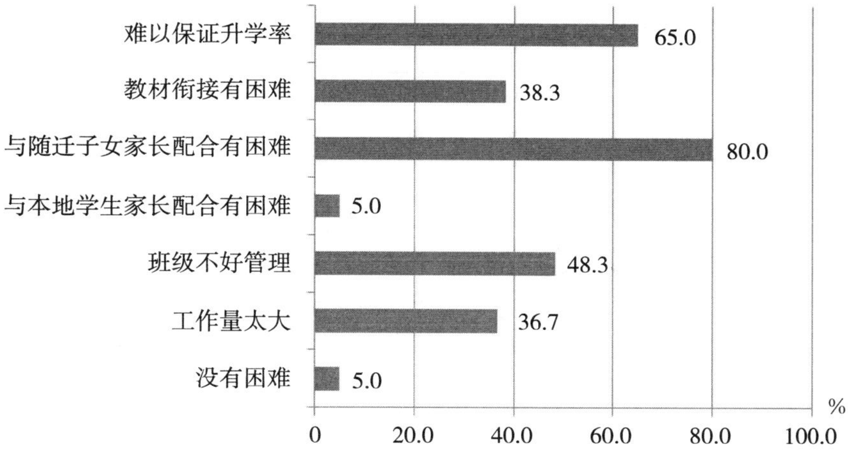

图12-31　在流入地中考政策实施后，教师面临的问题

（4）学生对在流入地中考政策的实施前景比较看好，户籍制度是主要的挑战

问卷调查发现，大部分学生对随迁子女在流入地参加中考政策的实施前景看好，有77.5%的学生认为该政策比较容易落实，仅有7.6%的学生认为落实难度较大。据问卷调查，学生认为落实这一政策面临的主要挑战是户籍制度问题，有78.0%的学生认为户籍制度难以突破是在流入地中考政策面临的主要挑战。

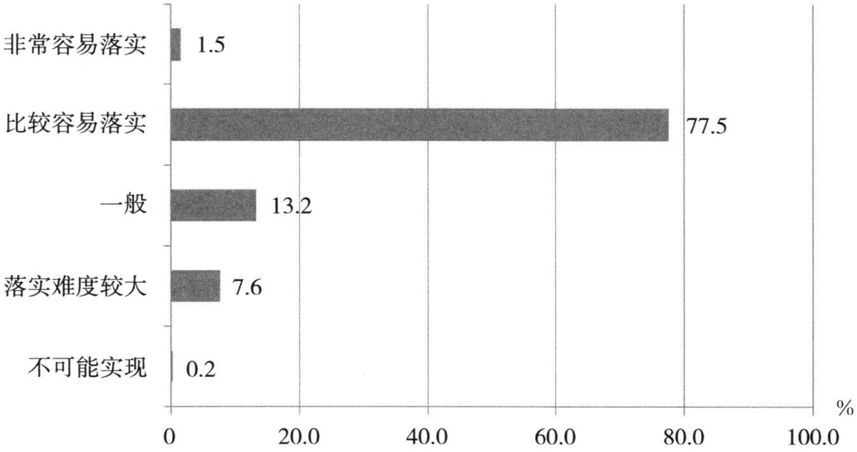

图12-32　学生对在流入地中考政策实施前景的看法

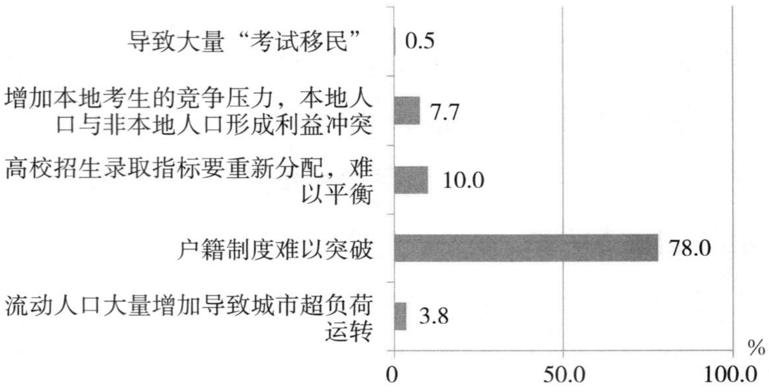

图12–33　学生认为在流入地中考政策面临的主要挑战

四、分析讨论

（一）利益相关者对政策细节关注不够

无论是在流入地中考政策还是在流入地高考政策，大部分利益相关者对政策都只是基本了解，对政策的具体内容把握不准。由于流动人口众多，随迁子女所占比重大，在流入地参加考试对宁波市的随迁子女接受教育的意义重大。浙江省、宁波市都下发了针对随迁子女在流入地参加考试的政策文件，并通过网络、报纸等媒体向社会公布。相比较而言，无论是家长还是学生，对在流入地中考政策的知晓度要高于对在流入地高考政策的知晓度。由于学生知晓政策的途径较为单一，造成了大部分学生仅仅是听过这一政策，仅限于知晓可以在流入地参加中考，而对自己是否满足条件以及政策文本的具体内容等并不了解。这一方面是由学生自身的原因造成的，这一阶段的学生对教育政策并不那么关注；另一方面，也说明了学校和教师在宣传政策时不够认真、规范。而对于学生家长而言，他们了解随迁子女在流入地参加考试这一政策的途径比较多元。多元的获取渠道在一定程度上使家长更有可能获取更全面的信息，但他们同时也面临着难以准确把握政策内容的问题。

（二）在流入地入学方案符合随迁子女在流入地入学的预期

无论是问卷调查还是利益相关者的访谈都说明了随迁子女在流入地参加考试的强烈希望，由于原籍地教育资源与流入地教育资源之间的差异以及教材衔接等问题的存在，随迁子女更倾向于在流入地参加考试。从全国而言，无论是随迁子女在流入地高考政策还是随迁子女在流入地中考政策，宁波市的限制条件都不是特别严格，在很大程度上满足了随迁子女在流入地参加考试以及录取的需要，因此这一政策具有较强的施行空间，是大多数利益相关者较为看好的政策。

（三）教师负担有所加重，教育教学受到挑战

随迁子女在流入地参加考试后，教师面临着诸多方面的困难，如教学质量问题、备课负担加重、与随迁子女家长沟通问题，以及教学、管理等方面的问题，这些无疑都会在一定程度上增加教师的工作量。虽然从问卷调查中发现，随迁子女在流入地参加考试对于学生成绩、心理、学习态度等方面的影响并不显著，对随迁子女与本地学生的关系的融洽度等也未造成明显影响，但从长期来看，在加重教师工作负担，教师面临内外部压力不断深化的情况下，教育教学质量会受到挑战。

五、对策建议

（一）加大力度多渠道、多方位宣传随迁子女在流入地升学考试政策

国家和地方政府以及教育行政部门高度重视随迁子女在流入地参加升学考试问题，为了进一步增强利益相关者对政策的理解与把握，及时做出规划与选择，应加强宣传力度。学生尤其是初中学生获得此消息的途径比较单一，大多数通过教师得知，在知晓政策的途径上不够多元，因此学校需要广泛发动相关人员加强政策宣传，多渠道、多方位让学生知晓政策。学校的教务、心理等相关教师以及学科任课教师可以以随迁子女在流入地参加考试这一政策作为辩论赛的话题加以宣传、讨论，这样既可增长学生的知识，又加深了学生对政策的了解。对于家长而言，虽然了解政策的渠道比较多元，但也存在对政策细节了解不够，对相关规定不甚清楚等问题。这就要求，一方面政府动员社区、企业等多方力量，进一步强化宣传，特别是到流动人口集中的社区、企业去宣传、培训，增强他们对政策的了解；另一方面在媒体宣传方面，应该创新宣传形式与媒体途径，如利用手机的广泛普及设计相关的APP，或定期推送随迁子女在流入地参加升学考试政策的相关内容。另外，学校应该利用家长会等加强政策宣传与普及。教育行政部门应该走进社区、走向企业，开展上门服务、答疑等便民服务活动，让更多的随迁子女、流动人口足不出户即可了解相关政策，还可开展现场办公等，让更多的流动人口及其子女获得便利。

（二）加强政策执行力度，强化政策实施与保障

政策执行是政策落实的重要步骤。好的政策如果执行不力，会造成政策无法从

理念走向现实，无法让更多的随迁子女享受便利、优质的教育。宁波市无论是在执行浙江省随迁子女高考政策还是自行制定随迁子女在流入地中考政策方面都走在了全国的前列，这些政策的准入条件设置得较宽松，学生报考的学校类型并无严格限制，使随迁子女在流入地参加升学考试并接受自己希望的教育有了实现的可能性。下一步，建议宁波市强化政策执行力度，梳理随迁子女在流入地参加升学考试面临的实际困难，以及高中、职业高中、普通高等学校、高等职业院校等面临的实际问题，进一步细化相关规定，让随迁子女在流入地参加升学考试由政策规定到真正落地成为现实。

（三）改革评价机制，多措并举减轻教师教学管理负担

随迁子女在流入地参加升学考试带来的一个显著问题就是教师的负担及压力问题。教师的负担与压力是多元的，既有来自当地学生家长的不理解，也有对教学质量的担忧。因此，教育行政部门以及学校应该进一步加强调研，充分认识到这一问题的严重性与现实性，以及对未来学校发展、区域教育改革和发展带来的影响，统筹谋划，逐步解决这一问题。一条重要的解决路径就是改革对学校、教师的评价机制，倡导多元评价、增值评价以及过程性评价，而不是以分数、升学率作为唯一的评价标准。这些都需要进一步改革，将切实减轻教师负担问题作为推动区域教育综合改革的重要课题。在推进这一改革的过程中可以采取如下举措：一是聘请相关有资质的临时教师辅助学校老师完成部分工作；二是改进教师评价机制，让更多的教师从担心升学率的问题中解脱出来；三是改革教师激励机制，应该适应新形势，对教师承担的额外工作给予相关补贴。

（四）强化政府宏观预测规划能力，不断加大教育资源投入

大量随迁子女在流入地升学给当地政府和教育部门带来了压力，这就需要政府部门增强政策的宏观预测与规划能力，从政策设计的初衷出发来规范引导更多的随迁子女在流入地接受高质量的教育。另外，政府应强化对教育的投入，一方面通过系统规划与预测，新建高质量的学校满足当地孩子及随迁子女上学的需要；另一方面，对于随迁子女集中的学校要加强政策引导，强化质量意识，提高随迁子女就读学校的教育质量与管理质量，让随迁子女接受更好、更优质的教育。

第十三章　钦州市随迁子女在流入地升学考试调研

一、调研背景

（一）钦州市经济社会发展与流动人口基本状况

1. 经济社会发展基本状况

钦州市位于广西壮族自治区南部沿海，北部湾北岸，是西南地区便捷的出海通道。2013年，面对错综复杂的国内外经济环境，钦州市坚持“稳中求进、开拓进取、凸显成效”的工作基调，努力克服主要石化企业检修减产、经济下行压力加大等不利因素的影响，以提高经济发展质量和效益为中心，加快转变经济发展方式，统筹做好稳增长、调结构、抓改革、优生态、惠民生等各项工作，经济运行稳健换挡，总体呈现“稳中有升向好”的发展态势。2013年生产总值（GDP）753.74亿元，比上年增长7.9%，按常住人口计算，人均地区生产总值（GDP）23957元，增长7.0%[1]。2013年，全市城镇新增就业人数2.49万人，比上年下降了0.07万人；农村劳动力转移就业新增人数7.74万人，比上年增加0.41万人；年末城镇登记失业率3.68%，比上年末增加了0.28个百分点[2]。

2. 流动人口基本情况

随着钦州市城市规模不断扩大，城区的流动人口开始逐步增加。2012年3月1日起施行的《广西壮族自治区流动人口服务管理办法》规定，对流动人口实行居住登记和居住证制度，居住证持有人可以享受劳动就业、社会保障、计划生育、义务教育、医疗卫生、法律援助、申领机动车驾驶证和办理机动车注册登记等8项公共服务权益，流动人口逐步享受同城待遇。2012年，钦州市流动人口数量约有12万人，

[1] 钦州市统计局. 2013年钦州市国民经济和社会发展统计公报［EB/OL］.［2015-03-20］. http://www.Qinzhou.gov.cn/zwgk/tjxx/tjgb/2014/06/20/10232635817.html.

[2] 同［1］.

其中，钦州城区流动人口约3万人[1]。考虑到钦州市的地理位置、社会发展实际状况，未来钦州市的流动人口增长态势相对不严重，随迁子女在钦州市参加升学考试的环境相对宽松。

（二）钦州市随迁子女教育基本状况

1. 钦州市随迁子女受教育现状

（1）放宽随迁子女入学准入条件

钦州市依据自身发展的速度，逐步放宽随迁子女就读准入条件，使随迁子女能享受与本地学生同等的就读条件。2008年颁布《钦州市进城务工人员随迁子女就读义务教育阶段学校接收管理暂行办法》，2014年颁布《钦州市区2014年初中招生实施办法》，提出对随迁子女就读问题的具体实施细则。钦州市对进城务工人员随迁子女坚持以流入地就读为主，以公办中小学为接收主渠道，并按照实际在校人数拨付生均公用经费，确保流动人口子女入学率达到99.7%[2]。

（2）奖补随迁子女就读学校

2014年，广西下发进城务工人员随迁子女中央奖励资金43808万元，用于接收随迁子女城市义务教育阶段学校的校舍新建和改扩建、教学仪器设备购置等。按照预算内生均公用经费标准和实际接收人数，对接收随迁子女的义务教育学校及时足额拨付教育经费[3]。同时，对家庭经济困难的随迁子女实施教育资助，还对符合规定条件的随迁子女，一律免收学杂费，严禁加收借读费，并规定在办理转学手续时不准向学生收取费用。另外，在公办教育资源不足的地方，采取政府购买服务方式，保障随迁子女在依法兴办的民办学校接受义务教育。2014年，广西投入2.5亿元，对接收随迁子女就读的城市学校（含民办学校）进行奖补。[4]除加大投入，提供经费保障外，广西还简化手续，确保随迁子女平等入学。

2. 钦州市随迁子女教育的经验与举措

（1）改变随迁子女教育不公平现象

广西为消除随迁子女的教育不公平现象，解决随迁子女在入学、受教育权利以及入学后心态差异等方面存在的问题，有针对性地提供了解决方案。严格落实国家

[1] 韩森．广西钦州市发放首批流动人口居住证 [EB/OL]．(2012-07-16) [2015-09-20]．中国广播网．http：//gx.cnr.cn/xwzx/gxyw/201207/t20120716_510240332.shtml.

[2] 段可可．钦州市实施义务教育法亮点聚焦 [N/OL]．钦州日报，2014 [2015-3-20]．http：//www.gx.xinhuanet.com/wq/2014-07/16/c_1111636972.htm.

[3] 周仕敏．广西保障随迁子女就读 [N]．中国教育报，2015-01-07 (01)．

[4] 同 [3].

“以流入地政府管理为主，以全日制公办学校接收为主”的政策，按照“相对就近，免试入学，统筹安排，人性关怀”的原则，切实保障随迁子女平等就学。对符合入学规定的随迁子女，简化入学手续，实行“绿色通道”，免试就近入学，严禁设置任何障碍拒绝接收。通过设立“心理咨询室”“倾诉信箱”等多种渠道，有针对性地对随迁子女开展心理咨询活动，加强行为习惯教育和心理健康教育，使随迁子女健康快乐地成长。[1]

（2）随迁子女中高考准入条件前移

广西对于随迁子女在流入地参加中高考的准入条件较为严格，严格把控随迁子女在流入地升学的关卡，使得大量随迁子女在流入地三到六年的教育经历不被认可，在升学迫在眉睫之时无法妥善解决在流入地升学考试问题，造成大批学子升学困难。为此，钦州市有针对性地解决随迁子女在流入地中高考问题，将随迁子女在流入地升学考试准入条件前移，在小学升初中（以下简称“小升初”）阶段就严控随迁子女的入学条件，小升初阶段满足就读条件的随迁子女，此后将具有三至六年连续学籍，可直接在本地参加中高考，不必受随迁问题的相关证件的困扰。

3. 钦州市随迁子女教育的问题与挑战

钦州市学校教育资源短缺，难以负担超额学生。过去，不论户口性质，不论是否为进城务工人员的子女，钦州市教育部门都尽量将其安排在公办初中就读，这导致了钦州市区公办初中学校普遍超负荷办学，有些学校的班级人数高达78人，影响了市区义务教育的健康发展[2]。钦州市为解决随迁子女就读的公平性问题，将随迁子女就读与本地子女就读统一管辖，皆以公办学校为先，但钦州市本身教育资源短缺，无法使所有学生就读公办初中、高中。钦州市的经济快速发展，正在逐渐加快城市化步伐，大批务工人员、随迁子女成为钦州市新市民，但面对钦州市城市扩大化的现状，教育资源建设却没有跟上步伐，多年来仍然维持着过去的教育基础设施建设。据了解，钦州市公办学校数量多年维持不变，这与日益增长的城市新人口之间存在明显矛盾，使得钦州市在解决随迁子女教育问题上心有余而力不足。

[1] 广西多举措保障农民工随迁子女享受平等教育［EB/OL］.（2015-01-12）［2015-03-20］. http：//www.chinanews.com/edu/2015/01-12/6960247.shtml.

[2] 李建城．“小升初”就近入学难在哪？［N/OL］. 钦州日报，（2014-07-04）［2015-03-20］. http：//db. qina. cc/a/qzrb/2014/07/04/276730. html.

（三）钦州市随迁子女义务教育后升学考试政策状况

1. 政策演进轨迹及主要内容

钦州市为解决随迁子女在流入地升学考试的问题，针对钦州市本地对于人力资本的吸纳原则，将随迁子女在流入地中考的准入条件前移，在小升初入学阶段对随迁子女就读条件进行限制，规定所需的相关证明文件，随迁子女在本地具有初中三年连续学籍即可在本地参加中考，不进行户籍限制。

2008年，钦州市人民政府办公室发布《钦州市人民政府办公室关于印发〈钦州市进城务工人员随迁子女就读义务教育阶段学校接收管理暂行办法〉的通知》，通知中指出义务教育阶段学校接收的随迁子女包括以下四类：（1）在钦州城区有相对固定务工单位的进城务工人员随迁子女；（2）务工单位不固定，在钦州城区不同用工单位连续工作的进城务工人员随迁子女；（3）无务工单位，以打零工或个体作业形式进城连续务工人员随迁子女；（4）进城经商、办企业人员随迁子女。关于接收条件也有所限制，随迁子女的接收条件并不等同于本地子女，是进行有条件的接收。虽然鼓励公立学校接收随迁子女，但接收名额有限，所以仍然以民办学校接收为主。通知中强调进城务工人员随迁子女就读义务教育阶段学校以公办学校接收为主，按相对就近入学的办法安排就读，鼓励就读民办学校。[1]

2013年颁布的《钦州市区2013年初中招生实施办法》针对随迁子女就读问题的解决方案提出遵循统筹管理、集中安排的原则，相对就近安排就读市五中、市六中、市七中、市八中。[2]

2014年《关于印发〈钦州市区2014年初中招生实施办法〉的通知》，对随迁子女就读钦州市区学校提出了解决方案和具体实施细则。其中，将在钦州市购买学区房的流动人口的随迁子女也纳入初中招生名单中。通知中指出，在钦州市区购房居住，购房者及其子女户口已迁入市区的，其随迁子女列为公办学校招收对象；户口未迁入钦州市区的，按进城务工人员随迁子女相应情形确定。

2009年11月30日，广西壮族自治区教育厅、公安厅联合下发了《关于加强户口迁移人员普通高考报名和享受照顾政策资格审核工作的通知》，对户口迁移人员普通高考报名和享受照顾政策资格审核工作做了规定，规范了自治区高考报名政策和加分照顾政策，在一定程度上遏制了“高考移民”现象的发生，但在执行过程中发

[1] 钦州市人民政府．钦州市进城务工人员随迁子女就读义务教育阶段学校接收管理暂行办法[EB/OL]．(2009-02-19)[2015-6-20]．http：//www.qinzhou.gov.cn/Item/1958.aspx.

[2] 钦州市教育局．钦州市区2013年初中招生实施办法[EB/OL]．(2013-05-18)[2015-06-20]．http：//qzedu.gov.cn/html/xinzheng/wenjian/17147.html.

现该文件的一些条款不够完善。为进一步加强自治区普通高考报名资格审核工作，2011年10月12日，广西壮族自治区教育厅、公安厅又联合下发《关于调整和补充户口迁移人员普通高考报名资格审核规定的通知》。2012年12月30日，广西壮族自治区教育厅、发展和改革委员会、公安厅、人力资源和社会保障厅再次针对随迁子女在流入地高考政策出台相关意见（即《关于外来务工人员随迁子女和外省户籍学籍迁入人员在广西参加升学考试的意见》）。2013年8月19日，就外来务工人员随迁子女和外省户籍学籍迁入人员在广西参加普通高考提出实施细则，即《关于外来务工人员随迁子女和外省户籍学籍迁入人员在广西参加普通高考的实施细则》。

表13–1　广西壮族自治区钦州市随迁子女升学考试政策汇总

升学（入学）类型	颁布时间	文件名	备注
小升初	2008年	《钦州市进城务工人员随迁子女就读义务教育阶段学校接收管理暂行办法》	提出随迁子女入学准入条件要求
小升初	2013年	《钦州市区2013年初中招生实施办法》	规定随迁子女就读限制条件
小升初	2014年	《钦州市区2014年初中招生实施办法》	明确随迁子女入学准入条件
高考	2009年	《关于加强户口迁移人员普通高考报名和享受照顾政策资格审核工作的通知》	
高考	2011年	《关于调整和补充户口迁移人员普通高考报名资格审核规定的通知》	
高考	2012年	《关于外来务工人员随迁子女和外省户籍学籍迁入人员在广西参加升学考试的意见》	
高考	2013年	《关于外来务工人员随迁子女和外省户籍学籍迁入人员在广西参加升学考试意见的通知》《关于外来务工人员随迁子女和外省户籍学籍迁入人员在广西参加普通高考的实施细则》	满足相应要求的随迁子女不再需要必须满足户籍要求才可在广西壮族自治区参加高考

2. 政策实践状况

钦州市将随迁子女在流入地中考准入条件前移，在钦州市入学并连续就读三年的初中学生皆可参加钦州市本地中考，并按照相应分数录取到钦州市各高中。而在随迁子女在流入地高考方面，钦州市相关部门并未出具相应数据。广西壮族自治区内随迁子女在流入地参加高考的整体情况见表13–2。

表13-2　广西历年符合条件在流入地参加高考的随迁子女人数[1]

时间（年）	符合条件在流入地参加高考的随迁子女人数（人）
2012	3976
2013	4775
2014	6311

二、研究设计与过程

（一）调研实施

1. 调研任务

考虑到在流入地升学考试政策是一项具有全局性影响的重大教育政策，各大、中、小城市面临的人口流动形势差异也较大，为全面反映该项政策在各地实施的实际情况，故选取流动人口相对较少的钦州市作为小城市的代表。2015年1月8日，在钦州市教科所的协助下，调研组确定了调研的2所学校。由于钦州市公办高中对随迁子女入学进行了严格的限制，随迁子女数量远远达不到调研要求，所以调研组选择了2所民办学校。

2. 样本的选取

本调研采用整群抽样的方式，为了不影响学校的正常教学秩序，由学校安排教师根据调研方案要求发放并回收问卷。调研组在每所学校均与学校负责人以及抽取的教师、学生、家长进行现场访谈，有2名教育教学管理部门负责人、2名学校负责人、10名教师、10名学生家长、30名学生接受了访谈。

3. 样本描述

（1）初中学生问卷：发放问卷500份，回收有效问卷419份，有效问卷回收率为83.8%。其中，有效问卷中随迁子女学生有222名，所占比例为53.0%。

（2）高中学生问卷：发放问卷110份，回收有效问卷106份，有效问卷回收率为96.4%。其中，有效问卷中随迁子女学生有36名，所占比例为34.0%。

（3）初中学生家长问卷：发放问卷150份，回收有效问卷123份，有效问卷回收率为82.0%。其中有效问卷中随迁子女家长有49名，所占比例为39.8%。

（4）高中学生家长问卷：发放问卷100份，回收有效问卷77份，有效问卷回收

[1] 杜艳华. 广西多举措保障农民工随迁子女享受平等教育［EB/OL］.（2015-01-12）. http//www.chinanews.com/edu/2015/01-12/6960247.shtml.

率为77.0%。其中，有效问卷中随迁子女家长有27名，所占比例为35.1%。

（5）初中教师问卷：发放问卷100份，回收有效问卷76份，有效问卷回收率为76.0%。

（6）高中教师问卷：发放问卷60份，回收有效问卷54份，有效问卷回收率为90.0%。

表13-3　初中学生样本基本情况

项目		学生总体 百分比（%）	本省随迁子女 百分比（%）	外省随迁子女 百分比（%）	本地子女 百分比（%）
性别	男	51.2	48.8	50.5	53.6
	女	48.8	51.2	49.5	46.4
所在年级	预备班	0.5	0.8	0	0.7
	初一	26.5	30.4	22.4	25.8
	初二	42.0	36.0	43.9	45.7
	初三	31.0	32.8	33.7	27.8
出生地	本区（县）	40.7	/	/	/
	自治区内的其他区（县）	33.1	/	/	/
	其他省（自治区、直辖市）	26.2	/	/	/
户口性质	农业	77.4	73.6	75.8	81.4
	非农业	22.6	26.4	24.2	18.6
户口所在地	本区（县）	36.8	2.1	12.1	79.6
	自治区内的其他区（县）	33.4	8.3	80.6	9.9
	其他省（自治区、直辖市）	29.8	89.6	7.3	10.5
是否跟父母住在本地	与父母都住在本地	88.1	86.9	85.7	94.8
	只与父亲住在本地	1.6	2.5	3.6	1.3
	只与母亲住在本地	4.1	1.3	2.5	1.3
	父母都住在外地	6.2	9.3	8.2	2.6

表13–4　高中学生样本基本情况

项目		学生总体 百分比（%）	本省随迁子女 百分比（%）	外省随迁子女 百分比（%）	本地子女 百分比（%）
性别	男	62.6	55.2	47.2	81.0
	女	37.4	44.8	52.8	19.0
出生地	本区（县）	39.3	/	/	/
	自治区内的其他区（县）	27.1	/	/	/
	其他省（自治区、直辖市）	33.6	/	/	/
户口性质	农业	54.7	51.7	68.6	45.2
	非农业	45.3	48.3	31.4	54.8

表13–5　初中学生家长样本基本情况

项目		总体 百分比（%）	本地学生家长 百分比（%）	外市学生家长 百分比（%）	外省学生家长 百分比（%）
与孩子关系	父亲	47.2	44.6	45.5	55.6
	母亲	50.4	52.6	50.0	44.4
	爷爷奶奶（外公外婆）	0.8	1.4	0	0
	亲戚	0.8	0	4.5	0
	其他熟人	0.8	1.4	0	0
父亲受教育程度	没上过学	0	0	0	0
	小学	10.7	8.1	13.6	14.8
	初中	36.1	28.8	36.4	55.6
	高中或中专	33.6	37.0	31.8	25.9
	大专	8.1	11.0	4.6	3.7
	本科	10.7	13.7	13.6	0
	硕士	0.8	1.4	0	0
	博士	0	0	0	0

续表

项目		总体 百分比（%）	本地学生家长 百分比（%）	外市学生家长 百分比（%）	外省学生家长 百分比（%）
母亲受教育程度	没上过学	0.8	0	0	3.7
	小学	14.6	14.9	18.2	11.1
	初中	45.5	37.8	50.0	63.0
	高中或中专	23.6	25.7	22.7	18.5
	大专	10.6	13.5	9.1	3.7
	本科	4.9	8.1	0	0
	硕士	0	0	0	0
	博士	0	0	0	0

表13-6　高中学生家长样本基本情况

项目		总体 百分比（%）	本地学生家长 百分比（%）	外市学生家长 百分比（%）	外省学生家长 百分比（%）
与孩子关系	父亲	54.3	53.1	69.6	42.3
	母亲	38.3	34.4	26.1	53.9
	爷爷奶奶（外公外婆）	1.2	0	0	3.8
	亲戚	3.7	9.4	0	0
	其他熟人	2.5	3.1	4.3	0
父亲受教育程度	没上过学	0	0	0	0
	小学	12.2	6.2	17.5	14.8
	初中	40.2	46.9	30.4	40.7
	高中或中专	36.6	34.5	34.8	40.7
	大专	4.9	6.2	4.3	3.8
	本科	6.1	6.2	13.0	0
	硕士	0	0	0	0
	博士	0	0	0	0

续表

项目		总体 百分比（%）	本地学生家长 百分比（%）	外市学生家长 百分比（%）	外省学生家长 百分比（%）
母亲受教育程度	没上过学	3.7	0	4.6	7.4
	小学	21.0	25.0	22.7	14.8
	初中	38.3	37.6	27.3	48.1
	高中或中专	30.9	31.2	36.4	25.9
	大专	4.9	6.2	4.5	3.8
	本科	1.2	0	4.5	0
	硕士	0	0	0	0
	博士	0	0	0	0

表13-7　初中教师样本基本情况

项目		总体	
		频次	百分比（%）
性别	男	17	22.4
	女	59	77.6
	缺失	24	
最终学历	大专以下	1	1.2
	大专	9	11.1
	本科	69	85.2
	硕士	2	2.5
	缺失	19	
是否有教师资格证	是	35	42.7
	否	47	57.3
	缺失	18	
是否为班主任	是	35	42.7
	否	47	57.3
	缺失	18	

续表

项目		总体	
		频次	百分比（%）
技术职称	中学高级	21	23.3
	中学一级	41	45.6
	中学二级	23	25.6
	未评定	4	4.4
	其他	1	1.1
	缺失	10	

表13-8　高中教师样本基本情况

项目		总体	
		频次	百分比（%）
性别	男	9	16.7
	女	45	83.3
	缺失	6	
最终学历	大专以下	0	0
	大专	4	6.9
	本科	53	91.4
	硕士	1	1.7
	缺失	2	
是否有教师资格证	是	59	98.3
	否	1	1.7
	缺失	0	
是否为班主任	是	22	38.6
	否	35	61.4
	缺失	3	

（二）数据处理

问卷回收后，由专门人员按照统一的编码手册和录入说明录入数据，经过核实、整理后的数据采用SPSS17.0软件包进行数据处理和相关统计分析。

三、研究发现

（一）政策知晓状况

学校和老师是学生知晓政策的主要途径，家长对政策的关注较主动。从初中、高中学生和家长的调研结果可知，除了少部分学生、家长表示并不知晓在流入地升学考试政策，大多数学生、家长皆通过不同途径了解政策内容。调研中有20.9%的初中学生和18.7%的高中学生（见图13–1）、18.7%的初中家长和14.6%的高中家长（见图13–2）表示并未听说过在流入地升学考试政策。学生对此政策的了解途径仍然还是以学校、老师的宣传和普及为主，有40.1%的初中学生、49.5%的高中学生是通过学校和老师了解到此政策（见图13–1）。相对而言，家长了解政策的途径较为丰富，20.3%的初中学生家长、31.7%的高中学生家长是借电视媒介获悉此项政策，15.4%的初中学生家长和24.4%的高中学生家长则通过网络渠道了解，13.0%的初中学生家长是在同事和朋友处了解（见图13–2）。从学生与家长不同的了解途径可知，在对流入地升学考试政策的关注上，家长较主动。

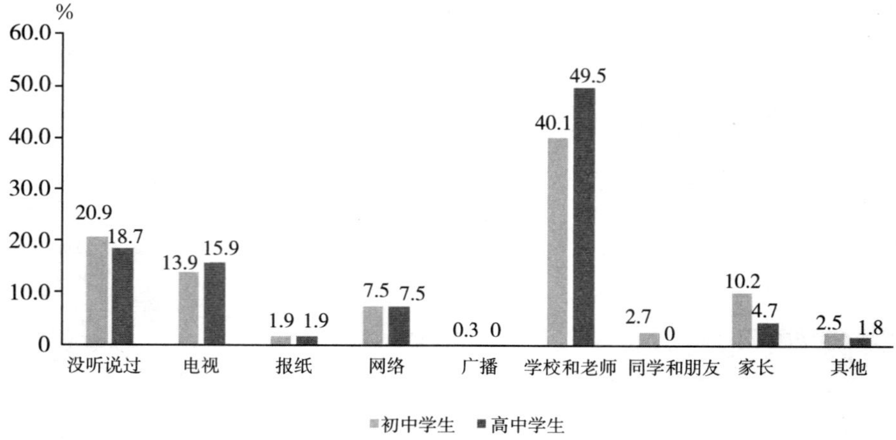

图13–1　学生了解在流入地升学考试政策的途径

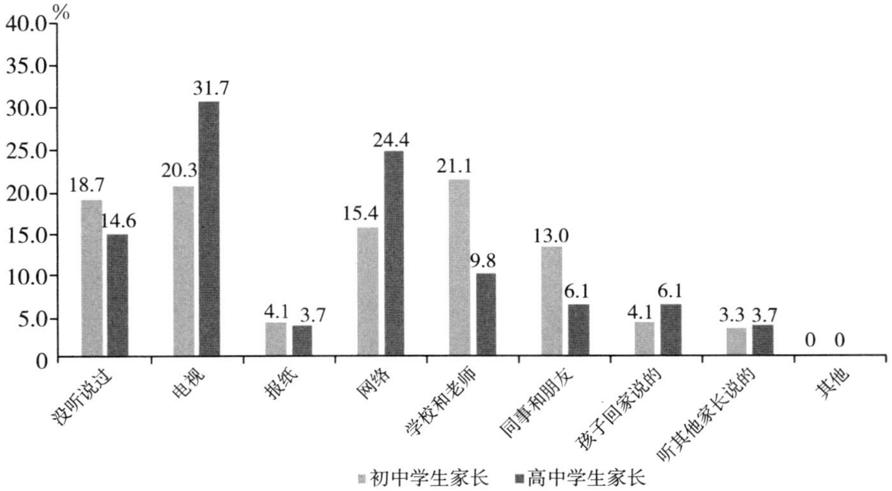

图13-2　家长了解在流入地升学考试政策的途径

（二）政策接纳状况与选择意愿分析

1. 高中群体对随迁子女在流入地升学考试政策的支持度高于初中群体

在流入地升学考试政策出台后，各地学生、家长反响强烈。调研中钦州市民办初高中群体对在流入地升学考试政策的态度普遍以接纳为主，仅有1.3%的初中学生、2.5%的初中学生家长、8.9%的初中教师对在流入地中考政策持强烈反对态度（见图13-3），有1.9%的高中学生、2.5%的高中学生家长、0%的高中教师强烈反对在流入地高考政策（见图13-4），有3.7%的初中学生、10.7%的初中学生家长、2.2%的初中教师和4.8%的高中学生、4.9%的高中学生家长、0%的高中教师比较反对在流入地升学考试政策，其余对此政策分别持无所谓、比较支持和非常支持的态度（见图13-3、图13-4）。虽然大部分群体对在流入地升学考试政策抱以正面或无所谓态度，但是群体差异造成了态度的差异，特别是初高中群体对在流入地升学考试

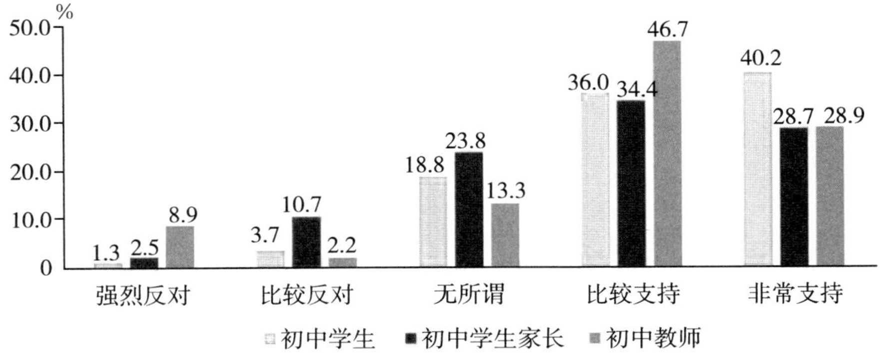

图13-3　不同群体对在流入地中考政策的态度

政策呈现出不同的态度。初中群体对在流入地升学考试政策比较支持的占据主要力量，而高中群体态度更加鲜明，更多持非常支持的态度，特别是高中学生，有一半的人非常支持在流入地升学考试政策。

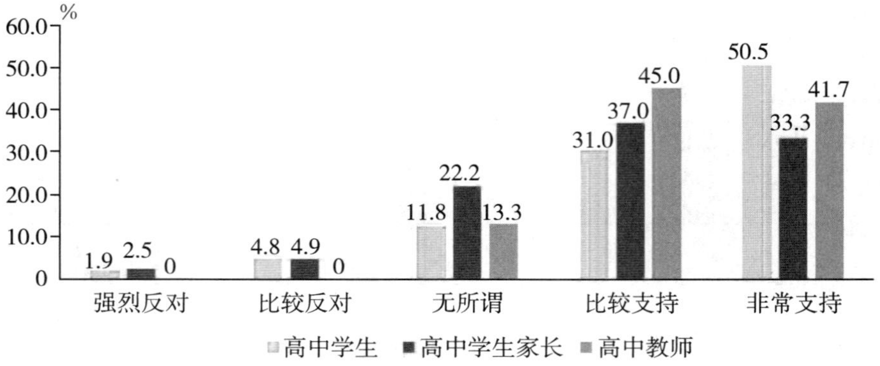

图13-4　不同群体对在流入地高考政策的态度

（1）本地学生与随迁子女对政策的态度差异不大

由于调研学校的特殊性，两所民办学校的学生对在流入地升学考试政策的态度差异不大。大多数学生对在流入地升学考试政策持支持态度。在对在流入地参加中考政策的态度上，仅有1.3%的初中本地学生、1.6%的初中跨区（县）随迁子女、1.0%的初中跨省随迁子女强烈反对随迁子女在流入地参加中考，5.2%的初中本地学生、3.2%的初中跨区（县）随迁子女、2.0%的初中跨省随迁子女比较反对随迁子女在流入地参加中考，其余都表示无所谓或支持（见图13-5）。同样，高中学生群体对在流入地高考政策也是支持量过半，其中有48.8%的本地高中学生非常支持在流入地高考政策（见图13-6），他们表示并不担忧随迁子女对本地考试资源的“挤占”。

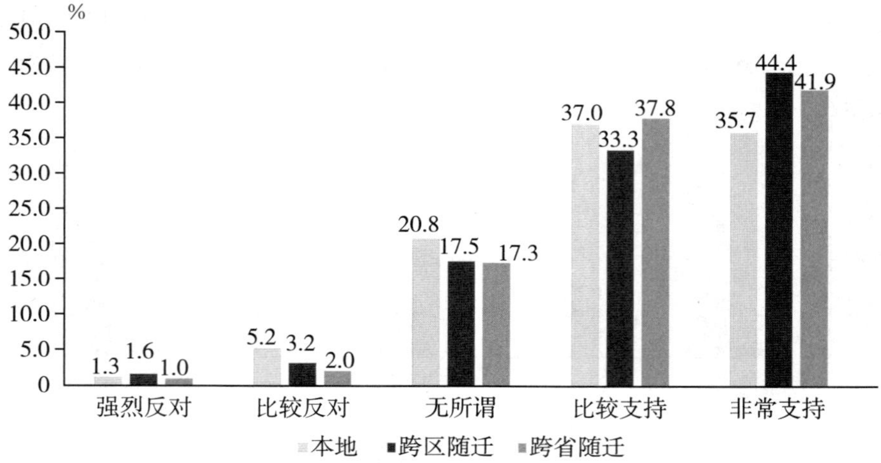

图13-5　初中学生对在流入地中考政策的态度

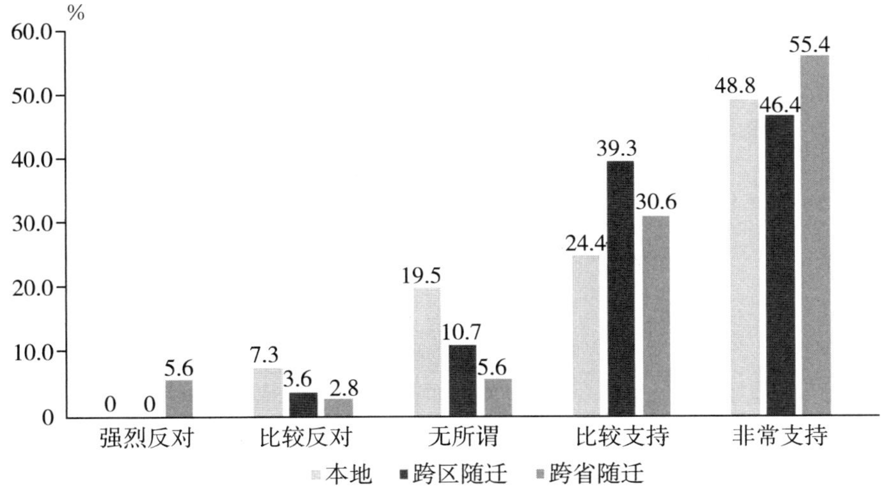

图13-6　高中学生对在流入地高考政策的态度

（2）随迁子女家长对政策的支持度比本地家长高

仅有少部分本地家长对在流入地中考政策表示反对，大多数本地家长对在流入地中考政策持无所谓或比较支持的态度，非常支持的并不十分多，仅有16.1%的本地家长表示非常支持；随迁子女家长对在流入地中考政策是非常支持的，跨省随迁子女家长中除3.7%的人表示无所谓外，其余都表示支持，且非常支持的人数居多（见图13-7）。对在流入地高考政策，本地家长主要持无所谓的态度，有47.9%的本地家长持支持态度，有2.7%和16.4%的本地家长表示强烈反对和比较反对（见图13-8）。总体而言，民办学校学生家长是支持随迁子女在流入地参加升学考试的。

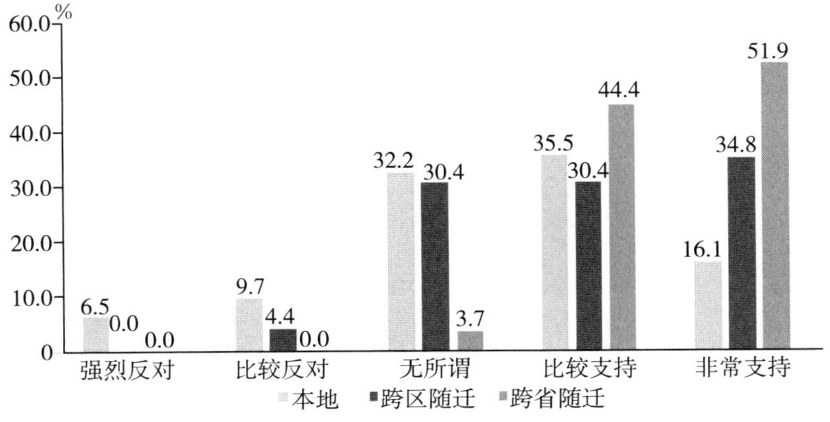

图13-7　初中学生家长对在流入地中考政策的态度

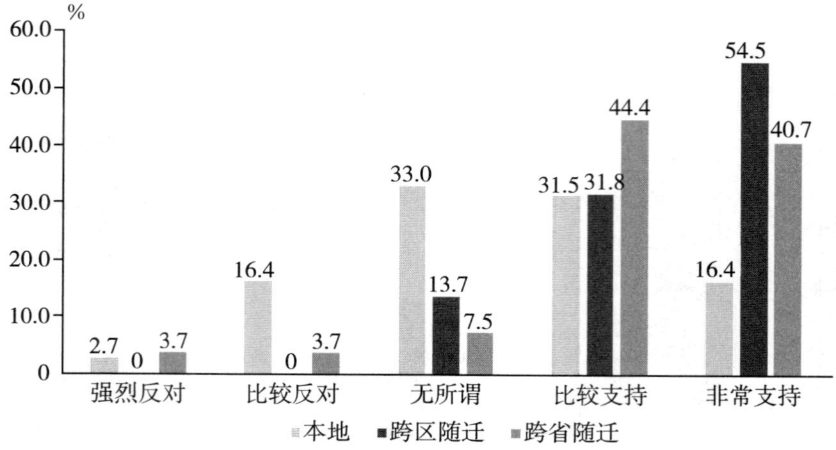

图13-8　高中学生家长对在流入地高考政策的态度

2. 多数初中随迁子女选择继续留在本地中考，而半数高中随迁子女表示对在哪参加高考不确定

在随迁子女中高考地点选择的调查中，有62.8%的初中随迁子女表示想要留在钦州市继续参加中考，33.0%的初中随迁子女表示不确定未来的发展情况。高中阶段，除了47.2%的随迁子女表示想要留在钦州市参加高考，50.0%的学生表示依情况而定。依据结果，随迁子女对于留在本地参加中高考的意愿还是占据主导地位的，在流入地升学考试政策的出台无疑为随迁子女在本地参加升学考试提供了便利。

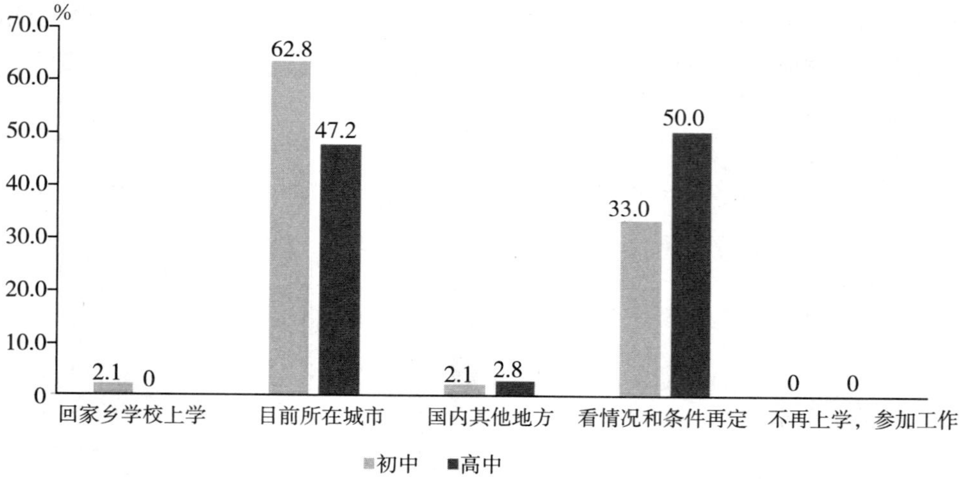

图13-9　随迁子女在哪参加中高考的选择意向

（三）政策实施效果与评价

1. 在流入地升学考试政策的实施对随迁子女产生积极影响

（1）对随迁子女学习成绩产生了积极影响

在流入地升学考试政策的出台对随迁子女产生了积极的影响，特别是在成绩提升上，效果显著。在与初高中的本地学生进行对比后发现，在流入地升学考试政策出台后，随迁子女的成绩大多有明显提升，而对于超半数的本地学生而言，政策的出台对其学习并未产生积极或消极的影响（见图13-10）。

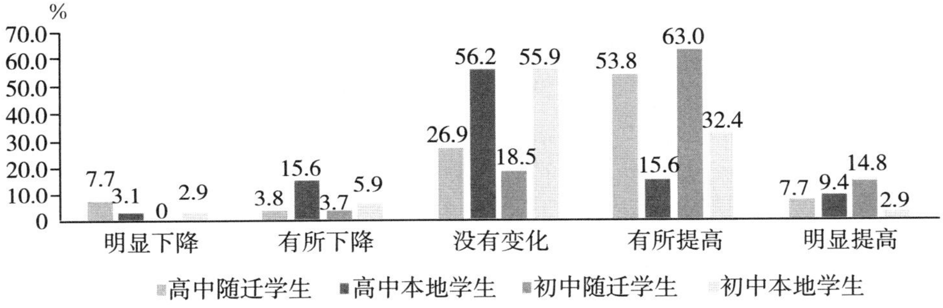

图13-10　在流入地升学考试政策对学生学习成绩的影响

（2）随迁子女心态更加积极

在流入地升学考试政策的出台对随迁子女的心态产生了积极的影响。初中和高中的随迁子女在在流入地升学考试政策出台后心态变得积极的学生数量较多。有56.2%的初中随迁子女的心态变得比较积极，有12.4%的初中随迁子女变得非常消极。高中随迁子女中63.4%的学生心态变得比较积极，有3.3%的学生心态变得非常消极。除积极和消极的态度外，表示心态上没有变化的学生数量也较多，有29.2%的初中随迁子女和30.0%的高中随迁子女表示心态没有变化。

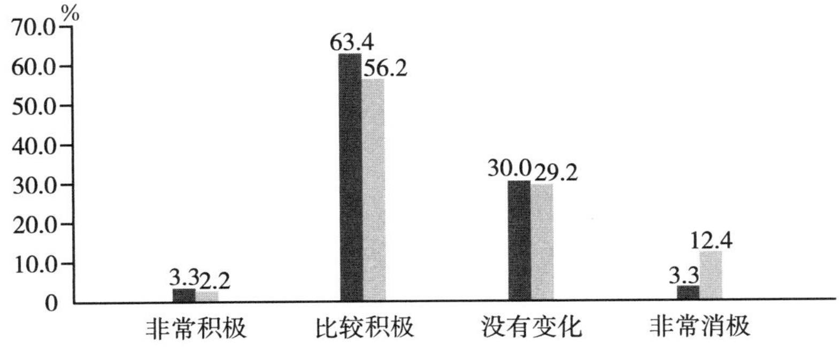

图13-11　在流入地升学考试政策对随迁子女心态的影响

2. 多数家长认为准入条件设置不合理，在不满意的方面与准入条件如何设置方面本地家长与随迁子女家长存在差异

对于在流入地高考政策的出台，高中本地或随迁子女家长皆比较支持，但在具体的政策实施细则上，本地家长和随迁子女家长存在不同的期待偏向。大部分家长认为政策设置的准入条件有不合理之处，21.8%的本地家长认为现在证明材料的造假案例很多，有关部门缺乏对资格审查的监督，而33.4%的随迁子女家长认为不应该限制随迁子女报考学校的类型（见图13-12）。

对于在流入地升学考试政策的准入条件，大部分本地家长与随迁子女家长赞成设立较为宽松的准入条件，允许大部分人在流入地参加考试，其中包括66.7%的随迁子女家长和46.9%的本地家长；29.6%的随迁子女家长希望开放所有的限制条件；25.0%的本地家长希望设置严格的准入条件，只允许少部分随迁子女在流入地参加高考（见图13-13）。在对在流入地高考政策准入条件设置的看法上，本地家长与随迁子女家长在总体上是相同的，但部分观点存在差异。

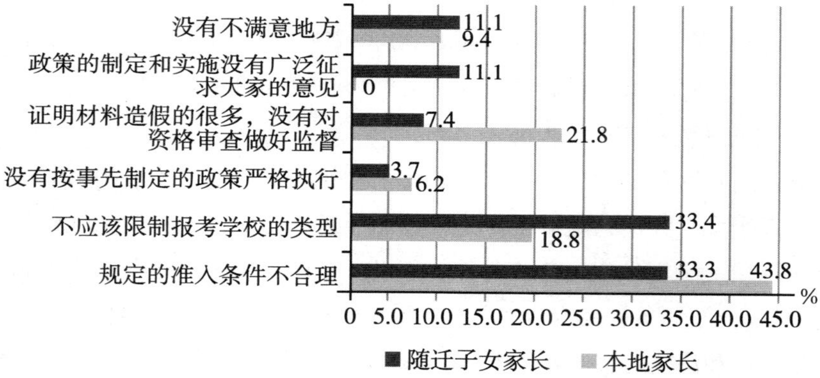

图13-12　高中家长对在流入地考试政策的看法

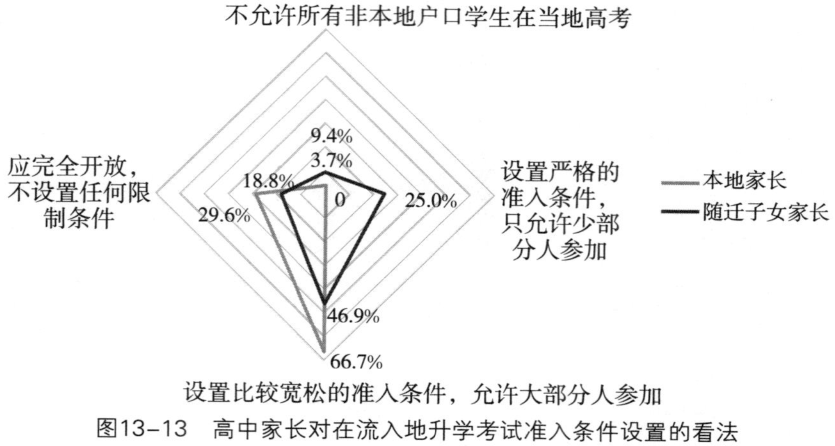

图13-13　高中家长对在流入地升学考试准入条件设置的看法

（四）政策实施的问题与挑战

1. 随迁子女在流入地高考政策资格审查过程过于烦琐

钦州市本地家长与随迁子女家长皆认为随迁子女在流入地高考的资格审查过于烦琐。钦州市出台的在流入地升学考试政策的相关规定中，要求学生及家长必须满足当地学籍证明、当地连续就读年限、有当地居住证或暂住证等六项证明条件才可参加在流入地高考。钦州市实施的随迁子女在流入地升学考试政策对就读钦州市义务教育阶段的准入条件设置得较宽松，即对随迁子女采取与本地学生同等的就近招生原则，对随迁子女在流入地参加中考并无太大限制。但钦州市在流入地高考政策的要求与其他地区一样，随迁子女需要提供六项证明材料才可在本地参加高考，因此随迁子女在钦州市参加高考存在困难。通过访谈学校负责人发现，学校每年审核学生考试资格的材料提审工作十分困难。在调查中，无论是初中学生还是高中学生，无论是随迁子女还是本地学生，都表示提供当地学籍证明最具合理性。

2. 学籍证明和连续就读证明作为政策准入条件较为合理，家长缴纳社保证明的合理性评价最差

在针对家长对在流入地高考政策条件合理性评价的调查中发现，除了与学生一样认同学籍证明的合理性，有28.1%的高中本地家长认为连续就读证明也是较为合理的准入条件。无论是学生还是家长，均表示在目前的准入条件中，家长在当地缴纳社保证明的合理性最差。

四、分析讨论

（一）政策知晓途径与渠道

在流入地升学考试政策是对随迁子女在流入地就读和参加入学考试的重要保证，政策的服务对象是随迁子女，同时对本地学生也形成间接影响，学校环境与教师教学等也与之相关。在流入地升学考试政策从提出到实施推广均受到全社会的普遍关注，但钦州市学生和家长在政策了解的深度与广度上远远落后于北京、上海等大城市，有大部分家长，特别是本地家长完全不知晓该政策。

在调研中发现，无论是学生还是家长，都缺乏对政策的全面了解，了解途径也大多是学校或老师。特别是学生，在政策了解上基本依靠学校老师的宣讲，本地学生对此项政策知之甚少。家长的了解途径相对于学生而言较为多元化，部分家长通过电视、网络等途径获知政策，但具体政策信息的了解主要还是依靠学校老师宣讲。在调查中发现，学校老师采取的宣传手段主要是利用课堂少量时间给学生宣读

政策内容，在临考时召集家长告知该政策，并进行必要材料的准备工作宣传，这就造成了临考前学校、教师、家长的忙乱，以及烦琐工作的大量累积。

（二）随迁子女教育的现实困境

钦州市在流入地高考政策还未完善，公立高中仍然严格限制随迁子女的入读。除了中考前已迁入当地的随迁子女，高中阶段迁入的随迁子女只能将民办学校作为唯一的就读地点。学生高考意愿调查显示，除部分不确定学生外，近半数学生期望留在钦州市参加高考，然而这与当地的实际情况存在差距。钦州市教育部门对于随迁子女政策的优待与倾斜原则上是有利于随迁子女的入读和参加中高考的，但在实际操作过程中，钦州市教育存在的问题却无法保证随迁子女的教育公平。钦州市教育发展的滞后性、教育资源分配不均，造成随迁子女难以在良好的政策支持下接受教育，这对实施在流入地高考政策的客观限制极大。

（三）政策设置的准入条件较高，不利于随迁子女在流入地参加升学考试

广西在流入地高考政策的准入条件较高，资格审查也较为烦琐。广西出台了相关的在流入地高考政策，在资格审查时，具有学生本人的学籍证明（初中、高中六年连续就读）的随迁子女，还需提交父母其中一方（或法定监护人）具有三年以上（含）合法稳定住所的证明材料、父母其中一方（或法定监护人）具有三年以上（含）合法稳定职业的证明材料；若学生只能提供连续三年的高中就读证明，那么学生除了要提供父母的住所证明和稳定职业证明，还必须在高考前将户籍迁入广西；对于随父亲或母亲军转安置、工作调动（指党政机关、事业单位、国有企业人员工作调动）等正常迁入广西的外来人员，不受学籍、户籍条件的限制，可在广西参加普通高考。

由于钦州市的随迁子女家长大部分是进城务工人员，多从事流动性较强的建筑业或个体经营等，他们难以满足准入条件要求，尤其是家长稳定职业证明这一条件。在调研中，随迁子女家长也多次反映，作为建筑行业的流动工人，工作地点随着建筑地点的更改而变化，极难为随迁子女参加本地高考提供实际证明材料，现有条件与随迁子女想在本地参加高考的意愿相矛盾。

（四）“高考移民”成为本地家长担忧的主要问题

基于广西的地理环境特色，广西随迁子女教育问题并不严峻，随迁子女“挤占”本地学生学习资源问题也未引发本地家长与随迁子女家长之间的冲突。在流入

地升学考试政策出台后，大多数本地家长支持长期在流入地就读的学生在流入地参加高考，但本地家长普遍担心在流入地升学考试政策为“高考移民”提供可乘之机。相对于大多数地区而言，广西的高考录取分数较低，在流入地升学考试政策的出台可能会造成部分高考人数众多地区的考生的流入，这对广西本地学生是不公平的。因此，本地家长对在流入地升学考试政策的主要担心的问题是可能会引发“高考移民”现象。

在流入地高考政策，一方面是为解决目前家长流动的职业发展与子女培养的矛盾，改善进城务工人员子女教育不公平的现状；另一方面，也要避免在实施过程中因政策的疏漏、管理人员的懈怠或腐败等造成的“高考移民”现象的产生。

五、对策建议

（一）加强随迁子女在流入地升学考试政策的宣传力度，拓宽政策传播渠道

加强政策的宣传力度是促进政策有效实施的重要步骤。随迁子女和家长作为政策的主要受益方，对政策的粗浅了解和片面获知不利于有效解决随迁子女在流入地升学考试问题，仅依靠学校作为主要的信息获取途径也不利于随迁子女全面了解在流入地升学考试政策。

在如今新媒体迅猛发展的社会条件下，充分利用微博、微信等新媒体是拓宽政策传播途径的良好方案。在宣传力度上，应当避免片面化的传播，促进家长和学生对政策的深入理解。在传统媒体的使用上，也应当加强宣传的力度，宣传不能停留于表面。利用传统的电视对各种相关政策进行细致的解读应当成为政府部门的主要宣传手段。同时，当地教育行政部门也应深入学校、家长中，为随迁子女及家长答疑解惑。学校应通过各种访谈、咨询、宣传讲座，使家长深入了解和把握政策。学校的政策宣讲应当避免只关注毕业班级，忽视非毕业班级。政策文件中提到的多数准入条件皆具有较长的时效性，若等到高考临近才进行资格的认证，极有可能会耽误学生参加高考，因此，在高中前期就应该为家长消除疑惑，提供充分的准备时间。

（二）应合理把控准入条件设置的宽松程度

随迁子女在流入地高考报考条件设置是该地随迁子女在流入地升学考试的准入条件，即符合基本准入条件的考生具有参加考试的认证资格。在准入条件设置中，部分标准过于严苛，对部分随迁子女在流入地升学考试无显性助力，而符合资格的

考生也会因受到多方阻碍而影响正常考试。

各地在流入地高考政策大同小异，准入条件的设置并未完全符合因地制宜的制定原则。各地经济发展能力和发展方向的不同导致流动人口的职业方向不同，不同的职业对象意味着随迁子女家长不同的职业岗位，毫无区分地将家长工作证明、社保证明等作为学生参加在流入地高考的必要条件有失公允。同时，长年就读于本地的学生仍需家长的工作证明，同样影响随迁子女在流入地参加高考。在准入条件设置原则上，应因地制宜制定合理的准入条件，既能保证随迁子女在流入地参加高考的可能性，又能避免“高考移民”的发生。在钦州市，随迁子女家长的职业大多以零散工种为主，提供固定的工作证明和社保证明对于家长和学生而言难度非常大。钦州市教育管理部门可考虑学生的生活背景，依据不同的学生群体设置不同的准入条件标准，如零散工种随迁子女家长如果能提供学生的长期入学证明即可与当地学生一视同仁，家长的社会工种不应当成为学生就学的不公平条件。

（三）健全政府监管系统，有效防止“高考移民”

政府对政策的监管是政策能长期有效施行的重要保障，同时要依靠各方力量的多方监督，建立开放的投诉机制，弥补政策实施过程中的漏洞。在在流入地高考政策实施过程中，由于涉及的利益群体较多，可能会造成实施中的不公平现象。为了获得公众的信赖，贯彻公平公正的实施原则，监管机制与投诉机制的设立十分必要。

在监管机制中，政府最大限度地提高政策实施的透明度，可获得公众的信赖。不仅要保证政策实施的公平性，也要保障实施的合理性，同时避免实施中的腐败现象。在随迁子女在流入地升学考试资格审查部门的问责程序与其他相关部门的辅助监管方面，必须坚持严格、规范的规章制度，避免出现任何形式的漏洞。

附 录

附录1 国务院办公厅转发教育部等部门关于做好进城务工人员随迁子女接受义务教育后在当地参加升学考试工作意见的通知

国办发〔2012〕46号

各省、自治区、直辖市人民政府，国务院各部委、各直属机构：

教育部、发展改革委、公安部、人力资源社会保障部《关于做好进城务工人员随迁子女接受义务教育后在当地参加升学考试工作的意见》已经国务院同意，现转发给你们，请认真贯彻执行。

国务院办公厅

2012年8月30日

关于做好进城务工人员随迁子女接受义务教育后在当地参加升学考试工作的意见

教育部 发展改革委 公安部 人力资源社会保障部

为贯彻落实中央有关文件精神和《国家中长期教育改革和发展规划纲要（2010—2020年）》要求，现就做好进城务工人员及其他非本地户籍就业人员随迁子女接受义务教育后在当地参加中考和高考（以下称随迁子女升学考试）工作，提出如下意见：

一、充分认识做好随迁子女升学考试工作的重要性。《国务院办公厅转发教育部等部门关于进一步做好进城务工就业农民子女义务教育工作意见的通知》（国办发〔2003〕78号）印发后，各地认真贯彻落实“以流入地政府为主，以全日制公办中小学为主”政策，进城务工人员随迁子女在当地接受义务教育的问题得到初步解决，一些地方还探索了随迁子女接受义务教育后在当地参加升学考试的办法。但随着进城务工人员规模不断扩大，随迁子女完成义务教育人数不断增多，随迁子女升学考试问题日益突出。进一步做好随迁子女升学考试工作，是坚持以人为本、保障进城务工人员随迁子女受教育权利、促进教育公平的客观要求，对于保障和改善民生、加强和创新社会管理、维护社会和谐具有重要意义。

二、做好随迁子女升学考试工作的主要原则。坚持有利于保障进城务工人员随迁子女公平受教育权利和升学机会，坚持有利于促进人口合理有序流动，统筹考虑进城务工人员随迁子女升学考试需求和人口流入地教育资源承载能力等现实可能，积极稳妥地推进随迁子女升学考试工作。

三、因地制宜制定随迁子女升学考试具体政策。各省、自治区、直辖市人民政府要根据城市功能定位、产业结构布局和城市资源承载能力，根据进城务工人员在当地的合法稳定职业、合法稳定住所（含租赁）和按照国家规定参加社会保险年限，以及随迁子女在当地连续就学年限等情况，确定随迁子女在当地参加升学考试的具体条件，制定具体办法。各省、自治区、直辖市有关随迁子女升学考试的方案原则上应于2012年年底前出台。北京、上海等人口流入集中的地区要进一步摸清底数，掌握非本地户籍人口变动和随迁子女就学等情况，抓紧建立健全进城务工人员管理制度，制定出台有关随迁子女升学考试的方案。

四、统筹做好随迁子女和流入地学生升学考试工作。对符合在当地参加升学考试条件的随迁子女净流入数量较大的省份，教育部、发展改革委采取适当增加高校招生计划等措施，保障当地高考录取比例不因符合条件的随迁子女参加当地高考而受到影响。对不符合在流入地参加升学考试条件的随迁子女，流出地和流入地要积极配合，做好政策衔接，保障考生能够回流出地参加升学考试；经流出地和流入地协商，有条件的流入地可提供借考服务。各地要加强对考生报考资格的审查，严格规范、公开透明地执行随迁子女升学考试政策，防止“高考移民”。

五、加强组织领导和协调配合。各地区、各有关部门要加强对随迁子女升学考试工作的组织领导，明确责任分工，密切协作配合，形成齐抓共管的工作格局。各地招生考试委员会要统筹做好随迁子女升学考试工作，教育部门会同有关部门依据随迁子女升学考试人数合理调配资源，做好招生计划编制、考生报名组织、考试实施以及招生录取等工作。发展改革部门要将进城务工人员随迁子女教育纳入当地经济社会发展规划。公安部门要加强对流动人口的服务管理，及时提供进城务工人员及其随迁子女的居住等相关信息。人力资源社会保障部门要及时提供进城务工人员的就业和社保信息。各地区、各有关部门要及时研究解决工作中出现的新情况新问题，认真总结和推广成功经验。要采取多种形式加强对随迁子女升学考试政策的宣传解读，做好舆论引导工作，营造良好氛围。

附录2 北京市人民政府办公厅关于转发市教委等四部门制订的《进城务工人员随迁子女接受义务教育后在京参加升学考试工作方案》的通知

各区、县人民政府，市政府各委、办、局，各市属机构：

市教委、市发展改革委、市人力社保局、市公安局制订的《进城务工人员随迁子女接受义务教育后在京参加升学考试工作方案》已经市政府同意，现转发给你们，请认真按照执行。

共同做好进城务工人员随迁子女接受义务教育后在京参加升学考试工作是一项系统工程，各区县政府和各有关部门要高度重视，加强组织领导，明确责任分工，密切协作配合，形成齐抓共管的工作格局。

由市流管办、市公安局牵头，市发展改革委、市教委、市财政局、市人力社保局、市住房城乡建设委、市人口计生委等部门参加，抓紧完善进城务工人员服务管理制度。市教委牵头研究出台与之相挂钩的进城务工人员随迁子女升学考试具体实施办法。

市招生考试委员会要统筹做好进城务工人员随迁子女升学考试工作，负责联络协调教育部等部门和各省市招生考试部门。市、区两级教育部门应加强中小学电子学籍管理系统建设，及时公布进城务工人员随迁子女在京参加中考、高考报名和考试录取的具体办法及办理程序，会同有关部门做好考生报名组织、考试实施以及招生录取等工作。

公安部门要加强对流动人口的服务管理，及时提供进城务工人员及其随迁子女的居住登记等相关信息；人力社保、工商、税务等部门和乡镇（街道办事处）要按照职责为进城务工人员提供从事合法稳定职业证明和缴纳社会保险证明；住房城乡建设部门、流动人口管理机构要完善进城务工人员合法稳定住所的登记和管理系统并提供相应证明；新闻宣传部门要采取多种形式加强对进城务工人员随迁子女升学考试政策的宣传解读，做好舆论引导工作，积极营造本市做好进城务工人员随迁子女升学考试工作的良好舆论氛围。

北京市人民政府办公厅

2012年12月29日

进城务工人员随迁子女接受义务教育后在京参加升学考试工作方案

市教委　市发展改革委　市人力社保局　市公安局

为贯彻落实《国务院办公厅转发教育部等部门关于做好进城务工人员随迁子女接受义务教育后在当地参加升学考试工作意见的通知》（国办发〔2012〕46号）精神，结合北京市实际，制订本方案。

一、高度重视，积极稳妥推进进城务工人员随迁子女接受义务教育后在京参加升学考试工作

坚持以人为本、促进公平，把做好进城务工人员随迁子女（以下简称随迁子女）接受义务教育后升学考试工作，作为保障和改善民生、加强和创新社会管理、维护社会和谐的重大举措，摆上议事日程。坚持积极稳妥、整体推进，充分考虑北京市作为特大城市人口、资源、环境和教育资源的承载能力，整体规划未来北京市各级各类教育发展，逐步构建以常住人口为对象的社会管理体制和公共教育服务体系。坚持统筹兼顾、分步实施，尽可能地通过不断增加教育资源来逐步缓解升学压力，努力保障随迁子女公平受教育权利和北京市中考高考录取总体比例不受影响。

二、进一步完善进城务工人员服务管理制度，抓紧研究出台与之相挂钩的随迁子女升学考试具体实施办法

做好随迁子女接受义务教育后在当地参加升学考试工作，不仅是一项教育改革，也是一项涉及就业、住房、社保、公共服务、人口管理等诸多方面的综合改革，更是一项复杂的社会系统工程。要根据城市功能定位、产业结构布局和城市资源承载能力，在进一步完善进城务工人员服务管理制度的基础上，根据进城务工人员的就业、居住、社会保障、计划生育等综合因素，明确其随迁子女在京参加升学考试的资格条件和先后顺序，抓紧研究出台与之相挂钩的随迁子女升学考试办法，争取在2013年出台。

三、近期实行过渡期升学考试措施，千方百计为随迁子女在京升学考试提供多样化服务

在北京市出台随迁子女在京升学考试办法之前和新办法公布后三年内，为了方便随迁子女在京升学考试，实行如下过渡措施：

（一）自2013年起，凡进城务工人员持有有效北京市居住证明，有合法稳定的住所，合法稳定职业已满3年，在京连续缴纳社会保险已满3年，其随迁子女具有本市学籍且已在京连续就读初中3年学习年限的，可以参加北京市中等职业学校的考试录取。

其中来自农村的学生和学习涉农专业等符合相关规定的学生享有北京市中等职

业教育免学费和国家助学金政策。

学生从中等职业学校毕业后，可按照有关规定参加高等职业学校的考试录取。

（二）自2014年起，凡进城务工人员持有有效北京市居住证明，有合法稳定的住所，合法稳定职业已满6年，在京连续缴纳社会保险已满6年，其随迁子女具有本市学籍且已在京连续就读高中阶段教育3年学习年限的，可以在北京参加高等职业学校的考试录取。

学生从高等职业学校毕业后，可以参加优秀应届毕业生升入本科阶段学习的推荐与考试录取。

（三）自2014年起，凡进城务工人员持有有效北京市居住证明，具有合法稳定职业及合法稳定住所，其随迁子女具有本市学籍且已在京连续就读高中阶段教育3年学习年限的，可选择在京借考高考。北京市按教育部相关文件规定、经学生户籍所在省同意后为学生提供高考文化课在京借考服务，学生回户籍所在省参加高校招生录取。

（四）凡进城务工人员持有有效北京市居住证明，其随迁子女均可按照有关规定，和户籍学生同等待遇报名参加北京市成人高等教育、高等教育自学考试、网络高等教育、开放大学的考试录取。

附录3 上海市人民政府办公厅关于转发市教委等四部门制订的《进城务工人员随迁子女接受义务教育后在沪参加升学考试工作方案》的通知

沪府办发〔2012〕75号

各区、县人民政府，市政府各委、办、局：

市教委、市发展改革委、市人力资源社会保障局、市公安局制订的《进城务工人员随迁子女接受义务教育后在沪参加升学考试工作方案》已经市政府同意，现转发给你们，请认真按照执行。

上海市人民政府办公厅

2012年12月27日

进城务工人员随迁子女接受义务教育后在沪参加升学考试工作方案

按照《国务院办公厅转发教育部等部门关于做好进城务工人员随迁子女接受义务教育后在当地参加升学考试工作意见的通知》（国办发〔2012〕46号）要求，结合实际，制订本方案。

一、指导思想

贯彻落实党的十八大关于“积极推动农民工子女平等接受教育”的要求，根据上海城市功能定位、产业结构布局和城市资源承载能力，强化顶层设计和综合改革，稳妥有序做好进城务工人员随迁子女接受义务教育后在沪参加升学考试工作。

二、基本原则

（一）坚持以人为本、促进公平。积极创造条件，逐步构建以常住人口为对象的社会管理体制，努力保障进城务工人员随迁子女受教育权利和升学机会。

（二）坚持系统设计、有序推进。建立健全上海市居住证管理制度，以此为依据，提供有梯度的公共服务，有序推进进城务工人员随迁子女接受义务教育后升学考试工作。

（三）坚持统筹兼顾、稳步实施。充分考虑上海作为特大型城市的人口、资源、环境和各项公共服务的承载能力，积极探索实践，按照“逐渐放宽、分步推进、合理梯度、不断深化”的思路，稳妥解决进城务工人员随迁子女接受义务教育后升学考试问题。

三、主要措施

2014年实施与《上海市居住证管理办法》相衔接的进城务工人员随迁子女接受义务教育后在沪参加升学考试的具体方案，以《上海市居住证管理办法》为依据，有梯度地为进城务工人员随迁子女提供接受义务教育后的公共教育服务。（《上海市居住证管理办法》已征求社会公众意见，待与国家居住证管理办法充分衔接后发布实施）

（一）进城务工人员符合上海市进城务工人员管理制度规定的基本要求并达到一定积分的，其子女可在本市参加高中阶段学校招生考试，接受高中阶段教育（普通高中教育或中等职业教育）；其子女在本市参加高中阶段学校招生考试并完成高中阶段完整学习经历后，可在本市参加普通高等学校招生考试。

（二）进城务工人员符合上海市进城务工人员管理制度规定的基本要求的，其子女可在上海参加全日制中等职业学校的自主招生考试，接受全日制中等职业教育（包括“中高职贯通培养模式”的专业教育）；其子女在本市参加全日制中等职业学校自主招生并完成全日制中等职业教育完整学习经历后，可在本市参加本市普通高等职业学校自主招生考试；其子女参加全日制普通高等职业学校自主招生并完成高等职业教育完整学习经历后，可在本市参加普通高等学校专升本招生考试。

（三）对不符合本市普通高等学校招生条件的进城务工人员随迁子女，待教育部出台相关文件规定、经学生户籍所在省份同意后，可在沪参加普通高等学校招生考试借考，由学生户籍所在省份负责录取。

上海市教育委员会
上海市发展和改革委员会
上海市人力资源和社会保障局
上海市公安局
2012年12月26日

附录4 上海市居住证管理办法

上海市人民政府令第2号

《上海市居住证管理办法》已经2013年5月20日市政府第9次常务会议通过，现予公布，自2013年7月1日起施行。

市长 杨雄

2013年5月28日

上海市居住证管理办法

（2013年5月28日上海市人民政府令第2号公布）

第一章 总则

第一条（立法目的）

为了保障境内来沪人员的合法权益，规范人口服务和管理，提高政府服务水平，促进本市经济、社会、资源、环境协调发展，制定本办法。

第二条（适用范围）

《上海市居住证》（以下简称《居住证》）的申办、发放、使用以及积分管理等相关活动，适用本办法。

第三条（职责分工）

市发展改革委负责本办法组织实施的综合协调。

公安部门负责居住登记及《居住证》证件等相关管理。

人力资源社会保障部门负责《居住证》积分等相关管理。

教育、卫生计生、工商、税务、住房保障房屋管理、民政、经济信息化等相关部门按照各自职责，做好与本办法相关的服务和管理工作。

各区（县）人民政府负责本办法在其行政区域内的具体组织实施工作。

街道办事处、镇（乡）人民政府设置的社区事务受理服务中心受公安部门、人力资源社会保障部门的委托，具体承担居住登记、《居住证》办理工作。人才服务中心受人力资源社会保障部门的委托，具体承担《居住证》积分办理工作。

第二章 《居住证》一般规定

第四条（居住登记）

境内来沪人员应当按照国家和本市有关规定，到现居住地的社区事务受理服务中心办理居住登记；符合本办法规定的，可以申请办理《居住证》。

第五条（主要功能）

《居住证》具有下列主要功能：

（一）作为《居住证》持有人（以下简称持证人）在本市居住的证明；

（二）记录持证人基本情况、居住地变动情况等人口管理所需的相关信息；

（三）办理和查询个人积分，办理卫生、计划生育、社会保险、子女教育等方面的个人相关事务。

第六条（载明内容）

《居住证》的载明内容包括姓名、性别、民族、公民身份号码、近期照片、常住户口所在地住址、居住地住址、签发机关和签注有效期限等。

第七条（签注时限）

《居住证》每年签注一次。

第三章　《居住证》办理

第八条（受理机构）

需要申请办理《居住证》的，申请人可以到现居住地的社区事务受理服务中心办理。

第九条（申办条件和材料）

申请办理《居住证》的，应当符合下列条件：

（一）在本市合法稳定居住；

（二）在本市合法稳定就业，参加本市职工社会保险满6个月；或者因投靠具有本市户籍亲属、就读、进修等需要在本市居住6个月以上。

申请人应当根据申办条件提供相应的证明材料，并对申办材料的真实性负责。

第十条（受理与补齐）

社区事务受理服务中心收到申办材料后，对材料齐全的，应当出具受理凭证；对材料不齐全的，应当当场告知申请人补齐材料。

第十一条（材料移送）

社区事务受理服务中心应当于出具受理凭证之日起2个工作日内，将申办信息、申办材料移送人力资源社会保障部门或者公安部门。

第十二条（人力资源社会保障部门核定）

人力资源社会保障部门应当自收到申办信息、申办材料之日起10个工作日内，按照就业管理相关规定进行核定。

符合办理条件的，通知制证；不符合办理条件的，出具书面意见并说明理由，由社区事务受理服务中心告知申请人。

第十三条（公安部门核定）

公安部门应当自收到申办信息、申办材料之日起10个工作日内，按照投靠、就读管理相关规定进行核定。

符合办理条件的，通知制证；不符合办理条件的，出具书面意见并说明理由，由社区事务受理服务中心告知申请人。

第十四条（签发、制证、领证）

《居住证》由市公安局统一签发。

对经核定符合办理条件的，公安部门应当自收到制证通知之日起10个工作日内完成《居住证》制作，由社区事务受理服务中心通知申请人领证。

申请人收到通知后到社区事务受理服务中心领证。

《居住证》工本费的标准，由市财政部门、市价格行政主管部门核定。

第十五条（信息变更）

持证人的居住地住址、工作单位等信息发生变化的，应当在30日内持相关证明材料到社区事务受理服务中心办理信息变更手续。

第十六条（办理签注）

持证人应当在其《居住证》每届满1年前30日内，到社区事务受理服务中心办理签注手续。

持证人逾期未办理签注手续的，《居住证》使用功能中止；在60日内补办签注手续的，《居住证》使用功能恢复。

第十七条（挂失和补办）

《居住证》遗失的，持证人应当及时到现居住地的社区事务受理服务中心办理挂失和补办手续。

第十八条（转办常住户口）

持证人申请办理本市常住户口的，按照《持有〈上海市居住证〉人员申办本市常住户口办法》执行。

第十九条（注销）

有下列情形之一的，经有关部门认定后，由公安部门办理《居住证》注销手续：

（一）持证人在申办时提供虚假材料取得《居住证》的；

（二）持证人情况发生变更且不符合《居住证》办理要求的；

（三）持证人超过60日未补办签注手续的；

（四）持证人已转办本市常住户口的；

（五）其他应当注销的情形。

第四章 《居住证》积分管理

第二十条（积分制度）

本市实行《居住证》积分制度。

《居住证》积分制度是通过设置积分指标体系，对在本市合法稳定居住和合法稳定就业的持证人进行积分，将其个人情况和实际贡献转化为相应的分值。随着持证人在本市居住年限、工作年限、缴纳社会保险年限的增加和学历、职称等的提升，其分值相应累积。积分达到标准分值的，可以享受相应的公共服务待遇。

第二十一条（积分指标体系）

《居住证》积分指标体系包括年龄、教育背景、专业技术职称和技能等级、在本市工作及缴纳社会保险年限等基础指标，并根据本市经济社会发展状况和人口服务管理需要，设置加分指标、减分指标、一票否决指标。各指标项目中根据不同情况划分具体积分标准。

《居住证》积分指标体系由市人力资源社会保障局会同市发展改革、教育、卫生计生、公安、工商、税务、住房保障房屋管理、经济信息化等部门编制，并报经市人民政府批准。

《居住证》积分指标体系应当通过政府网站等向社会公布。

第二十二条（标准分值）

标准分值由市人力资源社会保障局会同市发展改革、公安等部门拟定，并报经市人民政府批准后向社会公布。

第二十三条（积分指标体系和标准分值的调整）

《居住证》积分指标体系中的指标项目、积分标准以及标准分值，根据本市经济社会发展状况和人口服务管理需要进行动态调整。

市人力资源社会保障局会同市发展改革、教育、卫生计生、公安、工商、税务、住房保障房屋管理、经济信息化等部门对积分指标体系提出调整方案，经市人民政府批准后向社会公布。

第二十四条（积分材料）

持证人申请积分的，应当根据《居住证》积分指标项目提供相应的证明材料，并对积分材料的真实性负责。

第二十五条（积分申请）

持证人申请积分的，委托其单位到人才服务中心办理。

第二十六条（积分办理）

人才服务中心收到积分材料后，对材料齐全的，应当出具受理凭证；对材料不齐全的，应当当场告知申请人补齐材料。

人力资源社会保障部门应当对积分材料进行审核。审核属实的，应当在20个工作日内按照《居住证》积分指标体系进行积分，并告知申请人积分情况。

第二十七条（积分查询）

持证人可以在网上或者持证到社区事务受理服务中心、人才服务中心查询本人积分。

第五章　持证人待遇

第二十八条（子女教育）

持证人可以为其同住子女申请在本市接受义务教育，由居住地的区（县）教育行政部门按照本市有关规定安排就读。

持证人的同住子女可以按照本市有关规定，在本市参加全日制普通中等职业学校自主招生考试、全日制高等职业学校自主招生考试。

积分达到标准分值的持证人，其同住子女可以按照本市有关规定，在本市参加高中阶段学校招生考试、普通高等学校招生考试。

第二十九条（社会保险）

持证人按照国家和本市有关规定参加本市社会保险的，享受相关待遇。

积分达到标准分值的持证人，其配偶和同住子女可以按照本市有关规定参加本市社会保险，享受相关待遇。

第三十条（证照办理）

持证人可以按照国家和本市有关规定，在本市申领机动车驾驶证、办理机动车注册登记手续。

持证人可以按照国家和本市有关规定，在本市申请办理普通护照、往来港澳通行证、往来台湾通行证及各类签注。

第三十一条（住房）

持证人可以按照本市有关规定，申请本市公共租赁住房。

持证人可以按照国家和本市有关规定，在本市缴存和使用住房公积金。

第三十二条（基本公共卫生）

持证人的同住子女可以按照国家和本市有关规定，在本市享受国家免疫规划项目的预防接种等基本公共卫生服务。

第三十三条（计划生育）

持证人可以按照国家和本市有关规定，在本市免费享受基本项目的计划生育技术服务。

第三十四条（资格评定、考试和鉴定）

持证人可以按照国家和本市有关规定，参加本市专业技术职务任职资格评定或者考试、职业（执业）资格考试、职业（执业）资格注册登记；参加各类非学历教育、职业技能培训和国家职业资格鉴定。

第三十五条（参加评选）

持证人可以参加本市有关评选表彰。

第三十六条（其他待遇）

持证人可以享受国家和本市规定的其他待遇。

第三十七条（待遇中止）

持证人积分低于标准分值的，中止享受相应的公共服务待遇。

第六章　法律责任

第三十八条（政府服务）

有关行政机关以及社区事务受理服务中心、人才服务中心的工作人员应当按照职责，为境内来沪人员办理《居住证》和积分、查询相关信息、享受相关待遇等提供服务和方便，不得刁难、推诿、拖延。

第三十九条（信息保密）

有关行政机关以及社区事务受理服务中心、人才服务中心的工作人员对在《居住证》服务和管理工作中获悉的境内来沪人员信息，应当予以保密。

任何单位和个人不得泄露或者违法查询、使用持证人信息。

第四十条（行政责任）

有关行政机关工作人员有下列情形之一的，由其上级主管部门或者所在单位依法给予警告或者记过处分；情节较重的，给予记大过或者降级处分；情节严重的，给予撤职处分。

（一）在办理《居住证》和积分过程中，刁难申请人或者推诿、拖延的；

（二）在办理《居住证》和积分过程中或者为持证人查询相关信息、提供相关待遇时，违法收取费用的；

（三）在对申请人进行积分或者材料核定时，滥用职权、徇私舞弊的；

（四）泄露或者违法查询、使用持证人信息的。

第四十一条（提供虚假材料的法律责任）

个人在申办《居住证》、申请积分过程中伪造、变造或者使用伪造、变造证明材料的，由公安部门按照《中华人民共和国治安管理处罚法》的相关规定处罚；情节严重的，3年内不得申请积分；构成犯罪的，依法追究刑事责任。

单位在代办积分申请过程中伪造、变造或者使用伪造、变造证明材料的，由人力资源社会保障部门处3万元以上5万元以下罚款；情节严重的，3年内不得代办积分申请。对单位直接负责的主管人员和其他直接责任人员，由公安部门按照《中华人民共和国治安管理处罚法》的相关规定处罚；构成犯罪的，依法追究刑事责任。

第四十二条（法律救济）

个人和单位认为相关行政机关在《居住证》服务和管理工作中的具体行政行为侵害其合法权益的，可以依法申请行政复议或者提起行政诉讼。

持证人的单位无正当理由拒绝或者无法代办积分申请的，持证人可以直接到人力资源社会保障部门申请，由人力资源社会保障部门责令单位改正或者直接受理。

第七章　附则

第四十三条（过渡条款）

按照《引进人才实行〈上海市居住证〉制度暂行规定》《上海市居住证暂行规定》已办理的《居住证》，在原有效期内仍然有效。本办法实施后，原《居住证》有效期期满需要重新申办以及申请积分的，按照本办法有关规定办理。

第四十四条（境外人员规定）

对在本市居住的外国人、无国籍人和香港、澳门特别行政区居民以及台湾地区居民等的居住登记及证件管理，按照国家和本市有关规定执行。

第四十五条（实施细则）

市公安局、市人力资源社会保障局等相关部门应当根据本办法，制定相应的实施细则。

第四十六条（施行日期）

本办法自2013年7月1日起施行。2002年4月30日上海市人民政府令第122号发布的《引进人才实行〈上海市居住证〉制度暂行规定》，2004年8月30日上海市人民政府令第32号发布的《上海市居住证暂行规定》同时废止。

附录5 上海市人民政府关于印发《上海市居住证积分管理试行办法》的通知

沪府发〔2013〕40号

各区、县人民政府，市政府各委、办、局：

现将《上海市居住证积分管理试行办法》印发给你们，请认真按照执行。

上海市人民政府

2013年6月13日

上海市居住证积分管理试行办法

第一章 总则

第一条（目的和依据）

为了保障境内来沪人员的合法权益，规范人口服务和管理，提高政府服务水平，促进本市经济、社会、资源、环境协调发展，根据《上海市居住证管理办法》，制定本办法。

第二条（适用对象）

在本市工作、居住，持有《上海市居住证》（以下简称《居住证》），并参加本市职工社会保险的境内来沪人员，适用本办法。

第三条（《居住证》积分制度）

《居住证》积分制度是通过设置积分指标体系，对在本市合法稳定居住和合法稳定就业的《居住证》持有人（以下简称“持证人”）进行积分，将其个人情况和实际贡献转化为相应的分值。积分达到标准分值的，可以享受相应的公共服务待遇。

第四条（职责分工）

市人力资源社会保障局负责《居住证》积分管理工作。

各区（县）人民政府负责本办法在其行政区域内的具体组织实施工作。

公安、教育、卫生计生、工商、税务、住房保障房屋管理、民政、经济信息化等相关部门按照各自职责，负责做好与本办法相关的服务和管理工作。

第二章 积分指标及分值

第五条（积分指标体系）

《居住证》积分指标体系由基础指标、加分指标、减分指标和一票否决指标组成。

第六条（基础指标及分值）

基础指标包含年龄、教育背景、专业技术职称和技能等级、在本市工作及缴纳职工社会保险年限等指标。

（一）年龄

年龄指标最高分值30分。本项具体积分标准如下：

持证人年龄在56—60周岁，积5分；年龄每减少1岁，积分增加2分。

（二）教育背景

教育背景指标最高分值110分，持证人按照国家教育行政主管部门规定取得的被国家认可的国内外学历学位，可获得积分。本项具体积分标准如下：

1. 持证人取得大专（高职）学历，积50分。

2. 持证人取得大学本科学历，积60分。

3. 持证人取得大学本科学历和学士学位，积90分。

4. 持证人取得硕士研究生学历学位，积100分。

5. 持证人取得博士研究生学历学位，积110分。

（三）专业技术职称和技能等级

专业技术职称和技能等级指标最高分值140分，持证人在本市工作期间取得的专业技术职务任职资格证书、专业技术类职业资格证书和技能类国家职业资格证书且专业、工种与所聘岗位相符，可获得积分。本项具体积分标准如下：

1. 持证人取得技能类国家职业资格五级，积15分。

2. 持证人取得技能类国家职业资格四级，积30分。

3. 持证人取得技能类国家职业资格三级，积60分。

4. 持证人取得技能类国家职业资格二级、中级专业技术职务任职资格或相当于中级专业技术职务任职资格的专业技术类职业资格，积100分。

5. 持证人取得技能类国家职业资格一级或高级专业技术职务任职资格，积140分。

专业技术类职业资格按照国家有关规定需要注册的，注册后给予加分。

专业技术类职业资格目录、技能类国家职业资格目录，由市人力资源社会保障局统一向社会公布。

（四）在本市工作及缴纳职工社会保险年限

持证人在本市工作并按照国家和本市相关规定按月缴纳职工社会保险费，每满1年积3分。

持证人因未正常缴纳本市职工社会保险费而补缴的，职工社会保险缴费单位与签订劳动（聘用）合同单位不一致的，不作为计算在本市工作及缴纳职工社会保险年限的依据。

第七条（加分指标及分值）

加分指标包括紧缺急需专业、投资纳税或带动本地就业、缴纳职工社会保险费基数、特定的公共服务领域、远郊重点区域、全日制应届毕业生、表彰奖励、配偶为本市户籍人员等指标。

（一）紧缺急需专业

持证人所学专业属于本市紧缺急需专业目录且工作岗位与所学专业一致的，积30分。

本市紧缺急需专业目录，由市人力资源社会保障局会同相关部门制定后向社会公布。

（二）投资纳税或带动本地就业

持证人在本市投资创办的企业，按照个人的投资份额计算，最近连续3年平均每年纳税额在10万元人民币及以上或平均每年聘用本市户籍人员在10人及以上，每纳税10万元人民币或每聘用本市户籍人员10人积10分，最高100分。

（三）缴纳职工社会保险费基数

持证人在本市工作缴纳职工社会保险费基数指标最高分值100分。本项具体积分标准如下：

1. 持证人最近连续3年在本市缴纳职工社会保险费基数等于以及高于本市上年度职工社会平均工资80%低于1倍的，积25分。

2. 持证人最近连续3年在本市缴纳职工社会保险费基数等于以及高于本市上年度职工社会平均工资1倍低于2倍的，积50分。

3. 持证人最近连续3年在本市缴纳职工社会保险费基数等于以及高于本市上年度职工社会平均工资2倍的，积100分。

持证人因未正常缴纳本市职工社会保险费而补缴的，职工社会保险缴费基数与个人所得税缴费基数不能合理对应的，职工社会保险缴费单位与签订劳动（聘用）合同单位不一致的，不作为本项的积分依据。

（四）特定的公共服务领域

持证人在本市特定的公共服务领域就业，每满1年积4分，满5年后开始计入总积分。

（五）远郊重点区域

持证人在本市重点发展的远郊区域工作并居住，每满1年积2分，满5年后开始计入总积分，最高分值20分。

（六）全日制应届毕业生

持证人为全日制应届高校大学毕业生，积10分。

（七）表彰奖励

持证人在本市工作期间获得的表彰奖励可积分，最高分值110分。本项具体积分标准如下：

1. 持证人获得本市部、委、办、局等市级机关专项性表彰奖励，积30分。

2. 持证人获得本市部、委、办、局等市级机关综合性表彰奖励，积60分。

3. 持证人获得省部级及以上政府表彰奖励，积110分。

本市部、委、办、局等市级机关政府表彰奖励项目目录，按照市人民政府批准并公布的表彰奖励目录执行。

（八）配偶为本市户籍人员

持证人配偶为本市户籍人员，结婚每满1年积4分，最高分值40分。

第八条（减分指标及分值）

减分指标包括提供虚假材料、行政拘留记录和一般刑事犯罪记录等指标。

（一）申请积分时提供虚假材料

持证人3年内有提供身份、学历、就业、职称职业资格、婚姻、表彰奖励等方面虚假材料的，每次扣减150分。

（二）行政拘留记录

持证人5年内有行政拘留记录的，每条扣减50分。

（三）一般刑事犯罪记录

持证人5年内有一般刑事犯罪记录的，每条扣减150分。

第九条（一票否决指标）

持证人有违反国家及本市计划生育政策规定行为记录或严重刑事犯罪记录的，取消申请积分资格。

第三章　积分规则及标准分值

第十条（单项指标积分规则）

基础指标和加分指标中，同一单项指标的积分不重复计算，取该单项指标的最高分。

减分指标中单项指标的扣减积分，按照扣减项目进行累计扣减。

第十一条（总分积分规则）

持证人的总积分等于基础指标与加分指标积分之和减去减分指标的累计扣减积分，总积分的最低分值为0分。基础指标中的“教育背景”“专业技术职称和技能等级”两项指标，选择其中一项进行积分。加分指标中的“投资纳税”“投资带动本地就业”两项指标，选择其中一项进行积分。

第十二条（总积分标准分值）

《居住证》总积分标准分值为120分。

第四章　积分申办流程及管理

第十三条（积分申请）

持证人需要申请积分的，可通过互联网登录上海市居住证积分管理信息系统，进行网上模拟估分。达到标准分值的，向用人单位提出申请，委托用人单位向注册地区（县）人才服务中心申请积分。

第十四条（积分申请材料）

持证人和受委托的用人单位须提交的积分申请基本材料包括：

1. 持证人有效期内的《居住证》；

2.《上海市居住证积分申请表》；

3. 劳动（聘用）合同；

4. 无违反国家和本市计划生育政策的证明材料；

5. 无违法犯罪记录证明材料；

6. 单位营业执照（事业单位法人登记证、社团法人或民办非企业法人证书等）及组织机构代码证书和磁卡。

除上述积分申请基本材料外，持证人还应当提供与《居住证》积分指标项目对应的材料。

第十五条（材料受理）

人才服务中心收到积分申请材料后，对材料齐全的，应当出具收件凭证；对材料不齐全的，应当当场告知补齐材料。

持证人和用人单位应当对积分申请材料的真实性负责。

第十六条（材料审核）

人才服务中心受理积分申请材料后，按照流动人员档案管理有关规定，调阅持证人的人事档案并对相关材料进行审核。

对持证人提交的学历学位证书、专业技术职务任职资格证书、专业技术类职业资格证书、技能类国家职业资格证书、奖励证书、结婚证、户口簿、验资报告、纳税明细和聘用本市户籍人员证明等积分申请材料进行审核。对有疑问的材料，可以提请主管部门或专门机构进行核实。

第十七条（积分核定）

积分申请材料审核属实的，由人力资源社会保障部门在20个工作日内按照《居住证》积分指标体系进行积分核定，并告知持证人积分情况。

第十八条（积分查询）

持证人可通过互联网或者持《居住证》到社区事务受理服务中心、人才服务中心查询本人的积分。

第十九条（积分确认与调整）

在《居住证》签注时，对持证人积分予以确认。

持证人情况发生变化需要调整积分的，应当委托用人单位向注册地区（县）人才服务中心提交相关材料。

持证人积分项目发生变化导致积分下降或出现减分项目的，人力资源社会保障部门对其积分进行扣减，并告知持证人。

第二十条（积分失效）

持证人《居住证》被注销时，积分自动失效。

第二十一条（监督与复核）

市人力资源社会保障局对全市积分申办工作进行监督检查，对违规材料取得的积分予以纠正。

持证人和用人单位对《居住证》积分存在异议的，向人力资源社会保障部门提请复核。

第二十二条（提供虚假材料的法律责任）

个人在申请积分过程中，伪造、变造或者使用伪造、变造申请材料的，由公安部门按照《中华人民共和国治安管理处罚法》的相关规定处罚；情节严重的，3年内不得申请积分；构成犯罪的，依法追究刑事责任。

单位在代办积分申请过程中伪造、变造或者使用伪造、变造申请材料的，由人力资源社会保障部门处3万元以上5万元以下罚款；情节严重的，3年内不得代办积分申请。对其直接负责的主管人员和其他直接责任人员，由公安部门按照《中华人民共和国治安管理处罚法》的相关规定处罚；构成犯罪的，依法追究刑事责任。

第五章　附则

第二十三条（动态调整）

根据本市经济社会发展需求，由市人力资源社会保障局会同市发展改革、教育、卫生计生、公安、工商、税务、住房保障房屋管理、经济信息化等部门对《居住证》积分管理指标体系和标准分值提出调整方案，经市人民政府批准后向社会公布。

第二十四条（施行日期）

本办法自2013年7月1日起施行，有效期至2015年6月30日。

附录6　上海市人民政府关于印发《上海市居住证申办实施细则》的通知

沪府发〔2013〕41号

各区、县人民政府，市政府各委、办、局：

现将《上海市居住证申办实施细则》印发给你们，请认真按照执行。

上海市人民政府

2013年6月17日

上海市居住证申办实施细则

第一条（目的和依据）

为了进一步规范境内来沪人员《上海市居住证》（以下简称《居住证》）的办理，根据《上海市居住证管理办法》，制定本实施细则。

第二条（适用范围）

境内来沪人员在本市居住的，应当按照国家和本市有关规定，办理居住登记。

在本市就业、投资开业、就读、进修以及投靠具有本市户籍亲属的境内人员，符合《上海市居住证管理办法》规定条件的，可以申办《居住证》。

第三条（职责分工）

各区（县）人民政府负责做好本行政区域内居住证申办的具体组织实施工作。

公安、人力资源社会保障部门负责《居住证》核定及相关证件管理。

各街道办事处、镇（乡）人民政府设置的社区事务受理服务中心负责《居住证》的受理和发放工作。

第四条（申办材料）

（一）申请办理《居住证》的来沪人员，应当提供以下基本材料：

1.《上海市居住证》申请表。

2.居民身份证等有效身份证明。

3.拟在本市居住6个月以上的住所证明。

（1）居住在自购住房的，提供相应的房地产权证复印件（验原件）。

（2）居住在租赁住房的，提供由房屋管理部门出具的房屋租赁合同登记备案证明复印件（验原件）。

（3）居住在单位集体宿舍的，提供单位出具的集体宿舍证明。

（4）居住在亲戚朋友家的，提供居（村）委出具的寄宿证明。

（二）除上述规定的基本材料外，申请人还应当根据自身情况和需求，提供相应证明材料：

1. 来沪就业的，提供期限为6个月以上劳动（聘用）合同复印件（验原件），参加本市职工社会保险满6个月的证明；

2. 来沪投资开业或从事个体经营的，提供企业或个体工商户营业执照复印件（验原件），参加本市职工社会保险满6个月的证明；

3. 来沪投靠本市户籍亲属的配偶、子女或父母的，分别提供结婚证复印件（验原件）、公安部门认定的父母子女关系的证明；

4. 来沪就读、进修的，分别提供本市大、中专院校发出的“录取通知书”复印件（验原件），本市非学历教育机构出具的书面证明复印件（验原件）。

第五条（受理）

社区事务受理服务中心对来沪人员申请办理《居住证》的，应当指导申请人填写《上海市居住证》申请表并确认后签字，同时核对材料是否齐全。

对材料不齐全的，应当告知申请人需要补齐的内容，并将申请材料退还申请人。

对材料齐全的，应当在居住证信息系统中登记信息、拍照，并出具《居住证》受理回执。

第六条（信息、材料移送）

对就业、投资开业和个体经营的，社区事务受理服务中心应当自受理之日起2个工作日内，将申办信息移送区（县）人力资源社会保障局。

对投靠、就读、进修的，社区事务受理服务中心应当自受理之日起2个工作日内，将申办材料移送辖区公安派出所。

第七条（核定）

区（县）人力资源社会保障局、公安派出所收到申办信息、申办材料后，应当在10个工作日内完成核定。

经核定不符合办理条件的，应当出具书面意见，交由社区事务受理服务中心书面告知申请人并说明理由。

经核定符合办理条件的，通过居住证信息系统通知制证。

第八条（签发、制证）

《居住证》由上海市公安局统一签发。

公安部门应当在收到制作通知后10个工作日内，完成证件制作。

第九条（领证）

社区事务受理服务中心收到《居住证》后，应当在2个工作日内，通知申请人前来领证。申请人领证时，应当出具《居住证》受理回执，并缴纳证件工本费。

第十条（信息变更）

持证人在本市居住地住址、工作单位或其他登记项目发生变化的，应当在30日内，携带相关证明材料到现居住地社区事务受理服务中心办理信息变更手续。社区事务受理服务中心应当将变更信息提交居住证管理信息系统，由相关管理部门重新确认。

第十一条（挂失）

持证人证件遗失的，应当由本人携带本人居民身份证等有效身份证明到社区事务受理服务中心办理证件挂失手续。

第十二条（补办）

持证人证件损毁，或证件遗失并办理挂失手续后30日内未找回的，应当由本人携带本人居民身份证等有效身份证明，到社区事务受理服务中心办理证件补办手续。

对符合《居住证》补办条件的，社区事务受理服务中心在居住证信息系统提出补证申请，由公安部门重新制证。

社区事务受理服务中心收到《居住证》后，应当在2个工作日内，通知申请人前来领证。领证时，应向申请人收取补证工本费。对《居住证》损毁的补证人，在发放新证的同时，应当收回其损毁的《居住证》。

第十三条（签注）

《居住证》每年签注一次。持证人应当在其《居住证》每届满1年之前的30日内，到居住地社区事务受理服务中心办理签注手续。逾期未办理签注手续的，可在60天内补办签注手续。

申请人在办理签注时，应当提供在沪居住地址信息和就业信息。经人力资源社会保障、公安部门核定符合条件的，予以签注。

签注期限自《居住证》受理或签注之日起1年计算。

第十四条（注销）

《居住证》持有人有下列情形之一的，经有关部门认定后，应当在10个工作日内通知公安部门，由公安部门在居住证信息系统中注销：

（一）持证人在申办时提供虚假材料取得《居住证》的；

（二）持证人情况发生变更且不符合《居住证》办理要求的；

（三）其他应当注销的情形。

《居住证》持有人有下列情形之一的，由公安部门在居住证信息系统中直接注销：

（一）持证人逾期60天未办理签注手续的；

（二）持证人已转办本市常住户口的。

第十五条（查询）

居住证登记信息、个人积分可通过互联网或者持本人有效《居住证》前往社区事务受理服务中心查询。

各政府部门和办理社会公共事务的机构在为来沪人员提供服务时，可通过政务网或POS机读卡等方式，查询居住证登记信息、个人积分。

第十六条（信息交换）

公安、人力资源社会保障、住房保障房屋管理、教育等部门应当建立信息定期交换机制，分别提供就业登记、参加社会保险、本市户籍人员基础信息、居住房屋信息、学籍和学历等信息；对能够通过比对方式核定的信息，可不要求来沪人员提供书面证明材料。

公安、人力资源社会保障部门应当及时交换居住证、积分等相关信息。

第十七条（工本费）

《居住证》的工本费，由社区事务受理服务中心向申请人收取，并出具全市统一的定额收据。

第十八条（施行日期）

本实施细则自2013年7月1日起施行，有效期至2018年6月30日。

附录7　上海市人民政府办公厅转发市教委等四部门关于来沪人员随迁子女就读本市各级各类学校实施意见的通知

沪府办发〔2013〕73号

各区、县人民政府，市政府各委、办、局：

市教委、市发展改革委、市人力资源社会保障局、市公安局《关于来沪人员随迁子女就读本市各级各类学校的实施意见》已经市政府同意，现转发给你们，请认真按照执行。

上海市人民政府办公厅

2013年12月19日

关于来沪人员随迁子女就读本市各级各类学校的实施意见

根据《上海市居住证管理办法》《上海市实有人口服务和管理若干规定》要求，现就来沪人员随迁子女（以下简称“随迁子女”）就读本市各级各类学校提出如下实施意见：

一、指导思想

贯彻落实《中华人民共和国义务教育法》和《国务院办公厅转发教育部等部门关于做好进城务工人员随迁子女接受义务教育后在当地参加升学考试工作意见的通知》（国办发〔2012〕46号）精神，以“合法稳定就业、合法稳定居住”为基本条件，完善权责对等、梯度赋权的随迁子女公共教育服务制度。

二、具体安排

（一）学前教育阶段

由各区县教育部门结合实际，制定并公布本区县适龄随迁子女入园具体规定。区县教育部门可依据持《上海市居住证》且积分达到标准分值、持《上海市居住证》年限等条件，设定先后顺序，在妥善安排本市户籍适龄幼儿入园的基础上，统筹安排随迁子女进入公办幼儿园就读。

来沪人员也可选择让其随迁子女进入民办学前教育机构就读。

（二）义务教育阶段

持《上海市居住证》人员，或连续3年在街镇社区事务受理服务中心办妥灵活就业登记（逐步过渡到3年）且持有《上海市临时居住证》满3年（逐步过渡到3

年）人员，其随迁子女在本市接受义务教育，可向《上海市居住证》或《上海市临时居住证》登记居住地所在区县教育主管部门申请。各区县教育主管部门根据区域内教育资源配置情况，统筹安排随迁子女进入义务教育阶段学校就读。

（三）高中阶段教育

1. 持《上海市居住证》且积分达到标准分值人员随迁子女，可在《上海市居住证》登记所在区县或就读学校所在区县，参加本市中等学校高中阶段招生考试。

2. 持《上海市居住证》人员，或连续3年在街镇社区事务受理服务中心办妥灵活就业登记（逐步过渡到3年）且持有《上海市临时居住证》满3年（逐步过渡到3年）人员，其随迁子女在本市接受3年初中教育（逐步过渡到3年）的，可参加本市全日制中等职业学校自主招生考试。

（四）高等教育阶段

1. 持《上海市居住证》且积分达到标准分值人员随迁子女在本市参加中等学校高中阶段招生考试并具有本市高中阶段完整学习经历的，可在本市参加普通高等学校招生考试。持《上海市居住证》且积分达到标准分值人员连续持有《上海市居住证》3年，其子女为本市高中阶段毕业生的，可在本市参加普通高等学校招生考试。

2. 持《上海市居住证》人员，或连续3年在街镇社区事务受理服务中心办妥灵活就业登记（逐步过渡到3年）且持有《上海市临时居住证》满3年（逐步过渡到3年）人员，其随迁子女参加中等职业学校自主招生考试并具有本市中等职业教育完整学习经历的，可选择在本市参加专科层次依法自主招生考试和三校生高考（专科层次）；持《上海市居住证》人员，或连续3年在街镇社区事务受理服务中心办妥灵活就业登记（逐步过渡到3年）且持有《上海市临时居住证》满3年（逐步过渡到3年）人员，其随迁子女参加专科层次依法自主招生考试或三校生高考（专科层次），并具有高等职业教育完整学习经历的，可参加本市普通高等学校专升本招生考试。

三、实施保障

（一）市教育部门根据本实施意见，制定年度随迁子女就学工作细则，切实保障符合条件的随迁子女接受教育的权益。各区县教育部门要在区县政府的领导下，根据市教育部门年度招生政策，结合区域实际，科学合理制定本区县学前教育和义务教育阶段的具体招生操作办法，确保符合条件的随迁子女在义务教育阶段享有相应的学位。

（二）相关部门要按照各自职责，做好《上海市居住证》证件管理和积分管理工作，进一步健全本市灵活就业登记制度，确保符合条件的来沪人员及时办证、积分和登记。

（三）各区县政府要在加强人口综合管理和服务的同时，做好随迁子女入学工作，明确责任，健全机制，形成合力，确保这项工作平稳有序。

四、施行时间

（一）本实施意见自2014年1月1日起施行，有效期至2018年12月31日。

（二）本实施意见施行后，本市相关部门此前发布的涉及来沪人员随迁子女就学的相关政策同时停止执行。

上海市教育委员会

上海市发展和改革委员会

上海市人力资源和社会保障局

上海市公安局

2013年12月11日

附录8 重庆市外来务工人员随迁子女在重庆参加普通高考方案

根据《国务院办公厅转发教育部等部门关于做好进城务工人员随迁子女接受义务教育后在当地参加升学考试工作意见的通知》（国办发〔2012〕46号）精神，为切实解决非重庆户籍的外来务工人员随迁子女在重庆报名参加普通高考的问题，结合我市实际情况，制订本方案。

一、指导思想

深入贯彻落实党的十八大精神，以“努力办好人民满意教育”为目标，积极稳妥推进高考制度改革，保障非重庆户籍的外来务工人员随迁子女享有平等接受高等教育机会的权利，同时有效防止“高考移民”，积极促进教育公平，切实改善民生，促进社会和谐发展。

二、基本原则

以人为本，注重教育公平；积极稳妥，注重合理条件准入；宽严适度，注重统筹兼顾。

三、工作目标

确保符合条件的非重庆户籍的外来务工人员随迁子女在重庆参加普通高考。

四、实施办法

（一）实施时间：从2013年开始试行。

（二）实施对象：非重庆户籍的外来务工人员随迁子女。

（三）报考条件：具备在重庆高中阶段三年连续完整的学籍并就读；普通高中学生家长（父母亲至少一方）在重庆有合法稳定职业、合法稳定住所（含租赁），中职学生家长不作条件限制；符合重庆市普通高考其他报名条件。

（四）报名地点：就读学校所在区县（自治县）指定报名点。

五、工作要求

（一）加强组织领导。建立市级相关部门分工负责和会商协调机制，由市教委牵头，市公安局、市人力社保局等部门配合，抓好组织实施。市级有关部门和各区县（自治县）要加强对非重庆户籍的外来务工人员随迁子女在重庆参加普通高考工作的组织领导，明确责任分工，密切协调配合，齐抓共管，确保该项工作平稳顺利推进。同时，要加强对有关政策的宣传解读，做好舆论引导。

（二）严肃工作纪律。市级有关部门和各区县（自治县）要严把政策关，把解决非重庆户籍的外来务工人员随迁子女在重庆参加普通高考这件好事办实，真正惠及符合条件的随迁子女。各区县（自治县）考试机构及考生所在学校要严格执行三级确认制度，即及时组织将考生相关信息在其班级、学校、所在地考试机构进行确认，确保公开、公平、公正。对弄虚作假的考生，一旦查实立即取消其当年报考资格，已进入高等学校学习的要按照规定取消其入学资格。对玩忽职守、弄虚作假的工作人员，将按有关规定严肃处理，并追究相应责任。

附录9 湖北：关于进城务工人员随迁子女接受义务教育后在我省参加升学考试实施办法（试行）

进一步做好进城务工人员及其他非本地户籍就业人员随迁子女接受义务教育后升学考试工作，是坚持以人为本、保障进城务工人员随迁子女受教育权利、促进教育公平的客观要求，对于保障和改善民生、加强和创新社会管理、维护社会和谐具有重要意义。

我省户籍进城务工人员随迁子女接受义务教育后在省内各地参加升学考试的问题已基本得到解决。为落实国务院转发的教育部等部门《关于做好进城务工人员随迁子女接受义务教育后在当地参加升学考试工作的意见》，根据《湖北省流动人口服务和管理条例》，特制定如下外省户籍进城务工人员及其他非本地户籍就业人员随迁子女（以下简称“随迁子女”）在我省参加升学考试实施办法：

一、随迁子女接受义务教育后在我省参加中考的相关政策

根据《国务院办公厅转发教育部等部门关于进一步做好进城务工就业农民子女义务教育工作意见的通知》（国办发〔2003〕78号）精神，我省坚持“以流入地政府管理为主、以公办中小学为主，保障进城务工就业农民子女接受义务教育”的原则，各地已经建立和完善了相关工作制度和机制，基本保障了随迁子女在城市学校平等接受义务教育并进入高中阶段学习。

在我省各地初中就读并获得统一学籍号的随迁子女均可在学籍所在学校报名参加中考中招，其中考报名、考试、录取等方面享受我省户籍考生同等待遇。具体报名时间、地点及录取办法由各市、州、直管市、林区教育行政部门规定。

二、随迁子女接受义务教育后在我省参加高考的报名条件

根据我省外来进城务工人员分布特点及其子女接受义务教育实际情况，除符合普通高考报名基本条件（遵守中华人民共和国宪法和法律、高级中等教育学校毕业或具有同等学力、身体健康）外，凡在我省参加高考报名的外省户籍随迁子女及其父（母）或法定监护人，必须符合以下条件：

（一）随迁子女考生具有我省高中阶段教育的学籍，并在我省完成三年的高中阶段教育学习；

（二）随迁子女考生的父（母）或法定监护人有合法稳定职业，在现居住地有合法稳定住所（含租赁）。

三、随迁子女参加高考的报名时间、地点及资格审查

（一）随迁子女在我省参加高考报名的时间安排。

我省从2013年开始接收应届、往届随迁子女在我省参加普通高考、高职统考和技能高考报名。具体报名时间与我省户籍高考考生同步（2013年我省户籍考生高考报名已结束，对符合条件的外省籍随迁子女在2013年2月26日至3月1日予以补报；2014年及以后的报名与我省户籍高考考生同步）。

（二）随迁子女在我省参加高考报名的地点。

符合报考条件的应届随迁子女在学籍所在学校报名；往届随迁子女在其父（母）或法定监护人工作所在地县（市、区）教育考试机构进行报名。

（三）报名资格审查。

随迁子女及其父（母）或法定监护人资格审核由学籍所在学校或父（母）、法定监护人工作所在地县（市、区）教育考试机构负责。随迁子女报名时需提交如下材料：

1. 本人报名申请和《居民户口簿》、居民身份证、高中学籍证明材料等复印件；

2. 随迁子女或其父（母）、法定监护人房产证或由我省居住地出具的居住证明材料。

四、随迁子女普通高考的考试、录取

（一）符合报考条件的应届、往届随迁子女参加普通高考时在报名所在地就近、统一安排考试。

（二）随迁子女在我省参加高考后，其招生体检、填报志愿和投档录取等方面与我省户籍考生同步进行。

（三）在我省参加录取的随迁子女，享受教育部统一规定且我省实施的优录加分政策，享受其高考报名地所在市、州高校面向当地考生招生计划的优录加分政策。

五、加强组织领导和协调配合

各地、各有关部门要加强对随迁子女升学考试工作的组织和领导，明确责任分工，密切协作配合，形成齐抓共管的工作格局。各地招生考试委员会要统筹做好随迁子女升学考试工作，教育部门会同发展改革等有关部门依据随迁子女升学考试人数合理调配资源，做好招生计划编制、考生报名组织、考试实施以及招生录取等工作。发展改革部门要将进城务工人员随迁子女教育纳入当地经济社会发展规划。公安部门要加强对流动人口的服务管理，及时提供进城务工人员及其随迁子女的居

住等相关信息。人力资源与社会保障部门要及时提供进城务工人员的就业和社保信息。

各级教育行政部门要加强中小学电子学籍网络化管理系统建设，及时了解和掌握随迁子女的基本信息，制定相应的制度和管理办法，为随迁子女就地参加升学考试提供科学、规范、准确的基础依据。各教育考试机构、各中学要加大宣传力度，做好相关政策的解读、释疑工作，营造良好的升学考试环境；要认真做好随迁子女的报考指导、服务工作，为随迁子女参加升学考试提供良好、便利的报考条件，办人民满意的升学考试。

省教育厅　省发改委　省公安厅　省人社厅

2012年12月31日

附录10　山东：关于做好进城务工人员随迁子女接受义务教育后在当地参加升学考试工作的实施意见

为认真贯彻落实《国务院办公厅转发教育部等部门关于做好进城务工人员随迁子女接受义务教育后在当地参加升学考试工作意见的通知》（国办发〔2012〕46号文件）和《山东省中长期教育改革和发展规划纲要（2011—2020年）》精神，切实保障进城务工人员随迁子女受教育权利，促进教育公平，现就做好我省进城务工人员及其他非本地户籍就业人员随迁子女接受义务教育后在当地参加中考和高考（以下称“随迁子女升学考试”）工作，提出如下意见：

一、进一步提高做好随迁子女升学考试工作重要性的认识

近几年来，我省各地认真贯彻落实“以流入地政府为主，以全日制公办中小学为主”政策，按照因地制宜、积极稳妥的原则，统筹考虑进城务工人员随迁子女规模、升学需求和流入地教育容纳能力等因素，进城务工人员随迁子女在当地接受义务教育的问题得到有效解决，部分市还制定了随迁子女接受义务教育后在当地参加高中阶段学校招生考试的办法。随着我省经济社会的不断发展和城市化进程的逐步推进，进城务工人员规模将不断扩大，随迁子女完成义务教育人数不断增多，随迁子女升学考试问题也将日益突出。进一步做好随迁子女升学考试工作，既是坚持以人为本、保障进城务工人员随迁子女受教育权利、促进教育公平的客观要求，也是保障和改善民生、加强和创新社会管理、维护社会和谐稳定的重要组成部分，有利于我省经济社会健康协调发展。各地必须高度重视，提高认识，采取切实措施，积极推进随迁子女升学考试工作。

二、做好随迁子女升学考试工作的基本思路

我省随迁子女升学考试工作要坚持有利于保障进城务工人员随迁子女公平受教育权利和升学机会，坚持有利于促进人口合理有序流动，统筹考虑进城务工人员随迁子女升学考试需求和我省各地教育资源承载能力等现实可能，积极稳妥、循序推进。要按照“以流入地政府为主，以全日制公办中小学为主”要求，切实强化义务教育阶段随迁子女就学保障，在此基础上，进一步健全完善随迁子女在我省参加高中阶段学校招生考试的政策，细化和落实符合条件的随迁子女在我省参加高校招生考试和录取政策，切实做好随迁子女在我省接受各类教育和参加升学考试工作。

三、进一步明确随迁子女在我省参加升学考试的政策

（一）从2014年起，凡具有我省高中段学校学籍并有完整学习经历的合格毕业生均可在我省就地（所就学的高中段学校所在地）报名参加高考，并与当地考生享

受同等的录取政策。

（二）各市、各有关部门要根据城市功能定位、产业结构布局和城市资源承载能力，综合考虑进城务工人员在当地的合法稳定职业、合法稳定住所（含租赁）和按照国家规定在当地参加社会保险年限，以及随迁子女在当地连续就学年限等情况，制定随迁子女在当地参加高中段学校升学考试的具体政策，原则上应于2012年年底前出台并报省教育厅备案。

四、完善随迁子女升学考试政策的配套措施

（一）各地要进一步摸清底数，准确掌握非本地户籍人口变动和随迁子女就学等情况，人口流入较多的市、县要综合经济社会发展等多方因素抓紧建立健全进城务工人员管理制度。

（二）对符合在当地参加升学考试条件的随迁子女净流入数量较大的市、县，要加强城市公共基础设施建设，科学规划教育资源配备，完善教育教学设施，改善办学条件，强化教育经费投入，适当增加高中段学校招生计划，保障进城务工人员随迁子女受教育权利。

（三）对不符合在流入地参加升学考试条件的随迁子女，流出地和流入地要积极配合，做好政策衔接，确保考生能够回流出地参加升学考试；经流出地和流入地协商，有条件的流入地可提供借考服务。

（四）各地教育、公安、人力资源社会保障等部门要密切配合，加强对考生报考资格的审查，严格规范、公开透明地执行随迁子女升学考试政策。

五、加强组织领导和协调配合

各地、各有关部门要加强对随迁子女升学考试工作的组织领导，明确责任分工，密切协作配合，形成齐抓共管的工作格局。教育部门会同有关部门依据随迁子女升学考试人数合理调配资源，做好招生计划编制、考生报名组织、考试实施以及招生录取等工作；发展改革部门要将进城务工人员随迁子女教育纳入当地经济社会发展规划；公安部门要加强对流动人口的服务管理，及时提供进城务工人员及其随迁子女的居住登记等相关信息；人力资源社会保障部门要及时提供进城务工人员的就业和社保信息。各地、各有关部门要及时研究解决工作中出现的新情况新问题，认真总结和推广成功经验。要采取多种形式加强对随迁子女升学考试政策的宣传解读，做好舆论引导工作，营造良好氛围。

山东省教育厅　山东省发展和改革委员会

山东省公安厅　山东省人力资源和社会保障厅

2012年12月5日

附录11　安徽省人民政府办公厅转发省教育厅等部门关于进城务工人员随迁子女接受义务教育后参加升学考试工作暂行意见的通知

皖政办〔2012〕65号

各市、县人民政府，省政府各部门、各直属机构：

省教育厅、省发展改革委、省公安厅、省人力资源社会保障厅《关于进城务工人员随迁子女接受义务教育后参加升学考试工作暂行意见》已经省政府同意，现转发给你们，请认真贯彻执行。

安徽省人民政府办公厅

2012年12月31日

关于进城务工人员随迁子女接受义务教育后参加升学考试工作的暂行意见

省教育厅　省发展改革委　省公安厅　省人力资源社会保障厅

为贯彻落实国家和我省《中长期教育改革和发展规划纲要（2010—2020年）》要求，根据《国务院办公厅转发教育部等部门关于做好进城务工人员随迁子女接受义务教育后在当地参加升学考试工作意见的通知》（国办发〔2012〕46号）精神，结合我省进城务工人员随迁子女升学的需求和我省高中阶段、高等教育资源的实际情况，现就做好进城务工人员及其他非本地户籍就业人员随迁子女（以下简称随迁子女）接受义务教育后在当地报名参加中考和高考工作，提出以下意见：

一、做好随迁子女升学考试工作，要坚持以人为本、促进教育公平的原则，坚持有利于保障和改善民生、加强和创新社会管理、维护社会和谐，坚持有利于保障随迁子女受教育权利和升学机会，坚持有利于促进人口合理有序流动，统筹考虑随迁子女升学考试需求和人口流入地教育资源承载能力等现实可能，积极稳妥推进。各地要根据城镇化建设和人口合理流动的需要，加大教育投入，调整教育资源配置。

二、完善随迁子女就地参加中考的政策。按照国家有关规定及省有关要求，由各市结合实际情况统筹制定中考相关政策，省政府教育行政部门负责审核。

三、认真落实随迁子女在皖参加高考的政策。户籍、学籍均在我省的考生，可自行选择在户籍地报考或在学籍所在地报考；具有我省户籍在外省就读的考生，可回户籍地参加高考；不具有我省户籍的随迁子女，在我省具有高中阶段3年完整学籍并有相应学习经历，可在学籍地参加高考。高中阶段学籍须由县级及以上教育行政部门出具证明方为有效。随迁子女参加高考的相关政策自2013年开始实行。

四、建立随迁子女在我省参加升学考试的管理机制。加强政府统筹，协调包括教育行政部门在内的政府相关部门共同参与配合。加强流出地与流入地在学籍管理、政策措施等方面的沟通、衔接，统筹做好随迁子女和流入地学生升学考试工作。对不符合在流入地参加升学考试条件的随迁子女，流出地和流入地要积极配合，做好政策衔接，保障考生能够回流出地参加升学考试。各地要加强对考生报考资格的审查，公开透明地执行随迁子女升学考试政策，防止“考试移民”。

五、加强组织领导和协调配合。各地、各有关部门要加强对随迁子女升学考试工作的组织领导，明确责任分工，密切协作配合，形成齐抓共管的工作格局。各地招生委员会要统筹做好随迁子女升学考试工作，教育行政部门要加强中小学电子学籍网络化管理系统建设，严格规范普通高中学籍管理，及时了解随迁子女基本信息，并会同有关部门做好考生报名组织、考试实施以及招生录取等工作。发展改革部门要将随迁子女教育纳入当地经济社会发展规划。公安部门要加强对流动人口的服务管理，及时提供进城务工人员及其随迁子女的居住等相关信息。人力资源社会保障部门要及时提供进城务工人员的就业和社保信息。各地区、各有关部门要采取多种形式加强对随迁子女升学考试政策的宣传解读，做好舆论引导工作，营造良好氛围。

附录12 贵州省人民政府办公厅关于转发省教育厅等部门贵州省外来人员随迁子女报考普通高等学校暂行规定的通知

黔府办发〔2012〕63号

各市、自治州人民政府，各县（市、区、特区）人民政府，省政府各部门、各直属机构：

省教育厅、省发展改革委、省公安厅、省人力资源社会保障厅、省监察厅《贵州省外来人员随迁子女报考普通高等学校暂行规定》已经省人民政府同意，现转发给你们，请结合实际，认真贯彻执行。

贵州省人民政府办公厅

2012年12月27日

贵州省外来人员随迁子女报考普通高等学校暂行规定

省教育厅 省发展改革委 省公安厅 省人力资源社会保障厅 省监察厅

第一章 总则

第一条 为保障考生合法权益，维护教育公平，根据《国务院办公厅转发教育部等部门关于做好进城务工人员随迁子女接受义务教育后在当地参加升学考试工作意见的通知》（国办发〔2012〕46号）精神，结合我省实际，制定本规定。

第二条 外来人员随迁子女在我省报考普通高等学校（以下简称高考），适用本规定。

第三条 各级政府应加强组织领导，统筹协调，建立教育、发展改革、公安、人力资源社会保障、监察等部门各司其职和协调配合的工作机制，切实有效地做好各职能内相关工作。

教育部门招生考试机构应做好招生计划编制、考生报名组织、考试实施以及招生录取等工作。发展改革部门应将外来人员随迁子女教育纳入当地经济社会发展规划。公安部门应提供外来人员及其随迁子女的居住等相关信息。人力资源社会保障部门应提供外来人员的就业和社保信息。监察机关应加强监督检查，严肃查处违纪行为，并追究相关责任部门和责任人的责任。

第二章 报考条件

第四条 符合下列条件之一的考生，可在我省参加高考：

（一）外来人员随迁子女在我省取得初中毕业证书，高中阶段在我省连续就读三年，有我省高中阶段三年完整学籍。考生高考报名前，其父亲（或母亲）在我省居住，有合法稳定住所、合法稳定职业，持有我省居住证（或暂住证）和在我省连续缴纳社会保险均在三年以上（含三年）。

（二）考生父亲（或母亲）系经我省县级以上（含县级）组织、人力资源社会保障部门批准，按程序调入我省党政机关、事业单位工作，考生户籍在高考报名前迁入我省，高中阶段在我省就读，有我省高中阶段学籍。

（三）考生父亲（或母亲）系高级职称或者博士学位的专业技术人才，经我省县级以上（含县级）组织、人力资源社会保障部门审批同意，引进到我省党政机关、事业单位工作，考生户籍在高考报名前迁入我省，高中阶段在我省就读，有我省高中阶段学籍。

（四）考生父亲（或母亲）系经我省市（州）级以上（含市、州）组织、人力资源社会保障部门认定引进的高层次创新创业人才，在我省连续工作二年以上（含二年），考生户籍在高考报名前迁入我省，高中阶段在我省连续就读二年以上（含二年），有我省高中阶段二年学籍。

（五）考生父亲（或母亲）系由部队转业（复员）安置到我省，考生和父亲（或母亲）户籍迁入我省，在我省高中学校就读，有我省高中阶段学籍。

（六）考生父亲（或母亲）按程序调入我省国有企业工作，考生和父亲（或母亲）户籍迁入我省，高中阶段在我省就读，有我省高中阶段学籍。

（七）考生和父亲（或母亲）在我省有常住户籍，考生高中阶段在我省连续就读三年，有我省高中阶段三年完整学籍。

（八）考生本人户籍迁入我省六年以上（含六年），有我省初中阶段三年完整学籍、高中阶段三年完整学籍。

第五条　符合第四条报考条件的考生，报考时，应出具以下报考材料：

（一）符合第四条第一项报考条件的考生，须提供父亲（或母亲）居民户口簿、居民身份证、居住证（或暂住证）、住房证明（房屋使用权证明或购房合同、房屋租赁合同等）、务工证明、社保证明，考生居民身份证、初中毕业证、我省高中阶段学生学籍登记表、普通高中学生学业水平考试成绩。

（二）符合第四条第二项报考条件的考生，须提供父亲（或母亲）居民户口簿、居民身份证、县级以上（含县级）组织、人力资源社会保障部门工作调动文件，考生居民户口簿、居民身份证、我省高中阶段学生学籍登记表、普通高中学生学业水平考试成绩。

（三）符合第四条第三项报考条件的考生，须提供父亲（或母亲）居民户口簿、居民身份证、县级以上（含县级）组织、人力资源和社会保障部门审批原件及单位工资发放证明，考生居民户口簿、居民身份证、我省高中阶段学生学籍登记表、普通高中学生学业水平考试成绩。

（四）符合第四条第四项报考条件的考生，须提供父亲（或母亲）居民户口簿、居民身份证、市（州）以上（含市、州）组织、人力资源社会保障部门审批原件及单位工资发放证明，考生居民户口簿、居民身份证、我省高中阶段学生学籍登记表、普通高中学生学业水平考试成绩。

（五）符合第四条第五项报考条件的考生，须提供父亲（或母亲）居民户口簿、居民身份证、部队转业（复员）证、接收单位证明，考生居民户口簿、居民身份证、我省高中阶段学生学籍登记表、普通高中学生学业水平考试成绩。

（六）符合第四条第六项报考条件的考生，须提供父亲（或母亲）居民户口簿、居民身份证、工作调动文件，考生居民户口簿、居民身份证、我省高中阶段学生学籍登记表、普通高中学生学业水平考试成绩。

（七）符合第四条第七项报考条件的考生，须提供父亲（或母亲）居民户口簿、居民身份证，考生居民户口簿、居民身份证、我省高中阶段学生学籍登记表、普通高中学生学业水平考试成绩。

（八）符合第四条第八项报考条件的考生，须提供考生居民户口簿、居民身份证、我省初中及高中阶段学生学籍登记表、初中毕业证、普通高中学生学业水平考试成绩。

第六条　不符合本规定报考条件的考生，按如下办理：

（一）户籍未迁入我省的，应回其户籍所在地参加高考报名。

（二）户籍已迁入我省的，可将户籍迁回原所在地参加高考报名，也可申请在我省报考第三批次本科院校和高职专科学校。

第三章　审核监督

第七条　考生的学籍和普通高中学生学业水平考试成绩由其就读学校班主任、校长签署审查意见，经县级教育部门审核确认。

第八条　考生的户籍审查由考生户籍所在地公安派出所负责，派出所负责人签署审查意见，经县级公安局审核确认。

第九条　考生父亲（或母亲）务工证明由务工单位或其居住地（或暂住地）街道办事处（社区服务中心）或乡（镇）人民政府出具和审核。

第十条　考生父亲（或母亲）缴纳社保的证明和社保凭证，由县级以上（含县级）社保经办机构出具和审核。

第十一条　县级招生监察办公室负责对考生申报的证明材料原件进行审查，认真做好登记、编号、汇总和造册，并将审查证明材料报送市（州）招生监察办公室，报送的证明材料复印件要注明“原件已审”，并经审查人签字和加盖单位公章。

第十二条　市（州）招生监察办公室在高考报名结束后20天内，须将本辖区考生名册（含光盘）、《贵州省外来人员随迁子女报考普通高等学校资格审查表》、考生相关证明材料复印件报送省招生监察办公室。

第十三条　省招生监察办公室对考生报考资格做出审查结论，并书面通知考生就读学校所在市（州）招生监察办公室。

第十四条　考生报考资格审查工作实行“谁审查、谁签字、谁负责”的工作责任制。各级审查单位要认真履行职责，审查单位负责人及审查人应在《贵州省外来人员随迁子女报考普通高等学校资格审查表》相关审查栏目内签字和加盖单位公章，并对审查结果负责。

第四章　公示及责任追究

第十五条　考生资格审查结论在考生就读学校、县级招生办和省招生考试院网站公示，公示时间10天。

第十六条　公示工作实行属地负责制。公示期间，各级招生办、招生监察办、考生就读学校应设置举报箱，公布举报电话，认真做好群众来信来访和政策咨询工作，对有反映的考生，应认真调查核实，并将调查情况报送省招生监察办公室处理。

第十七条　考生有下列行为之一的，经查实后取消其考试资格或录取资格，已经入学的取消其学籍：

（一）伪造或者变造学籍、户籍、居民身份证、社保证明、居住证、暂住证及其他证明材料取得报名资格的。

（二）在不同省份重复报名或者通过办理非正常学籍、户籍迁移手续取得报名资格的。

（三）未报经招生监察办公室审查或者未如实填报《贵州省外来人员随迁子女报考普通高等学校资格审查表》的。

（四）其他应当依法追究责任的。

第十八条　有下列行为之一的，按照《国家教育考试违规处理办法》（教育部令第33号）有关规定对教育系统相关责任人进行处理；按照党纪政纪有关规定对其他部门相关责任人进行处理。

（一）为考生及考生父亲（或母亲）提供虚假证明、证件、档案等相关材料，使其取得报名考试资格的。

（二）伪造、变造考生档案（含电子档案）的。

（三）擅自更改或者编造、虚报考试成绩、考试数据、信息的。

（四）利用工作便利索贿、受贿、以权徇私的。

（五）组织、参与“高考移民”活动的。

（六）其他应当依法追究责任的。

第五章　附则

第十九条　本规定自2014年我省高考报名时开始执行，原贵州省招生委员会、贵州省教育厅、贵州省监察厅、贵州省公安厅联合发布的《贵州省关于外省学生迁入我省报考普通高校资格审查规定》（黔招委〔2007〕22号）同时废止。

附录13　广东省人民政府办公厅转发省教育厅等部门关于做好进城务工人员随迁子女接受义务教育后在我省参加升学考试工作意见的通知

粤府办〔2012〕137号

各地级以上市人民政府，各县（市、区）人民政府，省政府各部门、各直属机构：

省教育厅、发展改革委、公安厅、人力资源社会保障厅《关于做好进城务工人员随迁子女接受义务教育后在我省参加升学考试工作的意见》已经省人民政府同意，现转发给你们，请认真贯彻执行。

广东省人民政府办公厅

2012年12月29日

关于做好进城务工人员随迁子女接受义务教育后在我省参加升学考试工作的意见

省教育厅　省发展改革委　省公安厅　省人力资源社会保障厅

根据《国务院办公厅转发教育部等部门关于做好进城务工人员随迁子女接受义务教育后在当地参加升学考试工作意见的通知》（国办发〔2012〕46号）要求，并结合广东省实际，现就做好进城务工人员随迁子女（以下简称随迁子女）接受义务教育后在我省参加升学考试工作提出以下意见：

一、高度重视做好随迁子女接受义务教育后升学考试工作

近年来，全省各地认真按照国家和省的工作部署，积极稳妥地推进随迁子女平等接受义务教育，使这一问题得到初步解决。但随着随迁子女完成义务教育人数不断增多，随迁子女在流入地参加中考和高考问题日益突出。进一步做好随迁子女升学考试工作，是坚持以人为本、促进教育公平的客观要求，对于保障和改善民生、加强和创新社会管理、促进社会和谐稳定具有重要意义。对此，各地、各有关部门要高度重视，要认真按照国办发〔2012〕46号文要求，以高度的政治责任感和使命感，积极稳妥地推进此项工作，切实保障随迁子女公平享受教育权利和升学机会，促进教育公平和社会和谐稳定。

二、因地制宜推进随迁子女参加中考工作

各地级以上市人民政府要按照国办发〔2012〕46号文规定要求，对在当地有3年完整初中学籍的随迁子女，根据当地城市资源特别是教育资源承载能力，合理确

定随迁子女在当地参加中考的准入条件，因地制宜制订随迁子女参加中考升学考试的具体办法，于2013年3月底前报省教育厅备案，并于2013年开始实施。已经放开或部分放开中考的地区，要做好新旧政策衔接，不能发生中断现象。

三、积极稳妥推进随迁子女参加高考工作

根据国家要求和我省教育资源承载能力，结合《广东省流动人口服务管理条例》，制订随迁子女在我省参加高考的实施办法。

（一）积分入户的随迁子女在我省参加高考的条件。按照《关于开展农民工积分制入户城镇工作的指导意见》（粤府办〔2010〕32号）、《关于做好高技能人才入户城镇工作意见的通知》（粤府办〔2012〕66号）的要求，异地务工人员、高技能人才及其随迁子女在我省入户的，随迁子女不受入户年限、就学年限等限制，自2013年起可在我省报名参加高考，并可与入户地户籍考生同等录取。

（二）随迁子女就读中职学校在我省参加高考的条件。经县（市、区）人民政府主管部门认定的在我省具有合法稳定职业、合法稳定住所并连续3年以上持有我省居住证、按国家规定在我省参加社会保险累计3年以上的进城务工人员，其随迁子女具有我省中职学校3年完整学籍的，自2014年起可在我省报名参加高等职业学院招收中职学校毕业生招生考试，并可与我省户籍考生同等录取。

（三）随迁子女就读普通高中在我省参加高考的条件。经县（市、区）人民政府主管部门认定的在我省具有合法稳定职业、合法稳定住所并连续3年以上持有我省居住证、按国家规定在我省参加社会保险累计3年以上的进城务工人员，其随迁子女在我省参加中考并在父母就业所在城市具有高中阶段3年完整学籍的，自2016年起可在我省报名参加高考，与我省户籍考生同等录取。

（四）其他。对不符合以上条件的随迁子女，自2014年起，经户籍所在地省级招生办同意，可在我省借考，但须回到户籍所在省（区、市）参加录取。

具体办法由省教育、公安、人力资源社会保障、住房城乡建设等相关部门制订。必要时，可视实施情况和国家有关规定对报考条件进行适当调整。

四、完善随迁子女升学考试管理服务

各地、各有关部门要建立健全随迁子女升学考试管理和服务制度，加强随迁子女升学考试管理和服务工作。要全面掌握随迁子女的数量、分布、居住、社保信息和流动趋势，并根据进城务工人员的变动和随迁子女的就学等实际情况，深入细致地做好随迁子女升学考试工作，切实发挥好服务保障作用。要加强对随迁子女升学考试政策的宣传，为随迁子女参加升学考试提供有效的政策解读和咨询指导。要坚持正确的舆论导向，营造良好的舆论环境，促进社会和谐稳定。

五、统筹做好随迁子女和流入地本地学生升学考试工作

各地、各有关部门，特别是符合在当地参加升学考试条件的随迁子女净流入量较大的地级以上市，要依据随迁子女参加升学考试人数规模，采取有力措施，创造有利条件，合理调配教育资源，争取国家相应增加招生计划，既积极稳妥地推进随迁子女升学考试，又保障本地户籍考生高考录取比例不受影响。对不符合在我省参加升学考试条件的随迁子女，要加强与流出地的协调配合，做好政策衔接。

六、加强组织领导和协作配合，确保平稳实施

各地、各有关部门要把解决随迁子女参加升学考试工作作为重要的民生实事来抓，切实加强组织领导，完善保障措施，抓好工作落实，确保随迁子女参加升学考试工作平稳实施。要加大建设投入，健全经费保障，把符合规定条件的随迁子女接受高中教育、高等教育纳入公共财政资助范围，加大高中教育、高等教育财政投入，切实提高规范化学校办学条件，充分挖掘办学潜力，增大教育资源承载能力，积极为随迁子女参加升学考试创造条件。各有关部门要明确责任分工，密切协作配合，形成齐抓共管的工作格局，切实加强随迁子女考生报考资格审查，严格规范执行随迁子女升学考试政策，全力维护我省招生考试的良好秩序。

各级招生委员会要统筹做好随迁子女升学考试工作。教育部门要合理调配资源，做好招生计划编制、考生报名组织、考试实施以及招生录取等工作，并负责随迁子女在我省连续就学年限和学籍的审核工作。发展改革部门要把随迁子女接受义务教育后在当地参加升学考试工作纳入国民经济和社会发展规划。公安部门要加强对流动人口的服务管理，及时提供进城务工人员及其随迁子女的居住等信息，并负责进城务工人员居住证的审核工作。人力资源社会保障部门要及时提供进城务工人员的就业和社保信息，并负责进城务工人员稳定就业和按照国家规定参加社会保险年限的审核工作。住房城乡建设部门要会同公安等部门负责对进城务工人员及其随迁子女的合法住所进行审核。国土资源部门要制订相配套的用地政策，解决随迁子女升学考试在当地接受教育所需要的建校用地指标等问题。

附录14 广东：关于印发《进城务工人员随迁子女在广东省参加高校招生考试实施办法（试行）》的通知

粤教考〔2013〕7号

各地级以上市及顺德区教育局、发展改革局（委）、公安局、人力资源和社会保障（人力资源、社会保障）局、住房和城乡建设局（房管局）：

为进一步做好我省进城务工人员随迁子女在广东省参加高校招生考试工作，保障随迁子女公平享受教育权利和升学机会，促进教育公平和社会和谐稳定，根据《广东省人民政府办公厅转发省教育厅等部门关于做好进城务工人员随迁子女接受义务教育后在我省参加升学考试工作意见的通知》（粤府办〔2012〕137号）的有关精神，经研究，制定《进城务工人员随迁子女在广东省参加高校招生考试实施办法（试行）》。现将《进城务工人员随迁子女在广东省参加高校招生考试实施办法（试行）》印发给你们，请遵照执行。

广东省教育厅　广东省发展和改革委员会
广东省公安厅　广东省人力资源和社会保障厅
广东省住房和城乡建设厅
2013年11月27日

进城务工人员随迁子女在广东省参加高校招生考试实施办法（试行）

第一章　总则

第一条　为进一步做好我省进城务工人员随迁子女（以下简称随迁子女）在广东省参加高校招生考试工作，保障随迁子女公平享受教育权利和升学机会，促进教育公平和社会和谐稳定，根据《广东省人民政府办公厅转发省教育厅等部门关于做好进城务工人员随迁子女接受义务教育后在我省参加升学考试工作意见的通知》（粤府办〔2012〕137号）的有关精神，特制定本实施办法。

第二条　本实施办法所称随迁子女是指跟随父亲或母亲在我省生活、就学的非广东省户籍进城务工人员及其他非广东省户籍就业人员子女。

第三条　做好随迁子女在我省参加高校招生考试工作，是坚持以人为本、促进教育公平的客观要求。各地、各有关部门要高度重视，认真按照国家和省的工作部署，以高度的政治责任感和使命感，积极稳妥地推进随迁子女参加高校招生考试工作。

第四条 各地教育、公安、人力资源社会保障、住房城乡建设（房地产）等相关部门依据本实施办法，具体负责对随迁子女参加高校招生考试报考资格审查工作。

第二章 报考条件和实施时间

第五条 按照《关于开展农民工积分制入户城镇工作的指导意见》（粤府办〔2010〕32号）、《关于做好高技能人才入户城镇工作意见的通知》（粤府办〔2012〕66号）的要求，异地务工人员、高技能人才及其随迁子女在我省取得入户的，随迁子女不受入户年限、就学年限等限制，2013年起可在我省报名参加高考。

第六条 随迁子女在我省就读中等职业学校（简称中职学校，含技工学校，下同），并同时符合以下条件的，2014年起可在我省报名参加高等职业学院招收中职学校毕业生招生考试（即“3+专业技能课程证书”考试和高职院校对口自主招生考试）：

（一）父亲或母亲在我省具有合法稳定职业；

（二）父亲或母亲在我省具有合法稳定住所；

（三）父亲或母亲持有我省居住证，有效期截止至当年高考报名规定时间，已连续3年以上（含3年）；

（四）父亲或母亲在我省依法参加社会保险缴费累计3年以上（含3年）；

（五）随迁子女具有我省中职学校3年完整学籍。

第七条 随迁子女在我省就读普通高中，并同时符合以下条件的，2016年起可在我省报名参加高考：

（一）父亲或母亲在我省具有合法稳定职业；

（二）父亲或母亲在我省具有合法稳定住所；

（三）父亲或母亲持有我省居住证，有效期截止至当年高考报名规定时间，已连续3年以上（含3年）；

（四）父亲或母亲在我省依法参加社会保险缴费累计3年以上（含3年）；

（五）随迁子女在我省参加中考；

（六）随迁子女在父亲或母亲就业所在地市具有高中阶段学校3年完整学籍。

第八条 对其他不符合以上条件的进城务工人员随迁子女，经户籍所在地省级招生办公室同意，2014年起可在我省借考。

第三章 报考要求

第九条 符合报考条件的随迁子女报名参加高考应当在当年高考报名规定的时

间内，持本人身份证、居民户口簿及相关的证明材料按要求到就学学校所在地的市、县（市、区）招生考试机构指定的报名点办理报名手续。

第十条　随迁子女报名时，应提交以下材料原件和复印件：

（一）父亲或母亲在我省具有合法稳定职业证明：提供《广东省就业失业登记证》、《劳动合同》、《工商企业登记证》等其中一项有效证明材料；

（二）父亲或母亲在我省具有合法稳定住所证明：提供房地产权证、购房合同、房屋征收（拆迁）补偿协议、房屋租赁合同、房屋租赁登记备案证明等其中一项有效证明材料；

（三）父亲或母亲的《广东省居住证》（在深圳市报考的提交《深圳市居住证》）；

（四）父亲或母亲在我省累计缴费3年以上（含3年）的职工基本养老保险和基本医疗保险证明材料；

（五）随迁子女在我省参加中考及在父亲或母亲就业所在地市的高中阶段学校3年完整学籍的有关证明。

第十一条　符合报考条件的随迁子女应当填写《广东省进城务工人员随迁子女高考报名资格审核表》（见附件），并按报考条件要求出示相关证明材料，由其父亲或母亲就业所在地县（市、区）公安局、人力资源和社会保障（人力资源、社会保障）局、住房和城乡建设局（房管局）、教育局审核。经上述四部门认定后方可报名参加高考。

第十二条　随迁子女报名参加升学考试应当认真填报基本信息、报考信息及出示有关的证明材料，并对其真实性、准确性负责。如果随迁子女的有关材料及有关证件不齐备或弄虚作假的，一律不准报考。对弄虚作假取得报名资格的随迁子女，一经发现，取消报名资格。已被录取的随迁子女，一经查实有关证件不齐备或弄虚作假的，取消录取资格。

第十三条　随迁子女报名参加高考，应使用户口簿上的现用姓名（须与身份证同名）报名，并以此作为考试、录取的依据。随迁子女因本人填报的信息错漏造成无法考试、录取的，其责任由随迁子女本人自负。

第十四条　不符合条件的进城务工人员随迁子女如需在我省参加借考，应当向户籍所在地省级招生办公室提出书面申请，经户籍所在地省级招生办公室同意，方可在我省其父亲或母亲就业所在地市借考。报名时，随迁子女应当出示户籍所在地省级招生办公室同意的有关书面材料，在规定时间内到其父亲或母亲就业所在地市招生办公室办理高考借考手续。在我省借考的随迁子女应当回到户籍所在省（区、市）参加录取。

第四章 资格审核

第十五条 各地、各有关部门要建立健全随迁子女升学考试管理和服务制度，切实加强随迁子女考生报考资格审核，严格规范执行随迁子女升学考试政策，全力维护我省招生考试的良好秩序。

第十六条 需在我省参加高考的随迁子女，应当在高考报名前向就学所在县（市、区）招生考试机构提出申请，并提交相应证明材料，由县（市、区）招生考试机构负责汇总，并分送县（市、区）人力资源社会保障、住房城乡建设（房地产）、公安、教育等职能部门，由各职能部门根据随迁子女在我省参加高考的准入条件，认真做好审核、认定工作。

第十七条 各职能部门审核后，在规定时间内将有关名单反馈回县（市、区）招生考试机构，由县（市、区）招生考试机构根据各职能部门的审核结果确定报考名单，所确定的报考名单由学籍所在中学公示，对公示结果有异议并经审定不符合报考条件的，不予办理报考手续。

第十八条 各地要积极建立“网上”办公工作机制，加强进城务工人员相关信息管理、互通，简化随迁子女报考手续，提高工作效率，为随迁子女报考提供优质服务。

第十九条 县（市、区）人力资源和社会保障（人力资源、社会保障）局具体负责进城务工人员的合法稳定职业的审核和在我省依法参加社会保险缴费累计年限的认定工作，参加社会保险累计年限的计算截止时间为其随迁子女当年高考报名规定时间。进城务工人员具有下列条件之一的，应认定为在我省具有合法稳定职业：

（一）在我省范围内与用人单位签订了劳动合同，或在我省人力资源和社会保障部门办理了就业登记；

（二）在我省各级工商行政管理部门登记领取营业执照从事合法个体经营或其他商业活动。

第二十条 县（市、区）公安局（分局）具体负责进城务工人员持有我省居住证年限、身份证和户籍情况的审核、认定工作。进城务工人员须持有我省的居住证，其有效期截止至当年高考报名规定时间，已连续3年以上（含3年）。

第二十一条 县（市、区）住房和城乡建设局（房管局）具体负责对进城务工人员居住情况进行审核、认定工作。进城务工人员具有下列条件之一的，应认定为在我省具有合法稳定住所：

（一）在我省拥有自有住房的［具有房地产权证、购房合同、房屋征收（拆迁）补偿协议等之一］；

（二）在我省合法租赁住房的［具有有效期内且已在县级以上房屋租赁管理部门或房屋所在地街道（镇）出租屋管理中心及其他授权办理备案机构办理了登记备案手续的房屋租赁合同，或房屋租赁登记备案证明］。

第二十二条　县（市、区）教育局具体负责随迁子女在我省连续就学年限和学籍的审核、认定工作。随迁子女就读中职学校在我省报名参加高等职业学院招收中职学校毕业生招生考试须具有我省中职学校3年完整学籍，随迁子女就读普通高中在我省参加高考须在我省参加中考并在父亲或母亲就业所在地市具有高中阶段学校3年完整学籍。

第二十三条　进城务工人员就业地和居住地不同，其随迁子女符合学籍报考条件的，进城务工人员合法稳定住所由居住地房屋主管部门审核认定，相关县（市、区）招生考试部门协助办理审核手续。

第五章　录取实施办法

第二十四条　符合参加高考升学考试准入条件的进城务工人员随迁子女，按要求办理报名手续在我省参加高考的，与我省户籍考生同等录取。

第二十五条　对不符合参加高考升学考试准入条件的进城务工人员随迁子女，经户籍所在地省级招生办公室同意，高考可在我省借考。在我省借考的随迁子女，须在高考规定时间办理相应手续，须回到户籍所在省（区、市）参加录取，具体录取要求和标准由户籍所在地省级招生办公室确定。

第六章　保障措施

第二十六条　各地、各有关部门要切实加强组织领导，完善保障措施，抓好工作落实，深入细致地做好随迁子女在我省参加高校招生考试工作，切实发挥好服务保障作用，确保随迁子女在我省参加高校招生考试工作平稳实施，保障进城务工人员随迁子女受教育权利和升学机会。

第二十七条　各地、各有关部门要全面掌握随迁子女的数量、分布、居住和流动趋势，并根据进城务工人员的变动和随迁子女的就学等实际情况，合理调配教育资源，充分挖掘办学潜力，积极为进城务工人员随迁子女在我省参加高校招生考试创造条件。

第二十八条　各级招生委员会要统筹做好随迁子女在我省参加高校招生考试工作。对符合在我省参加升学考试条件的随迁子女，做好考生报名组织、考试实施、招生计划公布以及招生录取等工作。对不符合在我省参加高考条件的随迁子女，要加强与流出地的协调配合，做好政策衔接工作。

第二十九条　各地、各有关部门要通过各种渠道、各种方式加强对进城务工人员随迁子女在我省参加高校招生考试政策的宣传，实事求是地将随迁子女参加升学考试的政策规定、实施办法和操作程序等及时、准确地向社会公开发布，为随迁子女在我省参加高校招生考试提供有效的政策解读和咨询指导，营造良好的舆论和社会环境。

第七章　附则

第三十条　本实施办法由省教育、发展改革、公安、人力资源社会保障、住房城乡建设等相关部门负责解释。如出现未作规定和细化的有关事项，由省教育、发展改革、公安、人力资源社会保障、住房城乡建设等相关部门集体研究处理。

第三十一条　本实施办法自公布之日起施行。

附录15　宁波市人民政府办公厅印发关于做好外来务工人员随迁子女在我市参加升学考试工作实施意见（试行）的通知

甬政办发〔2013〕52号

各县（市）区人民政府，市直及部省属驻甬各单位：

《关于做好外来务工人员随迁子女在我市参加升学考试工作的实施意见（试行）》已经市政府第22次常务会议审议通过，现印发给你们，请认真贯彻执行。

宁波市人民政府办公厅

2013年3月18日

关于做好外来务工人员随迁子女在我市参加升学考试工作的实施意见（试行）

根据《国务院办公厅转发教育部等部门关于做好进城务工人员随迁子女接受义务教育后在当地参加升学考试工作意见的通知》（国办发〔2012〕46号）、《浙江省人民政府办公厅转发省教育厅等4部门关于做好外省籍进城务工人员随迁子女接受义务教育后在我省参加升学考试工作的实施意见》（浙政办发〔2012〕160号）等文件精神，结合我市实际，现就做好外来务工人员随迁子女在我市参加升学考试（以下简称随迁子女升学考试）工作，提出如下实施意见：

一、充分认识随迁子女就地参加升学考试工作的重要性

多年来，我市认真贯彻落实国务院、省政府的决策部署，克服教育资源紧张、外来务工人员随迁子女数量多等压力，较好地解决了外来务工人员随迁子女就地接受义务教育的问题。但随着外来务工人员规模不断扩大，随迁子女完成义务教育人数不断增多，随迁子女就地参加升学考试问题日益突出。做好随迁子女就地参加升学考试工作，是保障随迁子女受教育权利、促进教育公平的客观要求，对于保障和改善民生、引导外来人口合理有序流动和稳定就业、加强和创新社会管理、维护社会和谐，具有重要意义。

二、认真做好符合条件的随迁子女在我市参加高考报名与高校招生考试工作

按照《浙江省人民政府办公厅转发省教育厅等4部门关于做好外省籍进城务工人员随迁子女接受义务教育后在我省参加升学考试工作的实施意见》（浙政办发〔2012〕160号）精神，“通过我省初中毕业生学业水平考试（中考）或符合我省流入地初中升高中条件，进入我省高中阶段学校学习，并具有完整的我省高中阶

段连续学习经历和学籍的随迁子女，同时符合我省高考报名的其他条件的，从2013年起可在我省报名参加高考”。市及各县（市）区招生部门要加强政策把关，提高服务能力，确保符合条件的外来务工人员随迁子女在我市参加高考报名与高校招生考试。

三、合理制订外省籍务工人员随迁子女初中升高中的基本条件

报考我市高中段学校的外省籍务工人员随迁子女，需符合我市流入地小学升初中条件，进入我市初中阶段学校学习，并具有完整的我市初中阶段连续学习经历和学籍，且其父（母）或法定监护人在本市有合法稳定职业、合法稳定住所（含租赁）和按照国家规定在近3年内要参加1年及以上社会保险的随迁子女，同时符合我市中考报名的其他条件的，从2013年起可在我市初中就学地报名参加初中升高中考试与录取。随迁子女在中考后参加高中段学校招生录取与我市户籍学生享受同等政策。

各县（市）区可从本地实际出发，按上述原则意见，研究确定本地随迁子女初中升高中政策条件。制定初中升高中政策条件应注意与原有义务教育入学条件相衔接。把政策条件重点放在有效解决已在本地连续稳定就业的外来务工人员随迁子女读书上，切实防止教育移民。有关随迁子女升学考试的实施方案，应于2013年中小学招生工作开始前向社会公布，并在3月底之前报市教育局备案。

市教育局要尽快研究细化外省籍务工人员随迁子女初中升高中政策的指导意见，加强政策指导，加大统筹力度。

四、积极稳妥地完善随迁子女义务教育阶段入学政策

根据《关于进一步做好外来工子女接受义务教育工作的意见》（甬政办发〔2007〕241号）、《国务院办公厅转发教育部等部门关于做好进城务工人员随迁子女接受义务教育后在当地参加升学考试工作意见的通知》（国办发〔2012〕46号）和《浙江省人民政府办公厅转发省教育厅等4部门关于做好外省籍进城务工人员随迁子女接受义务教育后在我省参加升学考试工作的实施意见》（浙政办发〔2012〕160号）等文件精神，各地要根据城市功能定位、产业结构布局和城市资源承载能力，认真统筹处理好需要和可能的关系、本地户籍子女和随迁子女接受教育的关系、近期和长远的关系，深入开展调查测算和研究，充分考虑高考和中考面向随迁子女放开后可能产生的影响，在动态测算入读学生数和教育承载力的基础上，按照其父（母）在当地有合法稳定职业、合法稳定住所（含租赁）和按照国家规定参加社会保险年限等条件（原则上要在本市参加1年及以上的社会保险），不断完善义务段外来务工人员随迁子女入学政策。

五、加强组织领导和协调配合

各地要深入开展教育需求和教育资源调查，准确掌握教育资源和随迁子女现状，科学预测其发展变化趋势。各级相关部门要密切配合，合力推进随迁子女升学考试工作。教育部门会同有关部门依据随迁子女人数合理调配教育资源，做好招生计划编制、新生入学、考生报名组织、考试实施以及招生录取等工作。宣传部门要全面、客观地宣传解释做好外来务工人员随迁子女就地升学工作的重要性、必要性与现实性。发改部门要将外来务工人员随迁子女教育纳入当地经济社会发展规划。公安部门要加强流动人口及随迁子女的居住登记，做好外来务工人员合法稳定住所（含租赁）条件的审核与把关，推广完善居住证制度，准确提供外来务工人员及随迁子女信息。人力社保部门要及时提供外来务工人员的就业和社保信息。各地区、各有关部门要及时研究解决工作中出现的新情况新问题，认真总结和推广成功经验。

六、附则

本文件自公布之日起，试行一年。

附录16　广西壮族自治区人民政府办公厅转发自治区教育厅等部门关于外来务工人员随迁子女和外省户籍学籍迁入人员在广西参加升学考试意见的通知

桂政办发〔2012〕330号

各市、县人民政府，自治区农垦局，自治区人民政府各组成部门、各直属机构：

自治区教育厅、发展改革委、公安厅、人力资源社会保障厅《关于外来务工人员随迁子女和外省户籍学籍迁入人员在广西参加升学考试的意见》已经自治区人民政府同意，现转发给你们，请认真贯彻执行。

广西壮族自治区人民政府办公厅

2012年12月30日

关于外来务工人员随迁子女和外省户籍学籍迁入人员在广西参加升学考试的意见

自治区教育厅　自治区发展改革委　自治区公安厅　自治区人力资源社会保障厅

为做好外来务工人员随迁子女在广西接受义务教育后参加升学考试（包括中考和普通高考，下同）和外省户籍、学籍迁入人员在广西参加升学考试工作，保障外来务工人员随迁子女受教育的权利，遏制高考移民，促进教育公平，保障和改善民生，根据《国务院办公厅转发教育部等部门关于做好进城务工人员随迁子女接受义务教育后在当地参加升学考试工作意见的通知》（国办发〔2012〕46号）精神，结合我区实际，现就做好外来务工人员随迁子女和外省户籍、学籍迁入人员（以下统称外来人员）在广西参加升学考试工作提出如下意见。

一、主要原则

坚持以人为本；坚持有利于保障外来务工人员随迁子女公平受教育权利和升学机会；坚持有利于促进人口合理有序流动，统筹考虑外来务工人员随迁子女升学考试需求和人口流入地教育资源承载能力等现实可能，促进我区经济建设和社会发展，积极稳妥地推进外来务工人员随迁子女在广西参加升学考试工作；坚持遏制高考移民，维护高校考试招生工作公平公正。

二、具体政策

（一）外来人员在广西参加中考的规定。

1. 外来人员在流入地的初中学校就读3年，取得流入地正式学籍，为初中毕业年级学生，其父母的其中一方（或法定监护人）在广西流入地具有合法稳定的职业和合法稳定的住所（含租赁）1年以上，可在流入地参加初中毕业升学考试。各设区市可根据本地的承载能力适当放宽限制条件。

2. 外来人员属于历届初中毕业生或具有同等学力人员、作为社会考生报考的，历届初中毕业生须提供本人的初中毕业证书，同等学力人员须提供同等学力人员报考条件要求的相关材料；其户籍迁入流入地时间满1年（即自迁入之日起至参加流入地初中毕业升学考试的当日止，满1年），并能提供户籍迁入以来在流入地学习或工作、生活的证明，其父母的其中一方（或法定监护人）在广西流入地具有合法稳定的职业和合法稳定的住所（含租赁）1年以上，可在流入地参加初中毕业升学考试。以同等学力人员身份报考的，需经流入地县级（含）以上教育行政部门认定具有初中毕业的知识及能力，达到初中毕业的知识水平，并出具同等学力证明材料。

（二）外来人员在广西参加普通高考的规定。

1. 外来人员在广西初中学校就读3年，取得广西初中毕业证书，具有广西高中阶段完整的学籍，在广西高中学校实际就读，参加广西高中学业水平考试截止年度高考报名前开考的全部科目考试，其父母的其中一方（或法定监护人）在广西流入地具有合法稳定职业、合法稳定住所（含租赁）3年以上，不受户籍限制，可在广西参加普通高考。

2. 外来人员具有广西高中阶段完整的学籍，在广西高中学校实际就读，参加广西高中学业水平考试截止年度高考报名前开考的全部科目考试，应届高中毕业，在广西年度普通高考报名截止之前将户籍迁入广西，其父母的其中一方（或法定监护人）在广西流入地具有合法稳定职业、合法稳定住所（含租赁）3年以上，可在广西参加普通高考。

3. 外来人员属于历届高中毕业生或具有同等学力人员、作为社会考生报考的，历届生须提供本人的高中毕业证书，同等学力人员须提供广西对同等学力人员报考条件要求的相关材料；其户籍迁入广西时间满3年（即自迁入之日起至参加普通高考当年的9月30日止，满3年），并能提供户籍迁入广西以来在广西学习或工作、生活的证明，其父母的其中一方（或法定监护人）在广西流入地具有合法稳定职业、合法稳定住所（含租赁）3年以上，可在广西参加普通高考。以同等学力人员身份报考的应具备以下两个条件之一：

（1）初中毕业后满3年（取得初中毕业证书之日起至当年广西普通高考报名截止之日，满3年），须出具初中毕业证书原件。

（2）至广西普通高考报名截止之日年满18周岁，且经流入地县级（含）以上教育行政部门认定其具有高中毕业的知识及能力，达到高中毕业的知识水平，并出具同等学力证明材料。

4. 根据《广西壮族自治区人民政府关于印发广西壮族自治区引进人才实行〈广西壮族自治区居住证〉制度暂行办法的通知》（桂政发〔2005〕27号）精神，外来人员父母的其中一方（或法定监护人）具有广西有效期内的经广西设区市（含）以上人力资源社会保障部门审核、公安部门颁发的《广西壮族自治区居住证》（即人才居住证），具有广西高中阶段学籍，并取得广西高中毕业证书，不受户籍限制，可在广西参加普通高考。

5. 外来人员在广西初中学校就读3年，取得广西初中毕业证书，具有广西三年制中等职业教育完整的学籍，并在广西中等职业学校接受全日制中等职业学历教育，其父母的其中一方（或法定监护人）在广西流入地具有合法稳定职业、合法稳定住所（含租赁）3年以上，不受户籍限制，可在广西参加普通高考。外来人员具有广西三年制中等职业教育完整的学籍，并在广西中等职业学校接受全日制中等职业学历教育，在广西年度普通高考报名截止之前将户籍迁入广西，其父母的其中一方（或法定监护人）在广西流入地具有合法稳定职业、合法稳定住所（含租赁）3年以上，可在广西参加普通高考。

6. 外来人员随父亲或母亲军转安置、工作调动（指党政机关、事业单位、国有企业人员工作调动）等正常迁入广西的，不受学籍、户籍条件的限制，可在广西参加普通高考。

7. 原户籍在广西（以出生后首次户籍登记为准），或出生在广西后户籍迁出又迁回广西，高考报名时户籍在广西的人员，不受学籍限制，可在广西参加普通高考。

8. 对不符合广西普通高考条件的外来人员，待教育部出台相关文件规定、经其户籍所在省（自治区、直辖市）同意后，可在广西参加普通高考借考，由户籍所在省（自治区、直辖市）负责录取。

三、加强统筹

各市、县（市、区）和各有关部门要加强对外来人员在广西参加升学考试工作的组织领导，明确责任分工，密切协作配合，形成齐抓共管的工作格局。各市、县（市、区）招生考试委员会要统筹做好外来人员在广西报名参加升学考试工作。教育部门要加强外来人员的学籍管理和审核，会同有关部门依据外来人员参加升学考试人数合理调配资源，做好招生计划编制、考生报名组织、资格审核、考试实施以及招生录取等工作；对不符合在广西参加升学考试条件的外来人员，要积极与流出地沟通，做好政策衔接，保障他们能够回到流出地参加升学考试。发展改革部门要将外来人员教育纳入当地经济社会发展规划。公安部门要加强对流动人口的服务管理，及时提供外来人员居住（包括住所、居住证等）相关信息。人力资源社会保障部门要及时提供登记就业外来人员的就业信息。

各市、县（市、区）要加强对考生报考资格的审查，严格规范、公开透明地执行广西外来人员参加升学考试政策；加强对外来人员在广西参加升学考试的资格审核，防止高考移民在广西参加普通高考，切实维护广西广大考生的权益。

各市、县（市、区）和各有关部门要及时研究解决外来人员在广西参加升学考试工作中出现的新情况新问题，认真总结和推广成功经验。要采取多种形式加强对外来人员在广西参加升学考试的相关政策的宣传解读，做好舆论引导工作，营造良好氛围。

本意见自2013年10月1日起正式实施。

附录17　广西：关于外来务工人员随迁子女和外省户籍学籍迁入人员在广西参加普通高考的实施细则

根据《广西壮族自治区人民政府办公厅转发自治区教育厅等部门关于外来务工人员随迁子女和外省户籍学籍迁入人员在广西参加升学考试意见的通知》（桂政办发〔2012〕330号）精神，现就外来务工人员随迁子女和外省户籍学籍迁入人员（以下简称外来人员）在广西参加普通高考提出以下实施细则。

一、报考条件

符合下列条件之一的外来人员，可在广西参加普通高考：

（一）外来人员在我区初中学校就读三年（从考生初中毕业当年的9月30日往前推算满三年），取得我区初中毕业证书，具有我区高中阶段完整的学籍（从考生参加普通高考当年的9月30日往前推算满三年），在我区高中学校实际就读，参加我区高中学业水平考试（高中毕业会考）截止年度高考报名前开考的全部科目考试，其父母的其中一方（或法定监护人）在我区流入地具有合法稳定职业、合法稳定住所（含租赁）三年以上（含），不受户籍限制，可在我区参加普通高考。

（二）外来人员具有我区高中阶段完整的学籍（从考生参加普通高考当年的9月30日往前推算满三年），在我区高中学校实际就读，参加我区高中学业水平考试（高中毕业会考）截止年度高考报名前开考的全部科目考试，应届高中毕业，在我区年度普通高考报名截止之前将户籍迁入我区，其父母的其中一方（或法定监护人）在我区流入地具有合法稳定职业、合法稳定住所（含租赁）三年以上（含），可在我区参加普通高考。

（三）外来人员属于历届高中（中等职业学校）毕业生（以下简称历届生）或具有同等学力人员、作为社会考生报考的，历届生须提供本人的高中或中等职业学校毕业证书，同等学力人员须提供我区对同等学力人员报考条件要求的相关材料；其户籍迁入我区时间满三年（即自迁入之日起至参加普通高考当年的9月30日止，满三年），并能提供户籍迁入我区以来在我区学习或工作、生活的证明，其父母的其中一方（或法定监护人）在我区流入地具有合法稳定职业、合法稳定住所（含租赁）三年以上（含），可在我区参加普通高考。

以同等学力人员身份报考的应具备以下两个条件之一：

1. 初中毕业后满三年（取得初中毕业证书之日起至当年我区普通高考报名截止之日，满三年），须出具初中毕业证书原件。

2. 至我区普通高考报名截止之日年满18周岁，且经流入地县级（含）以上教育行政部门认定其具有高中毕业的知识及能力，达到高中毕业的知识水平，并出具同等学力证明材料。

（四）根据广西壮族自治区人民政府《关于印发广西壮族自治区引进人才实行〈广西壮族自治区居住证〉制度暂行办法的通知》（桂政发〔2005〕27号）精神，外来人员父母的其中一方（或法定监护人）具有我区有效期内的经我区地级市（含）以上人力资源和社会保障部门审核、公安部门颁发的《广西壮族自治区居住证》（即人才居住证），具有我区高中阶段学籍，并取得我区高中毕业证书，不受户籍限制，可在我区参加普通高考。

（五）外来人员在我区初中学校就读三年（从考生初中毕业当年的9月30日往前推算满三年），取得我区初中毕业证书，具有我区三年制中等职业教育完整的学籍（从考生参加普通高考当年的9月30日往前推算满三年），并在我区中等职业学校接受全日制中等职业学历教育，其父母的其中一方（或法定监护人）在我区流入地具有合法稳定职业、合法稳定住所（含租赁）三年以上（含），不受户籍限制，可在我区参加普通高考。

外来人员具有我区三年制中等职业教育完整的学籍（从考生参加普通高考当年的9月30日往前推算满三年），并在我区中等职业学校接受全日制中等职业学历教育，在我区年度普通高考报名截止之前将户籍迁入我区，应届中等职业教育毕业生，其父母的其中一方（或法定监护人）在我区流入地具有合法稳定职业、合法稳定住所（含租赁）三年以上（含），可在我区参加普通高考。

（六）外来人员随父亲或母亲军转安置、工作调动（指党政机关、事业单位、国有企业人员工作调动）等正常迁入我区的，不受学籍、户籍条件的限制，可在我区参加普通高考。

（七）原户籍在我区（以出生后首次户籍登记为准），或出生在我区后户籍迁出又迁回我区，高考报名时户籍在我区的人员，不受学籍限制，可在我区参加普通高考。

二、申报材料

符合广西普通高考条件的外来人员，申请报考时，必须提交的材料：

（一）符合报考条件（一）的外来人员，须提供如下材料：

1. 外来人员在广西报考普通高等学校资格审查表。

2. 学生在校实际就读的证明（由就读初中、高中学校提供）。

3. 申请报考的外来人员的广西初中阶段学生学籍登记表、广西初中毕业证书、广西高中阶段学生学籍登记表、广西普通高中学业水平考试（高中毕业会考）成绩证明、居民户口簿、第二代居民身份证。

4. 父母的其中一方（或法定监护人）的居民户口簿、第二代居民身份证。

5. 父母的其中一方（或法定监护人）具有三年以上（含）合法稳定住所的证明材料：流入地公安部门制发的《广西壮族自治区流动人口居住证》（持证不足三年的还需附流入地公安部门出具的首次在我区申领居住证或暂住证证明）、房产证、购房合同（附购房发票和完税凭证）、租房合同（附出租人的房产证和房屋租赁的完税凭证）等任何一项。

6. 父母的其中一方（或法定监护人）具有三年以上（含）合法稳定职业的证明材料：流入地工商营业执照、劳动用工合同（附工资证明）、纳税证明、社保证明等任何一项。

（二）符合报考条件（二）的考生，须提供如下材料：

1. 外来人员在广西报考普通高等学校资格审查表。

2. 学生在校实际就读的证明（由就读高中学校提供）。

3. 申请报考的外来人员的广西高中阶段学生学籍登记表、广西普通高中学业水平考试（高中毕业会考）成绩、居民户口簿、第二代居民身份证。

4. 父母的其中一方（或法定监护人）的居民户口簿、第二代居民身份证。

5. 父母的其中一方（或法定监护人）具有三年以上（含）合法稳定住所的证明材料：流入地公安部门制发的《广西壮族自治区流动人口居住证》（持证不足三年的还需附流入地公安部门出具的首次在我区申领居住证或暂住证证明）、房产证、购房合同（附购房发票和完税凭证）、租房合同（附出租人的房产证和房屋租赁的完税凭证）等任何一项。

6. 父母的其中一方（或法定监护人）具有三年以上（含）合法稳定职业的证明材料：流入地工商营业执照、劳动用工合同（附工资证明）、纳税证明、社保证明等任何一项。

（三）符合报考条件（三）的考生，须提供如下材料：

1. 外来人员在广西报考普通高等学校资格审查表。

2. 申请报考人员的高中毕业证书或中等职业教育毕业证书（历届生提供）、初中毕业证书或流入地县级（含）以上教育行政部门出具的同等学力证明材料（同等学力人员提供）、居民户口簿、第二代居民身份证。

3. 父母的其中一方（或法定监护人）的居民户口簿、第二代居民身份证。

4. 父母的其中一方（或法定监护人）具有三年以上（含）合法稳定住所的证明材料：流入地公安部门制发的《广西壮族自治区流动人口居住证》（持证不足三年

的还需附流入地公安部门出具的首次在我区申领居住证或暂住证证明）、房产证、购房合同（附购房发票和完税凭证）、租房合同（附出租人的房产证和房屋租赁的完税凭证）等任何一项。

5. 父母的其中一方（或法定监护人）具有三年以上（含）合法稳定职业的证明材料：流入地工商营业执照、劳动用工合同（附工资证明）、纳税证明、社保证明等任何一项。

（四）符合报考条件（四）的考生，须提供如下材料：

1. 外来人员在广西报考普通高等学校资格审查表。

2. 学生在校实际就读的证明（由就读高中学校提供）。

3. 申请报考的外来人员的广西高中阶段学生学籍登记表或广西高中毕业证书、居民户口簿、第二代居民身份证。

4. 父母的其中一方（或法定监护人）的居民户口簿、第二代居民身份证。

5. 父母的其中一方（或法定监护人）持有广西有效期内的经广西地级市（含）以上人力资源和社会保障部门审核、公安部门颁发的《广西壮族自治区居住证》（即人才居住证）。

（五）符合报考条件（五）的考生，须提供如下材料：

1. 在我区初中学校就读三年，取得我区初中毕业证书，具有我区三年制中等职业教育完整的学籍的外来人员须提供的材料：

（1）外来人员在广西报考普通高等学校资格审查表。

（2）学生在校实际就读的证明（由就读初中、中职学校提供）。

（3）申请报考的外来人员的广西初中阶段学生学籍登记表、广西初中毕业证书、广西中等职业教育学校招生录取新生简明登记表、居民户口簿、第二代居民身份证。

（4）父母的其中一方（或法定监护人）的居民户口簿、第二代居民身份证。

（5）父母的其中一方（或法定监护人）具有三年以上（含）合法稳定住所的证明材料：流入地公安部门制发的《广西壮族自治区流动人口居住证》（持证不足三年的还需附流入地公安部门出具的首次在我区申领居住证或暂住证证明）、房产证、购房合同（附购房发票和完税凭证）、租房合同（附出租人的房产证和房屋租赁的完税凭证）等任何一项。

（6）父母的其中一方（或法定监护人）具有三年以上（含）合法稳定职业的证明材料：流入地工商营业执照、劳动用工合同（附工资证明）、纳税证明、社保证明等任何一项。

2. 有我区三年制中等职业教育完整的学籍，并在我区中等职业学校接受全日制中等职业学历教育的外来人员须提供的材料：

（1）外来人员在广西报考普通高等学校资格审查表。

（2）学生在校实际就读的证明（由就读中职学校提供）。

（3）申请报考的外来人员的广西中等职业教育学校招生录取新生简明登记表、居民户口簿、第二代居民身份证。

（4）父母的其中一方（或法定监护人）的居民户口簿、第二代居民身份证。

（5）父母的其中一方（或法定监护人）具有三年以上（含）合法稳定住所的证明材料：流入地公安部门制发的《广西壮族自治区流动人口居住证》（持证不足三年的还需附流入地公安部门出具的首次在我区申领居住证或暂住证证明）、房产证、购房合同（附购房发票和完税凭证）、租房合同（附出租人的房产证和房屋租赁的完税凭证）等任何一项。

（6）父母的其中一方（或法定监护人）具有三年以上（含）合法稳定职业的证明材料：流入地工商营业执照、劳动用工合同（附工资证明）、纳税证明、社保证明等任何一项。

（六）符合报考条件（六）的考生，须提供如下材料：

1. 随父母的其中一方（或法定监护人）军转安置的外来人员须提供的材料：

（1）外来人员在广西报考普通高等学校资格审查表。

（2）外来人员的居民户口簿、第二代居民身份证。

（3）父母的其中一方（或法定监护人）居民户口簿、第二代居民身份证、军官转业证。

2. 父母的其中一方（或法定监护人）工作调动的外来人员须提供的材料：

（1）外来人员在广西报考普通高等学校资格审查表。

（2）外来人员居民户口簿、第二代居民身份证。

（3）父母的其中一方（或法定监护人）居民户口簿、第二代居民身份证、工作调动文件、调入单位证明。

（七）符合报考条件（七）的考生，须提供如下材料：

1. 外来人员在广西报考普通高等学校资格审查表。

2. 考生居民户口簿、第二代居民身份证。

3. 父母的其中一方（或法定监护人）居民户口簿、第二代居民身份证。

以上材料除《外来人员在广西报考普通高等学校资格审查表》须提供原件一式三份和《学生在校实际就读的证明》须提供原件一份外，其余均交验原件和复印件一份，复印件统一用A4纸复印。

三、资格审核和公示

（一）资格审核。

外来人员在我区报名参加普通高考的资格审核工作实行“谁审查、谁签字、谁负责”的工作责任制。各级招生考试机构要认真履行职责，审查单位负责人及审查人应在《外来人员在广西报考普通高等学校资格审查表》相关审查栏目内签字和加盖单位公章，并对审查结果负责。

县级招生考试机构负责对考生申报的证明材料原件进行审查，认真做好登记、编号、汇总和造册，并将审查证明材料报送地级市招生考试机构，报送的证明材料复印件要注明“原件已审”，并经审查人签字和加盖单位公章。

地级市招生考试机构负责对本辖区外来人员报考普通高校资格进行审查，做出审查结论，并书面通知考生就读学校所在县级招生考试机构。

（二）公示。

外来人员在我区报名参加普通高校考试招生的资格审查结果须在就读学校、县级招生考试机构和地级市招生考试机构公示，公示时间10天。公示期间，各级招生考试机构、考生就读学校应设置举报箱，公布举报电话，认真做好群众来信来访和政策咨询工作，对有反映的考生，就读学校、县级招生考试机构应认真调查核实，并将调查情况报地级市招生考试机构处理。

四、责任追究

（一）外来人员在我区报名参加普通高校考试招生有下列行为之一的，经查实后取消其考试资格或录取资格，已经入学的取消其学籍：

1. 伪造或者变造学籍、户籍、居民身份证、居住证、暂住证及其他证明材料取得报名资格的。

2. 在不同省（区）重复报名或者通过办理非正常学籍、户籍迁移手续取得报名资格的。

3. 未报经招生考试机构审查或者未如实填报《外来人员在广西报考普通高等学校资格审查表》的。

4. 其他应当依法追究责任的。

（二）有下列行为之一的，按照《国家教育考试违规处理办法》（教育部令第33号）有关规定对相关责任人进行处理。

1. 为考生及考生父母的其中一方（或法定监护人）提供虚假证明、证件、档案等相关材料，使其取得报名考试资格的。

2. 伪造、变造考生档案（含电子档案）的。

3. 擅自更改或者编造、虚报考试成绩、考试数据、信息的。

4. 利用工作便利索贿、受贿、以权徇私的。

5. 组织、参与“高考移民”活动的。

6. 其他应当依法追究责任的。

本细则由广西壮族自治区招生考试院负责解释。

本细则自2013年10月1日起正式实施，广西壮族自治区教育厅、公安厅《关于调整和补充户口迁移人员普通高考报名资格审核规定的通知》（桂教考试〔2011〕6号）同时废止。

后　记

从20世纪90年代末期以来，本课题组团队长期关注和开展教育问题研究，尤其以流动人口子女教育为重点，承担了国务院有关部委委托项目以及一系列课题研究项目，形成了一批较有价值的决策研究报告和学术研究成果。在开展这些研究工作的过程中，我们的机构从“教育发展研究部”更名为“教育政策研究中心”，又从“教育政策研究中心”更名为现在的“教育发展与改革研究所”，但我们研究的重点和方向一直没有改变。在这个发展变迁过程中，我们得到了中国教育科学研究院领导始终如一的大力支持和鼓励，得到了国务院有关部门和教育部有关领导以及各地相关部门领导的支持和帮助。我们的研究由浅入深，由点到面，在不同的侧面反映研究对象的实际情况，并获得了较好的研究成效。

此次研究成果是本课题组团队在参与国家随迁子女在流入地高考政策制定后，面向全国开展的一项深入调研，也是国家社科基金“十二五”规划2012年度教育学一般课题“流动人口子女在流入地义务教育后升学考试研究——基于八省（市）的调研”（批准号：BHA120056）的结题成果。项目从2012年初开始筹划，2012年底获得批准，2013年10月到2015年5月进行各地调研，时间跨度达3年之久。在这一持久辛劳的研究过程中，我们的研究团队以负责任的精神经受了各种考验和磨炼，也收获了研究有成的喜悦。我们要感谢以下同志在项目开展的过程中给予我们的关心和支持，他们是教育部基础教育二司副司长马嘉宾、中共北京市石景山区委教育工作委员会原书记叶向红（现任北京青年政治学院副院长）、上海市教育委员会刘中正老师、中国教育科学研究院南山实验区专家组组长卿素兰副研究员、深圳广播电视大学李元芝教授、安徽省教育科学研究院副院长张守祥、山东省教育科学研究院副院长李文军、华中师范大学雷万鹏教授、贵州省教育厅原副厅长李奇勇（现任贵州省卫生健康委员会主任）、贵州省教育科学研究院高等教育研究所所长杨跃鸣、天津师范大学教育科学学院李素敏教授、天津市学位办主任苏丹等，以及各调研学校的校长、教师、学生和家长。

各章作者：第一章，吴霓（中国教育科学研究院教育发展与改革研究所）；第二章，吴霓、朱富言（中国教育科学研究院教育发展与改革研究所）；第三章，吴霓、朱富言（中国教育科学研究院教育发展与改革研究所）；第四章，李楠（中国教育科学研究院教育发展与改革研究所）；第五章，黄颖（中国教育科学研究院教育发展与改革研究所）；第六章，刘永福（教育部基础教育课程教材发展中心）；第七章，罗媛（中国教育科学研究院教育发展与改革研究所）；第八章，高庆蓬（曲阜师范大学教育学院）；第九章，朱富言（中国教育科学研究院教育发展与改革研究所）；第十章，怀殿东（丰宁满族自治县教育学会）；第十一章，艾述华（三明学院教育与音乐学院）；第十二章，王玉国（中国教育科学研究院基础教育研究所）；第十三章，杨茂庆（广西师范大学教育学部）、严文宜（北京第二实验小学贵阳分校）；后记，吴霓（中国教育科学研究院教育发展与改革研究所）。

广西教育出版社以高度的社会责任感关注我们的研究，并提前把计划中的研究成果纳入出版计划。广西教育出版社社长、总编辑石立民同志，时任教育理论编辑部主任黄敏娴同志多次与我们交流，并参与了我们的研究讨论，副总编辑陆思成同志专程赴京与我们沟通，潘姿汝、潘安等编辑为本书的出版付出了艰辛的劳动，这些均促使我们加快研究成果的呈现，以奉献给社会。

流动人口子女教育问题的解决关系精准扶贫、精准脱贫，关系和谐社会建设大局，不仅需要教育工作者高度关注，更需要全社会高度关注，并营造良好的氛围。在本书即将出版之际，又传来本书获2019年度国家出版基金资助项目资助的喜讯，这对我们来说是一个莫大的鼓舞。我们希望本书的研究成果能持续不断地为大家提供科学、客观的视角，为政府决策提供重要的参考。

中国教育科学研究院教育发展与改革研究所流动人口子女教育研究课题组

2019年3月28日